医患沟通

Doctor-Patient Communication

主　　编　张艳萍

副 主 编　郑爱明　费　健

数字主编　费　健

数字副主编　王军明

人民卫生出版社

·北京·

图书在版编目（CIP）数据

医患沟通 / 张艳萍主编 . -- 北京：人民卫生出版
社，2025.4. --（全国高等学校八年制及"5+3"一体化
临床医学专业第四轮规划教材）. -- ISBN 978-7-117
-37374-6

Ⅰ. R197.323.4

中国国家版本馆 CIP 数据核字第 2025J545F1 号

人卫智网	www.ipmph.com	医学教育、学术、考试、健康，
		购书智慧智能综合服务平台
人卫官网	www.pmph.com	人卫官方资讯发布平台

医患沟通
Yihuan Goutong

主　　编：张艳萍
出版发行：人民卫生出版社（中继线 010-59780011）
地　　址：北京市朝阳区潘家园南里 19 号
邮　　编：100021
E - mail：pmph @ pmph.com
购书热线：010-59787592　010-59787584　010-65264830
印　　刷：廊坊一二〇六印刷厂
经　　销：新华书店
开　　本：850×1168　1/16　印张：13
字　　数：385 千字
版　　次：2025 年 4 月第 1 版
印　　次：2025 年 4 月第 1 次印刷
标准书号：ISBN 978-7-117-37374-6
定　　价：56.00 元

打击盗版举报电话：010-59787491　E-mail：WQ @ pmph.com
质量问题联系电话：010-59787234　E-mail：zhiliang @ pmph.com
数字融合服务电话：4001118166　　E-mail：zengzhi @ pmph.com

编　委

数字编委

（数字编委详见二维码）

数字编委名单

融合教材阅读使用说明

　　融合教材即通过二维码等现代化信息技术，将纸书内容与数字资源融为一体的新形态教材。本套教材以融合教材形式出版，每本教材均配有特色的数字内容，读者在阅读纸书的同时，通过扫描书中的二维码，即可免费获取线上数字资源和相应的平台服务。

本教材包含以下数字资源类型

课件　　视频　　习题

获取数字资源步骤

①扫描封底红标二维码，获取图书"使用说明"。

②揭开红标，扫描绿标激活码，注册/登录人卫账号获取数字资源。

③扫描书内二维码或封底绿标激活码随时查看数字资源。

④登录 zengzhi.ipmph.com 或下载应用体验更多功能和服务。

APP 及平台使用客服热线　　**400-111-8166**

读者信息反馈方式

　　欢迎登录"人卫 e 教"平台官网"medu.pmph.com"，在首页注册登录（也可使用已有人卫平台账号直接登录），即可通过输入书名、书号或主编姓名等关键字，查询我社已出版教材，并可对该教材进行读者反馈、图书纠错、撰写书评以及分享资源等。

全国高等学校八年制及"5+3"一体化临床医学专业
第四轮规划教材　修订说明

　　为贯彻落实党的二十大精神,培养服务健康中国战略的复合型、创新型卓越拔尖医学人才,人卫社在传承 20 余年长学制临床医学专业规划教材基础上,启动新一轮规划教材的再版修订。

　　21 世纪伊始,人卫社在教育部、卫生部的领导和支持下,在吴阶平、裘法祖、吴孟超、陈灏珠、刘德培等院士和知名专家亲切关怀下,在全国高等医药教材建设研究会统筹规划与指导下,组织编写了全国首套适用于临床医学专业七年制的规划教材,探索长学制规划教材编写"新""深""精"的创新模式。

　　2004 年,为深入贯彻《教育部 国务院学位委员会关于增加八年制医学教育(医学博士学位)试办学校的通知》(教高函〔2004〕9 号)文件精神,人卫社率先启动编写八年制教材,并借鉴七年制教材编写经验,力争达到"更新""更深""更精"。第一轮教材共计 32 种,2005 年出版;第二轮教材增加到 37 种,2010 年出版;第三轮教材更新调整为 38 种,2015 年出版。第三轮教材有 28 种被评为"十二五"普通高等教育本科国家级规划教材,《眼科学》(第 3 版)荣获首届全国教材建设奖全国优秀教材二等奖。

　　2020 年 9 月,国务院办公厅印发《关于加快医学教育创新发展的指导意见》(国办发〔2020〕34号),提出要继续深化医教协同,进一步推进新医科建设、推动新时代医学教育创新发展,人卫社启动了第四轮长学制规划教材的修订。为了适应新时代,仍以八年制临床医学专业学生为主体,同时兼顾"5+3"一体化教学改革与发展的需要。

　　第四轮长学制规划教材秉承"精品育精英"的编写目标,主要特点如下:

　　1. 教材建设工作始终坚持以习近平新时代中国特色社会主义思想为指导,落实立德树人根本任务,并将《习近平新时代中国特色社会主义思想进课程教材指南》落实到教材中,统筹设计,系统安排,促进课程教材思政,体现党和国家意志,进一步提升课程教材铸魂育人价值。

　　2. 在国家卫生健康委员会、教育部的领导和支持下,由全国高等医药教材建设研究学组规划,全国高等学校八年制及"5+3"一体化临床医学专业第四届教材评审委员会审定,院士专家把关,全国医学院校知名教授编写,人民卫生出版社高质量出版。

　　3. 根据教育部临床长学制培养目标、国家卫生健康委员会行业要求、社会用人需求,在全国进行科学调研的基础上,借鉴国内外医学人才培养模式和教材建设经验,充分研究论证本专业人才素质要求、学科体系构成、课程体系设计和教材体系规划后,科学进行的,坚持"精品战略,质量第一",在注重"三基""五性"的基础上,强调"三高""三严",为八年制培养目标,即培养高素质、高水平、富有临床实践和科学创新能力的医学博士服务。

4. 教材编写修订工作从九个方面对内容作了更新：国家对高等教育提出的新要求；科技发展的趋势；医学发展趋势和健康的需求；医学精英教育的需求；思维模式的转变；以人为本的精神；继承发展的要求；统筹兼顾的要求；标准规范的要求。

5. 教材编写修订工作适应教学改革需要，完善学科体系建设，本轮新增《法医学》《口腔医学》《中医学》《康复医学》《卫生法》《全科医学概论》《麻醉学》《急诊医学》《医患沟通》《重症医学》。

6. 教材编写修订工作继续加强"立体化""数字化"建设。编写各学科配套教材"学习指导及习题集""实验指导/实习指导"。通过二维码实现纸数融合，提供有教学课件、习题、课程思政、中英文微课，以及视频案例精析（临床案例、手术案例、科研案例）、操作视频/动画、AR 模型、高清彩图、扩展阅读等资源。

全国高等学校八年制及"5+3"一体化临床医学专业第四轮规划教材，均为国家卫生健康委员会"十四五"规划教材，以全国高等学校临床医学专业八年制及"5+3"一体化师生为主要目标读者，并可作为研究生、住院医师等相关人员的参考用书。

全套教材共 48 种，将于 2023 年 12 月陆续出版发行，数字内容也将同步上线。希望得到读者批评反馈。

全国高等学校八年制及"5+3"一体化临床医学专业第四轮规划教材　序言

"青出于蓝而胜于蓝",新一轮青绿色的八年制临床医学教材出版了。手捧佳作,爱不释手,欣喜之余,感慨千百位科学家兼教育家大量心血和智慧倾注于此,万千名医学生将汲取丰富营养而茁壮成长,亿万个家庭解除病痛而健康受益,这不仅是知识的传授,更是精神的传承、使命的延续。

经过二十余年使用,三次修订改版,八年制临床医学教材得到了师生们的普遍认可,在广大读者中有口皆碑。这套教材将医学科学向纵深发展且多学科交叉渗透融于一体,同时切合了"环境 - 社会 - 心理 - 工程 - 生物"新的医学模式,秉持"更新、更深、更精"的编写追求,开展立体化建设、数字化建设以及体现中国特色的思政建设,服务于新时代我国复合型高层次医学人才的培养。

在本轮修订期间,我们党团结带领全国各族人民,进行了一场惊心动魄的抗疫大战,创造了人类同疾病斗争史上又一个英勇壮举!让我不由得想起毛主席《送瘟神二首》序言:"读六月三十日人民日报,余江县消灭了血吸虫,浮想联翩,夜不能寐,微风拂煦,旭日临窗,遥望南天,欣然命笔。"人民利益高于一切,把人民群众生命安全和身体健康挂在心头。我们要把伟大抗疫精神、祖国优秀文化传统融会于我们的教材里。

第四轮修订,我们编写队伍努力做到以下九个方面:

1. 符合国家对高等教育的新要求。全面贯彻党的教育方针,落实立德树人根本任务,培养德智体美劳全面发展的社会主义建设者和接班人。加强教材建设,推进思想政治教育一体化建设。

2. 符合医学发展趋势和健康需求。依照《"健康中国 2030"规划纲要》,把健康中国建设落实到医学教育中,促进深入开展健康中国行动和爱国卫生运动,倡导文明健康生活方式。

3. 符合思维模式转变。二十一世纪是宏观文明与微观文明并进的世纪,而且是生命科学的世纪。系统生物学为生命科学的发展提供原始驱动力,学科交叉渗透综合为发展趋势。

4. 符合医药科技发展趋势。生物医学呈现系统整合 / 转型态势,酝酿新突破。基础与临床结合,转化医学成为热点。环境与健康关系的研究不断深入。中医药学守正创新成为国际社会共同的关注。

5. 符合医学精英教育的需求。恪守"精英出精品,精品育精英"的编写理念,保证"三高""三基""五性"的修订原则。强调人文和自然科学素养、科研素养、临床医学实践能力、自我发展能力和发展潜力以及正确的职业价值观。

6. 符合与时俱进的需求。新增十门学科教材。编写团队保持权威性、代表性和广泛性。编写内容上落实国家政策、紧随学科发展、拥抱科技进步、发挥融合优势,体现我国临床长学制办学经验和成果。

7. 符合以人为本的精神。以八年制临床医学学生为中心,努力做到优化文字:逻辑清晰,详略有方,重点突出,文字正确;优化图片:图文吻合,直观生动;优化表格:知识归纳,易懂易记;优化数字内容:网络拓展,多媒体表现。

8. 符合统筹兼顾的需求。注意不同专业、不同层次教材的区别与联系,加强学科间交叉内容协调。加强人文科学和社会科学教育内容。处理好主干教材与配套教材、数字资源的关系。

9. 符合标准规范的要求。教材编写符合《普通高等学校教材管理办法》等相关文件要求,教材内容符合国家标准,尽最大限度减少知识性错误,减少语法、标点符号等错误。

最后,衷心感谢全国一大批优秀的教学、科研和临床一线的教授们,你们继承和发扬了老一辈医学教育家优秀传统,以严谨治学的科学态度和无私奉献的敬业精神,积极参与第四轮教材的修订和建设工作。希望全国广大医药院校师生在使用过程中能够多提宝贵意见,反馈使用信息,以便这套教材能够与时俱进,历久弥新。

愿读者由此书山拾级,会当智海扬帆!

是为序。

中国工程院院士
中国医学科学院原院长
北京协和医学院原院长
刘德培
二○二三年三月

主编简介

张艳萍

女，1971 年 4 月出生于河北唐山。教育学博士，研究员，硕士研究生导师，国家二级心理咨询师。中共上海市教育卫生工作委员会副书记。曾任复旦大学上海医学院党委副书记、上海中医药大学党委副书记；兼任中国卫生健康思想政治工作促进会理事，教育部高等学校医学人文素养与全科医学教学指导委员会委员。

从事教学工作至今 30 余年，主讲医患沟通、积极心理学等课程，主要从事心理健康教育、医学教育、高等教育研究和管理工作，是上海市学校心理健康教育名师工作室负责人。主持多项省部级和国家级课题，发表论文 20 余篇。曾获国家级教学成果奖二等奖 1 项（第二完成人），上海市教学成果奖一等奖 2 项（第一完成人）。

副主编简介

郑爱明

男，1971 年 7 月出生于江苏泰兴。博士，教授，主任医师。南京医科大学马克思主义学院副院长、医患沟通与研究中心秘书长，南京医科大学附属逸夫医院临床心理科执行主任。

毕业于南京医科大学精神病与精神卫生专业和南京师范大学发展与教育心理学专业。兼任中国心理学会心理咨询师工作委员会委员，江苏省心理学会大学生心理专业委员会副主任委员，江苏省大学生心理健康教育专家指导委员会委员、副秘书长。主持和参与国家级和省部级等课题 22 项，出版专著 3 部，主编、参编著作 20 部，发表论文 70 余篇，获得国家级本科一流课程、江苏省哲学社会科学优秀成果奖二等奖，以及江苏省新长征突击手、江苏省高校首批心理名师等荣誉。

费 健

男，1972 年 4 月出生于江苏高邮。博士，主任医师。上海交通大学医学院附属瑞金医院硕士研究生导师、博士后导师，上海交通大学医学院附属瑞金医院卢湾分院副院长。

长期专注人文医学教学，自主开发人文培训课程 15 门，参编多部住院医师规范化培训教材。曾获上海交通大学"教学新秀"、上海交通大学教学成果奖一等奖等荣誉，发表教学论文 10 余篇。担任中国非公立医疗机构协会人文医学分会第一届委员会常务委员等。

前　言

医患沟通是医疗综合服务实践中十分重要的基础环节。狭义的医患沟通发生在各医疗机构医患个体之间,帮助构建影响医疗工作效果的人际关系。广义的医患沟通随着科学技术的进步,扩展到信息传输的方方面面,是医疗卫生机构及医疗卫生人员与患者、患者家属以及大众之间进行的多种形式的信息、情感和文化互动。《医患沟通》作为一本长学制教材,旨在基于多学科的基础,系统梳理沟通原理、法律、伦理、心理等理论在医患沟通中的应用,并注重理论和实践的结合。教材编写除了关注常规的医患沟通技巧与策略、不同临床科室的沟通特点,还考虑互联网医疗的各种场景、医院文化对医患沟通的影响,以及公共关系视角下的广义沟通。本教材致力于理论紧密结合实践,并体现医患沟通实践发展的各个方面,为医学生在未来各种医疗服务领域的沟通提供知识储备和技能培养。

教材除绪论外,共 13 章,包括:沟通基本原理、医患沟通原理、医患沟通的法律基础、医患沟通的伦理学基础、医患沟通的心理学基础、医患沟通技巧与策略、常见医疗场景的医患沟通、互联网医疗场景的医患沟通、常规临床科室的医患沟通、特殊临床科室的医患沟通、医生与患者家属的沟通、医院文化视角下的医患沟通、公共视角下的医患沟通。

本教材编委由来自全国重点医学院校的医患沟通科研与教学一线专家组成。根据专家学科特点和教学科研领域分配章节,初稿形成后通过互审和外审,最终定稿。

概括而言,本教材的特点表现为基础性、系统性、前沿性和实践性并重,在引经据典的同时力求反映本领域最新动态,充分吸纳本领域最新观点。本教材的读者对象是长学制临床医学专业学生,也适用于医学类其他专业学生。

在此对教材编写团队的每一位专家表达最真挚、深切的感谢! 由衷地感谢全体编委付出的巨大心血和努力,但医疗实践还在不断地发展变化着,沟通的方式和途径也受其影响,鉴于编委的能力和水平有限,书中观点难免有某些偏颇之处,恳请读者指正和谅解。最后还要感谢编写秘书复旦大学上海医学院贝一冰老师、上海健康医学院陈建俞老师等,感谢所有在本书编写出版过程中给予帮助的人。

张艳萍

2024 年 10 月

目　录

13

扫码获取
数字内容

绪　论

学习要点
- 掌握医患沟通的概念及其内涵。
- 了解医患沟通与医学人文的关系。
- 了解医患沟通与医患关系的关系。
- 了解医患沟通与医患沟通学的关系。
- 了解学习医患沟通的重要意义。

在萨拉纳克湖畔，安静地矗立着一座毫不起眼的墓碑，近百年来，来自世界各地一批又一批的医生满怀崇敬之情来到这里，拜谒一位伟大的医学先行者——爱德华·特鲁多医生（Edward Trudeau，1848—1915），一遍遍重温镌刻于他墓碑之上的那句墓志铭："有时，去治愈；常常，去帮助；总是，去安慰。"（To cure sometimes, to relieve often, to comfort always.）希波克拉底（Hippocrates，公元前460—公元前377）也曾说："哪里有医学之爱，哪里就有人类之爱"。在我国先秦时期，便有类似的观点："有仁爱之心，方能有济世之术。"我国传统医学中也有论点："医患相得，其病乃治。"无论人类社会如何进步，无论医学如何发展，医学的本心始终不能被忘记——传递人类之爱、传播人性之光始终是医学的神圣使命。

第一节　医患沟通概述

医学实践归根结底是人们对于生命的探求，在这一过程中，有"医"、有"患"、有"社会"。医患间的人际沟通与多方关系构成了纷繁复杂的医学"社会"，通过沟通，"江湖"入海，生命之水奔腾不息，汇成医患命运共同体。

在中文词源学分析中，沟通原指开沟使两水相通，《左传·哀公九年》中提到"秋，吴城邗，沟通江、淮"，后泛指使彼此相通。在英文词源学分析中，沟通（communication）一词的希腊文词根为cum（与他人建立关系）和munus（产品、功能、利益等），拉丁文词源为communis（普遍）。含有与他人建立联系、传授、撒播之义。美国新闻传播学教育家詹姆斯·凯瑞（James Carey，1934—2006）在20世纪70年代提出两个重要的沟通范式："传递观"（a transmission view of communication）和"仪式观"（a ritual view of communication）（表1）。"传递观"指向信息在空间维度的线性传输和扩散，在这一观念下，沟通被经典化为"who（谁）""says what（说了什么）""in which channel（通过什么渠道）""to whom（向谁说）""with what effect（有什么效果）"的"5W"传者-授者说服效果模型。"仪式观"指向共享价值和情感在时间维度对人际关系和社会的维系，在这一观念下，沟通成为构建共同体的参与过程和共享信念的表征。事实上根据他的考证，community（共同体）一词也由communication演化而来。

沟通不仅是人与人之间传递信息、沟通思想的过程，也是人与人之间分享情感、交流经验、构筑共同体的过程。这种科学与艺术、理性与情感的分野始终贯穿于沟通中，对于医患双方而言也是如此。

1

表1 沟通的两种范式

	传递观	仪式观
描述	传授、发送、传送、"把信息传给他人"	分享、参与、团体、"拥有共同信仰"
隐喻	运输	仪式
角色	发送者／接收者	参与者
目的	更远、更快地扩散、传送、散播知识、思想和信息	共享信念、维系社会
评估标准	接收者收到(传递的精确性)	分享经验(共同感)
方法取向	相对静态的、偏向技术的、实证的	历史的、偏向文化的、经验的、阐释的和批判的

　　医患沟通(doctor-patient communication)就是在医疗卫生和保健工作中,医患双方围绕伤病、诊疗、服务、健康及心理和社会等相关因素,以患者为中心,以医方为主导,将医学与人文相结合,通过医患双方各有特征的全方位信息的多途径交流,使医患双方形成共识并建立信任合作关系,指引医护人员为患者提供优质的医疗服务,达到维护人类健康、促进医学发展和社会进步的目的。进一步说,医患沟通是医学实践的思维方式和行为准则,是医疗卫生工作过程的重要环节,它能够提高诊疗技术与人文服务水平,取得患者和社会的信任与合作,并促进医学事业与社会文明进步和发展。

　　"医"在狭义上指医疗机构中的医务人员,广义上指全体医务工作者、卫生管理人员、医疗卫生机构以及医学教育工作者。"患"在狭义上指患者和家属及相关利益人,广义上指除"医"外的社会人群。由于"医"和"患"都有狭义与广义的概念,因此,医患沟通也有狭义与广义的内涵。

　　狭义的医患沟通,是指医疗机构医务人员在日常诊疗过程中,与患者及家属就伤病、诊疗、服务、健康及心理和社会相关因素,主要以诊疗服务的方式进行人际的沟通交流,它构成了单纯医学技术与医疗综合服务实践中十分重要的基础环节,发生在所有医疗机构每天的医疗服务活动中,是医患沟通活动的主要构成。狭义的医患沟通虽然广泛发生在各医疗机构所有医患个体之间,但一般范围小、难度小、影响小,不易引起人们的关注。它的重要价值在于科学地指引、诊疗患者伤病,提高医疗卫生服务整体水平。

　　广义的医患沟通,是指医务工作者、卫生管理人员、医疗卫生机构以及医学教育工作者,围绕医疗卫生和健康服务的法律法规、政策制度、伦理道德、医疗技术与服务规范、医学人才培养标准与方案等方面,以非诊疗服务的各种方式与社会各界进行的沟通交流,如制定新的医疗卫生政策、修订医疗技术与服务规范、公开处理个案、开展健康教育等。

　　广义的医患沟通是在狭义医患沟通的基础上衍生出来的,从沟通要素出发,具有五个层面的延伸。第一,医患沟通由医师与患者之间的沟通延伸到整个医疗机构与患者和潜在患者(受众)之间的沟通。目前已有许多医疗机构通过网站等媒体沟通平台与患者建立联系,满足患者对于信息收集、知识学习以及相关问题咨询的需求。同时医患沟通还包括医方内部(如"巴林特小组")和患方内部(如患者互助小组)的沟通。第二,医患沟通的内容不再局限于特定疾病的诊断与治疗,可以拓展为对患者生活习惯、养生保健的指导以及医学常识的普及等。第三,医患沟通的方式从人际沟通向富媒体大众传播的方式扩展,医疗机构以及医师个人能够借助电子邮件、博客、论坛、短视频等社交媒体以及外部新闻媒体与患者进行沟通与互动。第四,医患沟通的场景不再局限于患者就诊这一特定时间内,也不再局限于诊室或医疗机构这一特定空间中,但更加强调营造好基于场景的空间环境和人际环境对于促进医患沟通的意义。第五,医患沟通的效果的达成与评估机制更加多元化,所产生的社会效益和现实意义是巨大且深远的,它不仅有利于医患双方个体的信任合作及关系融洽,更重要的是它能够推动医学的发展和社会的进步,构建人类卫生健康共同体。

第二节　医患沟通与医学人文

一、医学人文的概念

什么是医学？这是每一个医生必须面对的问题。《辞海》定义医学为"研究人类生命过程以及防治疾病、保护健康的科学体系。从人的整体性及其同外界环境的辩证关系出发，用实验研究、现场调查、临床观察等方法，研究人类生命活动及其和外界环境的相互关系，人类疾病的发生、发展及其防治的规律，以及增进健康、延长寿命和提高生活质量的有效措施"。《科学技术辞典》定义医学为"旨在保护和加强人类健康、预防和治疗疾病的科学知识体系和实践活动"。《大英百科全书》定义为"医学是维持健康、预防、诊断和治疗疾病的实践活动"。总之，医学是人类以和疾病的矛盾斗争为核心的知识生产和实践过程。追根溯源，医学源自人类与生俱来的自我保护的动物本能。三百多万年前，原始人类在面对伤痛时就懂得采取诸如吮舔伤口止血、进行自我按摩止痛等处理方法。随着时间推移，人类凭借演化出的劳动和创造能力得以不断探索和积累应对伤病的新方法和新工具，如学会用灼烧过的刀具来切割或熨烫伤口以防止感染等；同时凭借演化出的心智能力创造图腾和巫术等为疾痛寻求心理寄托和安慰。

回顾人类与疾病抗争和认识自身生命的实践过程，人类医学实践在科学技术化进程、医学观念和模式变迁、医生职业化发展、医疗空间形态变化等方面不断深入并取得进展。与此同时，医学进步也面临新的挑战：科学技术极大地延伸了人类对身体的探索和感知能力，但患者对于疾病的感受容易被化约为仪器捕捉生成指标所构成的"体征"，可能会"见病不见人"；医学观念和模式的完善让人类开始从全方位探求影响自身健康的因果关系，但对于患者具体的物质和精神生活的参与和干预的有效性还有许多工作要做；面对医生统摄专业知识的强大权威，患者的话语权仍需得到保障；医疗空间越发专业化、细分化的同时也要让患者能够感受到被安慰和关怀。英国社会科学院院士罗伊·波特（Roy Porter）在《剑桥医学史》中感叹："医学的发展呼唤着医学人文精神的复归"。

人文是医学的灵魂。以人为本，关心人，爱护人，尊重人，承认人的价值，尊重人的个人利益和人类整体利益，是医学工作者的精神支柱。医学人文的思想其实自古有之，早在医学诞生之时就以"关怀、安慰"为责任，因此，古代医家称医学为"仁学"。生物医学的飞速发展在引领医学进步的同时也带来了新的危机和困惑。立足危机与困惑，人类对于医学人文性的思考、对于生命的思考越来越深刻，医学工作者对于工作的思考总结越来越深入。医学模式也由生物医学模式向生物 - 心理 - 社会医学模式加速转变，医学人文的发展从而获得了更深厚的思想基础、学术基础与社会空间。与此同时，医学工作者们开展了大量医患关系及沟通的理论与实践探索，医学心理学、医学伦理学、医学法学、医学哲学等也纷纷成为社会现实剖析的难点和热点。

二、医患沟通与医学人文的关系

医学进展日新月异，难题困惑层出不穷，我们该如何把握变动不居的现实？医学实践最抽象也最具体的形态就是医者与患者的互动交流。从望、闻、问、切到磁共振等医学技术，一切科学仪器都是医者感官的延伸，医患间的人际互动是一切医疗形式的基础。1989 年，世界医学教育联合会在《福冈宣言》中指出："所有医生必须学会交流和处理人际关系的技能。缺少共鸣（同情）应该视作与技术不足一样，是无能力的表现。"

在医疗活动中，只有通过医患沟通，才能体现医学人文精神，才能实现以人为本的人文关怀。只有通过医患沟通，在疾病诊疗过程中，医务人员才能以理智感、医德情感、美感等来满足患者的健康愿望和社会心理需求，从而医治疾病、减轻痛苦，提高患者生命质量和健康素质，展现医学科学的价值。只有通过医患沟通，才能维护医疗活动中的技术责任和对患者健康的责任乃至与社会责任的一致性。

只有通过医患沟通，才能保障在医疗活动中，医患双方的个性得到发展，人格受到尊重，生命价值从而提高。只有通过医患沟通，才能调试和改善医患之间这一特殊的关系体系，构建良好和谐的医患关系。

在经历了长期的生物医学模式及其影响下的医学教育模式之后，人们逐渐开始重视医学的人文价值，认识到医学人文精神一旦缺失会使医患关系失去情感的温暖而变得冷冰冰。而人文关怀正是医患沟通的桥梁，想实现医患之间的良好沟通，必须重塑人文精神，提倡人文关怀。追溯本源，cure(治愈)一词是从 care(关怀)演变而来的，而 doctor(医生)一词在拉丁语中的意思同 teacher(教师)，词根doc 与 teach 均表示"教化"。所以，医学无论如何发展，其最重要的价值并不是治愈，而是关怀和照料，医生也应首先是"教化"之化身。

第三节　医患沟通与医患关系

一、医患关系的概念

医患关系(doctor-patient relationship)是指在医学实践活动中产生的人际关系。著名医史学家西格里斯特(Sigerist,1892—1957)曾经在其著作《亨利·西格里斯特论医学史》中深刻地指出："当我说，与其说医学是一门自然科学，不如说它是一门社会科学的时候，我曾经不止一次地使医学听众感到震惊。医学的目的是有社会性的，它的目的不仅是治疗疾病，使某个机体康复，它的目的还要使人能调整以适应他的环境，作为一个有用的社会成员。为了做到这一点，医学经常要应用科学的方法，但是最终目的仍然是社会性的。每一个医学行动始终涉及两类当事人：医生和患者，或者更广泛地说，是医学团体和社会。"

在这个意义上，狭义的医患关系是指医生与患者之间基于救治与被救治的契约关系；广义的医患关系是指医学和医疗卫生行业人员(包括医生、护士、医技人员、医疗行政和后勤人员等)与医者以外的社会各界(包括患者、亲属及单位组织等)之间的关系。从改善全面医患关系的角度，我们应更为重视广义的医患关系。

(一) 医患关系的表现

医患关系主要表现为两个方面：一是医患关系的技术方面，即在诊疗过程中，医务人员与患者及其家属围绕诊疗技术性问题而建立的关系，如征求患者对治疗的意见、讨论治疗方案等。二是医患关系的非技术方面，即与医生诊疗技术和方法无关的医生与患者的"纯"人际关系，是医务人员的服务态度、医德医风的表现等引发的医患关系现象。其体现了社会人际关系最普遍、最基本的原则，即人与人之间的平等、尊重、信任及诚实，任何人际关系都依靠这一基础来维系，且社会对医生的品格期望极高。希波克拉底曾说过：一些患者虽然意识到其病况的险恶，却仅仅由于对医生品行的满足而"恢复了健康"。所以，医患关系的非技术方面对患者治疗效果的影响巨大，且是当今医患关系的主体或主要方面。

(二) 医患关系模式

从医患关系的技术和非技术方面派生出三种医患关系模式。目前，被医学界广泛认同的医患关系模式是 1956 年美国学者萨斯(Szase)和荷伦德(Hollender)在《内科学成就》上发表的《医患关系的基本模式》一文中提出的，其根据医患互动、医患地位及主动性大小把医患关系模式分为三种基本类型，即萨斯 - 荷伦德医患关系模式(表 2)。

1. 主动 – 被动型　主动 - 被动型(activity-passivity model)是传统的医患关系模式，普遍存在于现代医学实践中。其特征是医生对患者单向作用，即医生"为患者做什么"。这一模式中，医生具有绝对权威，完全把握了医疗的主动权与决策权，患者无任何自己的参与医疗的意志。其优点是能够充分发挥医生纯技术的优势，缺点是彻底否定了患者的个人意志，可能会影响疗效并为医患纠纷埋下隐患。这一模式类似父母与婴儿的关系,一般适用于急症重伤、麻醉等意识丧失情况下的急救医疗。

2. 指导 - 合作型　指导 - 合作型(guidance-cooperation model)是现代医学实践中医患关系的基础模型。其特征是医生仍占有主导地位,即医生"告诉患者做什么"。这一模式中,患者能够有条件、有限度地表达自己的意志,但必须接受医生的解释并执行医生的治疗方案,患者"被要求与医生合作"。该模式的进步意义显而易见,其优点是包含互动的成分,能较好地发挥医患双方的积极性,提高疗效、减少差错,有利于建立信任合作的医患关系,其缺点是医患双方权利的不平等性仍然较大。这一模式类似父母与青少年子女的关系,一般适用于急性病或危重病但头脑清醒患者的就医过程。

3. 共同参与型　共同参与型(mutual participation model)是在前两种医患关系模式基础上发展而来的,其特征是医患双方地位平等,即医生帮助患者"自疗"。这一模式中,医生以平等的观念和言行方式,听取并尊重患者的想法,医患双方共同制订并积极实施医疗方案。其优点是能够增进医患双方的理解沟通,改善医患关系,提高疗效,缺点是对患者的认知水平和医学知识有一定要求。这一模式类似成年人之间的相互关系,一般适用于慢性病患者,更适用于有一定医学知识的患者。

表 2　萨斯 - 荷伦德医患关系模式

类型	医生地位	患者地位	使用范围	类似关系
主动 - 被动型	有权为患者做什么	无权选择做什么	重急症等无意识者	父母与婴儿
指导 - 合作型	告诉患者做什么	被要求与医生合作	急性病有意识者	父母与青少年子女
共同参与型	帮助患者"自疗"	主动与医生成为伙伴关系	慢性病略懂医者	成年人之间

此外,根据不同的分类方式,医患关系模式类型还可分为信息式、解释式、顾问式,或者纯技术模式、权威模式、契约模式等。其中,布朗斯坦(Braunstein)在《行为科学在医学中的应用》一书中提出了医患关系的"传统模式"和"人道模式"。

传统医患关系模式特指在几百年来形成的生物医学模式下,所表现出的父权主义的医患关系,医生以绝对权威为患者作决定,而患者则唯命是从。传统模式有其合理、有利的存在价值,因为医生面对患者都有责无旁贷的心理特征,都想以科学的医疗来救治患者。医生的"父权"是医生具有的医学知识和诊疗技能所赋予的。

当经济社会快速发展、科学及教育广泛普及,人们的自我意识觉醒,人们不再愿意像孩子一样被"控制",希望自己或多或少地能够参与对疾病的诊治,人道医患关系模式应运而生。人道医患关系模式首先把患者看成一个完整的人,强调要重视对患者意志和权利的尊重,重视患者的心理、社会等因素。患者主动地参与医疗过程,在选择医疗方案时有发言权,并承担责任。医生在很大程度上是教育者、引导者和健康顾问,需要有丰富的同情心、爱心以及高度的责任心。

二、医患沟通与医患关系的关系

医患关系既是医患沟通的基础,也是医患沟通的结果。医患沟通与医患关系彼此相互影响。医患沟通良好,能够促进医患关系的和谐;医患关系良好,医患沟通也会比较顺畅。反过来说,医患沟通不良,就会促使医患关系变坏;医患关系不良,也会增加医患沟通的难度。以下仅以两者互为正向的促进作用深入展开讨论,也希望如此良性循环成为医学实践中的常态。

(一) 良好的医患沟通能够融洽医患关系

在医疗实践中很容易发现,良好的医患沟通能够融洽医患关系,使医患双方建立信任合作、互利双赢的理想关系。若从心理学和社会学角度分析其机制,可以从以下 5 个方面看到其必然规律。

1. 沟通使医患形成共同认知　医患间的共同认知包括疾病诊治方案、康复预后、技术条件、服务质量、医疗费用、伦理情感、法律规则等内容。达成共识是医患沟通最重要的一步,医患之间一旦建立了共同的看法、认识及态度,有了观念和认识上的共同语言,就为医患关系奠定了较扎实的理解与信任,这是医患双方理性合作的基石。

2. 沟通使医患心理相容　当医患双方有了基本的共同认知后,就会对对方产生较大的心理包容度,常常会容忍、接受对方的缺点和过错,甚至原谅对方的无意损害。且沟通越密切,心理包容度就越大。

3. 沟通使医患产生情感　当医患沟通越发密切之后,医患双方很容易产生情感,一般来说是友情。医者的职业要求其较为理智,情感表现较为含蓄,患者作为被帮助的一方,情感需求比较强烈,其在感受到医者职业性的关爱后容易满足情感需求。医患之间友情的建立不论对诊疗效果还是对解决医患纠纷都十分有益。

4. 沟通使医患互相满足尊重的需要　获得尊重是人最重要的高级需要,医者的社会地位强烈需要获得患者、家属及社会尊重;患者因病成为弱势一方则更迫切需要尊重。建立良好的沟通后,双方的认识、思想、情感及行为被相互接纳,尊重的需要被相互满足,医患关系更为融洽。

5. 沟通使医患获得应得利益　在市场经济环境中,医患双方的利益需求有所差异。医者的利益需求包括个人成就、社会声誉、经济收入等,而患者的利益需求则包括身心健康、家庭幸福、合理费用等,但医患双方获取利益的方法和途径却是高度一致的,只有使患者治愈伤病、恢复健康,医患才能真正得到各自所求的利益。因此,医患沟通的根本目的就是分享利益,谋求共同发展。

(二) 融洽的医患关系能够促进医患沟通

在诊疗过程中,当医患双方第一次接触时,如患者第一次去某个医疗机构就医或就诊于某一医生,医患沟通是构建医患关系的首要因素,医患关系是否融洽取决于首次医患沟通的成功与否。初步稳固的医患关系为之后的医患沟通奠定了基础,使医患相互信任、心情愉快,此后的沟通必然更为顺畅。所以说,狭义的医患关系倚靠首次沟通奠定的良好基础,进一步使正反馈医患沟通深入进展,开启良性循环,从而"药到病除"。

狭义的医患关系有始有终,但广义的医患关系无处不在,每一个社会个体每时每刻都处在医患关系之中,都会留下对医患关系的固有思想基础。比如新冠疫情期间,社会各界都对医务人员无私奉献、无畏艰险的品质表示敬佩与感动,无形中已经建立了比较和谐的医患关系基础。但也有患者因为一些新闻或听闻的影响,认为医生喜欢开"大处方"、过度医疗;有的医生也会因为以往伤医事件而对从未谋面的患者抱有防备。所以说,整个社会中的良好医患关系现状是所有医患沟通的隐性基调,是一切良性循环的起始。

第四节　医患沟通与医患沟通学

一、医患沟通学的历史发展

医患沟通学的产生和发展,与人类医学实践同步,相应地也分为巫医蒙昧阶段、治疗应用阶段、生物医学模式阶段和学科创立阶段等四个阶段。

(一) 巫医蒙昧阶段

原始社会,人们患病以后主要靠人类从动物的自救本能中继承的一些简易的治疗方法、靠家族群体成员的抚慰来减轻病痛,靠当时的巫者祈祷术来获取心理支持。当时的人们朴素地认为,大自然中有某种强大的神秘力量主宰着人们的生死祸福,由于巫士们自言能上递民意、下传天旨,因此人们企图通过巫士的巫术来为自己消灾避难、去疾祛病。此后,巫术中的涉医部分逐步分流,渐成医术,古汉字中的"医"便写作下部从巫的"毉"。由此看来,早期的医疗行为,究其本质更类似安慰疗法,此时的医患沟通表现为以巫士为代表的神与人的交流,巫士传达的"天旨"为一种安慰剂,起到一定的暗示效应。不过,当时的人们并没有认识到语言对疾病的治疗作用,也不知晓沟通对于人的实际价值。

（二）治疗应用阶段

随着中西方医学,特别是中医学的逐步形成与发展,人们经过长期经验的累积认识到了沟通对于伤病诊治的重要性,并将沟通运用于伤病的诊断和治疗过程中。中医学在对疾病病因的认识中不仅提出外感"六淫",即风、寒、暑、湿、燥、火,还提到内伤"七情",即喜、怒、忧、思、悲、恐、惊,并提出"身心合一""天人合一"的概念,强调社会、心理因素在疾病发展中的互相影响。

在中医的发展历程中,运用语言和非语言的沟通手段采集病史是中医治疗疾病的关键步骤,望、闻、问、切体现了中医密切沟通、循序渐进、了解事务真相的认识理论,也体现了中医从人的整体出发、对人文关怀的侧重。中医经典著作《黄帝内经》中强调,医生要了解患者的社会地位、经济状况及心理活动,才能辨清脉象类别和发病始末,继之才能进行诊疗。书中提到的问诊理论更是明确地认为,在为患者看病之初,不问患者近来的"社会地位"变化,是为一错;不问患者的饮食起居,是否"暴苦暴乐",是为二错;不据上述变化来切脉,发生诊断失误,是为三错;不问患者"政治仕途"有否失意、从商活动盈亏,即进行诊治,是为四错。

人类对于语言治疗疾病作用的认知也比较早。古希腊著名医生希波克拉底认为,医生有两样东西能够治病,一是语言,二是药物。汉初枚乘所著《七发》也记载了以语言治疗疾病的故事:楚国太子患病,久访名医未愈。有吴客闻之,前往治病,不用药石针灸,七发阔论,使之病愈。一为动听音乐,二为甘美佳肴,三为良骑骏马,四为景色美女,至此,太子无动于衷;五为田猎胜境,六为广陵观涛,太子兴趣陡生,病色大减;七为广邀天下高士为太子讲述治国良策,论天下之精微,理万物之是非,太子据案而起,涩然汗出,霍然病已。

（三）生物医学模式阶段

20世纪以来,随着科学的进步,医学经历了技术上的突飞猛进,凭借当时日益发展的声、光、电技术,当代医学装备并构建了一个严密的客观认知体系,进入了生物医学模式阶段。从X线机、心电图仪、电镜、内镜、示踪仪、超声诊断仪,到自动生化分析仪、CT扫描仪、正电子发射断层成像仪、磁共振成像仪、肾透析机、人工心肺机、心脏起搏器、人工器官等医学诊断、治疗设备一应俱全,各种仪器设备的拥有、各种技术手段的掌握日益成为现代化医院的形象和标志。

但同时人们也逐渐发现,医学的发展如果过多地强调专科化、技术化、市场化,只关注治病的原因、偏离正常值的数据、细胞形态或分子结构的变化,那么患者的人格、病痛、情感将被强行转化为疾病的症状和体征。

（四）学科创立阶段

经过以上三个阶段的发展与铺垫,现代医学逐渐步入生物 - 社会 - 心理医学模式阶段,医学在经历了分割分解、关注疾病的阶段之后,终于再次回归到关注患者的整体,重视对患者的关怀与尊重,医患沟通学也应运而生。医患沟通学是以人类的共性和共同利益为出发点和归宿,研究影响诊疗伤病和医患关系的诸多因素,探索如何以沟通医患双方相关信息来优化诊疗伤病、改善医患关系,研究如何将心理和社会因素转化为积极有效的手段与方法,推进现代医学诊治伤病和维护健康,即向医学的空隙中充填人文和社会科学的要素,丰富医学的科学内涵,它既相对独立又融合为医学的有机组成部分,是探究、实施现代医学模式的一门新的应用型边缘学科。

医患沟通学是特定历史条件下孕育而生的综合性交叉边缘学科。在这里,特定的历史条件主要包括四个方面。

第一,医学从产生之初便存在客观的沟通事实。医学在诞生之时就确定了"关怀、安慰"的责任,此时人类对抗伤病的方法十分有限且效果不甚理想,医疗活动更多的是给予帮助和安慰,这就要求在医疗活动中能够有效地进行医患交流、沟通。

第二,医学是关于人的科学,它将自然科学与社会科学有机结合,既有自然属性,又有社会属性,这自然也包含了人际关系及人际沟通在内。现代社会的发展、现代科技条件的便利,不断刺激着人们人际交流的欲望,使得人们的人际交往范围和频次大大提高,同时也激励着人们不断提高人际交流的能力。可以说,现代信息化社会中的人际沟通已成为社会生活不可或缺的重要内容,这是医患沟通的社会基础。

第三，在医学发展进程中，由于医学技术的高速发展，医患关系出现了不可忽视的淡漠问题。人们开始意识到，医学不应该只是关注医疗技术的高超，而应当把自己的理性思维和实践成果更详尽地、耐心地告知社会大众，也应当把自己的有限能力和面临的困境与社会大众进行交流。否则，医学只能走上技术医学的危险道路，医生也只能是现代技术工匠。

第四，医学的发展趋势是人文医学，医患沟通是实现人文医学趋势的最有效途径。崭新的生物-心理-社会医学模式摒弃"只见疾病不见人"的传统思维方式，注重人的社会属性，要求医生与患者沟通交流。医学自身发展的需要是医患沟通学产生的医学基础。

医患沟通学主要以医学和多门社会学科及相关边缘学科的基本理论和原理为指导，内容由三部分组成，一是医患沟通学的基础理论，它由哲学、政治经济学、人学、社会学（社会医学）、伦理学（医学伦理学）、心理学（医学心理学和社会心理学）、法学（医学法学）、人际沟通原理等理论体系中涉及人主体和人际关系的理论所组成；二是医患沟通学的基本原理；三是医患沟通学的分科（类）原则、方法及经验等。

二、医患沟通学与其他学科的关系

医患沟通学是以医学为原点的人文特征明显的辐射性交叉型学科，它与现今许多相关学科有着十分密切的联系，同时存在着明显的区别，医患沟通学需要理论支持，特别需要人文和社会科学中成熟的学科与之交叉、融合与支持。

（一）医患沟通学与医学

医学是认识人的生命活动规律，保持和增进健康，治疗和预防疾病，促进人类实现身体、心理和社会适应上全面健康的科学知识体系与实践活动。医患沟通学如同基础医学、临床医学、预防医学、护理学、康复医学等学科一样，都是医学的组成部分，它们从不同的方面具体探索研究这些生命活动规律。医患沟通学完全遵循医学的目的、原则与理论，能够帮助医生更为准确地决策判断，促进医学目的的实现，且更加注重将心理社会因素与医学中的生命科学部分相结合，推进现代医学诊治伤病和维护健康。

（二）医患沟通学与心理学

心理学是研究人和动物心理现象发生、发展和活动规律的一门科学，以人的认知、情感、意志等心理过程和能力、性格等心理特征的规律为主要研究内容。心理学主要由医学心理学、社会心理学等分支构成，其中，医学心理学主要研究人类健康与疾病相互转化过程中的心理现象及其规律；社会心理学主要研究人类社会现实和人际关系对人心理影响的规律。无论心理学还是它的分支，其主要理论都是医患沟通学的骨架理论和应用依据，医患沟通学也把医学与社会、医学与患者之间的心理交融作为其追求的目标。

（三）医患沟通学与伦理学

伦理学是研究道德现象、揭示道德本质及其发展规律的学科。其中医学伦理学是运用一般伦理学的理论、原则、观点和方法解决医疗实践领域和医学科学发展中的人与人之间、医学与社会之间的关系而形成的一门学科，是人们对医学科技实践和医疗卫生服务活动及其蕴含的伦理道德问题进行哲学反思，由此所形成的医学伦理原则与医学行为道德规范体系。医学道德原则和规范以及医患角色行为的权利和义务是医学伦理学研究的核心内容之一，也是医患沟通的行为准则。因此，医患沟通学在调整和改善医患关系中都必须遵循医学伦理学的基本原则和规范，同时又要从现实出发，用发展和辩证的思维来诠释医学伦理学。

（四）医患沟通学与法学

法学以法律和法规的形成、发展、变化的规律为研究对象，是研究法、法的现象以及法相关问题的专门学问，是关于法律问题的知识和理论体系，是社会科学的一门重要学科。医患沟通学以法律的精神和基本原则以及相关卫生法规为重要理论来源，强调以事实为依据，以法律为准绳，以沟通为手段，多角度、立体式地化解医疗实践中的现实问题。

（五）医患沟通学与其他学科

1. 医患沟通学与哲学　哲学是理论化、系统化的世界观，是自然知识、社会知识、思维知识的概括和总结，是世界观和方法论的统一。医学哲学的世界观理论对医患沟通学正确认识医学与社会的关系、医学与患者的关系有着强烈的指导作用。

2. 医患沟通学与语言学　语言学是以人类语言为研究对象的学科，探索范围包括语言的性质、功能、结构、运用和历史发展，以及其他与语言有关的问题，其中医学语言学研究的是医学活动中的语言现象和规律，其特征是运用语言学理论来阐释医事活动中的语言和言语。医患沟通学认为，语言是沟通的重要工具和手段，这与医学语言学的研究内容较为接近，但其理论体系中又有许多重要内容是医学语言学所不能包容的。因此，医患沟通学的研究范畴更宽广、视野更开阔，对当今医患关系的指导作用更具有现实意义。

3. 医患沟通学与社会学　社会学是系统地研究社会行为与人类群体的社会科学，其研究范围广泛，包括了微观层级的社会行动或人际互动、宏观层级的社会系统或结构。其中，改善人际交往、建立人际沟通的规律，尤其是人际沟通的原理也是医患沟通学的基本理论。医患沟通学将社会学中的人际沟通原理与医学相关学科有机融合，用以解决当今医学实践中更为复杂的冲突和矛盾。

4. 医患沟通学与传播学　传播学是研究人类传播行为和传播过程发生、发展规律以及传播与人和社会的关系的一门科学和艺术。医患沟通学研究医患沟通行为和沟通过程发生、发展规律以及产生的广义社会影响的内容，与健康传播学具有高度的亲缘性。狭义的医患沟通是指医患间面对面的信息沟通和情感交流的人际传播活动，而广义的医患沟通是指医患利益相关方开展的群体、组织和大众传播。因此，传播学是医患沟通学重要的理论和方法来源，也是主要的学科对话领域。

5. 医患沟通学与叙事医学　叙事医学是 2001 年由丽塔·卡伦提出的医学概念，是"由叙事能力所实践的医学"，而叙事能力指的是"认识、吸收、解释并被疾病的故事所感动的能力"。叙事医学逐步应用于医学实践和研究，促成了叙事研究方法与医学的结合，其推动了医患沟通研究的叙事转向，也为医学人文教育提供了新的视角。在医患沟通过程中，医生叙事能力的合理运用，有助于实现医患之间的有效沟通、构建和谐的医患关系。

三、医患沟通与医患沟通学的关系

医患沟通学是研究医患沟通过程中出现的医患关系的现象及其基本原则和发展规律的科学。医患沟通学的研究对象是医者和患者及相关因素。医患沟通学的研究内容是研究医患沟通在医学中的地位和作用；研究现代医患关系的状况及成因；研究医患沟通的一般规律；研究医患沟通的分类规律。

对于医者和患者的研究和把握，可从主体需求分析出发。马斯洛需求层次理论将人的需求从低到高依次分为生理需求、安全需求、社交需求、尊重需求和自我实现需求，五层需求是最基本的、与生俱来的，构成不同的等级或水平，并成为激励和指引个体行为的力量。五层需求可以分为高低两层，其中生理需求、安全需求和社交需求都属于低层次的需求，这些需求通过外部条件就可以满足；而尊重需求和自我实现需求是高级需求，它们是通过内部因素才能满足的，而且一个人对尊重和自我实现的需求是无止境的。医方和患方的需求也可分为这五个层次（图1）。

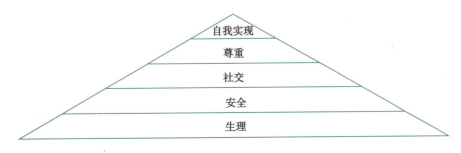

图 1　马斯洛需求层次模型

（一）生理需求

生理需求处于需求金字塔的底部,如食物、水分、空气、睡眠的需求等,它们在人的需求中最重要,也最有力量。患者由于伤病,身体和心理均处于非正常的应急状态,最期盼的就是早日恢复健康状态,所以患者的生理需求格外强烈并具有个性化。一般来说,患者对饮食、排泄、睡眠、温度等都有很高需求,且根据个人病情不同会有一些特殊需求,如少吃多餐、卧床休息、室温保暖等。满足患者的生理需求,能使患者更快、更好地恢复健康。在医疗过程中,医患双方必然首先致力于满足患方因疾病而受影响的生理需求,则往往容易忽略医方的生理需求。但现实中医方可能会由于诊疗工作繁忙或患者病情危急等原因,而无法满足患者对食物、水以及睡眠等的生理需求。

（二）安全需求

安全需求也是人的低级需求,人们需要稳定、安全、受到保护、有秩序、能免除恐惧和焦虑等。除了基础的诊疗安全,患方的安全需求更多是满足心理上的安全感。对于患者和家属来说,未知是相当令人担忧和焦虑的,他们都非常迫切地需要知道伤病的诊断结论、治疗方案、预后结果、康复指导、医疗费用等翔实的信息,以做好充分的心理和相关准备。及时、准确地告知患者和家属这些信息,既是对患者安全需求的满足,也有利于医疗工作的顺利开展。安全稳定、有秩序且能受到保护的医疗环境是医方能够提供医疗服务、实施诊疗方案的基础。

（三）社交需求

社交需求又被称为归属和爱的需求,即一个人要求与其他人建立感情的联系或关系。在狭义的医患沟通中,身体的伤病使患者从原本自主自立的强势状态跌入身不由己的弱势中,往往会引起心理的脆弱或异常,急需获得亲友的关心、体贴及同情,还希望在医院找到归属感,得到医护人员和病友的认同、友谊及情感交流,建立融洽的人际关系,以便更好地诊治伤病。患者的心理相当敏感,他人不经意的言行举止,或是爱的温暖,或是情的冷漠,都会给患者带来心理的冲击,使患者或是信心大增,或是精神萎靡。

广义的医患沟通中,医疗不再是一种相对独立的行为模式,而是与经济社会生活的各行各业有着十分密切的关联,并有相应的依赖性。比如,医疗服务信息需要媒体传播,发展资金需要银行贷款,基本建设需要政府批准,药品设备需要市场提供,等等。在此背景下,患方需要在经济社会生活中获取丰富的医疗资讯和医疗保障,同时医方也迫切地需要社会各界的理解和支持。

（四）尊重需求

尊重需求分为内部尊重与外部尊重,即自尊和希望受到别人的尊重。人人都希望自己有稳定的社会地位,要求个人的能力和成就得到社会的承认。当人患病后,在其身体、心理,特别是社会印象上,人的价值意识会严重受挫,本能地出现维护尊重的需求。因此,患者既需要来自亲友的尊重,还需要来自医务人员的尊重,后者的意义更大,是医患建立合作信任关系的前提和基础。此外,患者和家属尊重医务人员的身份和工作,并与医务人员密切合作,能够让诊疗工作更加顺利及有效。临床实践也证明,依从性好的患者并发症少,康复得更快、更好。所以,从医方的角度,非常希望患方的依从性良好,医方需要获得患方的尊重与配合,与患方共同战胜疾病。

（五）自我实现需求

近些年来,随着经济社会的进步,人们的生活水平和质量显著提高,患者和家属已不再满足医生仅仅控制或治愈了疾病,而是需要有更高质量的健康生存,能如患病前一样继续实现自我的社会价值。

医务人员凭借医疗技术和综合能力为患者解除病痛、维护健康,为社会的文明安康承担责任,从而具有较高的社会地位、声望及价值,这一价值观和思想意识是他们进行职业活动的精神动力。所以,医方的自我实现需求是他们高层次需求中最重要的,且该需求积极进取、健康向上,与社会价值观高度一致。自我实现主要包括业务水平在同行或单位内获得高度评价,提前或按时晋升职称,发表著作或论文,成为教学科研骨干,患者评价良好等。

由此可见,医方与患方在五个层次上都有特定的需求,且在每一时期都会有一种需求占主导地位,其他需求处于从属地位,而主导、从属地位往往会因医患沟通而有所转换。要满足高层次需求,必须先满足低层次需求。例如,当良好顺畅的医患沟通满足了医患双方的社交和尊重需求,双方才会去追求更高的自我实现需求,患者高质量的健康生存需求才能得到满足,而自我实现也会成为医方积极进取的动力,有利于更好地治愈疾病,进一步推动医学的发展。而当高层次需求不能得到满足时,较低层次需求就会成为主导。例如,当糟糕的医患沟通无法满足患方的社交与尊重需求,患方便会将注意力全部集中在安全及生理需求上,并变得异常敏感,往往一些细微的需求都会被放大而引发更大的冲突,此时医方同样会以满足安全需求甚至生理需求为主导,假如伤医事件之后医生"戴安全帽""穿防弹衣"坐诊的行为即为此种需求层次的倒退。此外,个体对需求的追求也有所不同,这就需要通过更加细致的医患沟通来建立更为融洽的医患合作关系。

第五节　学习医患沟通的意义

在日常医疗过程中,乃至社会保健行为中,医患双方的每一句话、每一个动作都是在沟通。学习医患沟通在医学临床实践、医学发展进程以及医学教育中都具有相当重要且深远的意义。

一、学习医患沟通在医学临床实践中的意义

(一)满足医患双方需求的重要途径

医患双方在生理、安全、社交、尊重及自我实现这五个层次上均有各自的需求,只有通过医患沟通,才能互相了解对方,从而满足双方需求,良好的医患沟通是维持和谐医患关系的重要途径。

(二)建立和谐医患关系的必要基础

医患双方虽然抱有治愈疾病、恢复健康的共同期望,但双方的固有认知不尽相同,在医疗过程中需要逐渐统一认知、达成共识,才能建立和谐的医患关系,才能够齐心共同战胜病痛。周一思等学者在调研影响医患和谐的因素时发现,患者认为沟通欠佳(35.9%)是医务人员影响医患和谐的主要因素,其他依次为医疗技术水平问题(23.8%)、责任心差(16.8%)、医德医风不良(14.4%)、服务意识差(9.1%);医务人员认为沟通欠佳(39.4%)是医务人员影响医患和谐的主要因素,其他依次为医德医风不良(18.1%)、医疗技术水平问题(17.4%)、责任心差(13.9%)、服务意识差(11.2%)。可以看出,医患双方虽然对影响医患和谐因素的总体认识有所差异,但双方均认为沟通欠佳是影响医患和谐的最主要因素。可见,医患沟通是医患双方达成共识、建立和谐关系的必要基础。

医患沟通的发展有利于加强医务人员的沟通意识、提高医务人员的沟通能力,有利于患者对医学风险和医学局限性的了解,有利于取得患者的配合和支持,使得医患双方建立良好和谐的医患关系,能够团结合作,朝着共同的目标而努力,这是当前医学临床所必需的。市场经济环境下,出现了许多以往医疗过程中少有的复杂要素,平衡好这些随时都会发生纠纷的因素,需要较强的医患沟通观念和能力,还需要医疗机构建立较科学完善的医患沟通制度和规范,引导全体医务人员为建立融洽的医患关系努力。

(三)营造良好医疗环境的主要环节

医疗服务的过程中,最基本的环节就是诊断、治疗及伴随其中的相关服务。医患沟通在这些环节中发挥了架构作用,有助于医疗环境的营造。

1. 医患沟通有助于更好地诊断疾病　医生需要收集尽可能多的患者疾病相关信息,并进行分析、研究,才能得出比较准确的诊断报告。沟通交流越多,获得的信息就越全面,诊断正确率就越高,误诊率就越低。

2. 医患沟通有助于更好地治疗患者　治疗患者过程中医患沟通作用有三个方面。一是在治疗过程中,患者病情是变化的,因此诊断也应是动态的,医护人员需要随时与患者和亲属沟通,掌握准确的病情信息,不断精确修正诊断并调整治疗方案;二是告知患者及家属真实病情,维护患者知情权,同时征求患者及家属对治疗方案的选择意见,增强医患合作性与患者依从性;三是及时对患者和家属施以不断的积极影响和优良服务,促进医患互动,与患者达成联盟,增强患者信心与抗病能力,减少并发症,增强疗效。

3. 医患沟通有助于妥善解决医患矛盾　由于医疗过程中的风险和种种不确定因素,医患矛盾和纠纷不可避免,重要的是如何使误解、矛盾降到最少,且在发生医患矛盾后,采取恰当的方法化解矛盾。临床实践发现,和谐顺畅的医患沟通能够有效减少误解、矛盾的产生,而在发生医患矛盾后,冷漠、对立、冲突、妥协都不是解决矛盾的良方,只有通过医患沟通才能妥善解决矛盾,且经济成本最低、社会效益最高,使医患双方以及政府和社会都满意。

4. 医患沟通有助于构建和谐社会环境　医患沟通,特别是广义的医患沟通有利于营造和谐良好的社会医疗环境,沟通顺畅、医患互信的大环境不仅会让身处其中的所有人都协同合作、共抗疾病,还能保障社会安定,助力国家发展。2020年新型冠状病毒肺炎疫情暴发,医患双方的沟通欲望及沟通实践达到了空前的高度,除了医务人员、社会媒体等的频繁发声,一次次的疫情发布会也将疫情信息和防控措施及时公布。在充分沟通信任的基础上,才有了医务人员舍身忘己、奋战在抗疫一线,才有了社会大众安心定志、严守防疫要求,让我国的疫情防控和经济复苏走在了全球前列。

二、学习医患沟通在医学发展进程中的意义

(一)医患沟通是医学发展的深层动因

自医学萌芽之时起,患者与医者就通过就医-诊疗的方式共同与疾病做抗争,双方始终恪守沟通协作、合作共存、互利互惠的思维和行为方式,共同使医学从无到有、从少到多、从简到精,使医学一直伴随着人类文明社会的进步共同发展。现代社会中,医患双方又背负起更多、更复杂的共同社会因素,当代医学的深入发展更需要医患双方携手共进。所以,医学是运动和变化发展的,而医患沟通则是医学发展的深层动因之一。

自20世纪70年代美国恩格尔提出生物-心理-社会医学模式之后,这一现代医学模式被全球医学界所倡导和宣传,我国也在不断探索寻找适合实施该模式的发展道路。医患沟通恰恰就是一条通向现代医学模式的新途径和桥梁,它是一个医患接受度高且实际操作性强的实施办法,逐步在医疗实践中真正融入了心理和社会因素。

(二)医患沟通的重要性促成自身的学科化发展

医患沟通涉及政治、经济、文化、教育、法律等广泛领域,由此涉及的学科主要包含医学、伦理学、心理学、法学、哲学、社会学等,而与医学结合的边缘学科则更多,如医学伦理学、医学心理学等。想要建立良好的医患关系,解决医患矛盾,用任何一门学科、一种方法或简单的方案都无法达到目的,必须找到医患之间和谐共存的客观规律,必须将这些学科综合起来分析研究,并在这些领域内进行实践探索。创建医患沟通学科,就是探索一个新的研究方向,建立一个新的实践平台,并以此引导全社会共同研究现代医学所面临的新课题。

三、学习医患沟通在医学教育中的意义

(一)培养适合现代医学教育模式的高级医学人才

高等医学教育的任务应该是适应社会的发展,培养德高、学博、医精、能力强、身心健康的高素质医学人才。随着传统的生物医学模式向生物-心理-社会医学模式转变,其对高等医学教育提出了更高的要求,需要所培养的医生能用一个整体的观念看待疾病,能用全方位的眼光看待患者。

我国的高等医学教育应该勇于创新,积极培养适合现代医学模式的高级医学人才。医患沟通及

其相关学科的开设,是为了优化高等医学教育的结构体系,遵循教育、医学及社会发展的规律,以利于我国的医学教育适应现代高等医学教育发展的需要,加强医学教育中人文精神的培养,对医学生进行更全面、更人性化的培养。

(二) 形成我国医学人才培养的新模式

现代医学教育已经认识到,对医学人才的培养除了需要专业知识和技能,更应注重其人际沟通能力的培养,具有良好的医患沟通能力被认为是由医学生转变成一名合格医生所不可缺少的条件。1989 年,世界医学教育联合会在《福冈宣言》中指出:"所有医生必须学会交流和处理人际关系的技能。缺少共鸣(同情)应该视作与技术不足一样,是无能力的表现。"国际医学教育专门委员会(IIME)在 1999 年制定的本科医学教育《全球医学教育最低基本要求》(GMER)中也细致地描述了医学生必须具备的基本素质,包括职业价值态度、医学科学基础知识、沟通技能、临床技能、群体保健、信息管理及批判性思维等 7 个领域的 60 个指标,其中沟通技能与医学科学基础知识和临床技能一样,被视为独立的基本素质之一。

我国早期的高等医学教育主要借鉴了苏联医学教育的模式,这种模式注重医学生专业技能的培养,而忽视医患沟通能力的培养,医学生对医患沟通的认识无论在观念上还是在技巧上都存在明显的匮乏。随后,医患沟通教育在知识结构上整合了医学生所学过的人文社会科学的课程知识,在医疗的现实环境中进行教学和培养,这既符合教育规律,也符合医学的经验性特征;既有助于提高医学生的医患沟通能力,也有助于形成我国医学人才培养的新模式。

(三) 丰富继续医学教育的人文内涵

医学的人文性、经验性、实践性和非精确性决定了医学教育必须是终身性的,而继续医学教育制度是医生终身教育的基本保证。继续医学教育的内容不能局限于医疗技术领域,要注重人文教育的内涵。医患沟通涵盖了医学与人文的综合应用理论和技能,其成为了继续医学教育的新方向。

(张艳萍)

【思考题】

1. 广义的医患沟通指什么?
2. 医患沟通对满足人的需要有什么意义?
3. 你认为医患在沟通中分别需要了解哪些信息?
4. 试述学习医患沟通的意义。

第一章

沟通基本原理

学习要点

- 熟悉沟通的概念、作用、类型,建立对沟通的初步认识。
- 掌握沟通过程的 7 个要素,了解沟通过程中的常见障碍并学会克服,助力迈出建立良好沟通的第一步。
- 理解沟通相关理论与规律,从理论层面"探秘"沟通,更有效地了解、认识、运用沟通,"通则达",从而形成良性积极的沟通环境。

第一节 沟通的概念与类型

一、沟通的概念

沟通(communication)是指分享和建立共同的看法。我国传播学界和公共关系学界认为沟通是信息和观点的传递、传播、交流和分享。本书是关于医患沟通的教材,因此我们把沟通定义为人与人之间的信息交流过程。它包括以下 3 个要点。

(一)沟通是一个过程

我们经常认为沟通发生在离散的语言中,如一个人的话语。但事实上,沟通是一个持续不断的过程。在生活中可能有人通过他们的言行改变了你的看法。这种变化通常是随着时间的推移而发生的,而不是瞬间发生的。例如,新认识的朋友在首次见面时向你表示他是一个活泼开朗的人,但基于初次沟通,你对这位新朋友的"活泼开朗"并不确信;但当你在多次与其沟通后,这位新朋友处处表现出了他活泼开朗的个性,你也逐渐确认并确信了这位新朋友是活泼开朗的。反过来,假若这位新朋友在后续的交流沟通中表现出了忸怩、羞涩、怯弱等,你将对这位新朋友自诩的活泼开朗产生怀疑甚至否定。这个简单的例子表明,把沟通当作孤立事件的发生是不准确的,也就是说沟通是一个连续的过程,单向的沟通并无法让我们对事物或事件本身产生清晰的认识。

(二)沟通具有互动性

沟通不是我们对他人所做的事情,而是我们与他们一起做的事情。互动的沟通就像跳舞一样,是一种独特的创造,产生于与合作伙伴之间的互动,不同的合作伙伴会产生不同的碰撞火花。作为个体,在与父母、爱人、朋友、陌生人等不同"合作伙伴"沟通时,会产生不同的化学反应:之于父母,沟通中带着敬爱;之于爱人,沟通中带着宠爱;之于朋友,沟通中带着信任;之于陌生人,沟通中带着警觉。而我们常见的教师与学生,也是一对具有代表性的"合作伙伴",二者的沟通极具互动性,也极为值得探讨。例如,教师对一些学生持消极态度,可能会对他们有轻微或明显的不喜欢的表现。因此,这些学生可能会对老师的行为做出负面反应,这就强化了教师原有的态度。在这个例子中,我们也必须清楚地认识到,要对"合作伙伴"负责的,并非只是其中的一方。沟通是具有互动性的,所以在遇到互斥的"合作关系"时,最好的处理方法是冷静思考一番:"沟通双方之前是如何糟糕地处理这种情况的,双方能做些什么使关系变好?"

14

（三）沟通以符号为载体

符号是信息的外在形式或物质载体，是信息表达和传播中不可缺少的一种基本要素。符号通常可分成语言符号和非语言符号两大类，这两大类符号在传播过程中通常是结合在一起的。符号使得沟通成为可能，也使得沟通更为便捷。人之所以区别于动物，就在于人具有运用符号的能力，并有心智。道理很简单，人类为了避免"鸡同鸭讲"，往往用符号表现同一事物，并借此进行交流沟通，而且值得注意的是，沟通符号在形式上是具有任意性的。例如，中国人称为"书"，美国人称为"book"，西班牙人称为"libro"，德国人称为"Buch"，看似有 4 个符号（"书""book""libro""Buch"），但并不影响沟通双方的交流，因为这 4 个符号指向的是同一事物。当然，现实中还有许多值得玩味的沟通现象，如情侣在吵架后，对"对不起，我错了"这句话（符号），可能会得出不同的含义，要么被对方认定为是"诚恳的认错"，要么被对方认定为是"敷衍式的认错"。可见，人们对彼此的感觉在很大程度上取决于他们如何解释彼此的行为。一个词或一个动作的意义与我们赋予它的意义有关。

二、沟通的作用

（一）身体的需要

沟通是如此重要，它是身体健康的必要条件，与我们的生存密切相关。有关孤儿院和收养中心的研究表明，沟通对婴儿的存活以及生长都非常重要。实验发现，增加与早产儿的沟通，并对他们进行按摩，可以提高早产儿的存活率并帮助他们实现正常成长。沟通对成人的生理健康也至关重要，当人们长时间缺乏与他人的沟通时，他们的身体健康状况将会恶化。孤独的人通常会经历异常高水平的疼痛、抑郁和疲劳。在社会上，被孤立的人同参与社交的同龄人相比，更容易生病和死亡。很多研究证据表明，孤独不仅影响人们的心理层面，还可能导致他们体内化学物质的变化，损害他们的免疫系统。缺乏良好的沟通甚至会影响人们的寿命，澳大利亚一项长达 10 年的纵向研究发现，在控制年龄、收入、疾病、生活方式等多个变量之后，沟通良好的人拥有更长的寿命。

（二）认同的需要

自我认同感，即我们认为自己会是怎样的一个人。苏格拉底有一句名言："认识你自己。"他不仅认为我们每个人都有认识自己的需要，而且有认识自己的必要。心理学家埃里克森认为，"认识自己，并了解自己想成为什么样的人"是青少年所要解决的核心问题。如果一个人没有建立起良好的自我认同感，那么他们大多有着较低的自尊水平，没有明确的生活目标，也不能很好地胜任各种社会角色。那么人们如何获得自我认同感呢？获取自我认同感的方式、途径有许多，比如一张奖状、一个问题的解决等，都能让人们获得自我认同感。此处，我们重点从沟通角度谈谈其对自我认同的重要性。人们可以通过与他人的交流、通过他人的反馈来认识自己，从而获得自我认同。例如，人们认为你是性格内向的人，那么你也会认为自己是一个性格内向的人。同时，自我认同也是不断发展变化的。我们可以在与他人的沟通中不断完善自我认同，积极寻求生活目标与人生意义，成为理想中的自己。在美国曾经发生一个事例：有一个叫安娜的女孩儿，因为是私生女，所以一直被外祖父藏在家中的小阁楼里，每天只给她提供维持生命的食物和水，却不让她接触外界和其他人，也就是说，剥夺了她参与社会交往的机会。当人们发现她时，她已经 9 岁了，可是却不会走路、不会讲话、不会保持个人卫生，甚至不会自己吃东西。她目光呆滞，对周围的世界毫无兴趣。这说明一个人来到这个世界时几乎没有任何认同感，只有在与他人沟通过程中才能不断成长，从别人定义我们的方式中了解我们是谁。特别是在幼儿时期，接触的信息最强烈，对我们产生的影响可以贯穿我们的一生。

（三）社会的需要

沟通具有社会属性，因为沟通是人的沟通，而人是具有社会性的。每个人都生活在社会中，需要与家人、同学、同事、朋友等进行人际交往。沟通是人与人之间、人与组织之间、组织与组织之间传播信息与思想、完成特定目标、实现共同发展的桥梁。人们可以在沟通中满足的一系列社会需求：快乐（例如，"因为很有趣""玩得开心"）；影响力（例如，"帮助他人""让他人知道我在乎他"）；归属感（例如，"我需要有人和我说话或是在一起，因为这让我不那么孤独"）；放松（例如，"因为可以让我感到轻松"）；控制感（例如，"我希望有人为我做一些事情"）。

（四）实践的需要

沟通在日常交流中发挥着极其重要的作用。沟通是一种工具，如它让我们告诉发型师哪里需要修剪，告诉医生哪里需要治疗。除了这些明显的需求，大量研究表明，在各种日常环境中，沟通是提高效率的重要因素。如雇主在求职者的职业交流中寻找的品质有多项与沟通有关，其中包括与团队成员良好合作的能力、口才好、文笔生花、善于影响他人。除此之外，工作之外的交流同样重要。例如，我们通常与知心朋友们相处得很好，认为他们是好的沟通者、善于倾听者，并愿意与他们分享自己内心的感受。

三、群体沟通的类型

群体沟通的类型有很多种，根据沟通的组织，沟通可分为正式沟通、非正式沟通；根据沟通的方式，沟通可分为言语沟通与非言语沟通；根据沟通方向的可逆性，沟通可分为单向沟通、双向沟通；根据沟通的流向，沟通可分为上行沟通、下行沟通和平行沟通。

（一）正式沟通与非正式沟通

1. 正式沟通   正式沟通是通过正式的组织程序，依照组织结构进行的信息沟通。这种沟通的媒介物和线路都是经过事先安排的，因而被认为是正式而合法的。正式沟通一般发生在正式的群体中，比如会议、工作团体、公众演讲等。美国学者第维特把这种网络分为 5 种形式，根据信息的流通方向，将正式沟通分为如下几种类型：链式沟通、环式沟通、Y 式沟通、轮式沟通、全通道式沟通，见图 1-1。不同模式的沟通适合不同性质的群体。链式沟通更适合分层级授权管理的群体。Y 式沟通是一个纵向沟通的层级模式，集中化程度较高，但成员满意度较低。轮式沟通有一个沟通核心人物，与每个成员都有双向沟通渠道，因而有较高的沟通效率。环式沟通中，相邻的成员都可以进行沟通，集中化程度较低，成员满意度较高。全通道式沟通最大的特点是信息在成员之间自由传递，有利于彼此关系的建立和维持，但缺乏领导。总之，生产型群体需要尽快决策并保持有效的领导，采取轮式沟通为佳；娱乐型群体则旨在促进群体成员的沟通和情感联系，以环式沟通和全通道式沟通为佳。

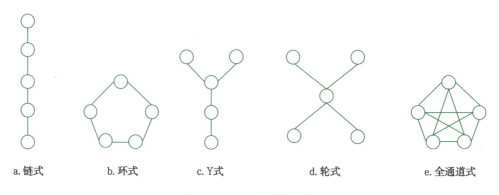

a. 链式   b. 环式   c. Y 式   d. 轮式   e. 全通道式

图 1-1　正式沟通网络图

2. 非正式沟通   非正式沟通，即不按照正式的组织程序进行的沟通，其信息传递的媒介和路线均未经过事先安排，具有很强的随意性、自发性。非正式沟通主要分成 4 种沟通网络：单串式（每个人只告诉另外一个人）、流言式（每个人告诉所有人）、偶然式（每个人随机地告诉其他人）、集束式（有的人告诉其他人），见图 1-2。非正式沟通经常发生在人与人之间的社会交往中，如亲朋好友的聚会、家庭沟通等。非正式沟通的明显特点是信息传递速度快，但失真比较严重。在正式群体中存在非正式沟通，小道消息的传播就属于非正式沟通。对非正式沟通可以采取"管理"的态度进行引导和利用，以便更好地扬长避短。

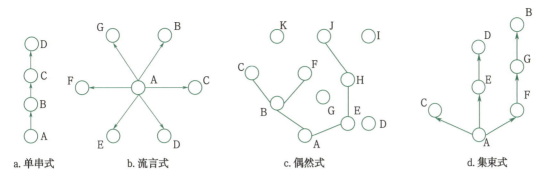

图 1-2　非正式沟通网络图

(二) 言语沟通与非言语沟通

1. 言语沟通　言语沟通是指以语词符号为媒介进行的沟通,包括词汇和语法两个部分。词汇是语言的基本组成要素,通过词汇可以表达态度、情感、事物特征或者关系等。但由于词汇具有多义性,因此在每一句话中都必须明确词汇所表达的具体含义,沟通过程才不会出现误解。此外,不同国家和地区对同一词汇的理解也不尽相同。例如,很多以英语为母语的国家对同一词汇的用法可能存在较大差别。语言是人与人之间进行感情和信息交流的工具,是一种重要的行为方式。在医务工作实践中,语言是诊疗的重要手段,良好的语言艺术技巧,能达到更好的诊疗效果,营造和谐的医患关系。研究发现,医生沟通时的语调更友善、回答患者问题时的态度更温和、医生提供积极信息时更多使用缓解气氛的幽默用词等,可提升医患沟通的效果。

2. 非言语沟通　非言语沟通是通过非语言符号,如手势、表情、接触、体态、身体距离以及标志符号等实现的沟通。非言语沟通的实现包括三种方式,第一种为通过目光、表情、手势和身体动作等进行的沟通;第二种是通过静态身体姿势、空间距离和衣着打扮等进行的沟通,这 2 种非言语沟通被统称为身体言语沟通;第三种是通过非语词的声音,如声调的变化、停顿、重音、哭和笑等进行的沟通,非语词的声音也称为副语言。与言语沟通相比,非言语沟通具有更加直观、迅速的特点。美国心理学家艾伯特·梅拉比安经过研究认为:信息的全部表达 =7% 语言 +38% 语音和声调 +55% 动作和表情。面部表情、身体姿势和动作等都可以表达一个人的真实态度与情感。例如,紧张的人可能表现为坐立难安,双臂交叉于胸前可能表明这个人处于防卫状态。相较于言语沟通,非言语沟通传递的信息也更为真实。因为人们所表现的眼神、表情、姿势和动作等大多是在无意识层面上完成的。无声语言的交流在沟通中的重要性堪比有声语言。例如问诊时,医生紧锁的眉头或摇头看似无声,可能给患者带来更巨大的心理压力。这些非语言动作也是一种交流,尽管没有任何语言。

(三) 单向沟通与双向沟通

按沟通方向的可逆性,沟通分为单向沟通、双向沟通,这是以信息源及接收人的位置来区分的,二者位置不变的是单向沟通,例如作报告、大型演讲等。在双向沟通中,信息源及接收人的位置可以不断变化,信息沟通与信息反馈多次往复,例如交谈、协商、谈判等。人际沟通是双方的事情,如果一方积极主动,而另一方消极应对,那么沟通是不会成功的。忽视沟通的双向性,结果可能导致双方误会加深,最终分道扬镳。例如,在医院中为加强内部的沟通管理,应强调沟通的双向性。作为管理者,应该有主动与员工沟通的胸怀;作为员工也应该积极与管理者沟通,说出自己心中的想法。只有大家都真诚地沟通,双方密切配合,医院才可能发展得更好、更快。

(四) 上行沟通、下行沟通和平行沟通

上行沟通是自下而上的沟通,指在同一组织系统内,较低层次人员向较高层次人员进行的沟通,如请示、汇报、要求和意见申诉等。下行沟通是自上而下的沟通,指在同一组织系统内,较高层次人员对较低层次人员进行的沟通,如命令的传达、计划的布置和程序规则的颁布等。平行沟通属于横向沟

通,指组织内部同一层次人员之间的沟通。平行沟通可以帮助不同部门、单位之间相互了解、协调工作。例如,高层管理者之间商议决策、中层管理者之间协调工作、生产工人之间交流技术等都属于平行沟通。在医院管理中,高层管理者要想在领导班子中形成一种和谐的感情氛围,消除同事之间在心理上的隔膜,增进彼此之间的感情,关键在于进行有效的平行沟通,如专心听取意见、边听边分析、讲究语言艺术等。

第二节　沟通的过程

一、沟通过程的要素

　　沟通是信息交流的过程,信息发送者先对信息进行编码,将其转化为信号形式,然后通过信息通道传送到信息接收者处,信息接收者对收到的信息进行编码,这样就实现了信息在个体之间的传递。概括地说,各种各样的沟通过程可以用一模型图来表示,包括 7 个组成部分:信息源、信息、通道、信息接收者、反馈、背景和障碍,见图 1-3。

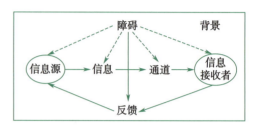

图 1-3　沟通过程及其组成要素

(一) 信息源

　　信息源是具有信息并进行沟通的信息发送者。信息源可以是个人,也可以是组织。他们作为沟通过程的源头,决定沟通对象以及沟通的目的。信息发送者在进行沟通前,首先需要选择、整理将要沟通的信息,然后将这些信息转化为信息接收者可以接收和理解的形式,如书面文字、口头语言或动作表情等。信息发送者作为信息的源头,决定了信息是否可靠、沟通是否有效。影响信息发送者发送的信息的可信度的因素有很多,主要包括社会地位、沟通意愿、专业知识、外表形象、道德品质、价值观等。通常情况下,具备较高社会声望、专业知识丰富、道德品质良好的人在与人沟通时往往更容易获得对方的信任与认同。

(二) 信息

　　信息是信息源试图传达给信息接收者的内容,但由于个人并不能直接理解他人的感受,因而信息发送者必须将自己想要传达的感受转化为他人可以觉察的信号。在各种符号系统中,最重要的是语词,语词可以是声音信号,也可以是文字符号。信息发送者把要传递的信息转换为符号的过程便是编码。大多数时候,我们很少意识到编码过程的存在,但是编码却是沟通过程中极为重要的一个环节,信息编码的质量会直接影响沟通的效果。例如,编码会影响信息的还原度,无论是口头语言、书面语言,还是非言语沟通都会导致信息量的损失与信息内容的失真,从而影响信息接收者对信息的接收和理解。所以信息发送者的语言表达能力、是否有意过滤信息等,对信息沟通的效果有着至关重要的影响作用。信息发送者为了使信息顺利传达到信息接收者,就必须正确、有组织地使用语词。

(三) 通道

　　沟通的通道指的是沟通媒介,任何信息都需要通过一定的媒介进行传播。随着信息技术的快速发展,沟通通道日益多样化,常见的沟通通道包括面对面、书面媒介、电话媒介和电脑媒介。书面媒介沟通主要用于要求严格、需要记录备案的沟通,如合同契约、标书、涉及法律问题的文书、报告、演讲及新闻发布会等,其最主要的优势是准确、严谨、便于复查。电话媒介沟通是一种较为传统的沟通方式,传递的信息量偏少,但是其具有一个明显的优势,就是信息的反馈速度快,信息发送者可以在电话沟通过程中及时得到信息接收者的反馈。电脑媒介沟通包括电子邮件、社交软件等,其优势是传递的信息量大且准确,可以传递音频和视频。当沟通的信息量较大时,电脑媒介沟通是一个不错的选择。在各种沟通通道中,面对面沟通仍然有着最大的影响力。因为面对面沟通不仅可以传递语词本身的信

NOTES

息,还可以表现出沟通者的态度、情绪等心理状态的信息,能更有效地传递思想,使信息接收者与之产生共鸣。

(四) 信息接收者

信息接收者指接收来自信息源的信息的人,也就是听众。信息接收者在接收到来自信息源的各种声音、语词、符号后,必须根据自己已有的知识经验,将其转换为信息源想要表达的观念、情感等,然后用自己的思维方式理解这些信息,这个过程称为解码。解码包括两个层次:一是还原信息发送者的信息表达内容,二是正确理解信息发送者想要表达的真实含义。只有当信息接收者对信息的理解与信息发送者传递的信息含义相同或接近时,沟通才会顺利进行。但是由于信息源和信息接收者拥有不同的生活经验、文化背景和主观经验世界,二者对同一信息往往有着不同的理解。因此,信息接收者对于信息源所传达内容的理解是有限的,信息发送者试图表达的意思并不一定能被信息接收者完全准确地理解,这也是在沟通过程中诸多误会产生的原因之一。因此,为了保证沟通的准确性和有效性,了解沟通双方的生活经历、文化背景、个性、需求等是十分有必要的。

(五) 反馈

沟通中信息接收者不断地将沟通的结果再回送给信息源,使其进一步调整沟通,从而形成一个沟通的回路,这个过程就是反馈。举个简单的例子,信息发送者发出"吃了吗?"的信息,信息接收者作"吃了"的回应,这就完成了有效的沟通反馈。反馈的形式是多种多样的,例如,口头反馈与书面反馈、言语反馈与非言语反馈、直接反馈与间接反馈、及时反馈与延迟反馈等。反馈从本质上讲分为3类:正反馈、负反馈以及模糊反馈。正反馈指信息接收者接受并正确理解了信息的真实含义;负反馈指信息接收者没有接受或没有正确理解信息的真实含义;模糊反馈指接收者对于信息源的信息反应处于不确定的状态。反馈不一定来自信息接收者,信息发送者也可以从自己发送信息的过程或已发出的信息获得反馈。例如,当信息发送者发现自己的表述不够清晰、难以理解时,自己就可以做出调整,这种反馈为自我反馈。

(六) 背景

背景是指沟通发生的语境。语境不仅指物理位置,还指参与者在沟通中本身具有的经验和文化背景。它影响沟通的每一个环节,同时也是影响整个沟通过程的关键因素。例如,沟通双方如果是雇主和员工,雇主可能很难理解员工的想法,而员工也很难理解雇主的处境。又如,沟通双方如果是父母和孩子,父母可能很难回忆起他们的童年,而孩子也很难理解父母的诸多责任。由此可见,不同的语境背景会使得沟通变得更加困难。沟通双方由于来自不同的文化背景,有时沟通很难有效实现。同样的手势在不同文化背景下的含义截然不同,这时容易出现文化障碍。例如,手心对外,将示指和中指竖起分开,形成"V"字。这个手势在相当多的国家里表示"胜利""成功"的意思。然而,"V"字手势在英国则代表辱骂的意思,与我们理解的胜利相去甚远。

(七) 障碍

在实际生活和工作中,从信息发送到信息被接收的沟通过程并非都是畅通无阻的,人类的沟通经常发生障碍。沟通障碍是指会给沟通过程增加困难或使双方没能很好地完成沟通的因素。信息从编码、发送、接收、解码到反馈,每一个环节都可能存在噪声或受到干扰。具体来说,沟通障碍既可能来自信息发送者,也可能来自信息接收者;既可能来自信息的输出过程,也可能来自信息的反馈过程;既可能来自编码的问题,也可能来自译码的失误;既可能来自媒体选择与运用不当,也可能由于时机把握不科学。这些障碍有组织的,也有个人的。在沟通过程中,合理组织有利于优化信息沟通的效果。如果初始的信息发送者与终端的信息接收者之间存在较多的中间层次,那么信息传递的过程就会耗费大量的时间,造成信息的失真与浪费。有研究指出,如果信息在信息源的正确性是100%,信息在传递的过程中经过了较多的中间层次,那么信息到达最终接收者时的正确性大概率不会是100%。沟通的个人障碍主要指沟通受到信息发送者和信息接收者个人因素的影响,造成沟通过程不顺畅、沟通效果不理想,例如沟通目的不明确、沟通思路不清晰及信息传递时间、渠道、沟通对象的选择失误等个人因素均会造成沟通障碍。

二、沟通障碍的克服

在实际的沟通中,并不是每一次的沟通过程都能达到信息的准确传递和理解,因为各种各样的障碍会影响沟通的质量。下面将从6个方面对沟通障碍的克服方法进行简要介绍。

(一)做好沟通的准备工作

首先,要明确自己的沟通目的,并选择恰当的沟通渠道;其次,整理沟通思路,管理沟通信息,使得要传递的信息清晰有重点;再次,注意沟通信息的时效性,避免沟通不及时、优柔寡断导致信息价值的降低;最后,选择合适的沟通环境,例如整洁舒适、免打扰、保密性强。

(二)更多地使用双向沟通

双向沟通的优点是信息发送者可以及时收到信息接收者的反馈,从而提高沟通信息的准确性。一个完整有效的信息传递过程应包括信息接收者对信息所作出的反馈,以便确认信息接收者接收并正确理解了信息发送者想要传达的真正含义,避免发生错误。信息发送者通过信息接收者的反馈,可以进一步检验沟通是否达到理想效果。

(三)正确运用语言符号

在沟通过程中能否正确运用表现符号是至关重要的。在正确运用语言表现符号时首先要选择合适的语词,措辞恰当、通俗易懂,语言文字要规范化。同时,可以使用图表符号等,可以起到对语言符号的补充说明作用,且更直观易懂。

(四)面对面沟通

心理学家研究发现,在各种沟通渠道中,运用最为广泛的、影响力最大的沟通方式是面对面沟通。面对面沟通在传达语句本身信息的同时,还能表现出沟通者的整体情绪状态的信息,信息接收者更容易了解到信息发送者的内心世界,达到主观共识。

(五)学会换位思考

沟通过程中,沟通者应学会换位思考,站在对方的角度与立场上多加考虑,避免过度地将自身的主观因素带入信息交流的过程中,提高沟通信息的客观性与准确性。

(六)在沟通过程中尊重文化差异

不同文化背景下的交流可能存在误解,但正是因为文化的多元化,我们才需要不断进行文化间的交流与学习。在向世界传播我们优秀文化的同时,也吸收、借鉴他国优秀文化,做到共同发展、共同进步。

第三节　沟通相关理论与规律

一、沟通相关理论

了解沟通的相关理论与规律,有助于人们从理论角度更深入地认识沟通,并通过"理论指导实践",让人们更加了解自己、了解他人,进一步学会沟通,实现有效沟通。

(一)人际相互作用分析

人际相互作用分析也称交流分析,是由美国精神分析学家柏恩于1959年创立的一种心理治疗的理论和方法。柏恩把人的自我状态分成3种:父母状态(P)、成人状态(A)和儿童状态(C)。这3种不同的心理状态存在于每个人身上,但这3种状态在每个人身上所占的比例不同,因此形成了不同的人格特征。由于人格特征的不同,人们在不同的情况下会不自主地选择不同的状态,进而表现出不同的言语、行为方式。

1. 父母状态(P)　父母状态是由父母或父母型人物的行为内化来的,是一大堆装在脑子里的个人早年获得的印象深刻的外部经验,包括"必须"和"应该"。父母状态是"教诲的""权威的",甚至带有"强迫的",通常表现为个体总是试图控制别人,企图别人按照自己的要求做事,喜欢批评教育他人。当然,父母状态同时也表现为注重责任感、有着严格的道德标准和价值观念。

2. 成人状态(A)　成人状态则是针对目前现实情况,自主性行为、想法、感觉的组合体。成人状态的特点是强调事实和数据,做选择和决定时都十分理性,往往是"审时度势的""揆情度理的"。当一个人处于成人状态时,其想法、行为和情绪都是针对现实事件的具体反应,包括理清事实,客观地对信息进行加工、分类、处理,理性地进行决策。

3. 儿童状态(C)　儿童状态是一套自个人童年遗留下来的行为、想法、感觉,往往是"与生俱来的""顺从的""情绪化的"。儿童状态可以分为适应型儿童状态和自由型儿童状态。适应型儿童状态的个体往往以生存为目的,同时更多希望获得别人的认同,因此也就更多顺从外界权威所规定的种种规则。自由型儿童状态的个体表达情感的方式像婴儿一样,习惯性地以自我为中心,更加"可爱活泼""好动好玩"。

相互作用分析理论认为,成人状态不像儿童状态那么脆弱、冲动、情绪化、忧虑,也不像父母状态那么陈旧、恪守惯例,相互作用分析的目的是通过分析相互作用的类型,帮助人们确立一个"中正"且强有力的成年状态,既脱离儿童状态的"盲目",又脱离父母状态的"盲从",从而促进人的成熟成长,建立良好的人际关系。

(二)沟通视窗理论

1969 年,美国心理学家乔瑟夫和哈里提出沟通视窗,又叫"乔哈里视窗"。乔瑟夫和哈里对人际沟通进行了深入研究,将人际沟通的信息比作一个"视窗",根据"自己知道 - 自己不知"及"他人知道 - 他人不知"这两个维度,以及人际传播双方对传播内容的熟悉程度,将人际沟通信息分为 4 个区:开放区、盲目区、隐藏区和未知区。4 个区占比的变化将对个体与他人的沟通产生不同的影响效果,只有当 4 个区域合理融合时,人的沟通才是有效的。

1. 开放区　开放区是指自己、他人都知道的信息,如一个人的姓名、学校、家庭基本情况、经历等。开放区具有相对性,如有些信息对 A 来说是可以公开的,而对 B 来说可能属于隐私、不愿公开的。在我们的现实生活中,沟通双方具有越多的共同开放区,沟通过程也就越顺畅,也就越不容易产生误会。当一个人的开放区较多时,我们会感觉他是一个乐于交往、善于交往、性格随和的人,对于这样的人,我们往往也会更加信任、更倾向于与他合作共事。

2. 盲目区　盲目区是自己不知道、别人可能知道的信息,如自身的一些缺点。"当局者迷,旁观者清",很多时候我们存在自己意识不到,但是别人可以看到的缺点。"经常为自己的错误找借口""过分自大"等就是常见的盲目区,而这些盲目区往往让我们自己"不识庐山真面目"。如果一个人的盲目区比较大,那他就有可能是一个不拘小节、夸夸其谈的人,甚至可能发展成为浅薄与盲目自信的人。他自己有很多不足之处,但自己意识不到,别人却可以轻易地发现。造成盲目区过大的原因是他在与人沟通时表达得太多,提问得太少,只"沉浸"在自己单向的输出中,所以无法获得别人对他的反馈。

3. 隐藏区　隐藏区是自己知道,但别人却可能不知道的信息,如一个人的心愿、秘密等。完全没有隐藏区的人是不存在的,我们每个人都有属于自己的隐私,这是自我保护的需要。一个人的隐藏区越大,那么相对应的,他的公开区就越小,别人不知道的信息就越多。这样的人,给人的直观感受是"神秘的""封闭的"。在实际人际沟通中,我们很难信任一个自己完全不了解的人,也就更不容易产生合作的意愿,甚至会引起我们的防范心理。所以,适度地打开隐藏区是提高沟通成功率的有效办法。

4. 未知区　未知区是指自己与他人都不知道的信息,如自己与他人都尚未发现的个人才能、天赋,甚至疾病等。通过某些偶然或必然的与他人的沟通,我们可能从别人的沟通反馈中挖掘到自己尚未意识到的潜能,借此发现自身的"新大陆"。值得注意的是,如果一个人的未知区始终较大,那么他往往是不善沟通甚至是拒绝沟通的,这对于个人发展而言无疑是有碍的,甚至可能导致各种机会的错失。

从 4 个区占比不同的影响看,为了提高我们的人际沟通水平,要积极扩大自己的公开区,获取信任,多询问别人;缩小自己的盲目区;主动告诉别人一些"隐私"信息,打开自己的隐藏区;同时勇于探索未知区。

(三) 沟通漏斗理论

在沟通的过程中存在一个重要的原理,叫作漏斗原理,就是自己并不能完全传达想要传递的信息。沟通漏斗呈现的趋势由上至下逐渐减少,简单来说,就是"言难由衷",就是你想要传递 100% 的信息,而你可以表达出的信息量却只有 80%,别人接收到的信息量可能只剩下 60%,正确理解到的信息可能只剩下 40%,而最后采取的行动仅有 20%,这就是沟通漏斗理论。因此,为了减少沟通漏斗的产生,要明确沟通的内容,选择适当的沟通渠道,在团队合作中配合默契,从而避免他人不全面地或错误地理解,影响沟通效果。

(四) 社会系统理论

美国管理学家巴纳德将组织看作是一种社会系统,这是一种人与人之间的协作系统,它隶属于社会大系统,并受到社会环境各方面因素的影响,这个理论称为社会系统理论。巴纳德还指出,只要协作系统是正式的组织,不论它的规模大小、级别高低,都包含了 3 个最基本要素,即协作意愿、共同目标以及信息的沟通。只有成员之间进行有效的信息沟通、密切联系,组织才得以存在并进行活动。而在信息沟通过程中,成员的协作意愿和组织的共同目标是促使沟通顺利进行的必要条件。巴纳德指出,为了保障信息沟通的有效性,就必须遵守以下几个沟通守则:组织成员需要了解信息的沟通渠道;组织内的每个成员均需要有一个正式的信息沟通线路;信息沟通必须完全按照这些正式的路线,不能跳过某些层次,以避免矛盾和误解的产生;信息沟通的路线应尽量方便快捷,信息沟通中心的每一个成员都需要发挥作用,信息沟通期间的路线也不能中断,信息沟通需要体现出权威性。

(五) 罗杰斯的个人中心理论

心理学家卡尔·罗杰斯在心理治疗中提出了"以来访者为中心"的疗法。这种疗法认为每一个人都具有积极向上、自我疗愈的潜能,也就是说"每个人的内心都有一股向上的力量"。在大多数情况下,人们可以理解自己,也可以解决自己的问题,治疗师不需要进行直接干预,只要提供合适的治疗环境并进行积极的引导,人就会向着好的方向发展。罗杰斯认为该理论在人际沟通中同样适用,其在《个人形成论》一书中对人际关系进行了详细的论述。他认为想要获得良好的人际关系就必须遵循 3 个原则:①学会倾听;②真诚一致;③爱的给予及接受。在人际沟通中,首先要学会倾听,倾听是沟通的起点,只有安静倾听,走进对方的内心世界,并保持真诚的态度,接受对方的思想观念,并给予理解、关心和爱,才能真正拉近沟通双方的心理距离,更容易实现沟通者之间的信息交流。

(六) 萨提亚模式

美国首位家庭治疗专家维琴尼亚·萨提亚创建了萨提亚模式,又称为萨提亚沟通模式。萨提亚模式的最大特点是注重提高个人的自尊、改善沟通及帮助人活得更"人性化",治疗的最终目标是个人达致"身心整合,内外一致"。萨提亚提出了 5 种沟通姿态:讨好型、指责型、超理智型、打岔型、一致型。从人们习惯性的行为表现很容易识别不同的沟通类型:①讨好型的人往往倾向于让步、取悦于人、依赖、歉疚;②指责型的人惯于攻击、经常批判、易于愤怒;③超理智型的人顽固、僵硬、刻板、一丝不苟;④打岔型的人不安定、插嘴、打扰、活力过多或不足;⑤一致型的人善于承认自己所有的情感,能很好地表达自己的想法,同时顾及他人的感受,考虑到情境。萨提亚认为,一致型沟通是根据自己的需要和期望作出的反应,而不是仅仅为了摆脱困境,是自由地运用智慧,而不损伤情感和精神。最好的沟通是兼顾情景、自己的感受和他人的感受而综合做出最优选择的沟通模式和姿态,因为自我的感受、他人的感受和情景的要求全部得到了应有的关注和尊重,与自我、他人、情景都完美地做到了共情。

二、沟通中常见的心理规律

心理规律是社会生活当中较常见的心理现象和心理效应,在沟通过程中,信息源、信息、通道、信息接收者等各方面也存在着一些心理规律,正确地认识、了解、掌握并利用这些心理规律,对我们提高沟通效果和人际交往水平都具有非常重要的作用和意义。

(一)权威效应

权威效应,又称为权威暗示效应,是指一个地位较高、比较有威信、受人敬仰的人所说的话以及所做的事会很容易引起其他人的重视,并让他们相信这些是正确的。出自安全心理,人们总是认为权威人物的思想、行为和语言在多数时候都是正确的,按照权威人物的要求去做不太容易出错,更加保险。其次,人们普遍有一种认可心理,认为社会要求和权威人物的要求经常是一致的,如果遵从权威人物的指示,自己也会得到他人的认同。因此在安全心理和认可心理的作用下诞生了权威效应。

美国心理学家曾做过一个实验:在给某一所大学的心理学系学生们讲课时,向学生们介绍了一位来自外校的德语教师,说这位教师是来自德国的权威化学家。试验过程中这位“化学家”煞有其事地拿出一个装有蒸馏水的瓶子,说这里面装的是他最近在研究中发现的一种化学物质,可以闻到气味,所以请在座的学生闻到气味时就举手,实验结果是大多数学生都举起了手。蒸馏水无色无味,但是为什么大多数学生都举手了!“权威效应”很好地解释了这种现象,因为学生们都认为这位德语老师是权威的化学家,并且认为专家的话不会错,所以大多数人选择顺从“权威”。

所以,在沟通的过程中,即使是来自权威者的信息,也应该保持独立思考的能力,不能盲目跟从、“随波逐流”。在尊重权威的同时,要勇于质疑、勇于问难,这才是对待“权威效应”的正确态度。

(二)阿伦森效应

阿伦森效应,即个体的态度会随着奖励的减少而渐渐消极,也会随着奖励的增加而渐渐积极。简单来说,人们喜欢那些对自己的喜欢、奖励、赞赏不断增加的人,相反地,不喜欢那些对自己的喜欢、奖励、赞赏不断减少的人。

有一个特别著名的心理学实验——阿伦森实验。阿伦森实验将实验人员分为4组,4组人员同时对某一人给予不同的评价,然后观察被评价人员对哪一组人员最具有好感。第一组始终对这个人赞赏有加,第二组始终对这个人贬低否定,第三组对这个人先赞后贬,第四组对这个人先贬后赞。这个实验进行了数十次,结果发现大部分被评价人员都对第四组人员最具好感,而对第三组最具反感。由此可见,赞美和贬低的过程都让人有强烈的反应,由贬低到赞美的这样一个变化过程会让对方的愉悦感受最大化;反过来,由赞美到贬低会让对方产生一种最大化的反感。

因此,在日常人际交往中想要获得更积极的沟通互动,就应该多表扬、少批评。同时,想要获得一个人的好感,要做的不仅仅是夸赞,还要学会先“贬”后夸。因为当人们在被批评时,会产生失望、厌恶等负面情绪,而从批评转到表扬的过程中,也会伴随着情绪从消极到积极的转变。所以,先“贬”后夸其实就是通过把握被评价人的情绪变化来博得、强化其好感。很多人在沟通时意识不到这种情绪上的变化,但它确实影响着沟通效果。因此,无论是在日常生活的人际沟通中,还是在谈判、销售的过程中,灵活运用阿伦森效应,都可以达到事半功倍的效果。

(三)睡眠者效应

睡眠者效应,是指由于时间的流逝,人们渐渐忘记信息传播的来源,而只剩下对传播内容的模糊记忆的现象。目前对这种效应最好的解释是,人类对目的来源的认知会随着时间逐渐减弱,而对表达内容的认知减弱速度会更慢一些。也就是说,我们忘掉信息从哪里来要比忘掉信息内容更快一些。

举个简单例子,在销售过程中,广告主通常在传播过程中向消费者施加魔弹般的影响力,以达到击中受众购买欲望的广告效果。富有影响力的手段包括借助高可信性的信源、有影响力的媒体和有吸引力的代言人,这些都成为广告主的首选,但结果却是亦喜亦忧,其中不乏睡眠效应的表现。例如,重金打造的名人广告,起初确实创造了轰动效应,极大地吸引了人们的眼球,但随着此策略被越来越多的广告主采用,受众随之出现了审美疲劳,"听我的没错"式的简单告知已无法轻易获得受众的信任。广告看多了,受众也会将媒体内容与广告分离,其广告投入换来的并不是一劳永逸的效果。

来自权威者的信息具有更高的可信性,但是随着时间的流逝,可信度高的权威者的说服作用在不断减弱。特别是在信息大爆炸时代,因为我们每天会接收大量新的信息,新旧信息交错叠加,一些信息如果不及时回顾就会被遗忘。人对事件内容的记忆要比对事件中人物的记忆更加深刻,最后记忆中留下的信息大多是关于事件内容的,而非事件人物的。简而言之,随着时间的推移,沟通者的可信性会逐渐淡化,我们对来自权威者与非权威者的信息的接受程度的差距,也逐渐缩小,所以非权威者也可以说服自己的沟通对象。因此,在沟通中,我们必须时刻对信息进行筛选,必须保持警惕和正确判断,以防被"歪理邪说"麻痹。

(四) 首因效应和近因效应

美国心理学家洛钦斯提出了首因效应与近因效应这两个概念,他指出人们对信息的接收程度受信息传达的先后顺序的影响。人与人的第一次交往常常会给他人留下深刻印象,第一印象在对方的头脑中占据着主导地位,这就是首因效应;而新近获得的信息在总体印象形成过程中,比原来获得的信息影响更大,这就是近因效应。

心理学家的研究发现,在人际交往的初期阶段,双方还比较陌生,这时候首因效应更加明显。但是在人际交往的后期阶段,双方已经比较熟悉时,近因效应的影响就比较大。因为随着彼此交流的增多,获得的关于彼此的信息也就越多,而对认知产生较大影响的信息往往是最近获得的。因此,在人际交往中要注重塑造独特而美好的第一印象,注意言谈举止,谈吐有度,尽量展现自己最吸引人的品质;也要维持和维护第一印象,通过不断强化好的近因效应,让双方的沟通始终向好推进。

(五) 刻板印象

刻板印象指人们对某一类人或事产生的比较固化、概括而笼统的看法。例如,我们经常认为老年人是保守的,年轻人是开放的;北方人是豪气的,南方人是温婉的。刻板印象在跨文化交流中较为多见,比如人们常常认为法国人浪漫、美国人开放。这是因为我们并没有深入了解他国文化,而口口相传的"刻板信息"便成为我们对他国文化的第一印象。但事实上,并不是所有的法国人都是浪漫的,也不是所有的美国人都是开放的。刻板印象具有积极和消极两面性。积极的一面表现为,我们在对某一类群体的人进行判断时,可以直接按照以往已经形成的固定看法得出结论,省去了探索信息这一流程,这就简化了认知过程,便于迅速做出判断,了解大致情况,节省了时间和精力。但是每个人都有其个性,这种个性不仅表现在每个人在他所处的社会中是独特的("社会中只有一个我"),而且还表现在每个人在他自身的每段时间轴上都是独特的("我不是只有一个我"),在有限认知的基础上得出带有普遍性的结论,往往容易导致认知上的偏见,甚至做出对他人不正确的评价,从而导致沟通不能顺利进行。

(六) 登门槛效应

美国社会心理学家弗里德曼与弗雷瑟提出了登门槛效应。一个人在接受了他人较容易达成的要求后,为了保持认知的协调性,或想一直保留在他人心中的好印象,就可能会接受他人提出的较难达成的要求,这就好像登门槛时要一级台阶一级台阶地往上登,才能更容易登上高处,这就是登门槛效应,又称"得寸进尺"效应。通常情况下,人们不会直接接受难度较高的要求,因为它们会耗费大量的时间和精力。但人们在完成了较容易实现的要求后,就会慢慢地接受较难达成的要求。

美国心理学家弗里德曼和他的两名助手曾做过一项经典的实验:他们随机采访两组家庭主妇。先请求第一组家庭主妇将一个小招牌挂在自己家的窗户上,大部分家庭主妇愉快地接受了。过了一段时间,又请求她们把一个不太美观的招牌挂在自家的窗户上,她们也大都同意了。最后,实验者请求第一组家庭主妇把一块又大又不太美观的招牌放在院子里,依然有超过半数的家庭主妇表示同意。相反,心理学家随机访问另一组家庭主妇,直接表示希望将一块不仅大而且不太美观的招牌放在她们的庭院里,结果仅有不到20%的家庭主妇同意了这个要求。这个实验很好地说明了登门槛效应。在与人沟通时,如果想请求别人做某事,而又担心他不愿意做时,可以先向他提出做一件类似的、容易实现的事情,进而再提出原本想要提出的请求。举个简单例子,假设父母希望孩子"整理好房间",但在一开始的沟通中,父母可以有意识地让孩子从简单地捡起地上的垃圾入手,通过一步步引导,最终让孩子完成"房间整理好了"的良好沟通反馈和结果。可见,在亲子关系中,父母可以借鉴登门槛效应,将对子女的期望进行分割,从小目标开始,让子女通过完成一个个小目标建立起信心,最后完成父母渴望的"望子成龙,望女成凤"。当然,登门槛效应同样适用于职场人才培养、个人成长推进等实践中,也即"教人之善勿太高,当使人可从"。

（江　琴）

【思考题】

1. 什么是沟通?良好的沟通对我们有何意义?
2. 群体沟通的类型和特点有哪些?
3. 沟通过程的要素有哪些?

第二章

医患沟通原理

学习要点

- 将人际沟通的普遍要素与医学相结合,掌握医患沟通各要素的特点与注意事项。
- 遵循沟通的基本过程,掌握科学与有效的沟通模式。

第一节　医患沟通各要素的特性

医患沟通作为沟通的一种特殊形式,既具有沟通的共同特征与规律,也有自身的特殊性。医患沟通与其他类型的沟通一样,整个过程由 7 个方面要素组成,即信息源(沟通主体)、信息接收者(沟通客体)、信息(内容)、通道(沟通方式)、反馈、障碍及背景(环境)。医患沟通虽然是一项指向性明确的信息交换活动,但是其在实际触发和构建过程中仍存在一些典型的特质:一方面无法事先预测每一次沟通是否都能达成可以量化的结果;另一方面在于沟通过程的双方(即医生和患者)对"好的医患沟通"的预期和要求均不相同。在医患沟通中,医患双方在背景差异悬殊的前提下,需要在短时间内完成专业性极高的信息交换并构建充分的相互信任。因此,如何有效激发该过程中的要素并与专业医学过程相融合,做到既能够保障信息沟通的全面性,又有助于医疗决策信任的达成,显得十分重要。

一、医患沟通主体和客体平等性与多样性

(一) 医患沟通双方的平等性

沟通过程中的主体是指有目的地对客体传递信息和施加影响的个人或者团体。沟通主体可以选择和决定沟通的客体、内容、方式和环境,在沟通过程中处于主导地位,而沟通的客体则是沟通的对象。根据沟通要素的定义,在传统的医患关系模式中,医生处于主动或者指导地位,患者处于被动或合作方地位,因此很容易将沟通的主体定义为医生,而将客体归于患者或者患方相关人员。但需要注意的是,在当前倡导的以平等关系为基础的共同参与型的医患关系模式中,双方有近似的同等权利,因此,医患双方作为主体和客体的角色是相互转换的。医生作为专业人士,应该随时注意角色的转换,尤其在承担客体角色时,要注意接收患者传达的非医学信息,比如患者的态度、观点和感受,并给予尊重和关爱的反馈。这种模式有助于医患双方的理解与沟通,可以发挥各自的积极性,相互协同配合、共同与疾病做斗争,从而提高治疗效果,形成和谐医患关系。

(二) 沟通对象多样性

疾病通常不仅影响个体健康,同时关联到其背后的亲友。在典型的中国式家庭结构和人际关系中,亲人和朋友等陪同人员通常在医患沟通中既具备较高的决策影响力,同时又承担着辅助康复的作用。为充分有效地发挥该群体在医患沟通中的作用,鼓励其形成正面的积极影响,医生也需要将其作为重要的沟通对象,并开展针对性的沟通。患方根据是否有医学背景知识分为专业人员和非专业人员,而专业人员还有相同专业和不同专业人员的区别。相关沟通的典型过程可概括为:判断陪同人员所扮演的角色和专业背景,协助其规划在医患沟通中的角色,将其作为医患沟通和后续治疗效果追溯的有效反馈。

除了患者及家属,医生与本团队内其他医生或医疗人员,以及其他团队的沟通同样重要。在社会

变革和医学科技发展的驱动下,专业分工精细化是现代医学发展的必然趋势。在高度专业化的基础上,各专业强化多学科交叉融合,加强横向联系,有利于不同的医疗保健专业人员在背景与技能上达成互补,提高协作质量,分享共同的健康目标,在患者的病情评估与诊疗方案的制订中共同努力,为患者提供优质的服务。

二、医患沟通内容的通俗性表达与共识的达成

(一) 医学语言的专业性内涵与通俗性表达

掌握专业术语是促进良好沟通的重要因素。医学有自己的专业术语,然而,外行人并不能理解这些行业内的专业术语。医学专业术语让专业人士之间可以快速、高效地交流。医学专业术语将医生与其他人区分开来。然而,这些术语对于普通人来讲是陌生的,所以医生在面对患者及家属时,应当主动将医学术语转化为日常用语。这种转化也适用于对于同一个日常用语,医生和患者理解不一致的情形。

(二) 医患双方就沟通内容达成共识的重要性

通常,医患沟通的内容受患者表述的专业性以及沟通时长的限制,医生对患者,尤其是初诊患者前期诊疗资料的获取缺乏完整性。这将影响到医生对疾病的诊断、患者对医生的信任度以及对诊疗方案的依从性。因而,在医患沟通中达成"内容共识"非常重要。在沟通过程中充分评估患者的背景知识与对疾病认知的起始点,评估患者对沟通信息的需求,根据实际情况调整沟通策略,采取分段核对的形式,在沟通的每个阶段发出小结信息并核对患者的理解及接受情况,从而达成内容共识。内容共识具体包括疾病诊断的内容,告知患者病因和预后的内容,达成信任和缓解双方紧张情绪的内容。不同内容采取的沟通策略各有侧重。

疾病诊断的内容相对容易获取,患者在自我介绍和随身携带的检查资料中会重点涉及这一部分。但鉴于疾病对情绪和心理会造成压力,患者在不加任何引导下进行自我陈述时往往表现出效率低下。因此,医生对患者采取引导式、关怀式、开放式的提问方法十分必要。

告知患者病因和预后的内容主要集中在医生的初步决策以及决策的告知和讲解方式上。医生基于专业知识和职业道德会给予患者科学的初步决策,但如何介绍这些决策并在短期内让患者理解和接受才是该部分内容有效传递的核心。医生需要把握重点突出、尽可能步骤化和条理化以及易于理解等原则。

达成信任和缓解双方紧张情绪的内容是升华整个医患沟通过程的润滑剂,这部分内容贯穿于整个沟通过程,包括接触时的彼此打招呼,问题的重复和解释,回答的复述和扩展,甚至是微笑、身体姿势等非言语的形式。其核心并不在于内容本身,而在于对患者真正的人文关怀以及由此带出的给予患者心理和情绪上的慰藉。

三、医患沟通方式要适应医学与互联网时代发展

(一) 沟通的方式要适应不同的患者人群

患者的年龄与性格特征不同,对疾病的理解与接受度不同,病情急危程度不同,治疗效果及预后不同,医生在与患者沟通时,应采取不同的方式。例如老年患者往往伴有视力、听力或记忆力减退,在沟通中助听器、医学模型、图表、书面文字的使用等,对于他们及其照护者都非常有帮助;儿童患者总是喜欢充满幽默、欢乐、笑话和鼓励且温和的交流形式;妇产科疾病常常涉及患者的个人隐私,患者对隐私部位检查怀有害羞、惧怕的心理,妇产科医生沟通时要注意隐私的保护;恶性肿瘤患者心理敏感,容易猜疑、焦虑,甚至恐惧和绝望,沟通时需要更加注意此类患者的心理健康问题,采取适当的心理治疗以提升患者的生活质量。

患者往往存在紧张、焦虑、抑郁等心理问题,医生在沟通中需注意非言语信息的传递,比如着装、接触、面部表情、动作和姿势等。非言语沟通具有无意识性,且有鲜明的个性化特征,与当时的情境直

NOTES

接相关,有助于沟通中情感的表达,增强沟通的效果,也有助于个人形象和自身素质的提高。专业得体的着装、站立的姿势、温暖的微笑、用手捂热的听筒等,这些细小的看起来微不足道的举动能使患者和亲属感受到莫大的温暖与鼓舞,有助于患者尽快熟悉、适应新问题,化解各种心理问题,建立良好的医患关系,获得良好的治疗效果。

(二) 医患沟通要适应互联网技术的发展

随着科学技术的发展,医患沟通方式已经不仅限于面对面的讲解。越来越多的线上文字、语音、视频、动画、图片等多种交互方式开始普遍应用于医患沟通。借助这些技术,医学知识得以以图、文、声音、影像等形式向患者传播,直观、生动、易懂,增进了患者对医学知识了解,起到指导患者就诊和治疗、改善医患沟通交流效果、促进医患关系和谐发展的作用。首先,医生要将这些技术运用得更好,同时规避其不足,其中最关键的一点在于舍弃技术的"优先权",即医患双方不应该因为所使用的交流技术而存在潜在的沟通差异。无论是线上还是线下,医生的严谨工作态度和高标准职业素养均应始终贯穿其中。其次,医生通过主动学习和尝试新的技术类型,灵活运用各种不同的沟通平台,从而扬长避短。最后,就是沟通过程的规范化和信息安全性问题,这需要通过沟通平台的规范化建设实现。传统医患沟通中的信息会详细地记录在病历资料内,具备较好的可追溯性,这些标准化和规范化的医患沟通条例也应该应用于新的技术平台,并注意保障网络的安全性。

四、医患沟通中的双向反馈机制

在医患沟通过程中,医生获取患者反馈和对患者的讲述作出适当反馈,构成双向反馈。医患双向反馈是保证医患沟通过程可持续和可调整的重要环节,有助于鼓励患者对所讲到的问题进行更深入的讲述,保证医生能获得有关疾病更多、更广泛的信息。

(一) 医生获取患者反馈

首先需要掌握如何有效地激发患者反馈。提问与回答是常见的显性方式,医生通过对患者的问询来激发患者的反馈,随着问题的层层递进和患者遵循问题的补充性描述,医生得以逐渐充分地掌握患者的诉求和对疾病形成初步的诊断。通过简洁的提问方式、重复强调关键词等方法,可在绝大部分场景下得以有效地执行。

其次是对反馈的体察。这不仅要关注患者是否及时对医生的问询形成了反馈,还需要关注患者反馈的信息与医生的问询是否关联、情绪是否有异动等,以助于沟通过程进入有效且良性的循环。

最后是对反馈的调整。每个患者都是独立的个体,虽然医生在面临相近病理特征的患者时可采取大体相同的提问框架,但一旦体察到患者反馈过程中的明显差异,便需要及时就整个沟通过程的节奏和方式进行适当的调整。

(二) 医生对患者作出反馈

运用适当的技巧对患者所提供的信息及表现作出反馈,表示医生对患者提供的信息非常感兴趣,有助于患者就某一话题讲述更多内容。这些技巧包括鼓励、沉默、重复、复述、分享想法等。

1. **鼓励** 伴随着非语言性的点头与面部表情的运用,医生还可以使用大量的口头鼓励暗示患者继续讲述。这类做法很少或不需要打断患者,但却可以鼓励患者继续下去。代表性的辅助性用语包括"嗯……啊……""是啊""哦……""我明白了"等。

2. **沉默** 应用沉默或停顿可以很自然地辅助患者给出更多陈述。如果患者有表达上的困难,或者看起来像是陷入了某种情绪时,沉默时间可以更长一点,这可以鼓励患者表达其思想或感受。如果医生觉得沉默过长造成了焦虑,或者患者最终需要进一步的语言鼓励来继续讲述,可以运用适当的语言打破沉默,如"您能告诉我您现在的想法吗?"

3. **重复** 重复患者所说的最后几个字会鼓励其继续讲述。

4. **复述** 复述是医生用自己的语言重述患者信息背后潜藏的内容或者感受。复述可以检查医生对患者真正意图的解读是否正确。在医生认为自己理解了但又不太肯定时,或者医生认为某个看似简单的信息背后可能隐含着其他感受时,复述能辅助医生切入患者的立场。

5. 分享想法 适当与患者分享思想,不仅能使患者理解医生所提问题的原因,也可以作为辅助性的探测,使患者对沟通过程有所领悟,理解医生问题的主旨,从而引出更多信息。

五、医患沟通障碍及克服方案

医患沟通的主要障碍来源于2个方面,一个是患者个体人格差异,另一个是与医学背景知识相关的认知差异或错误。这两类差异在同一环节中叠加缠绕,容易导致人格差异与认知差异的双向加剧,从而劣化最终的结果,甚至引发显著的医患冲突。因而,要重视医患沟通障碍并加以克服,方法主要包括事前准备与演练、事中矛盾转移和缓和,以及事后弥补。

首先,通常情况下显性沟通障碍在接触中可通过情绪感知、表情观察以及问答是否流畅等方式进行直觉性的体察。当医生意识到当下的沟通过程存在障碍或劣化的可能性时,需要第一时间根据现场的情况进行判断,如环境是否过于嘈杂、是否有陪同家属可辅助沟通、患者是否有其他紧急情况需要中断沟通等,进而进行调整以避免局面进一步恶化。

其次,在已经显著存在沟通障碍甚至冲突时,应及时采取合理的方式进行中断,以保障双方人身安全为第一出发点。及时寻求周围的同事、朋友的支持,避免事态不可控地发展。

最后,在沟通障碍得到有效化解之后,医患之间需要及时对事件进行化解并寻求彼此的认可,以避免后续治疗过程中存在进一步的隐患,以及因为互信丧失导致其他矛盾。

六、医患沟通对环境的特殊要求

环境对于医患沟通本身通常有着显著的影响。医患沟通多发生于固定的场景中,例如诊室和病房,其形式也多为面对面的讲解。但并不能因为场景和形式的相对确定性就忽略沟通环境的影响。保证个人隐私是最基本的要求。要保证照明和温度让人感觉舒适,过于嘈杂、过冷或者过热的环境不仅让患者感到不适,不利于康复,也将显著干扰沟通的正常进行。座位安排很重要,因为它会影响医生与患者之间的沟通,并且会暗示患者怎样看待自己及他人在沟通中所起的作用。在门诊,通常有椅子和桌子,如果患者与医生隔着桌子相对而坐,会让患者感到有压迫感,不利于谈论病情。让患者比较放松的做法是医生坐在桌子前面,患者坐在桌子侧面,或者分坐在桌子同侧的两端。

医患沟通过程中通常存在一些非常规因素,例如敏感问题、特殊临床背景、沟通障碍、特殊年龄、文化及社会分歧等,结合患者的具体情况选择合适沟通环境是医生在沟通开始时需要考虑的问题。通常有以下几方面的建议。首先,要求医生增加对沟通过程中患者所处环境的关注,通过患者外在状态的观察、病情介绍与问答过程中的语速语调感知、特殊背景的引导输出或暗示、隐私的保护和尊重等方面,酌情选择合适的沟通环境。其次,在明确感知到存在特殊性的情况下,医生可根据此情形结合当下的医疗资源进行及时调整,包括但不限于适当延长沟通时间、更换或调整沟通场所、更加积极的语言输出以及寻求科室的帮助等方式。最后,将此特殊性及其影响的解决方式尽可能地贯穿于整个治疗过程,包括病历和检查层面的细致化和特殊备注、会诊请求等。

第二节　医患沟通模式

一、接诊

接诊是医者与患者初步接触并建立联系的过程。接诊不是简单的问候,而是包括明确的目标、规范的过程以及需要掌握的沟通技巧。成功的接诊将为后续的过程打下良好的基础。在医疗工作中,接诊的情境和场所千差万别,但总体目标和所需要的个人技巧是一致的,在开始阶段遇到的问题都非常相似。

(一)接诊的目标

接诊是医疗活动的开端,是医患双方相互形成第一印象、建立协作伙伴关系的过程。这一过程虽然持续时间短暂,往往只有几分钟,但应该受到足够的重视。良好的接诊有利于提升问诊的准确性和效率,对医患之间形成良好的互动关系也会产生积极的促进作用。沟通中的很多问题产生于接诊开始阶段。例如,患者刚开始做开放式的陈述后不久就被医者打断、患者与医者对于存在的主要问题意见不一致等,这些问题直接导致了后续阶段诸多沟通困难的发生。

总体而言,接诊阶段的目标主要包括以下几点。

1. 构建融洽的沟通氛围与伙伴关系　环境因素会影响身体及心理的舒适程度,会影响我们的认知、态度,以及专注的能力。除了环境,医者的行医态度、对患者情绪状态的关注,能使患者感受到欢迎、有价值及被尊重。这些都有利于营造融洽的沟通氛围,有利于与患者建立或维持一种伙伴关系,以帮助其完成诊疗任务。

2. 确立讨论的目标　互相介绍和建立了初始的融洽氛围后,接下来就是要和患者一起确立讨论的目标,明确他们来找医者的目的,尽可能找出患者想要讨论的所有问题及事项。

3. 制订下一步诊疗计划　经过医患双方对问题的筛查,制订下一步的诊疗计划也就是自然而然的事情。从内容上,这一过程需要同时考虑患者与医者的需求,需要在患者个人关心的问题层面与医者认为更紧迫重要的问题之间取得平衡。从形式上,这一过程需要医患双方一起参与,制订一个双方同意的下一步诊疗计划。

(二)接诊的内容与技巧

1. 接诊准备　医者接诊患者的准备工作,可以概括为个人形象、环境以及精神状态和注意力等3个方面。首先是个人形象。在患者眼里,医者应该专业而且认真,所以在接诊患者的时候,医者应该做到衣着得体、整洁大方。过于随意的衣着、不修边幅的容貌会给患者带来敷衍的感觉,从而降低对医者的信任度。其次是环境。安静的环境能确保医患双方都能听清对方讲话。独立的空间有利于保护患者的隐私,确保不会被其他患者或访客听到、看到或打扰,能够鼓励患者充分陈述自己的病情和想法,因此医者应该关上诊室或病房门或拉上隔帘。最后是医者的精神状态和注意力。医者表现出的疲劳、焦虑等不良精神状态,会阻碍医患之间的有效沟通。同时,医者注意力容易被前一个患者未解决的问题、电话或个人的事情干扰。此时,医者应该集中全部注意力,保证不被其他的事项分心。解决的方法包括暂时搁置未解决的任务、调整状态(喝水或去卫生间)、尽可能放松以及保持全神贯注等。

2. 问候患者与自我介绍　医者恰如其分的问候有利于营造融洽的氛围,缓解患者的紧张与焦虑,拉近医者与患者之间的距离。对于初诊患者,医者可以通过握手、目光交流、微笑和姿势等恰当的非语言行为,加上合适的问候语,表示对患者的欢迎并作自我介绍。对于复诊患者,如果患者与医者之间熟悉,自我介绍可以省略,但恰当的问候语仍然必不可少。在自我介绍的同时,医者将个人在本次沟通中的角色与任务介绍给患者也非常重要。因为在某些情况下,如多学科诊疗,会有不同的医者从各自的专业角度与患者交流,医者介绍自己的角色和谈话的性质,可以避免患者产生困惑或误解。医者一定要注意核实患者姓名,同时需要关注患者的身体舒适情况。

二、病史采集

病史采集是临床思维展开的第一步,贯穿医疗服务全过程。有效利用这一医疗行为进行医患间的交流与沟通,是医者医疗服务能力的反映,也是一位医者的社会观、文化观、价值观、道德观和职业观的反映。

(一)病史采集的目标

病史采集是构建诊断的基础。完整和准确的病史资料采集对疾病的诊断和治疗有极其重要的意义。除了患者的生物医学方面的信息,医者在采集病史时还应关注患者的社会、心理因素等方面的信

NOTES

息。病史采集的目标包括以下几种。

1. 搜集完整信息资料　病史是结构化的信息集合。临床研究证实,病史采集在诊断依据中占60%~80%。因此,病史资料采集得完整、准确、及时,是建立完整医疗病历的基础,也是医者对患者疾病进行合理诊治的必要条件。

2. 建立良好的医患关系　病史的采集也是医者与患者情感交流、建立良好医患关系的过程。情感沟通的内容、范围与深入程度,对于增加采集病史的可信度、拉近医患之间的距离、提升医患关系的融洽度,具有重要的意义。医者在与患者交谈或是沟通过程中,特别是在病史采集的过程中,需要确保患者感觉被倾听,并且他们的信息和观点受到欢迎和重视,这有利于建立良好的医患关系,为进一步的治疗打下良好基础。

3. 知识交流　医者与患者在病史采集过程中的知识交流,实质是医患之间通过病史采集这一医疗行为,在医学范畴内开展生物医学和人文科学方面的交流与对话。知识的交流,既包括医者对患者病史的询问、提炼、反馈以及健康知识的解释与宣教,也包括患者向医者陈述的关于疾病的体验与理解。这对于搜集完整的病史资料、建立融洽的医患关系以及使患者能够正确认识疾病、消除恐惧和焦虑心理、提高治疗效果和依从性,具有重要意义。

（二）病史采集的内容与技巧

1. 病史采集的内容　在医疗实践中,对"患病"本质的理解决定了病史采集的模式。传统的病史采集基于"以疾病为中心"的理念,采用结构化病史采集和记录方法,包括主诉、现病史、既往史、治疗史、过敏史、家族史、个人及社会史以及系统回顾等,重点关注患者的生物医学信息,专注于身体功能的失常。它最大的长处在于用科学、量化的方法对待患者,但很容易忽视患者的心理需求与社会属性,最终影响病史采集的准确性以及对患者真正担心的问题的关注。

"以患者为中心"的理念带来了病史采集模式的变化。在这一模式下,医者在与患者的每一次面谈中都会同时兼顾双方的议程,医者在理解患者疾病与病理的同时,也要理解患者的心理社会问题与需求。用"以患者为中心"的模式采集病史,有助于发现患者的看法和背景信息,能确保采集到的信息完整并能为双方共同理解,能确保患者感受到被倾听,并且他们的信息和观点受到欢迎和重视,有利于医者做全面准确的诊断,并使医疗面谈更有效果、氛围融洽。这一模式下,病史采集的内容主要包括生物医学信息、患者观点、背景信息3个方面。生物医学信息是医者需要发现的关于"疾病"方面的信息,包括事件顺序、症状分析及相关系统回顾。患者观点包括患者对疾病的理解,患者希望医者怎样帮助他和本次就医想要的结果,以及患病所导致的情绪问题。背景信息包括既往病史、家族史、个人史和社会史、用药史及过敏史等,这对深刻了解现有问题或者症状发生时的具体情境具有重要作用。

2. 病史采集的技巧　医者与患者在医学知识的掌握方面并不对等,在病史采集的过程中,医者往往会根据最初的主诉得出患者前来就诊的原因,或者习惯于在患者陈述结束前打断他们,不让患者阐述所有的就诊原因,而这个主诉所反映的问题可能并不是患者最关心或唯一关心的问题,最终会影响患者诊疗方案的制订。运用适当的沟通技巧,有助于医者尽可能筛选出更多有效信息,了解患者前来就诊的原因。

（1）开放式问题:在开始讨论患者前来就诊的原因时,采用开放式问题非常重要。开放式问题主要是指一些不能轻易地只用一个简单的"是""不是"或者其他一个简单的词或数字来回答的问题,需要当事人对有关事情做进一步的描述,通常以"怎么样""为什么"等发问。开放式问题有助于患者开放自己、放松自己,可以引导患者讲出更多有关的情况、想法、情绪,有助于医者获取更多有效信息,了解患者前来就诊的原因。

（2）主动倾听:在医患沟通中,主动倾听患者的陈述而不随意打断,是最容易被医者忽视、也是最不容易做到的环节之一。医者限于时间,往往直接追问患者认为最"核心"、最"有价值"的问题,在患者开始回答不久后即打断进程,往医者认为最有效率的方向引导。这会带来一系列的问题,如患者的心理社会问题没有机会陈述,在回答医者的问题时力求简短,导致信息采集不充分等,最终影响病史采集的准确性和全面性。

主动倾听有很高的技巧性。首先,要给予患者充分的时间陈述。在宽松的沟通氛围中患者会逐步放松心态,从而将自己希望讨论的话题充分陈述出来,特别是一些敏感或尴尬的心理社会问题,这有利于医者全面了解患者的身体及心理状态。其次,在倾听的过程中给予回应。回应的技巧包括重复、鼓励、澄清、反问、解释或归纳小结等语言性技巧,以及目光接触、语调、眼神、注视方向、手势、身体姿势及空间位置等非语言性技巧。适当的回应可以让患者感受到医者在认真倾听,有利于鼓励患者陈述更多信息。最后,读取患者的语言与非语言线索。在倾听患者陈述时,医者必须集中注意力,读取患者直接讲述的内容,还有他们非直接甚至无意通过语言或非语言线索所表达的内容;同时作出回应,与患者核对线索,并适时认可。

(3)核对与确定议程:通过病史采集,患者表达了自己关心的各项议题,医者还需要进一步地通过开放式结尾的询问来核对患者是否已经表达了所有希望讨论的问题,例如,"您还有别的问题吗?""是这样吗?"等。通过这种方式可以最大限度利用好时间,降低患者遗漏问题的概率,进一步提高问诊的准确性和效率。

患者关心的问题得到进一步核对后,医患双方共同确定议程,商议优先讨论事项。明确的议程对于医者来讲,可以充分梳理思路,避免重复、不必要的提问以及病史采集不完整;对于患者来讲,能够通过与医者的互动激发主动参与的意识,与医者进一步发展伙伴关系,加强互相理解的基础。

三、解释问题与共同制订诊疗方案

解释问题与共同制订诊疗方案是医者在完成充分病史采集和体格检查之后,向患者解释病情及患者关心的与自身疾病、健康相关的问题,并与患者与家属共同商议,确定可行的诊疗方案的过程。有效的解释,既要基于在病史采集和体格检查环节中所获得的疾病本身的内容,又需要考虑与疾病相关的重要信息,如患者对疾病的看法、担忧与对诊治过程的期待。诊疗方案直接影响到患者治疗效果及诊疗过程的风险控制,医患双方以合作的方式共同制订诊疗方案,患者的理解会更加深刻、依从性更高,治疗效率及效果也会更好。

(一)解释问题与共同制订诊疗方案的目标

在以往的医学模式下,鉴于医患之间医学知识鸿沟、人们患病后依赖性与被动性以及医者的职业权威,在解释问题与制订诊疗方案时,医方处于主动掌控的地位,而患者则属于被动接受的一方。随着社会的进步、医疗模式的转变、医学信息借助网络的广泛传播等变化,患者的权利意识和信息意识得到极大增强,平等参与医疗决策的需求越来越强烈,信息共享和共同决策成为新型医患关系的必然要求。由此,医者需要从患者的生理 - 心理 - 社会角度出发,充分分析患者作为一个个体的存在所具有的生理、心理和社会需求,充分理解患者的需求,进行解释问题与制订诊疗方案,达到以下目标:确定给予患者的信息在数量与类型上能充分促进患者对疾病的理解以及诊疗方案的接受;患者能够理解并记忆医者对病情以及与之相关的问题的解释;让患者参与诊疗方案的制订,达成共识并遵从执行;建设伙伴关系,提供融洽的支持性氛围。

(二)解释问题与共同制订诊疗方案的内容与技巧

总体而言,医者向患者解释的主要内容包括疾病的诊断与鉴别诊断、下一步需要做的检查、治疗方案的选择与疗效分析等。医者在对患者疾病的探索过程中,形成内在的想法与计划,通过系统性解释与沟通,引导患者参与到决策过程中来,最终转化成患者对问题的理解与共同行动。在这个过程中,为患者提供信息、帮助患者理解、达成共同理解以及医患共同决策4个环节构成层层递进的逻辑顺序。

1. 为患者提供信息 随着社会的进步,患者的自主意识和自主能力不断提升,越来越多的患者希望获得更多的信息。医者给予患者的信息量,有助于患者满意度、依从性、记忆与理解的提升,也有助于患者病情症状的减轻、生理状态的好转。不同的患者对医疗信息的需求量及形式会有较大差异，医者在与之沟通过程中，要评估不同患者的信息需求，运用合适的技巧，给予每位患者正确的信息量和信息类型。

首先，准确评估患者获得信息的总体愿望与知识储备。尽管在大多数情况下，患者获得与疾病相关信息的愿望强烈，但在少数情况下，也有部分患者对了解更多医疗问题不感兴趣，这一类患者被称为信息回避者。另外，因为生活背景、知识水平、性格特点等方面的差异，不同患者的知识储备和理解能力等不同。医者需要在与患者沟通的过程中主动从正面和侧面进行探知。

其次，对提供的信息进行分段、检查和询问。医者主动把信息分成多个小段分享给患者，在告知的过程中，根据患者对信息的理解情况及反应，再决定下一步给患者分享什么样的信息。这样既可以评估给予患者信息的正确数量，又有助于患者准确记忆信息。在传递给患者信息后，询问患者还需要了解其他什么信息，能有效防止遗漏重要信息。

最后，适时解释。在与患者的沟通过程中，充分评估患者的信息需求后，选取恰当的时间给患者提供建议或安慰。患者及家属作为非专业人士，在对医疗信息进行消化理解后，医者可以根据患者不同的反馈和需求，提供适时的建议或安慰。如果过早地提供建议，患者可能难以理解，所以要遵循适当的逻辑顺序。

2. 帮助患者理解　多数患者在自己生病以后，会自然而然地去探寻和思考造成自己身体出现问题的原因，从而形成自己的理解模式，沟通过程中要借助各种方法与技巧帮助患者理解，使之与医者的科学解释协调一致。

将信息进行分类。医者将需要沟通的医疗信息进行分类，并使各部分之间形成一定的逻辑顺序。采用这种信息分类的方法，患者对医疗信息的理解与记忆水平会明显提高。

对重点、要点进行重复。不仅要求医者对医疗信息的重点、要点进行重复，还可以要求患者对医者交代的重点、要点进行复述，这样可明显提高患者对信息的理解，患者对医疗过程的满意度也会明显提高。

使用简洁的语言传递信息。专业术语是医患沟通过程中的一个重要障碍，医者在医患沟通中要尽量减少专业术语的使用，使用尽量短的词汇和句子与患者进行交流，帮助患者理解信息。

运用视听相关手段传递信息。使用模型、图表、视频等视听相关手段，能够明显增进患者对医疗信息的理解和记忆。尤其是现代技术手段的进步，为给患者提供多元化的信息传递手段创造了良好条件。

3. 达成共同理解　在医患沟通过程中，医者通常根据临床经验与专业知识向患者提供自己认为重要的信息。但是因为生活背景、知识水平、性格特点各不相同，并非所有患者都能理解这些信息并且同意医者的解释。医者需要针对患者的信息需求特点，通过调动患者主动参与提问讨论，探寻医患之间的观点分歧，并与患者协商一个共享的解释模式，以达成共同理解。

首先，在沟通中将医者的解释与患者的看法联系起来。发现并重视患者的看法，能有效提升患者的记忆、理解、满意度和遵从性，也有助于医者做正确的诊断。

其次，通过提取患者的语言及非语言性暗示，主动发现患者想法以及对信息的需求。在临床实践中，大部分患者有参与意见、提问或者表达疑惑的意愿，但表达方式比较含蓄，通常使用暗示或者含糊的提问，因此医者要学会寻找细微的线索。

最后，主动引出患者的反应、担忧，鼓励患者参与意见。在讨论中医者要明确而详细地询问患者的感受和担忧，鼓励患者澄清或表达疑问，医者作出适当回应，必要时认可这些问题并加以解释。

4. 医患共同决策　在对疾病的相关问题进行了解释并达成共同理解后，医者需要与患者及家属讨论可行的诊疗方案。患者对诊疗方案是否遵从、是否会对健康行为做改变，取决于患者对其潜在的风险利益的理解与权衡。在诊疗方案的决策过程中，医患协商和患者参与的程度越高，患者的依从性和满意度也越高。因此，医学上越来越倡导"共同决策"模式，这一模式贯穿了伙伴关系、协商和双方合作等核心理念。

在医患共同决策的过程中,首先,要评估与激发患者参与共同临床决策的意愿。在临床实践中,大部分患者都有参与临床决策的意愿,但也有少数患者并不直接表达,或者更希望医者给出决策方案。医者通过鼓励患者提出自己的想法,向患者提供建议和选择等方式,激发患者意愿,促进患者更多地参与决策过程。其次,医者适当分享自己的意见、思维过程与困境,一方面可以迫使医者形成清晰的逻辑步骤,为患者提供条理分明的信息,另一方面可以鼓励患者在了解医者的困境后,主动陈述自己的倾向或者提供有助于医者决策的进一步的信息,并巩固、建立相互理解的基础。最后,形成共同商议双方共同接受的方案。在共同决策模式中,医者向患者陈述诊治方案的利弊,提供意见、建议供患者参考,表达自己的选择或平衡点,同时,鼓励并倾听患者自己的意见与想法。在协商性的氛围与基础上,医者与患者共同决策,解决分歧并协商双方共同接受的方案。

四、结束接诊

结束接诊是一个看似很简单的接诊阶段,但是如果不认真对待,可能会大大降低前期接诊工作所付出巨大努力的效果,甚至可能会成为下一次复诊困难的根源。要重视结束接诊阶段的要点和沟通技巧,才能为整个接诊过程画上完美的句号。

(一) 结束接诊的目标

进入结束接诊阶段后,医患双方总结已经达成共识的诊疗方案,明晰下一步的计划安排,制订预案以应对不可预知的变化,继续保持并强化良好的医患关系。这对提高患者的依从性、满意度以及疾病的转归具有积极的作用。

(二) 结束接诊的内容与技巧

顺利接诊结束建立在医患双方充分沟通、达成共识的基础上。实际上,医者如果从开始接诊,到病史采集、解释问题与共同制订诊疗方案等各环节都充分运用沟通技巧,顺利结束接诊将是水到渠成。不过,在结束接诊阶段也有一些特定的沟通技巧,这些技巧能使患者对医患双方认同的诊疗方案感到满意,清楚下一步的计划,并且有继续下去的信心。

1. **计划与预案** 医患双方共同商定下一步的计划,确认双方的任务。医者详尽告知患者需要做的事情,患者确认遵从认同的诊疗计划。建立应急预案是结束接诊的另一个重要任务,以保证患者在事情没有按计划进展时与医者取得联系,明确下一步需要做什么。

2. **总结与核对** 总结与核对是接诊结束时十分重要的工具。简要地对整个接诊过程进行总结和核对,能使医患双方有机会确认双方达成的共识,而且也给予患者充分的修改和补充的机会。

医者要根据医患双方是否均完成此次就诊的任务、是否均有结束接诊的心理准备来决定是否进入该阶段。一旦决定后,要有较早时间点的结束切入或提示,通过使用明确的结束提示语,告知患者本次就诊快要结束了,询问还有什么需要关注,这样会对患者有比较好的引入结束接诊流程的作用,太晚或者突然地告知结束接诊可能会大大降低工作效果。

(王军明)

【思考题】

1. 医患沟通各要素的特殊性有哪些?

2. 医患沟通病史采集中的沟通技巧包括哪些? 结合自己的体会,谈谈怎样合理运用这些技巧。

3. 结合自己的临床实践,分享一下自己医患沟通成功或者失败的经历,并进行分析。

第三章

医患沟通的法律基础

学习要点

- 掌握医患双方的基本权利与义务和医患之间的法律关系。
- 了解医事法的概念及我国现行主要的医事法律法规。
- 掌握诊疗活动中的程序意识和证据意识。
- 了解医患纠纷的化解途径和医疗损害鉴定。

第一节　医患之间的法律关系

医患关系是指在诊疗过程中,医疗机构及其医务人员与患者及其家属因医疗活动而产生的关系。这些关系包括法律关系、伦理道德关系、社会关系等,其中,医患之间的法律关系占据着极其重要的地位。

一、医疗机构与患者之间的法律关系

(一) 医疗服务合同关系

一般情况下,医疗机构与患者之间的法律关系是医疗服务合同关系。患者以挂号行为作为要约,医疗机构以给付挂号单据行为作为承诺。从医疗机构出具挂号凭证时起,医患之间的医疗服务合同即告成立。

患者或其家属拨打电话向急救中心求助,打电话求助的行为在法律上也属于要约行为,而急救中心同意出诊属于承诺,自急救中心承诺出诊时起,医患之间的医疗服务合同即告成立。

在医疗服务合同关系中,医疗机构有时会处在强制缔约人的地位。医疗机构无正当理由不得拒绝患者提出的要约。医疗机构的强制缔约义务是由医疗资源独占性决定的,是国家对公民生命健康权的基本保障。

(二) 强制医疗关系

强制医疗关系是指国家为了保障社会公共利益和公民的权利不受侵害,规定医疗机构对某些情况下的特殊疾病必须进行救治,同时患者也必须接受救治,因而形成的医患法律关系。

强制医疗关系主要包括紧急救治、对传染病的强制治疗和对某些具有人身危险性公民的强制治疗。

(三) 医疗侵权法律关系

医疗侵权法律关系是指在诊疗过程中,由于医疗机构及其医务人员故意或者过失的医疗行为给患者造成人身及财产损害,因此形成的侵权法律关系。医疗侵权可以分为两种:一是构成医疗事故的侵权行为;二是其他医疗侵权行为。

医疗侵权法律关系的建立必须具备以下条件。

1. 医疗违法行为　医疗违法行为是指医疗机构及其医务人员在医疗过程中实施的,违反医疗卫生管理法律、行政法规、部门规章制度、诊疗护理规范等规定,从而造成患者人身受到损害的行为。医疗违法行为可以是作为,也可以是不作为。

2. 医疗损害事实　医疗损害事实是指造成患者人身损害的事实。

3. 医疗机构及其医务人员存在主观过错　医疗机构及其医务人员在主观上存在故意或者存在过失。

4. 医疗违法行为与损害事实之间存在因果关系　只有当医疗违法行为与患者人身损害之间存在因果关系,医疗机构才负有对患者进行人身损害赔偿的责任。

(四) 无因管理医疗关系

无因管理医疗关系是指医疗机构或医务人员在没有约定或法律义务的情况下,为了避免或减少患者遭受人身损害而自愿为其提供医疗服务,并因此产生的医患法律关系。例如,医生在路上向实施自残的人主动提供医疗救治的行为。

无因管理医疗关系的成立需要具备如下原则:①医疗机构或医务人员客观上实施了医疗救助行为;②医疗机构或医务人员主观上是为了减少或避免患者遭受人身损害;③实施无因管理医疗行为时,没有约定或法定义务。

二、诊疗过程中患者的基本权利

在诊疗过程中患者的基本权利主要包括以下几点。

(一) 医疗平等权

医疗平等权是指每一位患者,不因性别、种族、肤色、宗教信仰、社会地位等方面的差异而被区别对待,公平和平等地享有医疗资源的权利。医疗平等权是保障公民生命健康权的必要条件,保障每位公民在面对疾病时能够得到平等对待,公民能够平等地享用医疗设施、用品和服务。

我国历代名医大家无不秉承尊重患者医疗平等权的理念,孙思邈在《大医精诚》中指出:"若有疾厄来求救者,不得问其贵贱贫富,长幼妍蚩,怨亲善友,华夷愚智,普同一等,皆如至亲之想。"《中华人民共和国宪法》规定:"中华人民共和国公民在年老、疾病或者丧失劳动能力的情况下,有从国家和社会获得物质帮助的权利。国家发展为公民享受这些权利所需要的社会保险、社会救济和医疗卫生事业。"迄今为止,我国已经采取了多种措施,努力保障公民医疗平等权能够实现,使其平等、普遍地享有国家医疗资源。

医疗平等权在国际上也是被普遍承认的患者权利。1948年,联合国在《人权普遍宣言》中明确指出:"每个人有权使生活达到一定标准,保证他自己及其家庭的健康和幸福,包括食物、衣着、住所、医疗和必要的服务。"

(二) 医疗自主权

医疗自主权是指有决定能力的患者在充分了解自身病情后,经过慎重、成熟的思考,决定是否接受医疗以及接受何种医疗的权利。医疗自主权是民法中"私法自治"原则在医疗活动中的体现。医疗自主权包括医疗选择权和医疗拒绝权。

1. 医疗选择权　医疗选择权是指患者可以自主选择为其进行治疗的医疗机构和医生,当存在多种诊疗方案时,患者可以从中进行选择的权利。内容包括以下几点。

(1) 医疗机构的选择:患者可以根据自己的实际情况选择医疗机构。

(2) 主诊医生的选择:患者可以自主选择为其诊疗的医生。在诊疗过程中,患者有权要求变更主诊医生。

(3) 诊疗方案的选择:如果存在多种诊疗方案,患者在充分知悉各种诊疗方案具体内容后,有权根据自己的需求对其进行选择。医生在患者进行选择前,有义务向患者进行详细的解释,充分分析各种诊疗方案的利弊,以便患者进行选择。

2. 医疗拒绝权　医疗拒绝权是指患者在法律法规允许的范围内,在充分知悉自己病情的基础上,有权拒绝接受任何治疗,并对该决定所产生的后果负责。在不危害公共利益和他人利益的前提下,每个人都有放弃的权利。在患者行使此项权利之前,医生有义务充分告知患者所患疾病具体情况及拒绝治疗可能产生的后果。

需要指出的是,任何权利的行使都有边界,医疗拒绝权也不例外。为了保护公共利益和他人利益,患者行使医疗拒绝权也存在着一定的限制。例如:患者健康状况会危及社会秩序或他人健康、安全时,应当依法对其进行强制治疗;因刑事侦查的需要,对犯罪嫌疑人进行相关治疗有助于刑事案件的早日侦破,利于社会稳定。

（三）医疗知情同意权

医疗知情同意权是指患者在诊疗过程中有权知晓必要信息,并同意或不同意采取诊疗措施的权利。这里涉及的"必要信息"包括患者的病情、诊疗方案、医疗机构和医生资质等具体信息。医疗机构及医务人员在诊疗过程中应当尊重患者的医疗知情同意权。医疗知情同意权包括医疗知情权和医疗同意权。

1. 医疗知情权　医疗知情权是指患者在诊疗过程中有权知晓必要的信息。医疗知情权的行使主体原则上是患者本人。如患者处于昏迷或非理智状态,或对患者采取保护性医疗措施时,其知情权可由其法定监护人或近亲属代为行使。当上述情况消失时,知情权应归还患者本人。

在临床工作中,经常会采用提前签署知情同意委托书的方式,将患者住院期间的知情同意权转交给其认可的第三人。

2. 医疗同意权　医疗同意权是指患者在诊疗过程中,面对医方拟采取的诊疗方案,在充分知情的基础上,享有同意或不同意诊疗方案的权利。

医疗同意权的行使必须符合以下条件。

（1）同意者必须对同意的内容充分知情:医疗同意权必须建立在知情权的基础上,因此患者或其委托人在行使同意权之前需要对必要信息充分知情,只有这样,做出的同意才是真实有效的。医务人员在履行告知的过程中应该注意:

1）应当选择合适的时间履行告知义务,尽量避免患者或其委托人情绪激动或者意识不清的时候履行告知。

2）应当真实、全面地向患者或其委托人告知,不能做虚假陈述或恶意隐瞒,使患者或其委托人做出虚假判断。

3）在履行告知义务时,应当使用患者或其委托人能够理解的语言。

4）在履行告知义务时,应该给予患者或其委托人合理的权衡思考时间。

（2）同意者需要有同意的能力:患者或其委托人在做出同意或不同意该诊疗方案时,需有能力正确理解其决断的内容,即诊疗方案的目的、方法和后果等。在我国司法实践中,无行为能力和限制行为能力的未成年人均由其法定代理人代为行使医疗同意权。精神障碍但对治疗有理解能力者应被认定为有同意能力。

（3）同意者必须自愿作出同意的决定:无论是患者还是其委托人,作出同意的表示须是其自愿的,不受医方或是其他人的强迫。

3. 医疗知情同意权的例外　在紧急情况下或者为了保全患者较大合法权益,医方可以不经患方同意采取紧急医疗措施,但是这些医疗措施须符合"合理原则"和"患者利益最大化原则",而且事后仍然需要向患方履行充分告知义务。

（四）人身、财产安全权

患者的人身、财产安全权是指患者在诊疗过程中,其人身、财产安全得到医方保障的权利。在医疗合同存在时,该权利同时也是医方的合同义务。

（五）隐私权

患者的隐私权是指患者在诊疗过程中,与患者病情、诊疗活动相关的个人信息资料不被泄露的权利。患者个人信息资料包括:患者的姓名、家庭住址、联系方式、病因、病情、个人既往病史和家族史等相关信息。

医方对患者隐私权的保护主要包括以下内容。

1. 医方对患者隐私知情的范围须以治疗疾病的需要为限度。

2. 医方对患者隐私知情的用途只限于对疾病的诊疗。

3. 医方对患者隐私知情的主体只限于直接参与诊疗的医务人员。

（六）妥善医疗权

妥善医疗权是指患者在诊疗过程中有权得到医疗机构及医务人员及时、正确和适当的诊断和治疗的权利。

1. 在紧急状态下获得及时诊疗的权利　我国法律法规明确规定,医疗机构必须对危急患者进行抢救,不管患者或其亲属是否有支付能力。即使收诊的医疗机构没有治疗该种疾病的能力,也应该立即采取紧急措施加以处置,再进行转诊。如果医疗机构及其医务人员逃避此项义务,使得患者造成损害,则应当对患者承担损害赔偿责任。

《中华人民共和国民法典》明确规定:"因抢救生命垂危的患者等紧急情况,不能取得患者或者其近亲属意见的,经医疗机构负责人或者授权的负责人批准,可以立即实施相应的医疗措施。"

2. 获得正确诊断的权利　患者在诊疗过程中有获得医方正确诊断的权利。如果医方未对患者进行详细的问诊、查体和检查就对患者做诊断,或者在初步诊断后未根据患者的病情变化及时修正诊断,因此给患者造成损害的,医方应当对此承担相应的法律责任。

3. 获得适当治疗的权利　患者在诊疗过程中,有获得医方为自己采取适当医疗措施、治愈或缓解疾病的权利。这些权利包括:获得及时治疗的权利、获得有效治疗的权利、获得用药指导的权利、拒绝过度治疗的权利和获得医务人员规范操作的权利。

患者有权要求医务人员在其疾病的诊疗过程中严格按照有关操作规程进行操作,遵守相关的法律法规和规章制度。

4. 获得持续治疗的权利

5. 治疗过程获得合格医护人员、医疗设备及治疗药品的权利

6. 拒绝医方过度医疗行为的权利

7. 转诊或转院的权利

8. 诊疗过程中患者获得正确指导的权利

（七）被陪护权和被探望权

1. 被陪护权　被陪护权是指患者在诊疗过程中享有被家属、亲友、护工和护士等陪伴和照料的权利。医疗机构应当创造必要的条件保障患者的被陪护权,同时,患者在享有被陪护权时应当遵守医疗机构相关的规章制度,使医疗机构保持良好的医疗秩序。

2. 被探望权　被探望权是指患者在医院诊疗期间,有被家属、亲友及同事探望的权利。医疗机构应当为患者被探望权的实现创造条件。被探望权的行使不应影响医疗机构的正常诊疗活动,应当遵守医院有关探望的规定。

（八）监督投诉权

患者的监督投诉权是指患者在诊疗过程中,对医疗机构及其医务人员的违法违规行为进行监督投诉的权利。

三、诊疗过程中患者的基本义务

根据我国法律法规规定,患者在诊疗过程中需要履行相关的基本义务,主要包括以下内容。

（一）遵守医院的规章制度

遵守就诊医院的规章制度是患者应遵循的最基本义务之一,禁止任何单位和个人以任何理由、手段扰乱医疗机构正常诊疗秩序,危害医疗服务人员人身安全,损坏医疗机构财产。情节严重的,依照《中华人民共和国治安管理处罚法》(以下简称《治安管理处罚法》)予以处罚,构成犯罪的,依法追究刑事责任。

（二）合作医疗

合作医疗主要包括诚实、全面地向医务人员提供相关信息，遵守医疗服务人员的医嘱和医疗机构的规章制度，配合规范的医学教学活动等。

（三）接受医学检查

医学检查的目的是清晰地了解病情，患者就诊时应承担此项义务。

（四）尊重医务人员的人格

医务人员的人格与患者的人格一样，都必须得到尊重。《治安管理处罚法》规定，侮辱、威胁、恐吓、殴打医务人员，非法限制医务人员人身自由的行为，应当予以处罚；构成犯罪的，依法追究刑事责任。

（五）接受强制医疗

强制医疗是指依据医疗法律法规和规定，必须对人身自由加以限制，进行专门性隔离治疗。患者必须以国家和社会的安全为首要利益，自觉履行该项义务。患者家属也有积极配合患者履行该项义务的责任。

（六）交纳医疗费用

医患关系是一种有偿的合同关系，医务人员为患者提供医疗服务、患者向医疗机构交纳各种合理医疗费用是合同关系的基本内容，患者必须严格履行此项义务。

（七）签署同意书

签署同意书是患者授权医务人员对其进行医疗诊断的民事行为，即同意医务人员对其进行"可允许范围内"的医疗伤害行为。为了保障患者合法权益，使医疗行为顺利实施，患者有签署同意书的义务。

四、执业中医生的基本权利

《中华人民共和国医师法》（以下简称《医师法》）中明确规定，医师在执业活动中享有下列权利。

（一）医师依法执业，受法律保护

《医师法》将"保障医师合法权益"置于立法目的之首，并在总则中明确医师依法执业，受法律保护。这是"尊医重卫"理念在法律层面的体现。

（二）医师的人格尊严、人身安全不受侵犯

人格尊严、人身安全不受侵犯是公民权的基本内容，也是医师权利的基本组成部分。国家法律明确规定了禁止任何组织或者个人阻碍医师依法执业，干扰医师正常工作、生活；禁止侮辱、诽谤、威胁、殴打医师，侵犯医师人格尊严、人身安全和人身自由。

（三）医师在注册的执业范围内，按照有关规范进行医学诊查、疾病调查、医学处置、出具相应的医学证明文件，选择合理的医疗、预防、保健方案

执业医师在诊疗活动中，利用自己的专业知识和技能为患者提供恢复或维持健康的医疗服务，这是医师的基本执业权利。这些权利包括疾病的调查权、自主诊断权、医学处方权、强制治疗权和紧急治疗权等。

（四）获取劳动报酬，享受国家规定的福利待遇，按照规定参加社会保险并享受相应待遇

（五）获得符合国家规定标准的执业基本条件和职业防护装备

（六）从事医学教育、研究、学术交流

（七）参加专业培训，接受继续医学教育

（八）对所在医疗卫生机构和卫生健康主管部门的工作提出意见和建议，依法参与所在机构的民主管理

（九）法律法规规定的其他权利

五、执业中医生的基本义务

医师在执业活动中还应该履行下列义务。

（一）树立敬业精神，恪守职业道德，履行医师职责，尽职尽责救治患者，执行疫情防控等公共卫生措施

职业道德是指在一定职业活动中应遵循的、体现一定职业特征的、调整一定职业关系的职业行为准则和规范。不同的职业人员在特定的职业活动中形成了特殊的职业关系。我国历代都有对医务人员职业道德的要求，如"悬壶济世""杏林春暖""大医精诚"等。遵守职业道德，秉承"救死扶伤"的职业精神是每位医务人员应尽的义务。

（二）遵循临床诊疗指南，遵守临床技术操作规范和医学伦理规范

诊疗措施在实施过程中，存在给患者带来医疗损害的风险，因此医务人员在诊疗过程中应遵循临床诊疗指南，遵守临床技术操作规范和医学伦理规范，尽量减少或避免副损伤的发生。

（三）尊重、关心、爱护患者，依法保护患者隐私和个人信息

尊重、关心、爱护患者是在诊疗过程中对患者人文关怀的具体体现，也是对患者身心健康的有力保障。在诊疗中，医师应当关注患者隐私的保护，这也是《中华人民共和国个人信息保护法》所要求的。

（四）努力钻研业务，更新知识，提高医学专业技术能力和水平，提升医疗卫生服务质量

（五）宣传推广与岗位相适应的健康科普知识，对患者及公众进行健康教育和健康指导

（六）法律法规规定的其他义务

第二节　医事法概况

一、医事法概述

（一）医事法的概念

医事法是指由国家制定或认可，并由国家强制力保证实施的旨在调整、保护公民生命健康活动中形成的各种社会关系的法律规范的总和。

医事法的概念分为广义和狭义两种。广义的医事法是指一切涉及医事的法律法规的总称，包括所有立法机关和授权立法机关所指定或认可的医事单行法律法规及其他法律法规中有关医事领域的规定。狭义的医事法是指拥有国家立法权的全国人民代表大会及其常委会所制定的医事专门法律。

（二）医事法的性质

1. 法律属性上的阶级性　法律是由社会物质生活条件所决定的，由国家制定或认可，并由国家强制机关保障实施的，反映统治阶级意志的行为规范的总和。在我国，广大人民的意志决定了医事法的服务对象、任务和发展方向。

2. 社会属性上的应用性　医事法属于应用法。医事法的相关研究成果经过转化，能够解决医疗领域相关的法学问题，有利于医疗卫生事业的发展。

3. 医学属性上的科学性　医事法规范需要体现医学领域的诊疗原则、操作规范和卫生标准等内容，不能脱离医疗实践而独立存在。所以，医事法的科学性不仅体现在尊重客观规律，而且与医学科学发展密切关联。

4. 学科属性上的综合性　医事法在学科属性方面的综合性表现为：①医事法相关主体涉及诊疗行为的各个方面，既包括医疗卫生管理部门、医疗机构，也包括作为被服务对象的患者；②医事法涉及的相关内容不仅包括医疗行为，而且包含医疗卫生管理行为；③医事法涉及的学科门类多样，既包括临床医学、预防医学、基础医学，也包括民法、刑法和行政法等领域。

5. 历史属性上的时代性　从医事法的发展历程来看,医事法有着鲜明的时代性。随着医疗技术进展和所面临的社会问题的变化,新问题不断出现,只有医事法适时做相应的调整,才能更有效地服务于医疗卫生事业发展和社会进步。

（三）医事法的作用

法律的作用是指对人们之间的社会关系所产生的影响,主要包括规范作用和社会作用。规范作用是手段,用来调整人们的行为;社会作用是目的,是指法律在社会生活中要实现的目的。医事法也是通过规范作用来实现其具体的社会作用。

医事法的社会作用主要包括以下内容。

1. 贯彻国家的医疗卫生政策,维护社会医疗卫生秩序。

2. 规范医疗卫生活动,保障公共健康,维护公共医疗卫生利益。

3. 促进医学进步与国际交流,推动医疗卫生事业发展。

二、我国医事法律法规的发展历史

医事法律法规的发展有着特定的历史背景。随着医学从生物医学模式转变为生物 - 心理 - 社会医学模式,医事法也出现了相应的转变,这种转变主要体现在立法的成果上。

新中国成立伊始,作为临时宪法的《中国人民政治协商会议共同纲领》第四十八条规定:“推广卫生医药事业,并注意保护母亲、婴儿和儿童的健康。”1954 年颁布实施的《中华人民共和国宪法》第九十三条规定:“国家举办社会保险、社会救济和群众卫生事业,并且逐步扩大这些设施,以保证劳动者享受这种权利。”在国家根本大法的指导下,我国的医事法律法规建设逐渐起步,初步形成了涉及医疗卫生行政管理法规为主要内容的医事法律法规体系。

党的十一届三中全会以后,医事法的立法工作再次迎来了高速发展阶段。进入 21 世纪,医事法律法规建设呈现出稳定、有序发展的趋势。迄今为止,医事法律体系已经覆盖了医疗卫生行业的大多数领域,下一步的发展目标主要是适时增补新兴医疗卫生领域的立法。

三、我国现行主要的医事法律法规

我国现行的医事法律法规中,有的单独成法,有的包含在其他法律法规之中。目前,我国主要的医事法律法规包括以下几种。

（一）《中华人民共和国基本医疗卫生与健康促进法》

《中华人民共和国基本医疗卫生与健康促进法》是医疗卫生健康领域的基础性、综合性法律,这部法律将医疗卫生健康领域中零散的、分散的、单行的立法整合成一个系统化的法律体系,对我国医疗卫生体制改革和卫生健康法治建设起到了重大作用。

（二）《中华人民共和国民法典》

《中华人民共和国民法典》（以下简称《民法典》）是我国第一部以法典命名的法律,在法律体系中居于基础性地位。《民法典》在第七编第六章医疗损害责任部分,提到涉医部分共十一条,是目前处理医患关系的基本准则。

（三）《中华人民共和国医师法》

《中华人民共和国医师法》的制定对于加强医师队伍的建设,提高医师的职业道德和业务素质,保障医师的合法权益,正确地履行医师的职责,保护人民健康,促进和保障我国医疗卫生事业的健康发展意义重大。

（四）《医疗事故处理条例》

《医疗事故处理条例》是为了正确处理医疗事故,保护患者和医疗机构及其医务人员的合法权益,维护医疗秩序,保障医疗安全,促进医学科学的发展而制定的。

NOTES

（五）《医疗纠纷预防和处理条例》

《医疗纠纷预防和处理条例》是为了将医疗纠纷预防和处理工作全面纳入法治化轨道,保护医患双方合法权益,维护医疗秩序,保障医疗安全而制定的法规。国务院制定该条例是为了从制度层面推进医疗纠纷的依法预防和妥善处理,着力构建和谐医患关系,促进我国医疗卫生事业持续健康发展。

第三节　程序意识和证据意识

牢固树立程序意识和证据意识,是做好医患沟通和医患纠纷预防和处理的基本要求,也是医疗卫生领域法治化管理所必需的。

一、诊疗过程中的程序意识

程序是为进行某项活动所规定的先后次序,体现为一定的规矩。《孟子·离娄上》指出:"不以规矩,不能成方圆。"

在诊疗过程中遵循疾病的诊疗程序,是保障治疗效果的重要因素。

（一）程序意识的法律作用

程序意识的法律作用主要作用包括以下几点。

1. 保证医患双方权利和义务的实现。
2. 约束医患双方权利和权力的滥用。
3. 保证法律决定的理性。
4. 保证医患纠纷得到妥善解决。
5. 树立法律的权威。

（二）增强程序意识的主要内容

1. 在疾病的诊疗过程中,遵循疾病指南和诊疗规范　医师在诊疗活动中,应当遵循业内取得普遍共识的疾病指南和诊疗规范对患者进行诊治。特别需要注意以下几点。

（1）诊疗过程中,应当向患者说明病情、医疗措施和其他需要告知的事项。需要实施手术、特殊检查、特殊治疗的,医师应当及时向患者具体说明医疗风险、替代医疗方案等情况,并取得其明确同意;不能或者不宜向患者说明的,应当向患者的近亲属说明,并取得其明确同意。

（2）医师开展药物、医疗器械临床试验和其他医学临床研究应当符合国家有关规定,遵守医学伦理规范,依法通过伦理审查,取得书面知情同意。

（3）医师应当坚持安全有效、经济合理的用药原则,遵循药品临床应用指导原则、临床诊疗指南和药品说明书等合理用药。在尚无有效或者更好治疗手段等特殊情况下,医师取得患者明确知情同意后,可以采用药品说明书中未明确但具有循证医学证据的药品用法实施治疗。

2. 在医患纠纷处理过程中,遵守法律程序的规定　在医患纠纷发生后,所有调解处理过程必须遵守法律程序的规定。

（1）当发生医患纠纷时,医方应当保管好病案及相关证据。

（2）患者死亡后出现医患纠纷时,主管医师或值班医师会同上级医师,必须向家属明确提出是否做尸体解剖及尸体解剖的时限要求,并在病程记录中完整地将家属的意见记录在案,请家属签字。如家属拒绝进行尸体解剖,必须请直系亲属在病历中写明"不同意尸检"并签字。

（3）当患者/家属提出封存、复印病历时,医方应当配合患者/家属完成。

（4）当科室在解决医患纠纷未能与患者/家属取得一致时,由医院医患纠纷调解部门进行接待并继续调解。

（5）在医患纠纷处理过程中,应当遵循"无过错不赔偿"的原则,积极将纠纷引入法定渠道解决。

二、诊疗过程中的证据意识

(一) 证据意识的法律含义

证据意识是指人们在社会生活和交往中对证据作用和价值的一种觉醒和知晓的心理状态,是人们在面对纠纷或处理争议时重视证据并自觉运用证据的心理觉悟。对于医疗行为来说,证据意识要求医务人员从司法意义上正确理解证据的含义,在履行医疗服务合同时,注意记录、收集和保存诊疗过程中的有关证据资料。

(二) 增强证据意识的主要内容

1. 认真记录医疗文书,妥善保管病案资料　医疗文书是医务人员在诊疗活动过程中形成的文字、符号、图表、影像、病理切片、检验报告等资料的总和,记载了患者诉说的病情、医方的检查与诊断和治疗等情况。医疗文书不仅是患者病情发生、发展的记录资料,也是判断医务人员诊疗措施是否正确的重要法律依据。

医务人员应当充分认识到医疗文书的重要性,明确自己在记录医疗文书过程中的法律责任。

(1) 客观、真实、准确、及时、完整地书写医疗文书,对影响诊疗效果的关键性和有创性检查与治疗等重要事件必须重点记录,并且让患者或其委托人签字确认,切忌涂改、补写、隐匿、伪造医疗文书等。否则,调解机构或法院将以证据无效或不足为由不予采信。

(2) 病案是具有法律效力的文本,国家对病案管理做了明确的规定,必须提升依法管理病案意识。

2. 医务人员要及时履行将病情和治疗措施事先告知患者的义务　知情同意权是患者的基本权利。尊重患者的知情同意权是现代医学道德的基本原则,也是构建现代医患关系的基础。在诊疗过程中医务人员必须全面、及时地履行告知义务,通过知情同意权来实现医患双方的沟通和理解,使患者本着科学的态度对医疗服务提出实事求是的期望。

3. 严格遵守医疗规章制度,依法形成证据　证据的合法性是指证据符合法律规定的所有要件。对医务人员来说,是指严格按照医疗规章制度行医,医疗文书资料的形成应符合法定的程序和形式。医务人员在诊疗活动中必须严格遵守医疗卫生法律法规、部门规章和医疗护理操作常规等规章制度,依照法定程序形成病历等证据资料。

三、诊疗过程中的相关证据

(一) 相关证据种类

根据《中华人民共和国民事诉讼法》第六十三条的规定,证据包括:当事人的陈述、书证、物证、视听资料、电子数据、证人证言、鉴定意见和勘验笔录。

1. 当事人的陈述　医患纠纷中的当事人,一般包括患者、医疗机构、医疗产品的生产者和销售者及血液提供者等。作为当事人,他们都可以提供与案件有关的说明,以当事人陈述的证据形式呈现于法庭。需要特别指出的是,在医患纠纷案件中,对患者实施诊疗活动的医务人员不是医疗侵权诉讼的当事人,而是证人,该医务人员提供的与案件有关的情况说明属于证人证言。

2. 书证　医患纠纷案件的书证包括所有与诊疗活动有关的医疗文件、医疗文书、管理文件、管理记录和档案文件等。其中,作为证据使用的医疗文书包括病历文书和非病历医疗文书。病历文书包括门诊病历、急诊病历、日间手术患者病历和住院病历等。非病历医疗文书是指在诊疗服务过程中形成的没有纳入病历管理的文书,如门诊患者就诊登记、值班记录、交接班记录和护理评估记录等。

3. 物证　各种与诊疗过程有关的物品都可以成为物证,包括给患者使用的药品、医疗器械、消毒药剂和血液等,也包括实施医疗操作时使用的物品,还包括与医患纠纷发生有关的病房、病区的各种设备、设施和患者生活用品等。

4. 视听资料 视听资料一般可以分为三种类型。

（1）视觉资料：也称无声录像资料，主要包括图片、摄影胶卷、幻灯片、投影片、无声录像带、无声影片和无声机读件等。

（2）听觉资料：也称录音资料，包括音频、录音带等。

（3）声像资料：也称音像资料或音形资料，包括录音录像片、声像光盘等。

随着闭路监控系统和智能手机的广泛使用，医患纠纷中越来越多地涉及视听资料证据。内容主要包括以下几种。

（1）医疗机构通道、候诊区、护士站等不涉及患者隐私的场所安装的闭路监控的资料。

（2）医务人员和患者手机对一些医疗行为中的重要环节进行录音、录像和拍照的资料。

（3）带有录音、录像和拍照功能的检查设备硬盘中保存的资料。

（4）诊疗过程中对医疗行为的实施过程进行录像和拍照的资料，如冠状动脉造影等。

音像资料的获取和使用过程中需要特别注意以下几点：①对于未经对方当事人同意而私自录制其谈话内容的，只要不是以侵害他人合法权益（如侵害隐私）或者采用违反法律规定的方法获取的（如窃听），仍可作为审定案件事实的依据。②关于医疗场所的闭路监控音像资料，由于这些音像资料包含其他患者的情况或隐私，一般需要执法部门依法调取、查看。医疗机构需要自行留档保存。

5. 电子数据 电子数据主要是电子病历资料和一些辅助检查设备自带硬盘中保存的患者检查资料。此外，存在于计算机上的闭路监控资料既是视听资料，也是电子数据。

医疗机构因医疗服务的需要而形成的电子数据为医方掌控，应当尽量做到不留漏洞，如监控设备的时间应该及时校准，保证时间准确无误。

6. 证人证言 证人证言是指经历医患纠纷过程和了解纠纷相关情况的人对案件情况的叙述。在诊疗过程中对患者实施诊疗服务的医务人员是证人，其对案件涉及的接诊、检查和治疗患者情况的叙述是证人证言。

7. 鉴定意见 鉴定意见是指鉴定人受司法机关委托或聘请，运用专门知识和技能对案件中需要解决的专门问题进行鉴别后，作出的书面结论性意见。主要内容包括：医疗行为是否存在过错，患者是否遭受医疗损害，医疗过错与损害后果之间是否存在因果关系等。此外，患者的死亡原因，给患者使用的药品、医疗器械、消毒药剂和血液等是否存在问题，也要进行鉴定。

8. 勘验笔录 对现场及相关标的物和证据等进行勘验有利于明确纠纷发生时的具体情况，有利于揭示当事人对案件情况主张和说明的合理性及真实性。

（二）证据收集的要求

1. 应当明确取证的目的和方向 当医患纠纷发生后，为了能够让纠纷得到及时、妥善的处理，无论医方还是患方都应当根据案件的性质、具体情况和处理策略确定收集诊疗过程相关证据的目的和方向。

2. 应当迅速、及时收集证据 由于医患纠纷中的诊疗过程相关证据具有易失真、易灭失的风险，因此医患双方在纠纷发生后，都应当根据案件的情况和自己的权利主张，迅速、及时地收集证据。

3. 应当客观、全面地收集证据 医疗活动极为复杂，往往涉及多部门、多环节和多位医务人员，需要证明的信息量也较大。医患双方应当全面评估纠纷过程，确定需要证明的关键性事实，从而确定收集证据的范围，尽可能做到全面和客观。

4. 应当严格遵守法定的权限 法律注重对医患双方的权利义务的规制，调取证据时应当遵守法律规定的权限。对于患者的病历资料，患者本人、代理人或者死亡患者的继承人才有权调取；不宜对普通民众开放的文档，一般的民事主体无法调取，需要人民法院出具调取需求才能够调取。

5. 应当严格遵守法定的程序 调取证据时应当遵守法定程序。在封存病历、医疗用品、药品和血液等证据时,应当有医患双方代表在场,共同封存。

6. 应当保护当事人的合法权利　调取证据时,应当注意保护当事人的合法权利,通过非法手段收集的证据,一般不会被采信。

（三）相关证据收集的方法

医患纠纷的民事处理中,由医患双方当事人及其代理人各自收集证据。收集证据的方法主要包括:询问证人及其他有关人员,复制医疗文书,对事件过程或者有关人员的陈述进行录音录像,申请证据保全和对专门性问题进行鉴定。

四、诊疗过程相关可疑医疗物品和尸体的检验

在医患纠纷过程中,封存的可疑医疗物品需要检验的,应当由医患双方共同依法委托具有检验资格的检验机构进行检验。根据医疗物品的概念、相关的法律规定和实践情况,可疑医疗物品可分为可疑药品、可疑医疗器械、可疑血液和其他可疑医疗物品四类。

（一）可疑药品检验

医患双方对患者在诊疗过程中是否因可疑药品原因引起不良后果有争议时,需要对可疑药品进行检验。检验的主要内容包括药品质量检测和药品剂量检测。

（二）可疑医疗器械检验

可疑医疗器械的检验内容主要包括医疗器械质量检测、厂家身份检测和故障原因检测。

（三）可疑血液检验

可疑血液检验的主要内容包括血液质量检测、血型检测和异物检测。

（四）其他可疑医疗物品检验

主要包括药品、医疗器械、血液的包装,对这些可疑医疗物品的检验对还原医患纠纷发生真相也具有一定意义,所以在发生医患纠纷后也需要对其进行封存,并一起提交检验机构进行检验。

（五）尸体解剖相关要求

1. 尸体解剖的主体资格　从医学技术角度来看,尸体解剖具有较高的技术和设备要求,包括硬件要求、专业人员要求和技术能力要求。只有具备有关行政部门规定条件的医疗机构或法医病理鉴定机构,才能开展尸体解剖工作。

2. 尸体解剖的要求　启动尸体解剖程序必须要有相应的法律依据。在尸体解剖问题上,患方掌握尸体解剖的决定权,医疗机构有告知的义务。一般应当在患者死亡后 48 小时内进行尸检;具备尸体冻存条件的,可以延长至 7 日。

3. 尸体解剖能够解决的问题　在诊疗过程中,医务人员获得的信息都是间接信息,而尸体解剖可以获得更为直接的信息。尸体解剖的作用包括以下内容。

（1）了解患者的损伤、病症及身体损害情况。

（2）了解医务人员对患者实施医疗行为的情况。

（3）确定患者损伤、疾病诊断。

（4）查明患者的死因。

（5）明确医务人员是否存在失误。

（6）保全患者病症和医疗操作的证据。

4. 委托尸体解剖的注意事项　在委托尸体解剖过程中,医疗机构应该注意以下内容。

（1）应尽到告知义务,让患者家属充分了解尸体解剖的意义和法律规定。

（2）征得家属同意,并签署书面知情同意书。

（3）对患者尸体采取妥善的存放和保管措施。

（4）及时联系有尸体解剖资格的机构进行解剖。

第四节   医患纠纷和医患冲突

医患纠纷（medical dispute）又称医疗纠纷，其定义有广义和狭义之分。广义的医疗纠纷是指医患双方在医疗场所发生的所有纠纷。狭义的医疗纠纷是指在诊疗过程中，医患双方因医疗服务合同而引发的纠纷。

医患纠纷是人民内部矛盾在医疗领域的一种表现，积极应对可以使其顺利化解，如果不能够妥善处理，医患纠纷就可能演变为医患冲突。医患冲突（doctor-patient conflict）是指医患双方在诊疗护理过程中，为了自身利益，对某些医疗行为、方法、态度及后果等存在认识、理解上的分歧，以致侵犯对方合法权益的行为。

一、医患纠纷的解决途径

（一）医患双方协商解决

依据《中华人民共和国民法典》私法自治原则，民事主体在法律规定的范围内可以自由处分自己的民事权利，因此医疗纠纷的双方当事人在法律允许的范围内，可以通过自行协商的方式解决医疗纠纷的争议。

医患双方自行和解是指医疗纠纷发生后，医患双方当事人以自由表达意愿为基础，以沟通协商的方式，就医疗纠纷的解决方法达成合意的纠纷解决机制。

（二）第三方调解

1. 行政调解   行政调解是指由行政机关主导，以国家政策、法律为依据，以自愿为原则，通过说服教育等方法，促使双方当事人友好协商，互谅互让，达成协议，从而解决争议的行政行为。

现行法律法规对行政调解作为医疗纠纷处理的一种解决途径做了明确的规定，如《医疗机构管理条例》第五条第1、2款规定："国务院卫生行政部门负责全国医疗机构的监督管理工作。县级以上地方人民政府卫生行政部门负责本行政区域内医疗机构的监督管理工作。"

行政调解在适用范围和运作程序等方面都具有相当的灵活性，可以提高医患纠纷的解决效率。

2. 人民调解、组织调解   人民调解是我国法治建设中的一项具有中国特色的制度，是我国社会主义法治建设中的一项伟大创举，是现行调解制度的重要组成部分。根据《中华人民共和国宪法》《中华人民共和国民事诉讼法》和《人民调解委员会组织条例》的规定，人民调解委员会是调解民间纠纷的群众性组织，是在基层人民政府和基层司法行政机关指导下进行工作的。

依据《关于加强医疗纠纷人民调解工作的意见》的要求，各地相继成立了医疗纠纷人民调解委员会（以下简称医调委）。作为独立的第三方，医调委做到了有案必调、案结事了，维护了医患双方的合法权益，已经成为我国化解医疗纠纷的主要途径。

作为医疗纠纷的第三方调节机构，医调委调解工作主要包括以下内容。

（1）双方自愿接受调解：作为调解机构，医调委的工作需要医患双方自愿申请调解，任何一方拒绝医调委介入，调解工作一般不会正式开展。

（2）背对背评估：当医患双方以书面或口头方式向医调委申请调解医疗纠纷后，医调委根据双方提交的材料进行审核，如不存在不受理情形，则开始进入调解程序。

调解流程开始后，调解委员会通过查阅双方提供的病历资料、询问当事人等方式调查、了解诊疗过程和双方争议的焦点问题，根据医疗纠纷的复杂程度，通过自行判断、内部讨论、专家咨询和医疗损害鉴定等方式分析医方在诊疗过程中是否存在过错、是否造成患者的人身损害以及过错与人身损害是否存在因果关系及相关责任度，依据医疗损害责任的评估结果计算医疗机构应当承担的经济赔偿额度，形成调解意见。

（3）对调解意见的协商确实：当调解意见形成后，医调委会将意见告知医患双方，并引导、协调双方达成一致意见。如果医患双方能够达成一致，则应在医调委主持下签署医疗纠纷调解协议书。如

NOTES

果双方不能达成共识,则医调委调解终结,医患双方可以采取其他合法途径解决医疗纠纷。

(三) 民事诉讼

医患纠纷的民事诉讼指的是人民法院在医患双方参与下,审理及解决医疗纠纷案件的活动。司法诉讼是解决医疗纠纷的终极方式,通过任何其他方式解决纠纷的尝试均不会影响医患双方向法院起诉的权力;而经过诉讼审理程序做出判决的医疗纠纷,不能再申请行政调解或人民调解。

在医患纠纷解决程序上,医患双方可以自行决定通过何种方式解决纠纷,不存在必须优先选择的途径。

二、医疗损害相关鉴定

医疗损害相关的鉴定在医疗纠纷处理过程中是不容回避的,是医疗纠纷处理中的核心问题。在医疗纠纷处理过程中,医患双方无论选择何种方式,都需要以"以事实为依据、分清责任"为前提,即进行与医疗损害相关的鉴定。

目前,我国的医疗损害相关的鉴定分为医疗事故技术鉴定和医疗损害鉴定两种。

(一) 医疗事故技术鉴定

医疗事故技术鉴定是指由医学会组织有关临床医学专家和法医学专家组成专家组,运用医学、法医学等科学知识和技术,对涉及医疗事故行政处理的有关专门性问题进行检验、鉴别和判断并提供鉴定结论的活动。

医疗事故技术鉴定结论是卫生行政部门处理医疗纠纷案件的法定依据,是卫生行政部门做出行政处罚的法定依据,也是医疗损害赔偿诉讼中的一种证据。同时,可以作为医患双方协商解决医疗纠纷的依据。

医疗事故技术鉴定的特征包括以下几点。

1. 医疗事故技术鉴定的目的　是为卫生行政部门在处理医疗事故时遇到的专门性问题提供的一种技术服务。

2. 鉴定机构选择具有高度的专属性　医疗事故技术鉴定只能由医学会组织的医疗事故技术鉴定专家组来完成,不存在选择其他鉴定机构的可能。

3. 鉴定结论发出名义　鉴定结论以医学会的名义发出,不实行鉴定人个人负责制。

4. 鉴定结论证据学要求　医疗事故技术鉴定的鉴定结论证据学要求显著宽松。

(二) 医疗损害鉴定

医疗损害鉴定是指人民法院在审理医疗侵权案件过程中,为了明确争议医疗行为是否存在过错、过错医疗行为与损害后果之间是否具有因果关系、医疗过错在损害后果发生的参与程度以及后续治疗要求的认定等,由人民法院委托专门鉴定机构组织具有相关临床医学专业知识和经验的专家所做的有针对性的技术分析、解释和报告的活动。

在医患纠纷中,当事人有权对以下内容申请鉴定。

1. 医疗机构的诊疗行为有无过错。

2. 医疗机构是否尽到告知义务。

3. 医疗机构是否违反诊疗规范,实施不必要的检查。

4. 医疗过错行为与损害结果之间是否存在因果关系。

5. 医疗过错行为在损害结果中的责任程度。

6. 人体损伤残疾程度。

7. 其他专门性问题。

(赵铁夫)

【思考题】

1. 王某,男,30 岁,2 小时前工作时于近 3 米高处坠落,由工友送至医院急诊。患者既往病史不详,BP 80/40mmHg,HR 120 次 /min,意识淡漠,腹腔穿刺抽出 50ml 不凝血,初步诊断为"腹腔脏器损伤,脾破裂可能性大",需急诊剖腹探查。随行工友均拒绝签署手术知情同意书。作为接诊医生,你将如何沟通处理?

2. 李某,女,80 岁,肺癌伴多发转移 2 年,诊疗过程中家属多次表达对医务人员的不信任,现患者经抢救无效死亡。作为主管医生,你将如何与家属沟通?并为可能发生的医患纠纷做哪些准备工作?

第四章
医患沟通的伦理学基础

学习要点

- 了解医学伦理学的相关理论及基本概念。
- 明晰医学伦理学在医患沟通过程中的作用。
- 掌握医患沟通过程中应遵循的医学伦理学原则。

在医疗卫生和保健工作中,医患双方围绕诊疗服务、健康及心理和社会等相关因素,以患者为中心,以医方为主导,将医学与人文相结合,通过医患双方各有特征的全方位信息的多途径交流,使医患双方形成共识并建立信任合作关系,指引医务人员为患者提供优质的医疗服务,达到维护健康、促进医学发展的目的。医患沟通不仅是长久以来医疗领域中的重要实践活动,而且也属于当代经济社会发展过程中凸显出来的医学学术范畴。理性和谐的医患关系的构建与维系必须遵循相应的道德规范和伦理原则,才能确保患者利益最终实现。本章围绕医患沟通过程中涉及的伦理道德问题,阐述了基本的伦理理论,为医患沟通的顺利进行提供参考和指引。

第一节　医学伦理学概况

一、医学伦理学基本理论

(一) 医学伦理学相关概念

1. **伦理学**　伦理学(ethics)是一门很古老的学科,古希腊哲学家亚里士多德所著《尼各马可伦理学》一书为西方最早的伦理学专著。在中国古代,虽然没有使用"伦理学"一词,但在先秦诸子百家的论著中,有大量关于人生道德、伦理的内容。简单来说,伦理学是系统研究人类生活中的道德现象和伦理问题的科学,包括道德和伦理问题的理论和实践。因此,伦理学又称为道德哲学,它是哲学的一个重要分支,是对道德现象进行哲学思考或理性的反思。

2. **生命伦理学**　生命伦理学是运用伦理学的理论和方法,在跨学科、跨文化的情境中,对生命科学、生物技术以及医疗保健的伦理学方面进行的系统研究,并加以规范,使人们有所遵循。20世纪60年代以后,生命伦理学开始兴起,这一概念首先由美国的生物学家范·潘塞勒·波特使用。在我国,1987年中国社会科学院的邱仁宗教授出版了《生命伦理学》一书,首次系统全面地介绍了生命伦理学。2000年8月,卫生部成立了"医学伦理学专家委员会",就重要医学伦理问题向卫生部提供咨询建议作为决策基础。生命伦理学的发展有利于医学伦理学这一学科的繁荣和发展。

3. **医学伦理学**　医学伦理学是运用一般伦理学原则解决和认识医疗卫生实践和医学科学发展过程中的医学道德问题和医学道德现象的学科。它是医学的重要组成部分,又是伦理学的分支,也是医患人际沟通的行为准则,是伦理学与医学相互交融的一门学科。医学道德原则和规范是医学伦理学研究的核心内容之一,医患沟通过程必须遵循医学伦理学的基本原则和规范。由于医学不同于其他科学技术,其本身就含有伦理因素,医学临床实践、医学科学研究和其他医学活动都体现了伦理价值和道德追求。

（二）医学伦理学基础理论

1. 生命论 是对人的生命的根本观点和态度的理论研究,并作为医学伦理学理论的重要出发点和立足点。20世纪以来,随着生命科学和医学的巨大进步,人们对生命问题的思考更加深化。不仅关注生命的数量和存活周期,也关注生命的过程和状态,把积极改善与提高生命质量作为重要目标之一。生命论包含三个层面的内容。

（1）生命神圣论（theory of sanctity of life）:强调人的生命至高无上、神圣不可侵犯,注重自然意义上的生命。在当代医学实践中,其核心是阿尔贝特·史怀泽所创立并身体力行的"敬畏生命"伦理学。

（2）生命质量论（theory of quality of life）:以人的自然素质的高低、优劣为依据来衡量生命的观念及理论。强调生命的内在价值,就是健康的程度,通常以生命体的体能和智能作为评价标准。人的个体生命由数量和质量两个不可分割的方面构成,数量指个体的生存年限和人口的多少;质量指对人的个体整个生命包括生理、心理特征及其受限程度的综合估量,主要指人的生命的自然质量,即某一生命就生物学生命的意义是否具备了作为人的基本要素。

（3）生命价值论（theory of value of life）:主张以个人对他人、对社会及对自己有何作用及意义为标准,来评价人的生命的价值,从而合理地控制人口数量及质量,以保证人类和谐生存与科学发展的伦理观念及理论。它是生命自我价值与社会价值、内在价值与外在价值、潜在价值与现实价值等诸多价值的有机统一。

2. 德性论 德性论（the theory of virtue）既是道德哲学的传统理论,也是现代道德哲学的基础理论。"德性"一词希腊原文是"αρετη",始见于荷马史诗《奥德赛》,后拉丁文译为"virtus",英文据此译为"virtue"。从词源学意义上看德性一词的含义,原意为优秀、高尚、高贵和卓越等,泛指人、生命物或者器物的特长、功用。"virtue"一词的汉译有多种表述,如德性、美德、德行或德等。

围绕德性论构建起来的伦理理论系统可以称之为德性伦理学或者美德伦理学。这一伦理学思想是古希腊、中国乃至整个东方哲学、伦理学最重要的道德思想和理论建构。德性论本质上属于广义规范伦理的范畴。但亚里士多德、柏拉图等以及中国德性论的思想大多都更强调"德性"的主体性特征,即认为德性是人之品性的规定性,是一种获得性品质。亚里士多德认为德性是表现于人的习惯行为中的品格特征。他认为"习惯"是极为重要的品格形成特征,属于由个人的道德认识、道德情感、道德理性和道德境界等构成的、内化于人心的道德追求和道德品性,因而德性伦理相对于现代意义上的规范伦理学来说,其规范特征在于人出于自身人性、人心的自觉和习惯性。德性也具有实践性特征,即在这种德性的引导下完成向德行的转化,即将内在于心的德性付诸外在德行,由道德自觉转化为道德行为和实践。

德性伦理罗列出了若干形式的美德进行具体而详尽的分析和阐述,对不同的人之美德、不同文化的美德间的区别作出解释。此外,德性伦理还要对美德与恶德作出界定。但是目的或者出发点的不同,往往会影响对一个人美德的评价,比如我们可能因为一个医生的医疗水平高超而选择他,这可能影响到对他道德品格的评价。德性伦理作为一种道德哲学理论,不仅要有"好的医生""好的教师""好的工程师"等具体的概念,还要对一般意义上的"好人"的概念进行界定,从而阐释美德就是这样的人的道德:对每个人来说,拥有它都是善的。

德性论应用于对医学道德的认识和评价,一方面可以运用德性伦理理论直接作为审视医学道德的根据,用德性论确立的道德标准和评价方法对医学道德问题进行考量,这是将医学道德问题纳入一般道德哲学研究和认识的一种思维和实践路径;另一方面,将德性论转化为具体的医学美德理论,构建医学伦理学系统的医学美德思想体系,其特点在于医学美德主体的确定性和所研究的美德问题的医学规定性,相对于一般伦理学德性理论来说,医学美德理论构建的基础在于医学行为或医疗行为,是对医学行为实施者即医务工作者特定的职业道德品质的研究,将应该做一个什么样的人的问题,转化为怎么样才能成为一个有医学道德的医务工作者的问题。

德性论在一个特定伦理指向上深刻揭示了人类道德的根源和挖掘出了人类道德的本质特征。当代医学伦理学的理论系统中,德性伦理思想和理论对考察、认识和判断以及规范医疗卫生实践主体即医务人员的道德,是一个不可或缺的视角和路径。医务人员的德性在医学实践过程中可以体现出他们的职业道德境界和精神境界,因为德性是人性本身不断的提升和完善,是人的心性结构中用自身的内在价值尺度进行善恶评价的那部分心理特质和可以转化为医疗行为的方式,是医务人员处理与患者、与他人以及与社会关系的一种内在道德需求和精神追求,是一种可以在崇高的医学职业中的“获得性品质”。因此德性可以成为培育医务人员职业道德素养、与治病救人的职业崇高性相统一的高尚职业精神的有效途径。在医学的发展中,医学美德始终是善良的行医者追求的境界。正如英国爱丁堡大学医学教授约翰·哥瑞高瑞(John Gregory)在 1772 年出版的《关于医生的职责和资格的演讲》一书谈到的,对医生的道德判断,应该建立在道德哲学的基础上。医生对患者的态度、行为应基于无私、仁慈的情感。他认为同情是医生的首要美德。医生对患者的基本道德责任,体现为仁慈、耐心、关怀、谨慎、保密、道义、公正和同情。医生的这种道德责任在所有时代、所有国家都是相同的,都是不可改变的。

3. **道义论**　道义论(deontology)即义务论。作为规范伦理学的一种基础理论,主张以道义、义务和责任作为行动的依据,以行为本身或者行为所依据的原则的正当性、应当性作为善恶评价的标准。道义论可分为行为道义论与规则道义论。行为道义论认为,不需要有什么规则,从人的良心、直觉、信念出发就可以做出合乎道德的行为;规则道义论则认为,判断行为是善良的,要求行为遵循的规则必须是合乎道德的,否则就是不道德的。

道义论由 18 世纪德国哲学家康德提出,他从“善良意志”出发,提出“为义务而义务”的主张。康德认为,出于义务的行为之所以是道德的,不是因为行为的目的,而是因为决定这个行为的准则。准则是善的,因为它是先天的理性所设立的。他认为人的道德义务来源于先验的善良意志,是善良意志发出的所谓的“道德律令”。所谓善良意志,是意志本身的善,是在宇宙中唯一不加任何条件的,它是一切善的根源,善良意志是康德义务论体系的首要命题。因为义务是善良意志的指令,所以义务包含了善良意志,康德得出只有出于义务心而做出的行为才是善的,出于其他偏好而做出的行为,因为没有善良意志的根源,所以不可能是善的,因此他提出了命题,即为了义务而行才是道德的。

道义论思想同样是中国传统伦理思想的重要构成部分。儒家思想认为,尽管人们天生就有求义或欲利,或两者兼有的本性,但在处理义利关系时的正确态度应当是先义而后利。即凡事当前,需要我们选择行为时,首先须考虑的是道义原则的要求,一旦道义原则的要求被履行了,则行为主体的个人利益与好处也将随之而来。只有以义为本,才能统一义利,即先义后利。

道义论也称动机论,注重行为本身是否符合道德规定,强调以行为的动机而不是以结果为评价善恶的依据,认为只要行为的动机是善的,不管结果如何,这个行为都是道德的。这一理论不考虑思想与行为的后果,强调原则的超验性,以人的理性为基础,而不进行感性经验的证明。道义论立足于全体社会成员的长远的或根本的利益,而不是从个体的利益出发提出准则。

道义论强调依据善的准则而行动,认为人应该履行义务,这种观念在医学实践中有着悠久的历史传统。从古巴比伦的《汉谟拉比法典》到古印度的《妙闻集》,从古希腊的《希波克拉底誓言》到中国传统的医学经典《黄帝内经》《千金方》等都包含了对医者的道德义务和行医动机的特别强调。宗教伦理精神和原则对医师职业精神也充满着道义论的要求。伴随欧洲文艺复兴运动而来的人道主义理论,抨击和批判传统的宗教神学,提出应以人为中心,尊重人的权利和尊严。人道主义在医学领域仍然强调履行医生职责以及患者生存和健康权利。18 世纪德国柏林大学教授胡弗兰德提出了著名的“医德十二箴言”,在西方医学界广为流传。1864 年订立的《万国红十字会公约》更是围绕着医生的道德义务和职责制定了详细的规范和约言。1948 年《日内瓦宣言》以及后来的《国际医德守则》等国际条约以至各个国家制定的医学道德规范，都对救死扶伤作为医务工作者的基本义务以及底线职业精神做出了规范。在医学发展进程的各个阶段，对医疗实践主体的道德要求以道义论作为基本的规范形式，已经成为医学道德实践中的基本形式，道德哲学所论证的道义理论对医学伦理学形成自身具体的义务论和责任论等基本理论，构成了极为重要的哲学根据和伦理合理性的评价根据。

4. 功利论　在规范伦理学中，功利论（utilitarianism）是与道义论相对的另一种理论体系。功利论强调行为的结果，把行动的实际效用当作衡量善恶的标准。这种理论在社会生活中影响深远，随着医学科学技术的进步，在医学领域中引发一系列新的伦理思考。

功利论是把功利或效用作为行为原则和评价标准的伦理学说，它主张人的行为道德与否看行为的结果。凡行为结果给行为者及其相关的人带来好处，或带来利大于弊的行为，则是道德的，否则就是不道德的。"苦乐原理"是这一理论的基石，判断行为的善恶主要依据行为所能带来的快乐与痛苦的数量关系，如果一个行为能够带来的快乐比产生的痛苦多，那么这个行为就是善的，反之就是恶的。功利论的基本原则是：增进最多数人的最大幸福，这一原则是评价一切行为的道德价值的最终的尺度，因而是一切道德行为的最终动机。

功利论又分行为功利论与规则功利论。行为功利论指不依据规则，而是根据当下的情况决定行为，只要它能够带来好的效果便是道德的。规则功利论指依据规则，能够带来好的结果的行为即为道德行为。

在西方，功利主义的理论渊源可追溯到古希腊的快乐主义伦理学，功利主义的形成和发展，则自近代的英国思想家培根、霍布斯开始，而它的集大成者是边沁和穆勒。

围绕着中世纪的是一种利他主义的伦理学氛围，其传统更多属于道义论这一线索。文艺复兴后，由于资本主义的发展，产生了一个经济利益与道义原则的关系问题；又因为资产阶级打碎了传统的社会制度和思想对个人的束缚，所以急需处理个人与社会、自我与他人的关系问题。这一时期，以边沁和穆勒为代表，功利主义成为一种声势浩大的理论与实践，然而，资产阶级在政治上并未完全占统治地位，在经济上也受到各方面的限制，所以边沁的学说对于资本主义生产关系来说，更多的是充当一个开拓者的角色。他虽然提出了最大多数人的最大幸福原则，但没有强调这个命题；在论述个人利益和公益的关系时，他干脆把公益理解为个人利益的总和；他很少注意到怎样利用道德来保证社会的和谐；他对个人利益的强调反映了当时正在进行斗争以争取政治权力和经济自由的资产阶级生意人的愿望和心理。

穆勒对边沁的学说作了大量的修正，伦理体系显得相对全面和完整，其时代作用是倾向于保守的。强调的是协调性道德的一面，强调功利主义道德与一般社会美德的一致性，强调整体利益、社会利益、他人利益，而对个人利益的强调远不如边沁那么明显。这些特点是与同业已取得统治地位、力图维护现有秩序的资产阶级的需要相适应的。

现代功利主义的主要代表人物之一是澳大利亚的斯马特。在 20 世纪 60 年代，斯马特写了论述现代功利主义伦理学的文章和《功利主义伦理学体系概论》等著作，推动了功利主义的发展。按照斯马特的观点，每个人只要自己决定什么样的行动结果在这时对他是最好的、最有效的，那么，他就可以认为这就是符合道德的。这种确定行动正确性的方法是客观的，使功利主义脱离了古典功利主义的主观性。但是，二者的根本原则并无二致，都是行动的功利原则，都把个人利益看作行动的永恒根据。因此，可以说，现代功利主义不过是现代人再次穿戴上历史人物的衣冠而已。并且，斯马特的功利主义暴露出对资产阶级社会及价值体系的盲从性质。

在中国的文化传统中，功利主义虽不乏倡导者，但始终未占主导地位。1840 年鸦片战争爆发，揭开了中国近代社会急剧变化的序幕。在中国近代旧民主主义道德革命阶段，围绕中国的出路问题，产生了"古今、中西"之争，古今之争反映到伦理学上，主要是义利之争。总的来看，这一时期改良派和革新派对西学的功利主义比较系统地传入中国起到了极大的推进作用。重利者不但包括资产阶级革新派,同时也包括主张"中体西用"的洋务派。

功利论又称结果论,其特点包括:一是只强调行为的结果,不重视行为的动机。一个行为不论行为者有什么动机,只要能带来好的结果,产生更大的快乐和幸福,就是善的,是应该被赞善的。强调和宣扬功利,就是唤醒人们对本性的意识回归与强化,判断行为正当与否是看行为是否最大限度地促进了所有人的快乐的增加或痛苦的免除。二是以个体经验为基础,以经验生活中的苦乐感受为标准。这与道义论的超验性不同,功利主义者在行为前进行利益的权衡,通过计算利弊得失来决定是否采取行为,采取何种行为。功利主义讲的"功利",是"快乐"和"幸福"的代名词,也是"利益"的代名词,即追求功利就是追求利益,"利益"并不是单指对物质的利益追逐、获得、享受与满足,还包括精神上的、情感上的、心灵上的利益追求、获得与满足。三是立足于个人,推衍到他人与社会。边沁的功利主义以个人的感受为基点,进而推己及人,强调社会大众的利益或幸福。因此,要客观地理解他的"功利"观念,需要很好地理解"当事人"的概念,即功利就是给利益攸关的当事人带来快乐或防止痛苦的事物特性,这里的"当事人"既可以指自己,也可以指他者。因而,边沁的功利主义强调功利不仅仅是个人对自身利益生活的追求,也是个人对自身利益之外的社会理想的设定与追求,这就是边沁功利主义的"功利"概念的基本内涵。

当代科学技术的发展和由此带来的社会多方面的变化,产生了许多领域对伦理理论的需求。应用伦理学解决诸如生命伦理问题带来的道德困惑时,功利主义伦理学就成为了一种必然诉求。应用到医疗领域,尤其是在市场经济时代,最大的好处是在判断或进行行为选择时,以患者和社会多数人利益为重,同时兼顾个人正当利益和医院利益,利于将有限的卫生资源按照符合社会整体利益的方向进行分配,从而避免浪费。在道德评价中,这种理论、观点等具有客观性、可视性、有形性和明显可见的实际利益性,容易被人接受和运用,比较符合科学原则和实事求是原则的要求。现代生命科学的发展对旧有生命道德观念的冲击和建立新生命道德哲学的渴望,要求社会在科学进步和道德控制之间作出抉择,功利主义伦理学在一定程度上可以对这种选择提供理论上的有效支持。事实上,在现代生命伦理学理论的建立和成熟过程中,功利主义伦理学理论扮演了重要的角色。例如生命质量的确定、生命价值判断、死亡方式的选择,以及有限卫生资源的合理分配、医疗卫生事业的宏观决策等,功利主义具有不可替代的理论功用。

5. 正义论　正义论(theory of justice)是当代美国哲学家约翰·罗尔斯(John Rawls)于1971年出版的著作《正义论》一书中阐述的理论。这部著作因为对正义论思想的系统阐释,被认为是20世纪在道德哲学和社会哲学领域最具影响力的一部著作。罗尔斯在这部书中谈道:"我一直试图做的就是进一步概括洛克、卢梭和康德所代表的传统的社会契约理论,使之上升到一个更高、更抽象的水平。"国际上也有学者评论认为,罗尔斯确实试图发展出一种理论,这种理论也即正义论力求把功利主义理论的优势与康德义务论观点的优势结合起来,既避免功利主义所提出的幸福理论缺乏正义原理支撑的缺陷,又能够为康德等道义论中的公正思想提供一个解决社会道德问题的方法。

正义论的出发点是以社会契约的方式解决社会公平地进行利益分配的问题。罗尔斯认为功利主义存在的最根本的错误,是将"作为一个整体社会的理性选择采取了对一个人适用的理性选择"。功利主义提出的最大幸福或者最大效用原则对个人来说可以作为一种道德选择的原则,但是如果这个原则运用于对社会制度的解释,也就是把一个社会制度安排的正义与否的原则也运用是否最大限度地达到社会幸福的总量或者社会成员的利益总额,那就等于承认"可以为了使更多人分享较大利益而剥夺少数人的自由",这确实是功利主义没有解决的一个理论问题。所以罗尔斯认为:"正义的主要论题是社会的基本结构,或更准确地说,是社会主要制度分配基本权利与义务以及决定分配社会合作所得的利益的方式。"在罗尔斯看来,政府的基本责任在于保护和提高社会成员个人的自由和福利,那么解决社会成员之间的利益纷争所形成的社会矛盾,就需要一种方法或者标准来保护每一个人的合法利益,因此就需要有一种正义原理(principle of justice)作为对此进行评判的标准。

罗尔斯采用了"反思平衡"(reflective equilibrium)的逻辑方法,他设计了一个"原始状态"(the

original position）的环境条件，从这种状态中人们所作的理性选择中导出一些正义原则，将这些原则与日常的道德信念、正义感以及日常判断进行比较，如果正义原则及其享有的条件与人们的日常道德信念相悖，那么正义原则和条件就应该进行修正和调整；而如果正义原则较为充分地体现了那些普遍享有和很少偏颇的条件，而导出的结论与日常道德信念不一致，即修改、调整日常道德信念与道德判断。"反思平衡"采用的是一种经验与理性相互调整的方式，其"原始状态"是虚拟的而不是实际状态，是一种假设策略。

"原始状态"是罗尔斯正义论论证的一个重要概念，是罗尔斯整个研究及其方法的起点。罗尔斯认为，原始状态作为一切公平的初始条件，由此"获得"支配社会的基本结构、基本权利与义务分配的正义原则。罗尔斯对这个"获得"过程的阐释，也正是对正义原则形成过程和形成条件的论证。罗尔斯对初始条件的描述主要包括三个方面：一是存在着使人类合作可能和必要的客观环境。存在这样一群可以组成社会的人，这些人在确定的、资源有限的区域环境中生存着。二是契约各方都是按照自己生活计划行动的、处在原始状态的理性人。这个由契约各方组成的社会中不仅包括两性和民族，而且这些人具备平凡的智力、才能、抱负、信仰和拥有各自的社会地位。他们有着彼此大体相同的"基本的善"，也即基本需要。但是他们的生活计划（包括善的观念）是彼此不同的，甚至相互冲突。他们最大限度地实现自己的利益和满足自己的需要，对别人的利益则是"冷淡"、漠不关心的。三是假设这群人处在"无知之幕"（the veil of ignorance，也译无知面纱）背后选择正义原则。假定这群人都不知道自己的性别、种族、自然天赋、社会地位、经济状况等；这群人中也没人知道善的观念、合理的生活计划的特殊性。再假定这群人有能力相互合作，遵守理性决策的原理，而且能够坚持他们所选择正义的原则。进一步假定，他们都有对基本利益的渴望和满足个人多种需求，比如权利、机会、权力、财富等要求。在诸多方面的假定预设基础上，罗尔斯断定只有这样才"使一种对某一正义观的全体一致的选择成为可能""原初状态相互冷淡的理性人在无知之幕后面对支配社会基本结构的正义原则的选择问题，就成了一个在不确定条件下理性人的选择问题。"运用什么方式在原始状态不稳定条件下做出这种选择，罗尔斯采用了决策论和对策论，也即博弈论中"最大的最小值"策略。这一策略也称为小中求大原则，即从最坏的状态出发谋求最好结果的一种方案。依照这个策略进行选择，处于原始状态的理性人就会赞同这样两个正义原则。第一个原则：每个人都拥有一种与其他人类似自由相容的最广泛的基本自由的平等权利。第二个原则：社会的和经济的不平等应这样安排，即使处于最不利地位的人最为有利；依附于机会公平条件下的职务和地位向所有人开放。罗尔斯认为采用这两条正义原则，就可以管理好所有社会利益的分配，包括自由、资产、财富和社会权利等。在罗尔斯看来，要建立一个真正公正的社会，必须保证这两条正义原则。但是他也认为，一方面，处在原始状态的理性人会意识到他们既对自己有义务，也对他人有义务；另一方面，应该建立一些能够要求和指导作为道德的决策者个人的原理，因为那些处在原始状态的理性人会在与他人交往中，在公平、忠诚、尊重和仁慈等概念上取得原理上的共识，并从中获得彼此间的责任感。罗尔斯也相信："从原始状态衍生出来的一个完整的原理体系应该包括对义务排序的规则。"但是实际上罗尔斯并没有建立任何排序规则的愿望，只是提出来这种构想，比如他谈道："第二个原则是正义对效率和福利的优先，第二个正义原则以一种字典式次序优先于效率原则和最大限度追求利益总额的原则；公平的机会优先于差别原则。"也就是说，对于罗尔斯来说，社会的基本善（基本价值）的各个维度（自由和机会、收入和财富、自尊的基础等）之间存在不可通约的性质。由于这种不可通约性，带来了字典式的次序。

罗尔斯的正义论中的有些理论可以用于医疗情景中对医学伦理问题的认识、解释和处理。比如他在关于社会形成道德原则共识时强调的必要的家长式作风认为："当我们了解别人的时候，并且因为他们不能代理自己而必须由我们代理他们的情况下，我们应该考虑他们的喜好。"这就为医务人员或者患者家属在尊重患者个人的意愿问题上提供了一种理论支持。罗尔斯的正义理论，最主要的理论功能见于社会制度与医疗卫生体制以及具体的公共医疗、社会保健等实践和理论研究中。例如：如何合理地分配有限的社会医疗卫生资源；在医疗卫生政策和制度的制定过程中如何从生命道德和健康道德视角考虑公平与公正问题等。比如正义理论告诉我们："只有当那些最需要卫生保健体系的人能从中得益,卫生保健体系的不平等才有情可原。"

二、医学伦理学的学科定位及研究对象

(一) 学科定位

医学伦理学属于应用伦理学,是一般伦理学理论在医疗卫生实践中的具体应用,它是医学与伦理学的交叉学科。医学伦理学的理论、规范来源于医学实践,是在长期的历史中形成的,并随着时代和社会的发展而不断进步。因此,医学伦理学具有实践性、继承性和时代性的特点。

(二) 研究对象

医学伦理学属于应用伦理学的范畴,主要研究医德关系及其所反映出的医德现象。医德关系包括医患关系、医际关系和医社关系。医德现象主要包括医德意识现象、医德规范现象和医德活动现象。

1. 医患关系　即医务人员与患者(包括患者的家属)之间的关系,这是伴随医学的诞生,最早产生的主体间关系,是现代医学伦理学首要的研究对象。在我国,医患之间的关系是基于社会主义道德建立的契约与信托关系。医师尊重患者的医疗权利,以救死扶伤、防病治病为己任,利用国家赋予的某些特权(疾病诊治权和特殊干涉权等),一视同仁地为患者提供医疗服务;患者尊重并配合医师,将必要的信息告诉医师,并委托医师为自己解除病痛,共同完成维护健康的任务。

医患关系中患者的道德权利包括:基本医疗权、知情同意权、保护隐私权、医疗监督权和社会免责权。同时,患者又负有如实提供信息、配合诊疗、遵守医院规章制度、支持医学学习和医学发展的道德义务。

伴随医患关系民主化趋势的增强,"指导 - 合作型"或"共同参与型"的医患关系逐步成为医患关系的主流,患者的要求也明显地呈现多元化、多层次趋势。另外,随着现代医学科技的发展,医师对医学设备的依赖性逐步增强,医疗机器隔阂了医患之间的联系,制约了医患之间在感情、思想上的交流,医学呈物化趋势。因此,医师要加强职业道德修养,在应用高新技术时强调关心患者、尊重患者、融洽与患者之间的关系。

2. 医际关系　即医务人员相互关系中的医德现象。在为患者服务的过程中,医疗卫生单位的医务人员(包括医生、护士、医技人员)之间,医务人员与后勤、行政管理人员之间的人际关系,也需要道德的调控。保护患者的生命与健康、捍卫患者的正当权益,是医务人员的共同的义务与天职。"一切以患者为中心"是医务人员所应共同遵循的道德原则,也是建立良好医际关系的基础。医务人员之间的相互支持和密切协作,有利于患者的诊治和康复。

一般而言,医际关系的道德规范包括:平等和尊重、帮助和信任、协作和监督、学习和竞争等。但在现实中,各级人员如何协调同行间分工合作的关系? 同行间怎样才能正确对待彼此间的医疗行为? 如何正确对待转诊、会诊等问题? 同行中应培育什么样的具体竞争规则和竞争观念? 诸如此类的课题是医学伦理学需要研究和解决的。

3. 医社关系　医社关系是指在社会发展过程中,出于对人类整体健康的维护,在医学家、医疗卫生单位乃至整个医学界与社会公众、社区乃至政府之间发生的具有道德意义的社会关系。这是由医学专业化与社会化实践引起的,是医学价值与医学道德日益社会化的产物。伴随医学模式、健康观念、社会疾病观的转变,不仅扩大了医学的服务范围,也扩大了医务人员与社会各方面的联系。医师行为的社会性越来越突出,医生的社会责任日益加重,医务人员的行为直接影响社会公益,医务人员行为选择的示范作用影响深远。传染病预防、流行病调查、职业病防护、疾病普查、群众保健、优生优育等,都需要医务工作者深入社会,与社会各阶层、各行业、各部门的人广泛接触和联系。同时,作为被服务一方的社会公众群体,对医社关系也有重要的影响。因此,研究、调整医社关系的道德规范,建立和谐的医社关系便具有了广泛的意义。

人民日益增长的卫生保健需求与卫生资源缺乏的矛盾、人类生存环境与不良的生活方式和行为方式等因素引起一系列的社会问题、医方与患方道德失范等课题,需要全方位、多视角地研判和思考。一方面,医务人员必须正确处理患者个体和社会整体健康利益所应承担的义务;另一方面,医疗卫生资源配置中需做出合乎道德的制度设计。我国调节医社关系的基本原则包括:社会公益、互惠互利、社会效益领先等。如何在道德方面正确地认识问题,以便在医疗实践中尽量减少因这些关系冲突引发的负面影响是当前迫切需要解决的问题。

医德意识现象是指在医德活动中形成并影响医德活动的各种具有善恶价值的理论、观念、情感、理想和信念。医德规范现象是人们根据医德关系的本质和规律制订的一系列行为规范、准则和要求等,用以指导、评价和调节医务人员的行为。医德活动现象是指按照一定伦理理论和善恶观念而采取的道德行为或活动的总和,包括医德修养、医德评价、医德教育和医德监督等。

医德现象的三个基本方面是相互制约、相互影响的。医务人员在医学领域中的道德关系,不仅表现为医务人员的医德意识,还体现在一定的医德原则和规范以及医德实践中。医务人员在职业生活中依据医德原则和规范而采取不同的行为,人们对这些行为又依据一定的医德标准作出不同的评判。人们为了实现自己的一定的医德理想,就按照一定的医德要求进行医德教育和品行修养。不建立在一定医德活动基础上的纯粹的医德意识和医德规范是不存在的;不在一定的医德意识和医德规范指导下的纯粹的医德活动也是不存在的。因此,医学伦理学既要研究医德意识、医德规范,又要研究医德活动,从三者的结合上,进行全面的、历史的、具体的考察和研究,从而揭示医学道德的发展规律和本质。

第二节　医患沟通中的伦理原则

一、医学伦理学在医患沟通中的作用

医患沟通是临床实践中医患之间展开的以解除病痛为核心的人际交往,并且以医患的行为具体体现,并最终形成医患间的互构关系。人的行为可以概括为言行,语言是思想内容的物化,是表达思想并和他人交流信息的工具;行为特别是操作行为主要改变客观包括自身的活动。行为互动是医患交往的主要内容,无论是技术关系还是非技术关系主要都是通过行为交往实现的。医德意识、医德规范最终体现在人们实践的行为过程中。人们如何选择自己的行为?根据何种规范进行行为活动?提倡什么行为?反对什么行为?医患在互动的过程中应遵循哪些底线原则?如何确保医患双方的权利和义务?这些问题的回答都基于医学伦理学的相关知识和内容。

(一) 培养医务人员的职业精神

如果说药物可以治疗患者的病症,那么,道德修养就是指导医务人员的"良药"。随着医疗技术水平不断提高、医疗设备的日益先进化,医疗卫生服务对象的期望值也在大幅提高,社会对医疗卫生事业发展提出了更高的要求。加强对医疗卫生行业的医德教育、提高医务人员的素质、树立医疗卫生单位的口碑,已成为时代的召唤。"医乃仁术",医学的价值不仅在于"术",更在于"仁"。医学首先是"仁学",其次才是技术。医德教育是加强医务人员的医德修养、提高医德境界的有效途径。如何从医患双方、社会各方的利益出发,提出融洽医患关系的最佳方案是医学伦理学思考的核心问题,而医患沟通又是以伦理道德为基础的。

(二) 有效的医患沟通可以提高患者的满意度

从本质上说,医患沟通是人与人之间的沟通。良好的沟通已成为影响医患关系的关键因素。近年来对非技术性医患沟通影响因素的调查显示,造成医患沟通效果不佳的主要因素有:医生沟通技巧欠缺、忽视患者沟通需求、医患信任缺乏以及医患双方人文素养有待加强等。而医患信任缺乏的根源又在于伦理道德的缺失和沟通的不畅。钟南山院士曾指出:关怀和沟通是医德行为的中心内容,是医

患之间信任的桥梁,是避免医患关系紧张、矛盾、冲突的最有效方式。医生只有具备了强烈的人道意识、责任意识和尊重意识,才会赢得患者的信任,医患沟通才会"水到渠成"。

(三)塑造医院的良好形象

在长期的医疗工作中,一代又一代的医务工作者以高尚的医德、精湛的医技、无私奉献的精神,演绎了一幕幕可歌可泣的平凡而又光辉的模范典型。年轻医务人员应学会聆听,尽可能捕捉患者所传达的信息,选择适当的语言给予积极回应,这会使患者产生信赖感、安全感,并积极配合治疗,从而利于维护患者权益,缓和医患矛盾,促进医疗质量的提高,营造出温馨、优质、便捷的服务氛围。

(四)促成理性的医患关系

近年来,伴随我国体制改革的进程,医疗卫生事业同其他行业一样处在了一个大改革、大变化时期,医疗环境因卫生经济成分、组织形式和经营管理体制的多样性,而呈现出了明显的竞争态势。在市场经济条件下,保障医疗卫生事业良性发展、减少负面因素的影响、缓解医患关系中的矛盾与冲突、提高医务人员整体素质、加强医疗卫生职业的医德建设成为社会发展的客观要求。医学伦理学研究具备提供道德知识的目的和指导道德实践的目的,追求和体现理论和实践的有机统一,是构建理性医患关系的重要途径。

二、医患沟通中的伦理原则

(一)国际通行原则

1. 尊重原则　相互尊重、理解和信任是医患沟通、协调医患关系的基础。对于患者来说,受到医务人员的尊重是一个绝对的、无条件的道德权利;对于医务人员来说,尊重患者是一个绝对的、无条件的道德义务。尊重原则主要体现在三个方面。

(1)尊重患者的人格:要求医务人员平等地对待患者,一视同仁,每个患者都有独立的意志和人格,应该受到尊重。患者也应该尊重医务人员的人格和劳动,积极配合治疗。

(2)尊重患者的权利:人生而平等,生而自由,患者有享受平等医疗待遇和知晓自己病情的权利。医生也有义务让患者了解有关疾病和治疗的各种信息,帮助他们在充分知情的前提下对可供选择的医疗方案进行自主的选择,同时注意保护患者的隐私。

(3)尊重患者的生命和生命价值:这是医学道德的基础,人的生命价值是由其生命质量决定的。以人为本,仁爱救人,是医患沟通最基本的契合点。

2. 不伤害原则　不伤害是指不使患者的身体、心灵或精神受到伤害。不伤害原则要求医务人员树立保护患者健康和生命的伦理观念,对患者高度负责,避免患者遭受不应有的医疗伤害,包括身体上、精神上的伤害以及经济上的损失,但不是绝对的,因为很多检查、治疗等,可能会给患者带来生理上或者心理上的伤害,如肿瘤的化疗,虽能抑制肿瘤,但对造血和免疫系统也有不良的影响。

3. 有利原则　有利原则是将患者利益放在第一位的伦理准则,要求医务人员的所作所为要有利于患者,最大限度保护患者的利益、促进患者身心健康。在西方,《希波克拉底誓言》阐明了"为病家谋利益"的行医信条。我国原卫生部颁布的《医务人员医德规范及实施办法》也要求医务人员要时刻为患者着想,千方百计为患者解除病痛。可见,有利原则已成为医务人员必须遵守的一条基本伦理原则。同时,有利原则还强调,医务人员的行为应有利于医学事业和医学科学的发展,有利于促进人类和人群的健康。这要求医务人员树立全面的健康利益观,把患者、社会乃至全人类的健康及医学发展都纳入体系中来,从整体上选择有利的医学行为,促进整个人类的健康,推动医学的发展。有利原则是医学道德的根本要求,体现了医学的内在本质。

一般来说,有利原则与不伤害原则应在患者身上得到良好的统一。然而临床诊疗中的任何手段都可能存在利弊两重性,在为患者解除痛苦、增进健康的同时难以避免相应的伤害,如药物的副作用、诊断、检查中的痛苦,手术的创伤以及不可预见的意外伤害等。因此,不伤害原则是有利原则的底线要求,主要是指医护人员医疗行为的动机和结果均应避免对患者的伤害。

4. 公正原则　公正的一般含义是公平和符合社会正义。公正原则是指同样有医疗需求的患者，应得到同样的医疗待遇。在基本的医疗照顾上，力求做到社会每个成员都享有平等的生命健康权和医疗保健权。公正原则主要体现在两个方面：人际交往公正和资源分配公正。人际交往公正主要体现在医患之间的平等交往，要求医患之间互相尊重，特别是医方对处于弱势地位的患者应给予足够的尊重，公平对待对方的利益。资源分配公正要求在医疗服务资源分配上遵循公平优先、兼顾效率的基本原则，优化配置和合理利用医疗卫生资源，使医疗卫生资源的分配达到科学合理的最大化、社会和人民受益的最大化。

在医患沟通中，公正原则要求医务人员不能因为患者的种族、职业、社会地位、经济状况、文化水平的千差万别而态度不一、亲疏有别，应平等地对待有医疗需要的患者，力求做到人人享有卫生保健。对于患者而言，应尊重医务人员，遵守就诊道德，积极配合治疗。

（二）临床应用原则

1. 平等与尊重原则　人际关系中倘若缺乏了平等与尊重，就失去了沟通的基础。医患关系作为一种特殊的人际关系，平等与尊重原则是医患沟通的关键。

在医患交往过程中，医患双方是相互依存、不可分割的统一体。尽管医患双方存在文化背景、教育程度、个性特征、心理承受能力、工作性质、外貌特征、婚姻状况、性别及年龄诸多方面的差异，但不应有地位上的高低贵贱之分、远近亲疏之别。由于医生职业的特殊性，其所具有的学科背景、专业知识和技术能力，往往使其在医疗活动中居于主导地位。然而，这并不意味着医者一方就可以高高在上，自认为是患者的救世主与施舍者。也不意味着患者一方就必须把医生本人奉为绝对权威，把医生所说奉为金科玉律。

医疗上存在信息不对称，但人格尊严不应存在不对称。医者与患者应具有平等的人格，双方应该相互真诚地平等以待。医务人员应将患者看作与己平等的个体，平等视之，一视同仁，平易近人，尊重每位患者的人格尊严、生命价值和健康诉求。有了人格意义上的平等，医患沟通的基础才得以奠定，在此基础上，方有可能进行有效的沟通。

基于人际关系中的平等，患者对医生的尊重不应体现在把医生奉为至高无上的权威，对医生怀有超出科学力量的期待，而是应以更加平和的心态、科学的认知，真诚地与医生进行交流。尊重建立在平等的基础之上，需要医患双方共同遵循。作为现实社会中的人，医患双方对于尊重的需要自始至终都是强烈的，亦是合理的，也是人之为人的重要价值体现。患者一方处在疾病状态，常常心理脆弱、焦虑不安，同时，在个人社会形象上、个人价值意识上，存在严重的受挫感、无力的丧失感，因而，从内心更加本能地、迫切地需要得到尊重。患者一方面需要来自亲友和同事的尊重，另一方面，尤其需要来自医护人员的尊重，而来自后者的尊重往往分量更重，常常构成了医患建立合作信任关系的前提和基础。

社会日常生活中的人际交往，尊重他人既体现出良好的自身教养，也展现出健康的人生态度。在医患交往之中，尊重患者是医护人员最起码的工作态度和行动准则之一，也是构建和谐医患关系的重要基石。没有发自内心的相互尊重就不可能产生良好的沟通，在某种意义上，尊重本身就是一种有效的沟通。医者对患者的尊重既可从大处着眼，也可从小处着手；既展现在宏观方面，也可体现于细微之处。比如，注重礼貌礼节、态度谦和、正确称呼、及时回应、保护隐私等。懂得平等对待、相互尊重，方可促成医患双方良好的沟通。

2. 依法与知情同意原则　医患关系首先是一种法律关系，所以医务人员在与患者沟通时，必须要有法律意识，遵守现行的法律法规，明确自己在医疗过程中的权利和义务，同时也要明确患者的权利和义务，并且尊重患者的权利和义务，使双方在法律层面上进行沟通和交流。

医务人员需要注意的是，医患沟通中知情权和选择权是患者的基本权利。医患沟通中的知情同意原则是现代医疗实践中十分强调的伦理原则，它是保障患者权益的重要原则，也是医患沟通中必须遵循的具体方式和必要程序。知情同意基本内容是：临床医师在为患者做出诊断和治疗方案后，必须向患者提供包括诊断结论、治疗决策、病情预后及诊治费用等方面真实、充分的信息,尤其是诊疗方案的性质、作用、依据、损伤、风险、不可预测的意外,以及其他可供选择的诊疗方案和其利弊等信息,使患者或家属经过深思熟虑后自主做出选择,并以相应方式表达其接受或拒绝此种诊疗方案的意愿和承诺;医院在得到患方明确承诺后,才可最终确定和实施由其确认的诊治方案。知情同意原则是医疗工作顺利进行的基础,患者的同意是医疗工作顺利进行的关键,如何让患者及其家属理解并同意诊疗方案是沟通的难点和重点。医务人员需要告知涵盖所有关于患者当前病情的现状、发展等因素的信息,让患者及其家属在充分知情的情况下同意,不能暗示或误导患者家属在知情同意书上签名。

知情同意原则的目的是尊重患者的自主权,鼓励医患双方共同理性决定,协作配合,分担责任。在临床中要真正实现知情同意原则,不但需要医务人员及时、耐心、细致、负责、充分地告知和解释有关病情和医疗信息,而且要通过良好的沟通技巧,使患者理解医务人员的告知,并做出合理的判断和决策。有的医务人员在沟通中习惯于为患者做主,有的告知不充分,以致一旦发生不良后果就容易造成医患纠纷;有的无意夸大了治疗风险,给患者带来不必要的心理负担,这些都不利于知情同意原则的实施。另外需要注意的是,知情同意原则并不能作为医务人员逃避责任的屏障。在实践中,医务人员执行知情同意原则必须要做到使患者或其家属完全知情并有效同意。完全知情是指向患者提供他做出承诺必需的所有医学信息,即通过完整充分的说明和介绍,对患者有关询问给出必要回答和解释,使患者全面了解诊治决策的利与弊,为合理选择奠定真实可靠的基础。有效同意是指患者在完全知情后,自主、自愿、理性地作出的负责任的承诺。这种承诺需要满足的条件是:患者具备自由选择的权利、表达承诺的合法权利、做出正确判断的充分的理解能力、做出理性选择的必要的知识水平。还应该强调的是:患者有权随时收回、终止和要求改变其承诺;有效同意还应遵循特定程序、签书面协议并保存备查,如手术治疗实施前必须请患者或其家属签手术协议(知情同意)书。所以,知情同意程序不能成为医务人员推卸应负责任的手段和凭据,如某一诊治虽经患者或其家属知情同意,但医务人员因行为过错而造成对患者的伤害,仍要承担相应的道德责任或法律责任。

3. 诚信与友善原则　诚信即诚实守信,是中华民族优秀传统美德。医患诚信是指医患双方在医疗实践活动中要诚实、守信,善意地行使权利和履行义务。医疗卫生领域的医患诚信具有自身特点的诚信形态,直接影响医患关系及其交流沟通,是公民健康权利良好实现的重要保障。

诚信是医患双方的道德取向和行为指导准则,是医者救助生命、护佑生命,为患者带来健康福祉的必要保证。医患双方讲求诚信既是利己的,也是利他的,是对各自主体生命价值的充分肯定。医患之间诚信的缺失会对医疗正义的实现造成极大的危害,医患之间相互背信、欺瞒,只能导致生命的"缺陷与异化"。

本着诚信与友善的原则进行交流与沟通,应是医患双方共同的价值认同,也是医患沟通得以延续和深化的保证。医患诚信蕴含两方面的内容:一方面是医者一方的职业诚信;另一方面是患者一方的就医诚信。

医者一方讲求诚信。无论诊断、检查及治疗都从患者的健康需求出发,才能赢得患者的高度信任与积极配合,才能与患者及家属展开推心置腹的沟通。相反,不但达不到应有的沟通效果,还会为双方的交流沟通埋下隐患。

患者一方讲求诚信。在诊疗活动中,面对医生了解病情时,患者应如实告知,这直接关系到最终的治疗效果。倘若患者怀有过度防备的心理,有意隐瞒病情或是故意刁难医生等,不但达不到理想的沟通效果,还会为双方的交流沟通埋下隐患。

值得关注的是,由于医务人员的友善态度直接体现其综合素养及德行修为,因而,态度往往对于双方沟通的成败起到至关重要的作用。这就要求在医患沟通中,医务人员应主动地、适时地、恰当地释放真诚、平和、关切、友善的态度及表达,以赢得患者善意的回应。

4. 理解与宽容原则　理解是指沟通双方互相了解,能够换位思考,并且能够谅解对方的一种美德。孔子说:"己所不欲,勿施于人。"人与人之间交往时,难免会产生矛盾和分歧,在这个时候最需要的是相互的宽容和理解。在医患沟通中,这也是一个重要的原则。

理解是一个相互的过程,但是作为医务人员首先要理解患者的难处。任何人都不想生病,患者来到医院治病,身体处于病痛之中,同时心理上比较压抑、焦躁,渴望得到救治和有价值的信息,如果看病时遇到医生、护士的态度不冷不热、高高在上,就很难对医务人员产生信任和好感。

医务人员要真正去理解患者,就必须对患者具有同情心。可以说对患者的同情心是理解患者的灵魂,而同情心的产生来自对患者处境的感同身受。患者角色情景中的感受主要有以下几点需要医务人员把握:首先,患者渴望健康的意识非常强烈。虽然每个人都会生病,但是一旦疾病缠身,渴望健康的心理就特别强烈,在这种心理的驱使下,他们希望得到名医名技和灵丹妙药,希望治疗能够有立竿见影的效果,希望能够尽快成为健康者,特别是危重疾病的患者,这种心理尤其强烈。其次,对于从正常人到患者的转变,不少患者存在着角色认同困难。有的患者不能接受自己患病的事实,总感叹自己命运多舛;有的患者生活优越,到了医院里,产生"在家千日好,出门万事难"的感叹;有的患者工作繁忙,到了医院突然脱离原来的生活环境,失落感油然而生。如此种种,都需要医务人员的理解和宽容。另外,患者患病之后,心理上往往变得脆弱,不安全感增加。人一旦生病,病痛折磨让人心力交瘁,活动也受到限制,与人交往也相对减少,对自己家人的依赖感就明显增加。由于勇气、意志力和毅力的削弱,心理上的软弱使患者希望家人能够陪伴在身边安慰自己,能够帮助其完成力所能及的事情。如果疾病较重,患者还会背上更加沉重的思想包袱,担心成为家人的负担,害怕被别人鄙视和嫌弃。如果患传染性疾病,哪怕别人以正常的心态对待他,仍难免会常常揣测别人的心理。患者在疾病中的种种心理是复杂而多变的,只有理解了患者的心理,才能在沟通中保持对患者的同情心,做出对患者有利的决策并与其进行有效的沟通。

在理解患者的基础上,要学会宽容患者的种种行为。宽容是人与人相处中一种重要的美德,它指的是允许别人自由行动或判断;耐心而毫无偏见地容忍与自己的观点或公认的观点不一致的意见。医患沟通往往并不如预想的那么顺畅,一些因素往往导致双方的沟通障碍。包括:①信息的不对称性:很多患者患病之后希望得到关于自己病情和治疗方案以及预后的详尽的信息,但是在临床实践中,大多数患者会感觉医生给予的信息过于简单,有搪塞之嫌,觉得医生"惜字如金",这种情况下,患者就会心生不满;②医患间的理解差异性:在很多情况下,虽然医生觉得已经给出了详尽的解释,但是由于患者心情和情绪等原因,信息很容易被遗忘,特别是一些文化程度不高的患者,难以对医学术语准确理解;③医务人员的主导性:在医患沟通中,医务人员往往起到主导作用,但有时主动性太强,患者的主动性就会受限,患者会感觉压抑,并失去与医务人员交往的积极性,从而使医务人员不能及时获取患者的信息。这些因素都会影响医患沟通的效果,也会让医务人员产生消极心理,甚至变得烦躁和厌恶。但是在临床实践中,医务人员必须对患者的种种看似不能理解的行为、语言有深层次的理解和预见。当患者的意见与医务人员相反或者当患者的行为与医务人员预期的相反时,医务人员要理解患者的心态,以宽容的态度处理问题,适时选择更为合适的沟通方式与患者进行沟通,切勿以简单粗暴的方式处理,那往往是医患矛盾的根源。

5. 合作与引导原则　医患之间是伙伴关系,在和疾病作斗争的过程中,双方的目标高度一致,合作追求健康利益理应是医患双方的同一目的。

随着人类迈入新信息时代,互联网及移动设备普及,患者一方了解自身疾病的渠道愈加多元,参与自身诊疗的意愿愈加强烈,自我健康管理的意识也不断提升,这些都为医患双方加强合作打下了良好的基础。因而,在医患沟通、交流过程中,医者一方应敏锐地洞察,把握悄然变化的新趋势,肯定并接纳患者角色由被动接受诊疗向主动探讨、共同决策这一合作角色的过渡。

医患间良性的合作,对于疾病治疗和患者康复具有积极促进意义,例如改善治疗结局、提高医疗质量、保障医疗安全和减少医疗支出等。患者与医生积极合作,可以更好地共同管控诊疗全过程。医患之间的互相信任是真诚合作的重要关键点,而获得患者的信任建立在医务人员能够准确诊断病情、助力疾病转归、给予适宜疗效和拥有良好个人声誉的基础上。

既要尊重珍视患者的合作意愿和合作意识，同时，还需正确引导患者，使其乐于合作、适宜合作。如问诊环节中，在患者描述病情过于模糊的情况下，医生应及时提炼较为明确且符合医疗语境的问题进行提问。同时，伴以和蔼态度，进一步向患者进行确认。在患者答复问题过于粗略的情况下，医生可为患者提供多种形象、具体的描述选择，以获得较为准确的信息。通过恰当的引导，既可以准确、高效地明确患者的主诉、病史、症状等，从而做出正确的诊断；又能让患者感觉到医生对自己的关切和重视，增强患者的依从度，提高患者的合作度。

6. 最优化原则　在临床实践中，诊疗方案的选择和实施追求以最小的代价获取最大效果的原则。其基本伦理要求：一是疗效最佳。选用的诊疗措施产生的效果应该是目前医学界普遍公认的，同时又是医院现有条件能够提供并且患者能够接受的。二是损伤最小。在疗效相当的情况下，应以安全度最高、副作用最小、风险最低、伤害性最少的措施作为选择诊疗方法的标准。三是痛苦最轻。在确保治疗效果的前提下，选择给患者带来痛苦最小的治疗手段。四是耗费最少。在选择诊疗方案时，应当在保证诊疗效果的前提下，选择卫生资源耗费最少，社会、集体、患者及家属经济负担最轻的诊疗措施，避免"过度医疗消费"。

7. 保密原则　是指医务人员在防病治病中应当保守医疗秘密，不得随意对外泄露患者的隐私及疾病情况，以免给患者造成不良后果。一是为患者保密，二是对患者保密，三是为同事保密。对象是患者及其家属，其内容包括个人隐私。保密原则体现了对患者权利、人格和尊严的尊重，更是维系良好医患关系的重要保证。在医患沟通的过程中，遵循保密原则是取得患者信任和主动合作的重要条件。同时也可以在一定程度上防范某些意外伤害和不良后果的发生。在一些坏消息的处理过程中，基于不给患者精神刺激、在治疗过程中保持良好的精神状态、增强战胜病魔的信心的目的，保密原则发挥了重要的作用。

8. 双重效应原则　是指一种对医疗措施和行为进行道德评价的原则。有两种预见结果（好结果和坏结果）的医疗行为在道德上并不总是必须禁止的。一个正当的、具有双重结果的医疗行为必须满足的四个条件或要素。

（1）行为的性质。行为必须是善的或至少是道德中立的。

（2）行为主体的意图。行为主体仅意图好结果。坏结果是可以预见、容忍或容许的，但它必须不是意图的。

（3）手段与结果的区别。坏结果一定不是好结果的手段。

（4）好结果与坏结果相称。好结果必须大于坏结果。当且仅当有一个相称的理由可以论证允许可预见的坏结果，坏结果才是容许的。

在临床实践中，双重效应原则是不伤害原则的细化，并且双重效应原则是处理某些极特殊的诊疗情况应遵循的原则。因此，在医患沟通的过程中，只有以患者的核心利益为出发点和落脚点才能达成良好的效果。

（王　彧）

【思考题】

　　1. 双重效应原则的构成要件有哪些？
　　2. 知情同意原则的基本内涵是什么？
　　3. 请结合具体医疗实例阐述医学伦理学在医患沟通中的作用有哪些？

第五章

医患沟通的心理学基础

学习要点

- 掌握患者心理,重点掌握诊治过程中患者的心理反应与行为以及根据患者心理沟通的原则。
- 熟悉医务人员常见的心理需要,了解突发事件下医务人员的心理反应。
- 了解医患沟通的心理机制,包括人的心理本质、心理与健康。
- 掌握医患沟通的心理功能。熟悉叙事医学在医患沟通中的应用。

第一节 患 者 心 理

一、疾病与患者角色

(一) 疾病与病感

疾病(disease)是一种特殊的生命活动,它相对于正常生命活动"健康"而存在,所以人们对疾病的认识也建立在对健康认知的基础上。病,即机体在某种条件下,由于受到致病原因的影响,使自身内稳态失调所引起而出现的非正常生命活动。

健康(health)是一种综合的、发展的、历史性的知识范畴,随着时间的进展,在不同的历史阶段,人类关于健康的认识与需求也在不断完善与发展着。"身体健康就是没有病"这一生物学概念过分强调客观现象,而忽视了心理、社会、环境因素对健康的影响。世界卫生组织在 1990 年完善并发布了有关身体健康的认识:"身体健康不仅仅指没有疾病和虚弱现象,而是一种在身体、道德、心理、经济和社会生活 4 个方面的整体完满状态",这 4 个方面相互依存,是一个统一的整体,缺一不可。

基于对健康的认识,人们不断完善和发展着对疾病的认知,不仅关注患病的人的生理状态的改变,更要关注他们的心理活动的变化,把患者看成一个整体的人,关注他们的心理、社会因素以及由于疾病导致的各种改变。由此,更广义的疾病不仅仅包括生理损伤、残疾等,也涵盖了心理障碍、行为异常等各种异常状况。

病感(illness)是人们对生理、心理异常状态的主观感受,例如胸闷、疼痛、眩晕等生理异常与气愤、烦躁、情绪低落等心理异常。病感会促使人们前去就医,但病感并不代表疾病的发生,它可能由于疾病导致,也可能由于心理、社会等因素导致。在就医的人群中,有些自身有病感,但医务人员检查后不能发现实质性生理疾病;也有部分人身体已有器质性病变,但自己没有主观不适感受。身心异常往往同时出现,由于患者感知身体不适进而导致了心理活动的改变。病感的消极影响决定着患者对于疾病的态度和行为,患者在全面了解自身疾病状态、减轻对疾病消极认知的状态下,可以在一定程度上建立积极的心理状态。由此,医务人员在重视患者身体不适的主诉的同时,也要关注患者的心理变化,引导患者表达主观感受并疏解心理因素的消极影响。

(二) 社会角色与患者角色

每个人在社会生活中都扮演着不同的社会角色;因为经济社会分配和社会生活职位的不同,每个人的社会生活角色也各有不同。社会角色(social role),是指一个人在社会活动中所承担的,有着社会期待和行为准则的行为模式。一个人可以担任一个社会角色,也可以同时担任不同的社会角色,每个角色都有其对应的不同的权利与义务。

患者角色(patient role),是指社会中的人在就医以后,经医务人员检查确认患有某种疾病后,获得了社会认同的患者身份,由此取得了患者角色。患者角色是大部分人群一生中的某一个特殊阶段不可避免的社会角色。社会中的人,拥有不同的社会角色,可以享受相应的权利并承担相应的义务。

(三) 患者角色的适应

患者在从其自身所具有的社会角色转化为患者角色时需要一定的适应过程,这一过程就叫作患者角色的适应。在这一过程中,可能会发生一些困难或者障碍,导致患者角色适应不良。

1. 患者行为异常 患者由于受病痛摧残而产生了悲观、失望等情绪,从而导致行为异常。例如自杀、攻击行为,甚至拒绝医生治疗方案,产生角色适应不良,严重的会导致不良后果。

2. 患者角色缺失 指患者在突然患病后,未能进入患者角色。患者不能意识到自己已经患病,或者已经意识到自己患病,但未能进入患者角色,例如患者不承认自身患有疾病,或未认清所患疾病的严重程度。有许多原因造成患者角色缺失:比如患者可能怀疑医师的治疗,忽视患病的严重程度,个人经济状况问题;疾病与患者正常社会角色所承担的责任或个人利益冲突,例如婚姻、工作、求学等;也可以由患者的心理防御机制所致,从而增强了发病后患者个体的心理压力。患者角色的缺失很容易造成患者与医务人员协作的不配合。

3. 患者角色与行为冲突 疾病后的患者的社会角色应该以患者角色为主,而原有的社会角色则应该成为从属角色。当患者个体内出现了一种强烈的行为或抵抗就医行为时,患者就会出现不能或者不愿转换角色的行为,就会产生角色行为冲突。患者常常表现为把精力较多地放在照顾家庭或者工作上而不能安心地接受医院治疗,甚至会延误病情。患者角色与行为冲突不利于患者病情的治愈以及其社会角色的回归。

4. 患者角色行动减退 是指患者在开始进入患者角色后,在疾病康复期(还未完全康复时),不顾病情而承担不应承担的活动,过早地从患者角色中退出转而去承担其原有社会角色的责任和义务。

5. 患者角色行为强化 是指已进入患者角色的病患,随着病情的好转或者痊愈,患者应当逐渐由患者角色向其原有社会角色转化,在病情痊愈的同时,恢复一个健康个体应当承担的社会角色。往往有些患者不愿意承认病情的好转或者痊愈,行为上会表现出对其原有社会角色的退缩性和对患者角色的依赖性,安于现状或者自我感觉自身现有状况比实际情况更加严重,即小病大养。

二、患者的心理需要

临床实践与社会心理学相关研究证实,疾病不但破坏了人的正常社会生活,更会损害患者的心态平衡,在患者发病过程中,心理适应能力备受挑战,其自身体验、评价乃至性格特征等均会出现不同程度的改变,所以理解患者的心理健康需要,有助于实现更良性的医患关系,加强救治的效率和质量。

(一) 了解病情的需要

处在患病状态的患者,面临陌生和未知的环境,需要大量的资讯来应付对未知的害怕与不安,对患者与家属而言,不了解伤病有关的确切资讯是非常恐惧与不安的。所以,患者和家属都十分急切地需要及时了解疾病相关知识,包括伤病的检查结果、处理方法、预后结果、健康指导、诊疗费用等有关准确的信息,并需要充分的心理准备以及其他相应准备。及时、正确地告诉患者和患者家属上述信息,既是对患者知情权的重视,又有助于医疗保健工作的正常开展,避免了由于患者及家属不了解情况而导致的医患纠纷。

(二) 人际交往的需要

近些年来,由于社会主义市场经济的发展,人民的生活水平和生活质量也有了明显的提高,人在生活不断丰富的基本需求中也增加了对身体健康的基本需求,更准确地说,就是高质量的健康生活的需要。患者和家庭都已不仅仅满足于医生控制了或治疗了病情,在求医过程中,他们同样需要相等地位的人际交往,尤其是医患交往。很多患者会对就医过程中的医患双方的交流关系产生一系列的心理反应,医务人员和病患交流过程中的不同的交流方法或不同的交流心态,都会影响患者的就诊心态,甚至影响患者的心理配合程度。医务人员以平和的、亲切的心态面对患者和患者家属,能够缓解自身受到患者或各方面造成的压力,疏通引导不良情绪,有利于提高患者和家属对医务人员的信任度,有利于后续一系列治疗的开展。

(三)安全与康复的需要

人生病后,患者的安全需求也会升至第一需求。患者和家属,最希望的是能摆脱疾病甚至死亡,早日康复。患者都想要尽早恢复健康,摆脱与患者角色的羁绊,这也是整个社会和患者的共同愿望。所以,在整个医疗流程中,保证患者治疗安全是康复的前提条件。在治疗前和治疗中,要帮助患者了解治疗的效果和副作用,尽可能地减少患者的恐惧心理,给患者树立合理的信心和预期,医务人员积极的言行能够使患者及家属建立良好的心理状态,从而更利于治疗工作的顺利进行,有利于疾病的康复。

(四)尊重和爱的需要

人需求尊严,这是价值意识最主要的表现。人生病后,从躯体上、心灵上,尤其是社会印象上,人的价值意识往往都有强烈的挫败感,本能地试图去捍卫自尊。所以,患者不仅需要来自亲人和同伴的尊敬,还需要来自医务人员的尊敬,特别是后者,其是医患之间建立长期合作信赖关系的前提条件和基石。而患者也常常伴随着心灵的脆弱,除了尊严,往往还需要来自亲人甚至是他人的关怀,希望获得医务人员与病友的理解、友谊和情感沟通,以便于改变自身的焦躁压抑的情绪,从而更好地治疗疾病。很多患者对这种心理需要非常敏锐,正常人不经意之间的举动,不管是温暖还是冷淡,都会对患者产生心灵上的影响。

(五)了解医疗费用支出的需要

在经济社会快速发展的今天,医药消费和开支紧密结合是经济社会发展的必然趋势。大部分患者都承认"看病应当花合理的钱",即在看病过程中应该产生合理的费用。医务人员必须规范个人行为,防止不规范诊疗活动的出现,合理安排患者的就诊费用,及时使患者和家属知道有关状况,降低不必要的花费,节省社会公共资源。

(六)保护隐私的需要

患者因为治疗疾病的需要,在向医务人员倾诉疾病的同时,有时也可能吐露个人的身体的秘密、内心的痛苦,其中包含各种隐私问题,医护人员必须珍惜患者的信任,尊重患者人格,履行职业操守,有义务为患者保守隐私。

三、诊治过程中患者的心理反应与行为

在治疗过程中,患者会产生相对应的心理反应,由于这些心理反应,导致了患者的不同的行为。医务人员应当根据不同的环境下患者所产生的不同心理,分析患者行为,并利用沟通措施预防一些消极心理或行为。

(一)疾病引发患者的心理反应

1. 抑郁　抑郁是一种闷闷不乐、忧愁压抑的消极心理反应。它主要是由现实的丧失或者预期的丧失而引起的。患者表达抑郁的形式是多种多样的。轻微的表现为闷闷不乐、兴趣下降、悲观消沉、精神不振、创造力下降等,而严重的抑郁则会出现绝望心理、无助,认为生命毫无意义或者有自伤自杀的念头和行为。此外,抑郁症还会出现食欲下降、睡眠障碍、体重减少、性欲减弱等表现,会直接影响医生对病情的诊断,有的时候还会引起继发性疾病。

2. 否认　否认的心理主要体现为患者怀疑并且否认自身疾病的事实。部分患者因为对医务人员的不信任等原因,导致对医务人员所做出的检查结果无法接受,常以自身主观感受正常来否认疾病的事实。还有部分患者,尽管可以接受疾病的事实,但仍然存在侥幸心理,认为医务人员夸大了疾病的严重性,因此不遵守医嘱行事,影响了疾病的康复。尽管否认在一定程度上能够减轻因过分焦虑或

害怕而带来的心理压抑,属于自我防御的好方法,但不顾实际的否认行为,也会产生贻误病情的消极影响。

3. 愤怒 愤怒是一个人在寻求某一人生目标时,遭遇阻碍、挫败后会产生的情绪反应。患者生病后,总是觉得自己得病是不公正的、不幸的,再加上病痛的煎熬,常常感受到愤怒,这是一种普遍的情绪反应。强烈的怒气会引发攻击性的举动,患者会向身边的人,比如亲戚、病友或者医务人员毫无理智地发泄不良情绪,这就需要有充分的耐性和包容能力来面对。医患之间的冲突,是造成患者愤怒情绪的主要原因。

(二) 治疗环境引起患者的心理反应

1. 焦虑 焦虑是一种很普遍的心理现象,我们每个人都曾有过焦虑的体验。在就医过程中,由于患者周围环境的变化,可能会给患者带来焦虑的心理反应。在临床上,焦虑是患者对潜在的或可能的危险所产生的担心和害怕。周围环境、社会角色的突然变化,以及疾病的折磨,都会给患者带来躯体上的和心理上的双重威胁。焦虑对患者生理和心理上的威胁往往是统一的,并且会不断延续下去,直到患者在生理和心理上再次获得健康为止。不安也会造成消极的心理状况,比如吃不好、睡不好、脾气暴躁易怒等。同样,不安也会造成生理反应,比如血压突然上升、心动过速、呼吸加速、脸色苍白等。

2. 孤独 患者住院后,会离开家庭和工作单位,进入一个陌生的环境。在受到疾病折磨的同时,呆板、冰冷、单调的病房环境,会使他们感到度日如年,无聊乏味,很容易产生孤独感和不安全感。社交信息的剥夺以及对亲人的依赖的需求没有得到解决是患者形成孤独的主要因素。孤独感也常常体现为患者不愿意与人直接联系,不主动和医护人员交谈,也不喜欢和病友交流,只盼望着亲人来看望或者病情还未好转就想着出院,等等。

(三) 治疗过程中的患者心理反应

1. 怀疑 在治疗过程中,由于各种原因的影响,患者可能对医务人员的诊疗方法、治疗措施产生怀疑,这种怀疑大多是一种自我的消极暗示,而且由于缺乏依据,常常会影响患者对于客观事物的正确看法。病后,人会更加脆弱敏感,一见到他人在轻声说话,就会觉得自己的病情很严重或者根本无法治疗。对医务人员的劝告也将信将疑,有时甚至会曲解医生意思。顾虑重重,怕误诊,也怕打错针、吃错药。有的人依靠自己一知半解的医学知识,推测药品效果、推断预后,而害怕药品的副作用。部分患者则会担心医疗失误降临在自己头上,或者躯体上稍有异样感觉,便会胡乱猜测,等等。

2. 依赖性心理 在医疗过程中,患者会形成一个被动依赖性的心理状态,尤其是对于身边的医护人员。一个人如果生了病,会得到来自全方位的关怀与呵护,从而成为被人照顾的中心。同时,患者也会因为自我暗示而显得更加被动、依赖、软弱、顺从,心里也希望获得更多的温暖与关怀。

(四) 患者的求医行为与遵医行为

1. 求医行为 求医行为(behavior of seeking medical help)通常是指,在人们察觉出自己身体的不适或者当发生了一些病症后,积极寻求医学援助的举动。一般情况下,当人有疾病感时,才会产生求医行为。

求医行为可能是由患者自身决定和做出的,也有可能是由他人或社会决定的,由此,一般将求医行为分为两种类型。

(1) 主动求医:主动求医是指个体自主决定而产生的求医行为,是一种最常见的求医行为。大多数患者主动求医都是因为有了具体的疾病症状或者病感,求医的目的在于治疗疾病、维护健康。也有少数人出于和治病无关的目的,例如为了取得工伤休假、逃避某些社会责任,因而伪造病症、夸大病情来获取患者角色,从而达到自身的某种愿望或目的。

(2) 被动求医:被动求医是指在别人的要求或者强制下产生的就医行为,即求医行为由他人决定。产生被动求医行为的原因有两种:①个人存在病感,但是对疾病认识不足,看不到疾病的严重性,或因为经济、社会等因素讳疾忌医,例如某些传染病患者不愿意就医,不仅不利于自身的健康,更会危害社会公共安全,这时社会、团体应当强制其接受治疗;②个体失去行为能力,无法自主就医,或对病情缺乏自知力的患者,如婴儿,昏迷、严重精神障碍患者,这类患者必须由父母或他人做出就医选择,进而产生就医行为。

2. 遵医行为 遵医行为(compliance behavior)通常是指人们为了自身健康的目的,按照医务人员的指导而发生的行为。患者良好的遵医情况对病情的诊断和预后有很大的意义。

患者在就医过程中也会存在不遵医的行为,主要有以下几个原因。

(1)疾病因素:病变的类型、严重程度和患者的就诊方法影响患者的遵医情况。通常情形下,急症、重症、住院治疗的患者遵医程度较高;慢性疾病、轻症、门诊患者不遵医的情形相对较多发生。疗效不好、医疗费用较高、疗程较长等容易使患者失去信心和耐心的情况会更容易导致不遵医行为。

(2)患者人口社会学因素:患者的年龄、性别、职业、受教育水平、社会工作经验、社会地位、个人心理特征等均会影响患者的遵医情况。例如老年患者可能会由于不了解或者听不清医嘱中的专业术语,造成其遵医行为出现误差。

(3)医患关系:医生的医术越专业、医德越崇高,患者对医生的信赖与认可程度就越高,遵医程度也越高。相反,如果医生对患者或患者家属缺乏共情能力,不能理解和尊重患者的感受或行医态度不良、医疗水平有限,则会影响医患关系,影响患者的依从性。

(4)患者的认知和行为因素:有些患者会利用自己的主观判断来决定是否遵从医嘱,有的患者会有选择地用药,而不是全部遵从医嘱用药,从而影响治疗。还有存在不良嗜好(例如抽烟、喝酒)的患者,很难控制自己的行为、生活方式,也会对疾病的防治产生不利的影响。

四、患者心理沟通的原则

(一)善意

医疗服务中,医务人员必须积极表示善意,并有效表达好意,让患者和家属体会到温暖、安全、尊敬和善意,并且在以后的沟通中要延续这种沟通方式。患者及家属在医院里最关注的就是医务人员对他们的疾病态度是否负责,而评价这一标准的最关键的两个方面包括:①是否有及时、有效、专业的医疗行为;②是否有友善、亲切的人文言行。

临床医患沟通中,医疗措施和人文关怀缺一不可。医疗措施本身是科技层面的,但具体怎么实施则由医务人员的人文态度决定。所以医务人员的人文言行更需要积极表现善意,表达出仁爱和人道主义的医疗人文精神。而唯有积极全面地表现善良,方能让患者和家属体会到来自医护的温馨、关爱、尊重和诚意的负责的态度。

(二)尊重

生病使患者的社会参与能力受到影响,社会地位动摇。这个时候,患者更加期望来自各方面的尊重,希望得到平等的对待。尊严是人心理的第一要求,每个人都必须被尊重。来自医务人员的尊重,是建立良好医患关系的前提条件。在与患者沟通的过程中,医务人员要充分倾听患者,给予他们足够的尊重,以平等的心态对待他们。在用语言表达的时候,要给出尊敬的称谓、基本的礼节、必要的介绍以及相应的安慰,尊重患者及家属选择的治疗方案。

(三)共情

共情即同理心,其含义就是设身处地地理解对方的想法和感受,能站在对方的立场上处理问题。医务人员应当具有共情能力。医务人员在沟通中合理运用共情能力,能够让患者感受到自己被关注、被接纳、被尊重、被理解,从而更愿意配合医务人员的治疗。这有助于提升患者的依从性和治疗效果。医务人员如果缺乏共情能力,不容易得到患者的信任,很容易在沟通过程中出现障碍,很难理解患者真正的需要,导致医生很难全面而准确地采集病史,制订的治疗计划会缺乏针对性,从而影响患者的治疗。

(四)倾听

主要通过医患之间沟通掌握患者信息。沟通中最重要的因素就是倾听。倾听要求医疗工作人员全神贯注地接收患者的全面的信息,不能随便打断患者,要正确了解和把握患者重要的信息,遇到患者倾诉的重要信息要立即用口头语言重复确认,并作为关键信息记录在案。聆听技巧要求医务人员把医疗活动和人文言行有效地融合,医务人员收集的患者信息必须运用医学知识和经验加以分析判断,要梳理出有助于判断和处理的信息,同时又要对患者的诉说表达敬意。

(五) 保密

在就诊过程中,因为医学的要求,患者会提供给医务人员一些有关私密的信息,因此医务人员有义务协助病患保守秘密,并尊重患者隐私权。医务人员充分保障患者信息安全,获取患者信任,才能够从患者处得到关键信息和配合,有利于诊断和治疗措施的进行。

(六) 利益最大化

医务人员在与患者沟通过程中,要将患者的利益放在首位,合理安排患者的治疗方案,优化治疗措施,使利益最大化,即在保证治疗效果的情况下尽量减少开支。医患互动作为医学活动的重要部分,在保障患者利益方面起到了其他具体医学活动无法取代的功能作用。因此,医务人员必须将维护患者权益作为重要的职业操守,并用医患沟通这个有效的临床路径加以实践。

第二节　医务人员心理

一、医务人员心理需求

(一) 人身安全的需要

《中华人民共和国基本医疗卫生与健康促进法》明确规定医疗卫生人员享有人身安全、人格尊严不受侵犯的权利。保障医务人员的人身安全是有效开展医疗卫生服务、维护患者权益的基础。

(二) 理解和获得合理报酬的需要

医务人员投身医学,固然心怀救死扶伤、悬壶济世的理想和信念,但个人、家庭的物质需求也是其基本需求。医务人员在遵循医院相关制度、规范,完成诊疗工作,履行职业责任的前提下,被理解和获得合理报酬的需求理应得到重视和采纳,从而也可吸引更多人才投身医学事业,促进医疗卫生事业的持续健康发展。

(三) 互相接纳的需要

患者入院之后,身心处于一个陌生的环境,有被认识与接纳的需要,医务人员应努力营造温暖、接纳的氛围。在医疗这一特殊的实践活动中,医患双方对专业知识的储备和理解的不对等,患者为恢复生命健康,同样也要尽可能地接纳医务人员,将自己的身心健康及所有与疾病相关的信息倾诉给医务人员,配合医务人员的诊断、治疗和护理工作,主动向医务人员介绍治疗过程中的病情变化和感受,以便得到最佳的治疗效果。

(四) 尊重的需要

医务人员的职业是救死扶伤,应尊重医务人员,尊重互信的医患关系。医患双方只有彼此尊重,才能合作共赢。患者要尊重医务人员的工作、人格和权利,构建和营造和谐的医患关系;同时坚决谴责、抵制不尊重医务人员、不遵守就医秩序和规则,甚至肆意侮辱、伤害医务人员的行为。

(五) 自我实现的需要

医务人员作为具备专业医学知识和医疗技术的群体,对客观世界的感知敏锐而丰富,职业生涯中不断钻研探索、提升自我。自我实现的需要,不仅仅是救死扶伤、悬壶济世的职业理想,也包括攻克医疗和科研难关等体现自我价值。医院管理者和社会应重视医务人员在医疗执业过程中享有的提高自我价值、实现个人才华和发挥潜力的自我实现需要,给予医务人员物质与精神的支持,维护医务人员的执业理念和价值追求。

二、医务人员的常见心理问题

(一) 医务人员的常见心理问题

医务人员可能处于的应激情境包括:工作负荷过重,日常生活不规律;职业风险高,劳动强度大;患者维权意识强导致医患关系紧张;缺乏社会支持;舆论媒体不公正报道等因素。这些因素可能导致医务人员的心理问题,如易出现抑郁、焦虑、恐惧、疑病症、职业倦怠等。

1. 抑郁　抑郁是指由各种原因引起的一种忧愁压抑的消极心情。主要表现有:情感的显著而持久的低落状态,看待事物抑郁悲观;思维迟缓、闭塞,反应迟钝;意志活动减退,呈现抑制的状态,且显著而持久;认知功能损害,近事记忆力下降,注意力障碍,抽象思维能力差,思维灵活性等减退;躯体症状,存在睡眠障碍、乏力、食欲减退等问题。

2. 焦虑　焦虑主要是指人在生活中因各种刺激,对未来或是无明确客观对象等的过度担心而产生的一种烦躁情绪。主要表现有:经常出现过度紧张焦虑,如精神上常常思虑过多,极易往坏处想,坐立不安;遭遇一些小事会反复向周围人诉说,传递紧张情绪;自我怀疑,否定自己的能力和决定等。严重的可能导致免疫系统功能下降,诱发各种身心疾病以及自主神经功能失调等症状。

3. 恐惧　恐惧主要是指人们在面临某种危险情境或某些事物时,想要克服但又无能为力所产生的一种强烈的害怕情绪体验。医务人员在诊疗过程中,存在职业暴露的风险,医患关系的紧张,甚至暴力伤医事件,都容易让医务人员产生恐惧心理。

4. 疑病症　疑病症是指患者长期担心或相信自己患有一种或多种严重躯体疾病,并且反复叙述躯体不适和多次就医,即使出现阴性结果也不能打消顾虑,常伴有焦虑和抑郁。医务人员具备丰富的医学知识,极易产生疑病心理。

5. 职业倦怠　职业倦怠是指个体在工作重压下产生的身心疲劳与耗竭的状态。主要表现有:对工作丧失热情,感到厌倦、无能、力不从心;对待人际关系和周围事物漠不关心;缺乏工作成就感,对工作意义和价值持有消极、否定的看法;对待工作及工作的对象态度消极冷漠;睡眠欠佳、食欲及体重下降,严重时出现抑郁。医务人员的职业倦怠问题应该引起重视。

另外,医务人员在不同年龄阶段也会出现不同的心理问题,例如青年医务人员对新生事物敏感,容易接受新知识,创新意识强,思维活跃,敢于标新立异。但是由于阅历和经验的局限,容易出现以偏概全或行为偏激的心理问题。资历深的医务人员阅历多、见识广,经验丰富,有较高的医术,但容易因循守旧、固执己见,对新生事物接受较慢,甚至持否定态度,同时,由于生理的自然衰退,也会力不从心,甚至产生心理问题,如害怕孤独等。

(二) 医患心理沟通

患者在知晓患病或自身病情后,心理上往往会有一些变化,容易产生抑郁、焦虑、恐惧、孤独、紧张等心理问题。医务人员时刻关注患者的情绪及心理变化,经常及时地与患者进行心理沟通,在患者出现心理问题时及时干预,有利于患者保持健康平和的心态,让患者以健康积极的心态面对疾病与治疗。

1. 认知沟通　通常患者患病后会引起生理、心理方面的应激反应,认知活动和能力会发生改变。患者在医疗活动中,有迫切了解自己所患疾病的性质、情况以及相关治疗要求等方面的心理需求。医务人员也同样如此,其有掌握患者信息、做出全面正确的诊断、制订相应治疗方案的需求。因此,医务人员要亲切地与患者进行心理沟通和交流,取得患者信任,面对患者提出的认知层面问题,要耐心地答疑解惑,从解决实际困惑的角度出发,不使用晦涩抽象的专业术语,逐步帮助患者加深对疾病的认识,逐步激发、调动患者的主观能动性,采取有利于治疗疾病的态度和行为。

2. 情感沟通　患者因为医疗信息不对称等原因,在医患关系中是弱势的一方,本身又处于患病的痛苦之中,内心敏感而脆弱,渴望关心与爱护,情感需求也会变得更加强烈。医患之间的情感沟通要求医务人员必须尊重患者,尊重患者的人格、价值观和生活情感,要做到人文关怀,从情感上关怀和爱护患者。医务人员应真诚耐心地聆听患者的陈述，及时予以回应，设身处地为患者着想，同时对患者的病痛和疾苦表达理解、同情，并予以安慰。医务人员的关怀和爱护，对患者而言是一种情感满足，但不能只是表面的例行公事，而是要从情感、从实际真心关心患者的身心痛苦，体现出情感沟通的真挚性、亲切性。

3. 意志沟通　疾病的治疗过程也是患者为恢复健康而进行的意志活动过程。患病之后，患者的身体可能经受病痛的折磨，心理上也会因经济压力、疼痛、恐惧、担忧等发生问题，甚至部分患者产生放弃治疗、轻生的念头。因此，医务人员应利用丰富的专业医学知识进行医患之间的意志沟通，鼓励患者勇敢地面对疾病，帮助患者摆脱意志消沉的状态，树立战胜疾病的坚强意志。同时，医务人员也应对患者持有不放弃的意志和态度，积极寻求可能的治疗方案。

4. 行为沟通　医疗活动中医患双方的交集与沟通更多地体现在行为之中。医疗行为是社会生活中一种特殊的实践活动。在医患行为沟通与交往中，医患双方对彼此的行为都有主体上的主观判断，一般情况下都是在自愿的基础上接受对方的行为影响。相对患者而言，医务人员具备专业的医学知识，一般处于主导地位，更大程度上影响医患行为沟通与交往。所以，医务人员要更加注意自己的行为表现对患者的影响，在诊疗过程中充分展现自己的专业技术和能力，具备优良的心理素质，用恰当体贴的沟通方式服务患者。

三、突发事件下医务人员心理

（一）突发事件下医务人员心理反应

《中华人民共和国突发事件应对法》把突发事件定义为"突然发生，造成或可能造成严重社会危害，需要采取应急处置措施予以应对的自然灾害、事故灾难、公共卫生事件和社会安全事件"。自然灾害、事故灾难、公共卫生事件、社会安全事件等突发事件会造成一定的人员伤亡。医务人员作为突发事件救援必不可少的主力，在日常工作中面临着突发事件的冲击。突发事件的不确定性、危害性等特征，极易导致医务人员出现心理应激反应，影响工作和生活状态，甚至危害身体健康，需要及时地进行心理调适，摆脱负性情绪和心理反应，以健康平和的心态应对。医务人员面对突发事件可能产生的心理反应，主要包括以下几个方面。

1. 认知方面　医务人员救治患者过程中，由于长期处于过度紧张和疲劳状态，可能出现注意力减退、记忆力下降、反应迟钝、思维能力迟缓、自我怀疑、自责内疚、挫败感强烈、犹豫不决、反复思考突发事件的危害和消极影响，甚至出现无望绝望感等。

2. 情绪方面　当面临突发事件时，可能出现感染风险、受伤风险、健康威胁、职业暴露、危险的环境、高强度的工作等，容易使医务人员产生担心害怕、紧张焦虑、烦躁不安、委屈压抑以及悲伤沮丧、情绪低落、无助无望感等负性情感情绪；有时还会表现为过度敏感焦虑，因为一些琐碎小事就急躁、发脾气，甚至发生冲动行为等。

3. 行为方面　医疗过程中，医务人员因为持续的高强度工作和心理压力，可能出现身心疲惫，工作质量和效率下降，抗拒与周围人交流，抱怨指责他人，食欲降低或暴饮暴食等行为。部分医务人员还可能出现警觉性增高，过度敏感焦虑，或过度自我保护行为。医务人员甚至可能出现过量抽烟、喝酒，服用安眠药等适应不良行为。

4. 躯体症状　医务人员因为持续高负荷、高强度的紧张工作，可能出现肌肉紧张度增高，全身不同部位肌肉疼痛，其中颈肩疼痛、腰部疼痛最为明显；没有食欲，食量明显减少，甚至出现恶心、呕吐；疲劳感明显，精神萎靡不振；睡眠质量不佳，入睡困难，多梦易惊醒。同时可能伴有头晕、胸闷气短、呼吸困难、盗汗、尿频、尿急、腹泻等自主神经功能紊乱症状。

（二）突发事件下医务人员心理调适

1. 树立应急意识，增强技能储备　突发事件的发生充满不确定性，医务人员面对突发事件往往措手不及，没有做好心理和思想上的准备。因此，在平时，应重视相关法律法规、指导意见，培养自身应对突发事件时能从容平和的心态,树立应急意识,在突发事件来临时能够心理稳定,并快速进入应急状态,施展急救工作。

增强医务人员应对突发事件的应急技能培训和演练。医务人员要不断强化医学技能训练,提高专业技术水平。同时,医务人员应利用现有条件,积极主动地参加模拟突发事件的应急演练。只有具备了深厚的医学理论知识和精湛的临床操作技能,具有应对类似事件的经验,才能增强心理问题预防和调节的预见性,提高心理承受能力,沉着应对突发事件。

2. 学会自我调适,摆脱负面情绪 医务人员面对突发事件时,由于患者的误解、防护设施不到位、人身安全的保障问题,以及无法陪伴家人等,可能出现多种负性情绪。首先,在出现这些负性情绪时,医务人员应提高自我调适的能力,保持积极乐观的心态,鼓励自己勇敢面对。并利用良好的人际关系融入集体,通过与同事进行经验交流,获得同事支持。在与同事和朋友的倾诉、交流中,获得心理减压和情绪缓解。其次,汲取家庭的温暖,获得心理支持。通过与家人、朋友的交流沟通,从而减轻内心对亲人的思念和担心,缓解心理压力。

3. 构建社会支持,完善心理保障 社会支持是指个人得到社会各界各方面的帮助及支持,是人与人之间的一种联系,个人可以通过这种联系获得社会认同,最终获得情感、物质和信息上的支持。应对突发事件时,医务人员总是冲在第一线实施救援救助工作,承受了巨大的身心压力。此时,社会的支持与保障尤为重要。

政府和相关部门要改善医疗执业环境,把控正确的舆论导向,营造和谐良好的医患关系,维护医务人员的权益和人身安全;重视应对突发事件经验的积累,为以后此类事件发生提供真实有效的经验。医院管理部门要促进管理体制科学化、人性化,加强医院应急物资储备及医疗防护设施配备力度,减少或避免医务人员因物资和防护不到位等原因产生不良心理反应。同时,医院和相关部门应对医务人员科学合理分工,加强团队协作,减少不必要的重复工作,营造和谐融洽的工作氛围,避免因工作负荷巨大产生心理应激。平时,医院应建立心理咨询或管理部门,定期组织医务人员学习心理健康知识,举行心理健康相关专题讲座,使他们掌握心理健康的自我调适及应对策略。

4. 丰富业余生活,加强体育锻炼 无论是平时的医疗活动,还是突发事件时的应急救援,医务人员长期处于高强度、高负荷的工作状态,对身体健康产生极大的损害。健康强劲的体魄,不仅可以提高医务人员的身体免疫力,还对人的心理健康具有积极帮助,有利于心胸开阔,改善和调节心理状态。首先,保证正常睡眠时间,保持作息规律、合理膳食。食物和睡眠是战胜疾病创伤的最基本保证。医务人员如果出现身体疲劳和营养不良,会使心理更加脆弱,甚至会影响到日常临床诊疗工作。其次,在工作之余做一些放松和锻炼活动,条件允许的话,适当休假,做广播体操、八段锦、太极拳等运动都可以达到锻炼的目的。同时,还可通过看电视、阅读书籍、听音乐等获得机体放松,从而消除紧张,达到心理的松弛。

第三节 医患沟通的心理机制

一、心理与健康

(一) 心理现象及其本质

1. 心理现象 心理现象(psychological phenomena)是个体心理活动的表现形式。一般把心理现象分为两类,即心理过程和个性特征。

心理过程是在个体内部发生的,如思考、计划、归因等。心理过程包括认知过程、情感过程和意志行为过程。认知过程是人脑获得信息及信息加工和处理的过程,包括感觉、知觉、记忆、思维、想象等。人在认识客观事物的时候,除了认识事物的属性、特性及关系,还会对事物产生态度,如喜爱、厌恶等主观体验,这些复杂多样的态度称为情绪和情感,这一过程为情绪情感过程。人不仅能认识事物,产生肯定或否定的情感,还能自觉地确定目的,并为实现目的而自觉支配和调节行为的心理过程,称为意志过程。认知、情感、意志三个过程互相联系、互相依存。人在信息加工的过程中,由于先天素质、生活的环境、受到的教育以及从事的实践活动的差别,形成不同的心理特性,体现出人与人之间的差异,例如有的人思维敏捷、善于想象、谦虚谨慎等,这些稳定的心理特征即为个性特征。

人的心理过程和个性特征是相互作用、密切联系的。个性特征是通过心理过程形成的;同时,已经形成的个性特征又会制约心理过程的进行,并在心理活动过程中得到表现,从而对心理过程产生重要影响,使得每一个人在认知、意志、情感等方面表现出明显的人格差异。

2. 心理本质

(1)心理现象是脑的功能:心理活动与脑有密切的关系,人类的心理现象是人脑进化的结果。心理现象是随着神经系统的产生而出现的,又随着神经系统的不断发展和不断完善,由初级不断发展到高级。从动物进化看,随着神经系统的进化,动物的心理经历了感觉阶段、知觉阶段和思维的萌芽阶段,如类人猿的脑接近人脑,它不仅有感觉、知觉以及各种情绪反应,而且还能在感知动作水平上思考刺激物之间的各种关系。动物心理水平的每一步提升,都以神经系统尤其是脑的结构和功能的提升为基础。现代个体研究也发现,心理的发生发展也是以脑的发育为物质基础的。现代的生理解剖和临床医学证明,人脑由于外伤或疾病受到损伤,相应的心理活动也会发生改变,例如大脑右半球病变时会引起视空间、注意和情绪障碍,这都证明了心理现象是脑的功能。

(2)心理是脑对客观现实主观的、能动的反映:心理现象是客观事物作用于人的感觉器官,通过大脑活动而产生的。所以客观现实是心理的源泉和内容。没有客观现实就没有心理。客观现实是指在人的心理之外独立存在的一切事物,它们构成了人类赖以生存的环境。心理活动的内容来源于客观现实,人的感觉和知觉是由于客观事物直接作用于人的感觉器官而产生的反应。记忆、思维、情绪、情感等心理活动是在感知觉的基础上形成和发展起来的。脑对客观现实进行反映时,不是机械的、被动的反映,是一种具有主观能动性的反映,受到个人经验、个性特征和自我意识等多种因素的影响。在这一过程中,逐渐形成了不同的心理水平、心理状态和人格特征,而这些内容反过来又影响和调节个体对客观现实的反映,从而表现出人的心理的主观特点。

(二)心理与健康

1. 心理健康的概念　心理健康(mental health),也称心理卫生。对心理健康的定义,随时代的变迁、社会文化因素的影响,会有所变化,不同理论学派、专家给予的定义也不尽相同。但基本内涵都是相似的,学者们也会依据变化和发展不断丰富拓展心理健康的内涵。

第三届国际卫生大会发表宣言(1946年):心理健康是指在身体、智能及情感上与他人的心理健康不相矛盾的范围内,将个人的心境发展成最佳状态。心理学家英格里希(H. B. English,1958年)把心理健康定义为一种持续的心理状况,当事人在这种积极、丰富的状况下,不仅可以免于心理疾病,而且能有良好的适应能力,具有生命的活力,能够充分发展其身心的潜能。

因此,一般认为心理健康是以积极的、有效的心理活动,平稳的、正常的心理状态,对当前和发展着的社会、自然环境以及自我内环境的变化具有良好的适应功能,并由此不断地发展健全的人格,提高生活质量,保持旺盛的精力和愉快的情绪。

2. 心理与健康　习近平总书记在全国卫生与健康大会上强调,"要倡导健康文明的生活方式",做好"心理健康服务",要求我们"树立大卫生、大健康的观念""坚持防治结合"。在日常生活中,人们往往只注重锻炼身体,忽视心理卫生的保健。在中国古代医学中,就强调了七情(喜、怒、忧、思、悲、恐、惊)失调导致生病。

1977年,美国罗切斯特大学教授恩格尔(Engel)提出了"生物 - 心理 - 社会医学模式"的新理论。1989年,世界卫生组织又提出了21世纪健康新概念:"健康不仅是没有疾病,而且包括躯体健康、心理健康、社会适应良好和道德健康。"21世纪,人类的健康是生理、心理、社会适应和道德健康的完美整合。身体健康是心理健康的基础和载体,心理健康是身体健康的条件和保证。

二、医患沟通的心理功能

人是社会化动物,沟通是社会人重要的社交技能,是人类最基本的社会需要之一,也是人们赖以同外界保持联系的重要途径。沟通保证了个人的安全感,增强了人与人之间的亲密感。对于医疗行为而言,医患沟通除了满足人的正常心理需要,还能满足医患特有的心理功能,具体表现如下。

(一)稳定患者情绪功能

情绪和疾病密切相关,患者的情绪影响着疾病的形成、治疗和康复。在中国古代医学中,强调七情失调导致生病,《黄帝内经·素问》中写道:"怒伤肝""喜伤心""思伤脾""忧伤肺""恐伤肾",就是指由于七情失调,从而引起阴阳失衡、气血不和、经络阻塞、脏腑功能失常,导致患病。患者生病后,往往会有许多情绪反应,如焦虑、抑郁、恐惧等,这些情绪会影响病情的发展。因此,稳定患者情绪,培养患者积极乐观的心态是医护人员很重要的工作。良好的医患沟通技能包括言语和非言语的技能,融表达、情感、精神、素养、文化和技术等多方面为一体,是综合能力的体现。善于沟通的医护人员,尤其是当医护人员拥有同理心(empathy)并能正确表达,往往能使者缓解焦虑紧张情绪,促使患者回归理性状态,增加依从性。

(二)促进医患关系和谐功能

建立和谐的医患关系是社会的需要,符合医患双方的共同利益。医患关系是医疗活动过程中客观形成的医患双方以及与双方利益密切关联的社会群体和个体之间的互动的人际关系,是医疗活动的基础。和谐医患关系的构建,既需要不断完善全民基本医疗保障体系,不断加大对医疗卫生的投入,优化合理配置医疗资源,进一步创造良好的医疗环境,也需要良好的医患沟通。有效的医患沟通可以成为改善医患关系的直接途径。沟通的魅力在于不仅可以强化彼此的关系,更能化解矛盾,建立自信。患者为了身体的健康而寻求医疗帮助,如果医患之间没有良好有效的沟通,误解和纠纷的发生就不可避免。良好的医患沟通能使医患双方心情愉悦,既能发挥患者的主观能动性,增加患者对自身健康的了解和责任,又能增加医务人员的自信心。医务人员凭借沟通可以加深医患双方的理解、信任,消除不必要的误解,消除患者的陌生感、恐惧感,进一步促进医患关系的和谐。

(三)治疗功能

临床经验表明,依从性好的患者能积极配合治疗工作,康复痊愈的概率更大,并发症的概率更小,这就是医患沟通干预治疗的结果,是医务人员积极的言语和非言语沟通产生的良性反应。实验证明,中枢神经系统、内分泌系统、中枢神经递质等与免疫系统间存在着复杂的反馈调节关系。当人接受到的是积极的认知评价时,大脑受到刺激产生有利于增强免疫系统的神经肽、激素,并构成神经 - 内分泌 - 免疫良性反馈调节运行机制,使机体活力增加,免疫力强化,趋向并保持健康的身心状态;反之,就会使机体活力抑制,免疫力降低,转入亚健康状态或疾病。医务人员要发挥特有的职业优势,高度重视医患沟通,以多种途径和方法对患者进行必要的医学与健康教育,施以积极信息的鼓励和暗示,使者接受到的是积极的认知评价,产生良性情绪,对康复抱有强烈的信心和期望,主动努力地配合医护人员的治疗,即增强患者的依从性。那么,不论是药物治疗还是手术治疗,疗效都将会有明显的提升。

三、医患沟通心理的新思路:叙事医学

叙事医学就是合理地运用叙事能力来更好地服务于医疗实践的医学。在诊疗过程中,医生通过倾听患者的声音,合理地采纳并反馈给患者,有助于医务人员更好地理解患者,促进医患关系和谐,同时也能使患者以更加积极主动的心态配合治疗和康复。

(一)叙事医学概述

"叙事医学(narrative medicine)"一词是由美国哥伦比亚大学内科学教授丽塔·卡伦(Rita Charon)于 2001 年正式提出的,并定义为"由具有叙事能力的临床工作者所实践的医学"。20 世纪 80 年代以

前,学界主要从伦理学、法学、社会学、管理学、政治经济学等学科入手,对医患沟通这一课题展开研究。80 年代以后,研究方法出现了社会语言化和人文化转向,研究者们普遍认同"医患沟通在人文转向的指引下更进一步需要一个叙事转向"。2011 年,叙事医学正式进入我国。学者郭莉萍认为我国叙事医学有狭义和广义之分,狭义叙事医学是由医务人员带有叙事能力而主动实施的、自上而下实践医学的一种方式,广义叙事医学是其他学科(如语言学和文学),甚至公众按照各自的方法对医患相遇过程、患病体验等的研究和描述。

叙事医学包括三个要素:关注、再现和归属。关注(attention)指叙事医学关注的重点是具体的患者、痛苦中的患者、具有过去和家庭的患者、具有主观能动性的患者,关注患者的"心理 - 社会"因素,即患者的故事。再现(representation)指叙事医学之中,临床工作者必须反思自己所看到和听到的。归属(affiliation)指由关注和再现螺旋上升而产生的信任,可以是医患之间、带教老师和学生之间、医生同事之间以及医生与社会之间,归属是叙事医学追求的结果和目标。叙事医学通过倾听患者叙述、关注曾被忽视的情感因素,再现患者叙述的经历,以达到与患者共情、建立关联和归属关系,从而建立医患间的互信。目前,叙事医学作为医患沟通的一种新模式,正在被广大临床工作者应用和研究。叙事医学与循证医学构成一对价值互补的范畴,一个重证据,一个重故事,两者存在着既对立又统一的辩证关系。叙事医学与循证医学的交叉融合是临床医学的必然趋势。

(二)叙事医学在医患沟通中的应用

叙事医学目前在医学中的应用表现在两个方面:一方面是将其理念运用到临床工作中去,提升临床医疗效果;另一方面是将叙事医学的理念和方法运用到医学教育改革中,提高临床医学教育水平。

临床实践中,叙事医学主要帮助培养医护人员叙事能力,即倾听接收、消化吸收、分析解读他人的故事和困境并给予回应的能力。医生运用叙事医学方式可以为患者缓解抑郁情绪,帮助其重觅生命的平静与安宁,引导患者树立积极的疾苦观、医疗观。目前,国内的叙事医学在临床运用的实证研究主要在护理和临终关怀方面,应用的领域主要集中在癌症和慢性病方面。尤其适用于癌症患者,癌症有别于其他病症,一旦确诊,患者将会面对生理、心理和社会等多方面的问题,对自我的重新认知与人生的重新规划变得困难重重。研究表明,"叙事治疗"在帮助癌症患者缓解内心痛苦、重新认识疾病与自我、提高生命质量等方面具有显著的作用。

医学教育改革,重点培训医学生叙事医学的理念和技能。在叙事医学教育上,可以尝试从以下维度入手。①医学叙事作品阅读:通过阅读和讲解,培养医学生的医学叙事能力,即用心聆听和洞察人心的能力。②叙事知识积累:如叙事话语、叙事视角等基本概念的掌握,将"医学世界话语"转换成"生活世界话语",从而增进对患者"疾痛故事"的理解和阐释,通过平行病历的书写,达到反思与自省的目的。③叙事疏导:临床环境中的"治疗潜力"主要依赖于医患双方建立和维持的共情关系,具备一定叙事能力的医生能够设身处地地为患者考虑,利用叙事缓解和疏导患者及其家属的焦虑不安,帮助患者理性看待病情,提高患者对诊疗方案的配合度。

(三)医务人员叙事能力培养

叙事医学是叙事文学与医学的结合,主要通过文学叙事来丰富医学认知生命、疾苦、死亡的意义,用叙事能力实践医学的人文关爱,聆听患者的声音。用叙事能力实践医学,建构医务人员的叙事能力,成为当下医学人文教育的重要内容。医务人员叙事能力的培养重点体现在以下几个方面。

1. 共情能力的培养　共情是叙事医学实现的核心要素。分为认知共情(cognitive empathy)、情绪共情(emotional empathy)和行为共情(behavior empathy)。认知共情是一种观点采择能力,主要培养医务人员从患者的视角思考问题,并引导患者提供更多的主观、客观信息,从信息中提取患者的期望、目的和感受,这就是叙事医学的关注重点,除了主诉、现病史、既往史、家族史,结合客观检查结果,还要采取开放式提问,鼓励患者讲述自己的故事,更关注患者的社会属性,把患者看作是一个有感情的"整体人",而不是把患者看作一个机器。情绪共情是一种可以体验他人情绪的能力,在认知患者的期望、目的和感受后,要进一步反思。培养医务人员的情绪共情能力的方法主要是医生运用叙事能力书

NOTES

写平行病历,也称反思性写作,其最主要的特点是:它不仅可以表达患者的情感,也可以表达医生的情感,在写作的过程中再次感受患者的感受,不断实现反思性,从而实现和患者的共情。行为共情是一种用共情表达实际行动的能力,主要培养医务人员站在患者的角度,制订最符合患者需求的治疗方案,在实际的诊疗过程中真正做到以患者为中心,实现以人为本的诊疗模式。

2. **阅读、关注、再现能力的培养**　叙事阅读能力主要培养医生通过与患者的交流,在掌握医学诊断的基础上,凭借医生个体来阅读患者的语言或非语言的信息表达内容。通过训练,让医生能解读患者本身并没有意识到的这种非语言肢体表达所隐含的疾病、心理、情感信息。叙事关注能力主要培养医生做到全神贯注,将自己作为"容器"吸收患者的疾病故事。通过训练,让医生走出职业边框,以忘我的状态进入患者世界,接收患者疾苦故事信息,帮助医生真正地走进患者世界,发现患者作为主体的独特性与个性,更充分地理解患者的经历。叙事再现能力主要指书写平行病历的能力。通过训练,临床医生在和患者进行叙事阅读和关注交流之后,还要再现他们在关注状态下接收的故事信息,在完成常规病案书写的同时,记录平行病历。医生可以用平常的语言来表达他们在医疗过程中的所见、所闻、所感。平行病历记录的是患者和医生的故事。总之,培养具有叙事能力的医生,能够让医生深层次"阅读"到患者作为患者之外的个体特性,不仅是对疾病的阅读,更是对患者心灵的阅读,让患者真切地感受到医生对个体生命的尊重。让患者对医生产生信任感,更好地配合治疗。

3. **叙事医学临床执行能力的培养**　叙事医学体现在临床诊疗过程中,医生通过倾听患者的声音,合理地采纳并反馈于患者,有助于医务人员更好地理解患者与疾病,同时也能使患者以更加积极主动的心态配合治疗和康复。在临床实践中,医生要训练尽最大努力在有限的时间内倾听患者的疾病故事,尝试换位思考,进入患者世界,与患者共情;尽可能地把患者叙述的疾病故事记录下来。通过疾病故事再现、书写平行病历的形式,形成反复思考医疗经历的职业习惯。结合具体临床境遇运用于临床实践的叙事医学其实就是对患者人文关怀的开始。医生根据自己所在的科室特征,将自己的临床专业特点与叙事医学结合起来。也就是,要把叙事医学的技能与临床技术的特性有机结合。例如,对于心理疾病患者,其叙事医学的技能表现为临床心理科医生对于此类疾病患者的共情、个性化阅读、倾听和理解等,鼓励患者叙述,患者的叙述本身就是一种心理治疗的方法和过程,也就是所说的叙事心理疗法。通过叙事医学的临床实践,积极传导关爱意识。患者的疾病叙事,更能促进医生与患者的共情效果,通过积极地传递共情、传递感情,让医患关系更加融洽。爱的力量具有了解患者困境的能力,临床实践因此被赋予了价值和意义,医生更容易感受患者的疾苦,倾听他们的故事,用自己的爱温暖他人。

（郑爱明）

【思考题】

1. 临床中患者心理有何表现？ 如何合理满足患者的心理需要？
2. 医务人员常见的心理问题是什么？ 作为临床工作者,如何维持心理健康？
3. 阐述叙事医学的主要观点、叙事医学如何在临床沟通中进行运用。

第六章
医患沟通技巧与策略

学习要点

- 掌握言语和非言语沟通技能;熟悉书面沟通的技能。
- 熟悉医患沟通的两种模式、三个阶段和四个维度;了解 BATHE 问诊模式和 SEGUE 量表;掌握病史采集的流程。
- 熟悉医患沟通中的自我情绪管理技巧;了解"巴林特小组"情绪管理训练。
- 熟悉特殊情景中的医患沟通技能。

第一节　医患沟通的基本技能

一、言语沟通技能

言语是最重要且最常用的交流方式,主要是口头语的方式而非书面语。在临床工作中,医生通过与患者的言语沟通来收集病史、解释病情、回答疑惑、提供治疗方案和开展健康教育等。医生话说得好坏可能会直接影响到医患关系。有的医生说话让患者觉得如沐春风,而有的则让患者恐慌担心;有的医生说话通俗易通,而有的则让患者不知所云。因此,掌握言语沟通的基本原则和常用技巧非常重要。

(一) 言语沟通的基本原则

1. 尊重患者　言语沟通的信息量较大,平等和谐的医患关系有助于信息的准确传递。由于医患双方掌握的疾病和医疗信息的不对称,患者处于弱势地位,导致患者无法充分地表达信息,造成医患间交流不畅甚至产生误解。

2. 针对性强　医患间的言语沟通作为医疗活动的一部分,应该有目的、有计划、有步骤地进行。因此,医生在交谈前需做好充分的准备,向患者明确此次沟通的目的、内容、步骤和谈话时长,并得到患者的认可。

3. 反馈及时　交谈过程中医生应及时向患者反馈,从而促进信息的双向沟通,可以口头回答患者关于疾病诊断、进展、治疗和康复等方面的问题,也可同时配合点头肯定、面部表情和肢体动作等非言语形式,给予患者鼓励和支持。

(二) 言语沟通中的常用技巧

1. 积极地倾听　倾听是言语沟通中的重要技巧。研究表明,人类在清醒时,每天平均 70%~80% 的时间在与人沟通,而其中大约 45% 的时间是在听他人说话。倾听可分为积极倾听和消极倾听。积极倾听(active listening),又译为"主动倾听"或者"有效倾听",强调医生尽可能地调动自身的感官,主动关注患者的有效行为。在这个过程中,不仅用"耳"去听,接收患者的声音和词汇,还要用"心"和用"眼"去听,有意识地去探索和理解言语之外的手势、面部表情等传递的信息,主动并及时地作出必要的反馈。积极倾听是一种建立有效人际关系的创造性活动,这里不仅包括设身处地地聆听患者说出来的内容,还包括听到患者不想说出来的信息,听到患者想说而不知道怎么表达的信息。积极倾听不仅能帮助医生获取疾病诊疗所需的重要信息,而且能在尊重患者的同时得到患者的认同,进而增进医患信任,改善医患关系。此外,积极倾听与患者的满意度、医疗活动中严重纠纷甚至投诉具有相关性。因此,提升医生积极倾听的能力,是减少医患纠纷,构建和谐医患关系的有效途径。

影响医生积极倾听的因素主要包括两个方面。一方面,环境因素。环境等外界因素对倾听的影响,如环境嘈杂或者隐私保护不好,可能造成患者及其家属容易受到干扰和影响,无法清晰准确地描述病情,甚至会有意隐瞒某些情况,从而影响医生有效全面地收集信息。另一方面,主观因素。部分医生缺乏积极倾听的意愿,习惯根据自己的临床经验和客观检查指标做出判断,先入为主而忽略患者的主观感受,还有部分医生缺乏必备的倾听技巧,无法顺利在倾听和表达之间切换。积极倾听通常包括倾听态度和倾听技能两个方面的要求,前者主要包括尊重、专注和聚焦情绪的态度,后者主要包括言语行为、非语言行为、共情、总结、反馈、鼓励和复核澄清等技能。由此可见,积极倾听的技巧与其他沟通技巧常融合在一起。如何做到更有效地积极倾听,以下几个建议可供参考。

（1）保持好奇:医生应以开放的心态倾听患者讲述的内容,可以有意识地寻找与患者共同感兴趣的领域,不预设聊天的内容或者不局限于诊疗相关信息,让患者感受到医生对自己所说之事感兴趣。

（2）尽量不评价:有时患者表述的内容似乎和疾病毫不相关,或者表达的方式缺乏逻辑性甚至令人费解,这时医生需要克制住评价的冲动,在听完患者表达的信息之前,尽量不要妄下结论。

（3）关注画外音:关注言语内容之外的信息,包括患者的语气语调、非言语信息(如患者的面部表情、肢体动作等),结合当下交流的内容和患者背景(如个人年龄、性格、职业、家庭经济状况等),尽可能理解其弦外之意。

（4）减少干扰:集中注意力于医患交流的当下,尽量减少外界环境对沟通过程的干扰,比如医生接到处理其他患者的任务、接听私人电话、周围环境嘈杂等。此外,建议医生可以适当地做笔记,帮助理解和确定患者表达的言语信息。

（5）积极反馈:倾听过程中保持积极的态度,并给予恰当的反馈,包括面部表情(如微笑、点头等)、目光接触、肢体动作(如身体前倾等)、言语反馈(如"嗯""啊"、复述、提问等)。

2. 共情式表达　共情(empathy),又称"同理心",指的是个体从他人角度设身处地地体验、感受、理解并认同对方处境和情感体验的能力。共情包括"认知共情"和"情感共情"两个方面,前者指从认知层面理解他人的感情和想法,特别指动机、感情和获得帮助的需求,后者指对他人的情感做出回应,与人际关系紧密相连。临床工作中的共情即为:医生能够理解患者的需求和状态,并及时给予正确回应的一种能力。医生的共情能力可能会影响医患沟通的效果。研究表明,提升医生的共情能力,不仅有利于改善医患关系、减少医疗纠纷,进而提升医疗效果,还可以缓解医生的职业倦怠、增加其职业成就感。在言语沟通中,共情式表达要求医生能在理解患者表述话语的意思及所包含的情感的基础上,通过精准的言语进行反馈,让患者感受到和医生同频共振。

对患者困境的共情是医生经常遇见的言语沟通情景,可运用反映(reflection)和合理化(legitimation)两个可操作性的共情式表达技巧。"反映"是指医生能表述患者体验到的情绪,比如"您现在看起来有点担心""这件事情对您来说是困难的"等。"合理化"是指医生肯定患者的情绪是可理解和可接受的,比如"任何人都会觉得这种情况很难接受""大多数人都有和您类似的想法"。这些表述传递着医生关心和理解患者的感受,有利于建立信任的医患关系。当然,共情并非只能通过言语来表达,非言语的行为有时更容易实现有效的共情,比如一个饱含关心的眼神、耐心的等待、轻拍肩膀,可让患者感受到医生与自己的情绪是一致的。如何在言语沟通中表达共情,以下几个建议可供参考。

（1）鼓励讲述:医患沟通过程中,医生可以通过言语(如"嗯""原来这样""然后呢?"),或采用非言语(如点头、身体前倾等姿态),让患者感受到医生对说话的内容感兴趣,鼓励患者继续讲述,给其充分表达的机会。研究表明,78%的患者会在2分钟内停止自发的语言表达,平均谈话时间是92秒,所以医生无须过度担心患者会滔滔不绝。

（2）反馈内容和情绪:医生对患者表达的内容进行复述和总结,表明已接收到信息,并确认自己是否理解准确,随后可进一步对患者因事件引发的情绪进行反馈,比如语言表达"生病不仅让您身体

NOTES

上很难受,也让您对家庭成员有内疚感",或者通过肢体动作,如皱眉、握手等,让患者感受到自己被理解。

（3）表达认同和赞赏:医生能够接纳患者的各种反应,并给予合理化的解释,比如"大多数患病的人都有类似的感受",让患者感受到认同和安慰。同时,对患者的配合和为治疗疾病所付出的努力,表达赞赏和鼓励,比如"您为治疗疾病,想了很多办法,希望能减少对家庭的影响,您是一个有责任心的人"。

（4）适当沉默:当医患间的谈话出现停顿的时候,医生要允许患者沉默,给予时间整理思路,或者缓解情绪甚至流泪。医生这时不必因为场面尴尬而不知所措,应继续保持关心和专注的态度,耐心地等待患者恢复陈述,有时会起到"此时无声胜有声"的效果。

3. 其他相关技能

（1）称呼得体:称呼是建立医患关系的第一步。得体的称呼会给患者留下良好的第一印象,为今后的交流打下相互信任的基础。医生应根据患者的年龄、身份和职业等具体情况,力求恰当地表达对患者的尊重,必要时可征求对方对于称呼的偏好,比如"您觉得我怎样称呼您比较好?"在诊疗过程中,为了准确核实患者的信息,避免差错,可直呼其名,但注意不要使用病房床号或门诊呼叫号取代患者的称谓。

（2）语气温和:语气、语调和语速在言语沟通中的作用非常重要。由于患者对于自己病情的信息会格外关注,相同的表达内容,医生说话伴随不同的语气、表情和动作,可能会让患者产生完全不同的感受。平缓而温和的语气可以缓解患者的紧张和焦虑,让其感受到温暖和关心,增加患者对医生的信任感和依从性。与之相反,生硬冷淡的语气会使患者产生悲观绝望或者激动、愤怒的情绪,从而影响医患关系。当谈话内容涉及患者隐私时,医生应特别注意周围环境,语调应低声轻柔,语速应徐缓,使患者意识到谈话仅局限于医患两者之间,医生会注意保护其隐私。

（3）少用医学术语:沟通过程中要充分考虑患者的受教育情况、文化背景和精神状态。绝大多数患者都希望自己的健康状况、治疗方案和疾病预后等信息能被充分告知。对于未接受过医学教育的患者来说,医学术语可能会阻碍其对医生所传达信息的理解。医生在沟通过程中应从患者的角度思考,不断地调整自己的语言风格,必要时可借用图片、模型、视频等工具更形象化地解释和说明。

（4）多用积极反馈:医疗过程中,医生应有意识地使用积极性的语言来反馈患者的病情,避免对其造成心理上的刺激。负性反馈(如对未及时就医的指责、冷漠地告知治疗过程的风险或对治疗结局的悲观预测等)会通过大脑皮质和内脏相关的机制扰乱患者躯体的生理平衡,可能加重患者的病情并对其产生心理伤害。此外,在医疗查房、讨论患者病情的过程中,医生应避免窃窃私语,以免让患者产生猜忌和担心。

（5）不评价同行的工作:疾病的诊断和治疗是一个复杂且动态变化的过程,由于每家医院的条件不同,每位医生的技术水平存在差异,因此,接诊医生对同一患者疾病的认识和治疗方案可能存在不一致。医生与患者沟通过程中,应避免评价其他医生的决策,更不能有意地通过贬低同行来提高自己的威信,否则不仅会导致患者的猜疑和不信任,还可能会引发医疗纠纷。

4. LISTENS 技巧

"LISTENS 技巧"可帮助医生抓住言语沟通的要点,它由英文"limit,intently,support,take,empathy,negativity,summarize"7 个单词首字母的缩写组合而成,主要用于人际沟通中提升积极倾听能力,也可借鉴应用于医患沟通的情景中。

（1）限制(limit):医生应尽可能减少对自己接下来表达内容的假设和思考,而关注于理解患者所表达的信息。因为如果只听自己的假设,而不听对方的表述,可能会错过对方想要表达的真正意思。

（2）专注(intently):医生应专注于交谈的对方,让患者感受到自己的重要性。如果医生被周围发生的事情或自己的想法分散了注意力,通常容易被患者敏锐地觉察到,保持专注的重要方法是重视和患者的眼神交流。

（3）支持(support):医生可通过发声(如"嗯""哦""原来如此"等)来支持患者,以确保自己理解了对方想表达的内容,并且达成了共识,从而让对方更愿意分享。

（4）慢下来（take）:医生可以借助深呼吸来放慢交谈的节奏,不要轻易地打断患者,允许对方在不受干扰的情况下表述自己的想法。

（5）共情（empathy）:共情是建立医患关系和交流过程中理解他人观点的基石,医生如何表达共情详见本章前文所述。

（6）消极（negativity）:医生应尽可能避免流露消极的情绪,学会采取积极的态度表达不同的观点,如何积极反馈详见本章前文所述。

（7）总结（summarize）:从当前讨论的主题转移到下一个主题时,需对之前谈论的内容进行总结,促进话题的不断深入和推进,而不是停滞不前。

二、非言语沟通技能

语言并非人际沟通的唯一方式。心理学家认为,信息传递总效果中,7% 取决于语言内容,38% 取决于语调语速,55% 取决于表情动作等非言语信息。而且,当非言语信息与言语信息不一致时,人们更愿意相信非言语信号所传递的内容,由此可见非言语沟通的重要性。非言语沟通通常指身体的表达行为,在医患沟通中具有重要作用。非言语沟通可分为动态信息和静态信息两种。动态信息包括面部表情、肢体语言和人际距离等,静态信息则包括衣着打扮、环境信息等。

（一）非言语沟通中的常用技巧

1. 仪态仪表　仪态仪表常指人的容貌、神态、姿势、服饰和发型等综合外表方面的表现,一定程度上可反映个体的精神面貌,对初次交谈的双方非常重要,因为先入为主的印象往往会影响之后的交往,即所谓的"第一印象",或称为"首因效应"。事实上,医生的举手投足均会影响与患者的沟通效果。一般而言,干净得体的衣着打扮、健康饱满的精神状态、和蔼可亲的言谈举止,有利于增进患者对医生的信任感。

2. 面部表情　面部表情是最丰富、最具有表现力的身体语言,医患双方可通过对方颜面部肌肉的变化来判断其情绪的改变。比如,表情可作为初步判断对方性格特点的依据之一,外向者的面部表情往往丰富而夸张,而内向者的面部表情变化较少而轻微。此外,医生也能够通过患者表情的变化发现其对谈话内容的反应,如眉头紧锁可能表示担心,疑惑不解可能因为医生讲得不够通俗,心不在焉可能说明患者没有认真倾听。因此,医生可通过表情初步了解患者内心的想法。

3. 目光接触　目光是能够敏锐、准确地反映情绪的非言语沟通方式之一。比如:医生镇定的目光,可以给恐慌的患者带来安全感;热情的目光,可以让孤独的患者感到温暖;鼓励的目光,可以让沮丧的患者重拾自信;专注的目光,可以给自卑的患者予以尊重。医生注视患者的时间比例建议占交流全程的 30%~60%,过少会让患者觉得医生对谈话内容不感兴趣,过多则会让患者觉得过分关注而感到拘谨或不自然。同时,建议医生的视线停留在患者两眼和嘴巴之间的三角区,要注意避免斜视患者,因为斜视通常被认为是轻蔑的态度,会引起患者的反感。

4. 肢体语言　身体各部分的姿势和动作,包括坐姿、握手、点头、耸肩等,不仅反映了交谈双方的性格、态度、关系和期待,也在传递着沟通信息。比如,坐姿可以提示患者的性格特点,正如俗话所说,"站有站相,坐有坐相。"如果患者采用的坐姿是翘起"二郎腿",双手交叉置于腿根部两侧,提示该患者自信有主见;如果双腿并拢且规规矩矩地坐着,提示患者比较内向;还有的患者坐立不安,两手无处安放,提示患者可能比较容易焦虑烦躁,沟通中要让患者情绪稳定下来。因此,医生需读懂患者肢体语言在特定环境下的含义,及时地进行反馈和解释,引导沟通的方向。同时,医生适当对患者友善地点头、真诚地拍肩,这些肢体接触会让患者感受到支持和鼓励。

5. 人际交往距离　人际交往的距离取决于彼此间的亲密程度。人际关系和距离远近可分为以下 4 种情况:亲密关系在 0.5m 以内;朋友关系在 0.5~1.2m 之间;社交关系在 1.2~3.5m 之间;公众关系在 3.5~7.0m 之间。医患间距离一般属于社交关系范围,但对于年幼、年老、病情危重、情绪状态不佳等特殊情况的患者,可根据情形适当地缩短距离,促进双方交流。值得注意的是,医生在给异性患者进行近距离的身体检查时,尤其涉及隐私部位时,需找一位和患者同性别的医护人员在场,以避免发生误会甚至纠纷。

6. 周围环境　就医场所是否舒适安静、隐私的保护性如何、诊室的布局等环境因素,会影响患者对医院和医生的信任度。尤其在告知坏消息或者交流隐私性的话题时,医生要注意选择让患者觉得安全的环境,周围应没有无关人员或者其他声音的干扰。只有当患者的隐私受到充分的保护和尊重,才会没有后顾之忧,也更容易敞开心扉向医生倾诉。

(二) 非言语信息的解读能力

能够准确地解读患者的非言语信息,是医生需具备的能力之一,这不仅有赖于医生细致观察,还需要一定的人生阅历和临床经验。

1. 置于此情此景中理解　患者所表现出的非言语信息,往往和其性别、年龄、性格、从事的职业、教育背景、家庭经济状况和人际关系有关,也和疾病及其所造成的影响有关。患者在生理上遭受病痛折磨的同时,心理上也常承受巨大的压力,包括对疾病的不接纳,对疾病预后、家庭和工作的担忧,对命运不公的抱怨等,因此很容易出现愤怒、拒绝甚至绝望的情绪。医生应综合评估上述因素以及对患者的影响,结合此次谈话的内容、地点、在场的人员等情景因素,解读患者的非言语信号。

2. 解密特定的身体语言　通过观察患者的坐姿、与医生距离的远近、手和脚的位置、身体姿势和面部表情以及头部的倾斜程度,可以分辨患者对医生或谈话内容的态度。如果患者目光游离、嘴唇紧闭,说明可能对谈话内容不感兴趣或者拒绝交流;如果身体后倾、双臂交叉,则说明患者可能抱有防御和怀疑的态度,医生需想办法获得患者的信任。

(三) SOFTEN 法则

"SOFTEN 法则"可以帮助医生在和患者沟通中恰当地应用非言语沟通,该法则由英文"smile, open posture, forward lean, touch, eye contact, nod" 6 个词语首字母的缩写组合而成,目前已用于高校教师沟通和商务沟通中,也可以借鉴应用于医患沟通的情景中。

1. 保持微笑(smile)　医生对患者的微笑,常意味着已经注意到了对方,并释放出积极友好、愿意沟通的暗示。患者容易将微笑理解为医生对自己的关心,更愿意展开交谈,同时有助于消除对医生抵触或者对疾病担心的情绪。保持微笑在大多数情况下对增进医患信任有利,但还需考虑沟通时具体的医疗情景、患者的文化背景和性格特征及所处的文化背景。

2. 姿态开放(open posture)　也可形象地翻译为"张开双臂",而不是交叉抱在胸前,或者自然地将双臂放在桌上。该姿势能让患者感受到医生乐意接受自己,并已做好倾听的准备。

3. 身体前倾(forward lean)　医生在交谈时身体前倾,表明对患者所说的内容感兴趣,愿意倾听对方讲话,同时让患者感受到医生的友好。

4. 肢体接触(touch)　最常见的肢体接触是握手、轻拍肩膀或者背部,表示医生对患者的友好和支持,同时有利于营造平等而相互尊重的气氛。值得提醒的是,医生需重视所处文化背景和沟通情景是否适合肢体接触,尤其要注意与异性患者之间的接触。

5. 目光交流(eye contact)　医生自然地注视患者,鼓励其倾诉,如若目光游离或者转向别处,患者会觉得自己未被重视。眼神交流要注意善意、适度和恰当,伴有一定的间隔,太多、太主动有时会适得其反,让患者觉得窘迫。

6. 适时点头(nod)　点头表明医生正在倾听,并能理解患者所表达的内容,或是传递赞同并愿意与对方沟通的信号,从而让患者感受到被关注和被尊重。

虽然非言语沟通并不能完全代替言语沟通,但医生如果能很好地运用 SOFTEN 法则,结合言语沟通技巧,就会给患者留下愿意接触和沟通的印象,减少沟通的障碍。当然非言语沟通是双向的,我们在运用肢体语言的时候,要学会察言观色,灵活机动,切不可以采用僵化的模式处理各种情况。

三、书面沟通技能

书面沟通是沟通双方借助文字、图画、图表、模型或视频等形式进行的沟通。医患之间书面沟通常包括病历、处方、交班文书、病假条、科普宣传等表达形式。与言语沟通相比，书面沟通存在耗时长、效率低、反馈不及时等缺点，但同时也具有内容清晰可查、具体明确、证据力强等诸多优势。此外，重视医疗服务环节的书面沟通，也是有效维护医患沟通双方权益的重要保障。

（一）书面沟通的内容

1. 知情同意书和协议书　包括向患者介绍疾病诊断情况、重要检查目的及结果、主要治疗措施、患者的病情及预后、治疗可能引起的后果、药物的不良反应、手术方式、术后并发症及防范措施、医药费用情况等。

2. 各类医疗文书　包括医生书写的门诊病历、住院病史记录、出院小结以及医院开具的疾病证明、病假条等。

3. 健康教育材料　包括医学科普、医院规章制度和流程介绍、术前或检查前健康宣教、出院健康教育等。

4. 特殊形式的书面沟通　对于残疾患者（盲人、聋哑人等）采用特殊的书面沟通形式，如盲文或其他媒体形式等。

（二）书面沟通的技巧

书面沟通中最重要的是遵守医疗相关法律法规，在规范化沟通的过程中关注患者人性化和个体性需求，避免患者只"同意"不"知情"的形式化沟通。

1. 检查过程中的沟通　医生需与患者进行深层次的交流，而不是简单地让患者签字。向患者或家属呈现书面材料时，医生应讲清检查对疾病诊断的意义、检查的要求和注意事项、检查结果的含义等。对于部分有创检查，必要时可安排家属或医院工作人员陪同患者，对患者的担心和恐惧及时地给予解释和安抚，稳定患者的情绪。

2. 治疗过程中的沟通　旨在向患者或家属告知目前疾病诊断、主要治疗措施及效果、可能的副作用或并发症等。由于医学的不确定性，往往有多个治疗方案供患者选择，各方案的治疗效果也并无优劣之分。因此，医生需要主动邀请患者和/或家属参与到治疗决策中，用通俗的语言讲解各种治疗方案的利弊，理解患者做决定时的犹豫不决，争取得到患者的支持和配合，并在病历中详细地记录。记录中只需对治疗过程进行客观描述，尽量避免对疾病可能的转归、治疗效果等做出肯定或否定的结论。

3. 手术文书的签订　手术前与患者或家属谈话并签署知情同意书是必备的医疗流程，旨在让其理解手术的方案、可能的收益和风险、医疗费用等内容。医生在解读协议书时，需结合患者的实际情况进行换位思考，理解患者对于未知手术过程、环境、结果的恐惧和担心以及来自医疗费用的压力，让患者感受到被理解和支持，让患者认同手术顺利是医患共同的目标，风险是不可控的，而非医生在规避责任。建议医生在沟通手术风险时，要着重对风险的防范措施和应急预案详加阐述。

第二节　医患沟通的模式和流程

一、医患沟通的两大模式

医疗过程中常强调以患者为中心，那为什么还需要区分"以患者为中心"和"以医生为中心"的医患沟通模式呢？事实上，两种模式在医患沟通不同阶段所占的比重不同，区别的关键在于由谁来决定谈话的内容。在以患者为中心的沟通阶段，由患者表述自己的症状和期待；在以医生为中心的沟通阶段，由医生决定需要收集病史和解释病情等。但无论是哪种沟通模式，掌控谈话进程都是医生的责任。此处主要介绍德国心身医学基本技能培训中，上述两大模式的具体沟通技巧。

(一) 以患者为中心的沟通模式

以患者为中心的沟通常发生在医患沟通的开始阶段,例如在收集病史之初,该阶段需强化的医患沟通技巧包括如下内容。

1. 积极倾听　医生扮演倾听者的角色,集中注意力在患者认为重要的内容上,可通过言语(如"嗯""是的")和非言语交流(如目光接触、前倾、点头)来表明自己正在跟随患者的讲述,具体技巧详见本章第一节。

2. 开放式提问　对于无法用简单的"是"或"否"来回答的问题,医生需采用开放式的问题,表达自己对患者想法的兴趣,同时也有利于收集到更多有价值但被忽略的信息。有时患者可能不知道如何回答,这时转而提出封闭性问题也是非常有意义的。

3. 适当停顿　有时候短暂的沉默停顿(约 3 秒)是必要的,能留给患者梳理自己想法和情绪的时间,表示医生正在积极地倾听患者,并愿意与之继续讨论。可能有人会担心停顿让人很尴尬,是沟通能力不足的表现。恰恰相反,停顿在调剂、解围的同时,也让医生显得沉稳、冷静。

4. 鼓励谈论　当患者犹豫时,医生可以采用非言语信号鼓励患者继续谈论,或运用"嗯""啊,是的"等语气词也能有效地鼓励患者交谈,从而使医患之间的沟通能够在有限的时间内顺畅地完成。

5. 释义　医生用自己的话重复患者说过的内容,尤其当医患在谈论患者情绪或私人话题时,采用释义的方式,不仅可以支持患者,而且可能会给患者新的观点和视角,甚至得出意料之外的解决方案。

6. 情感反馈　与释义的内涵相似,但主要针对患者的情绪进行反馈。医生基于对患者的身体反应、言语或画外音的觉察,通过言语转述对方的情绪(如难过、沮丧、愤怒等),也可以稍作停顿,让患者重整思绪,等到合适的时机再进行表达。

7. 总结谈话　患者的陈述告一段落后,医生需总结自己理解的内容,和患者确认是否准确,同时允许患者补充被遗漏的信息,从而促进医患双方达成一致。总结谈话也可以作为转向讨论新话题或宣布交谈结束的一种方式。

(二) 以医生为中心的沟通模式

以医生为中心的沟通常发生在患者自主陈述之后,医生为了尽可能快地获得诊断疾病所需的信息,通过提出目的明确的相关问题,打断患者讲述无关紧要的细节,从而使沟通内容更加聚焦和高效。

1. 以医生为中心的提问

(1) 封闭性问题:能用是、否或短句回答的问题,比如"您以前出现过类似的情况吗?""您昨天睡眠好不好?"

(2) 选择性问题:已提供了答案选项的问题,比如"您的痰是白色、黄色还是红色的?""您觉得左下腹疼得更厉害还是右下腹?"

(3) 知识性问题:询问患者对疾病知识了解程度的问题,从而提供更有针对性的建议,比如"您查找过治疗您疾病的相关信息吗?"

(4) 观点性问题:询问患者有关疾病和治疗价值体系的问题,进一步确定优先选择,比如"您怎么看待服药这件事?""您认为这个疾病可治疗吗?"

(5) 质询性问题:确认患者所表达信息的问题,尤其当患者的问题意图不明确时,或回复患者前需了解更多的信息时,或面对有攻击性的、交流困难的患者时,比如"您刚才说的我可能理解不准确,您认为胃痛就是胃里面长肿瘤了是吗?"多采用质询性问题。

(6) 导向性问题:给予患者诱导性答案的问题,比如"您肯定不希望再疼痛了吧!"一般来说,应避免这类问题,除非医生试图说服患者且经仔细斟酌后认为有必要的情况下。

(7) 行为性问题:要求患者完成某事的问题,比如"您能用自己的话总结一下您的要求吗?"

2. 打断患者的技巧　打断患者的话通常被认为不礼貌,但是当患者的陈述明显偏离本次医患沟通的主题时,医生必须使用患者能接受的方式,及时打断,将话题转到谈话的内容上,以下打断患者的技巧可供参考。

（1）直接打断:医生可称呼患者姓名,看着对方的眼睛,必要时可以碰触其胳膊等不容易引起误会的部位。

（2）共情和总结:表达理解此话题对患者的重要性,同时对不能继续该话题表示遗憾,比如"我知道您目前说的内容对您很重要,但因为时间关系,非常抱歉,可能我们需要将此次谈话的重点放在这个上面。"

（3）重申交谈目标:强调此次医患沟通的目标和时间设置的有限性,甚至可指出不能达到交流目标的可能后果。

（4）获取同意:询问患者是否接受此次沟通的设置,如果后面再出现类似情况,医生可以提醒患者曾经的承诺。

在医患沟通过程中,医生可以根据沟通情境和患者性格的不同,选择以患者为中心或以医生为中心的沟通方式。比如,在处置危急重症时,应以医生为中心,采用针对性的封闭性问题获得信息,以便快速做出医疗决策。在面临情绪危机的患者时,医生则需以患者为中心,积极地倾听患者并进行情感反馈,给予患者释放情绪的机会。事实上,两种沟通的模式需要灵活地运用和转换,以医生为中心的沟通阶段,也可以应用以患者为中心的部分沟通技巧,比如停顿、鼓励谈论、释义、情感反馈和总结谈话。同样,以患者为中心的沟通阶段,必要时也可以应用封闭性提问和打断技巧。

二、医患沟通的流程

随着"生物 - 心理 - 社会医学模式"的提出,医生不仅要关注患者的躯体疾病,还需关注其心理社会相关要素。此处介绍门诊情景中医患沟通的三个阶段和沟通内容的四个维度;全科医生常用的 BATHE 问诊模式;用于医患沟通技能评价的 SEGUE 量表;最后提出医生在采集病史过程中的参考流程。

（一）医患沟通的三个阶段

1. 开始阶段　该阶段旨在与患者建立良好的合作关系,了解患者的就诊目的和需求。医生需先主动地进行自我介绍,确认就诊患者的信息准确,营造一个轻松、和谐的交谈氛围,让患者感受到亲切、关怀与尊重,然后切入主题。

2. 中间阶段　该阶段是沟通的重要部分,包括病史采集、体格检查、开具必要的实验室和影像学检查等。医生需灵活地运用"以医生为中心"和"以患者为中心"的沟通技巧,确保所采集的医疗信息准确、完整,之后根据病情安排检查,告知检查的目的和要求、注意事项(比如有性生活史的女性检查卵巢,建议采用阴道 B 超且检查前需要排尿)、检查过程中可能出现的问题(比如 CT 检查过程中会有噪声),说明检查完毕后患者如何能拿到结果并给医生查看。患者在检查过程中出现紧张、疼痛、恐惧时,要及时给予安慰,同时让患者感受到被理解和被重视,持续发展支持性的氛围和医患合作关系。

3. 结束阶段　该阶段医生主要和患者讨论病情,听取患者的期待,提出诊疗方案并解释各种方案的利弊。最后,对本次接诊进行简短的小结,确认患者理解并接纳医生的建议。

（二）医患沟通内容的四个维度

心身医学强调医生要从"生物 - 心理 - 社会"多维度收集患者的信息并整合到医患沟通的过程中,从而全面地评估患者的健康状况,给予综合性的治疗策略,使医患沟通的内容更加结构化。

1. 躯体维度　该维度在诊疗过程中处于中心地位,包括躯体主诉、既往史和体格检查等,也是医生最熟悉的维度。

2. 心理维度　该维度包括思维、感觉、知觉、认知等,也包括患者的价值观、动机、冲突、记忆和愿望等,对评估患者的精神心理状态和医患沟通的效果有较大影响但容易被医生忽略。

3. 人际关系维度　该维度既包括患者的家庭人际关系,也可以扩大到患者的社会人际关系,例如朋友、同事等,有利于医生评估患者的社会资源和人际支持,也为后续讨论治疗决策、选择沟通的家属提供信息。

4. 社会文化维度　该维度主要关注不同社会文化背景下,患者的社会价值观、对疾病与健康观点、对治疗的期望等。比如有的民族风俗无法认同输血,医生提前了解这一点对治疗决策就非常重要。

(三) BATHE 问诊模式

"BATHE 问诊模式"由"background,affect,trouble,handling,empathy" 5 个单词的首字母缩写组成,该模式有助于弥补医生从心理和社会层面理解患者的短板,从而有效地与患者共情,拉近医患距离,非常适用于首诊患者,目前已被全科医生广泛采用。

1. 背景(background)　医生可通过简单的提问,引出患者的就医背景。比如"您最近情况怎么样?""您生活中发生了什么事情?"

2. 情感(affect)　询问患者"这件事情对您的情绪影响如何?""您的心情怎么样?"从而了解和初步评估患者的心理状态。

3. 烦恼(trouble)　询问生病对患者的影响,如"生病对您哪个方面的影响最大?"

4. 处理(handling)　询问患者处理问题的方式,如"您是如何处理这件事的?""您会找谁寻求帮助?"从而评估患者的功能状态和支持系统。

5. 共情(empathy)　交流过程中给患者反馈,如"这对您来说一定很困难!""您可真不容易呀!""我可以理解您的那种感觉!"从而将患者的情感合理化,既能缓解精神压力,又能给予其心理支持。

医生引导患者对自身的心理社会问题进行思考,可能会起到心理疏导的效果。首先,促进患者意识到生活压力对身体状况的影响,进而正视压力的存在。其次,医生询问感受,也是给予患者倾诉和释放压力的机会,从而进一步了解患者的烦恼,共同讨论应对的策略。最后,医生可以共情式的反馈作为小结。这种简短的评估与干预可让患者感受到来自医生的理解与支持,激发应对心理社会问题的能力,增进医患信任,从而改善遵医行为。

(四) SEGUE 量表

SEGUE 量表是一项用于医患沟通技能评价的量表,但也可以作为临床诊疗中医患沟通流程的重要参考。SEGUE 系首字母缩写,即"set the stage,elicit information,give information,understand the patients' perspective,end the encounter",不仅代表量表的 5 个维度,也可作为询问病史的 5 个步骤。

1. 准备阶段(set the stage)　礼貌地招呼(比如"您好""您贵姓""我怎样称呼您呢?"等);说明此次交谈的目的;介绍问诊和查体的过程;建立信任关系(比如自我介绍、聊疾病以外的话题);保护患者的隐私(比如关门等);尊重患者的选择权。

2. 信息收集(elicit information)　邀请患者讲述其对健康问题、疾病发展过程的看法;系统地询问影响疾病的生物、心理情感和社会因素(比如生活水平、社会关系、工作压力等);与患者讨论既往治疗经过(比如自我保健措施、近期就诊情况等),目前疾病对其生活的影响(比如生活质量);健康的生活方式 / 疾病预防措施(比如疾病危险因素);注意避免诱导性提问和命令式提问;允许患者充分地表达(比如不轻易打断讲话),无尴尬停顿;积极地倾听(如面朝患者、肯定性的语言、非言语反馈等);核实或澄清重要信息(如复述、询问具体数量)。

3. 信息给予(give information)　解释诊断性操作的理论依据(如体格检查、实验室检查等);告知患者目前身体情况;鼓励患者提问,核实理解的准确性;根据患者的理解能力调整语速、音量;避免使用专业术语。

4. 理解患者(understand the patients' perspective)　认同患者在疾病诊疗过程中所付出的努力或所克服的困难,感谢患者的配合;觉察患者的画外音或暗示;表达关心、关注和共情,使患者感到温暖,帮助其树立信心;始终保持尊重的语气。

5. 结束问诊(end the encounter)　询问患者是否还有其他的问题需要探讨;说明下一步的诊治方案。

（五）病史采集的参考流程

病史采集是医患沟通中的常见情景,借鉴上述医患沟通模式的特色,结合我国目前对病史采集的相关要求,建议医生可尝试以下沟通流程。

1. 与患者寒暄,告知交谈的目标和时间安排　医师首先要介绍自己,建议称呼患者的名字,而不要使用床位号或者门诊号替代(比如"您好,我是李医生,请问您是张 × 吗? ")。随后,明确此次沟通的时长和讨论的主题,初步建立信任的医患关系(比如"第一次就诊我们有 15 分钟左右的交流时间,主要用于了解您的病情,开展相关的检查,尽可能给予初步的诊断,您看可以吗? ")。

2. 询问现病史和既往史　重点询问患者此次就诊的原因、症状产生和发展的过程、已接受的医学检查及治疗的情况、是否影响工作和生活、其他相关症状、饮食情况等,主要涵盖现病史的内容。既往史则主要包括患者本人的身体健康状况、输血史、手术史、外伤史等。这部分按照诊断学的要求、结合患者的个体情况进行系统询问,注意灵活运用各种医患沟通技巧,在关注患者躯体疾病时,同时对其精神心理健康状况进行初步的评估。

3. 询问个人生活史　包括个人史、婚姻史、月经生育史(女性)、家族史等方面内容。如患者有较明显的生活事件和精神心理方面的因素,需重点关注:患病前和患病时经历的重要生活事件;患者本人的性格特点;出生、学龄前期、学龄期、工作等人生各阶段的发展情况;既往人际关系;目前的生活工作状态(包括居住环境、经济状况、工作情况、人际关系等);压力情况和应对方式等。同时,需关注患者直系亲属的健康状况,是否患有严重疾病,尤其是相关遗传性疾病等。

4. 了解患者对于疾病和治疗的观点　包括患者如何理解自己的疾病;如何看待患者的角色;对治疗的想法和期待等。为进一步给出诊疗建议提供参考,也会让患者感到被尊重,但这个环节有时容易被医生忽略。

5. 进行总结并给予治疗建议　医生尽可能从"生物 - 心理 - 社会"不同维度对患者的症状和疾病进行总结和解释,告知下一步的检查和推荐的治疗方案;预约下次复诊的时间;若遇到特殊情况如何联系医生等。如果患者因被诊断为严重的躯体疾病而出现不同程度精神心理问题或本身就存在不同程度精神心理问题,显得情绪紧张或者低落,医生可关注患者个人、家庭和社会因素中的资源和支持系统,给予其积极的反馈和鼓励,并确定患者能够理解自己的反馈。

第三节　医患沟通中的自我情绪管理技能

一、自我情绪管理的技能

医患沟通过程中不仅要关注"术",即"技巧",还需关注"心",即"自我",需强化沟通过程中医生对自我情绪的觉察和管理。事实上,和其他任何人际沟通一样,医患间的沟通必定会引起双方的情感反应,这类反应的程度通常在可理解的范围内,而并未对医患沟通造成影响。本节通过借鉴心理治疗过程中治疗师和来访者之间的移情和反移情,帮助医生理解医患沟通是如何影响自我情绪,从而进一步影响沟通效果的,以及医生应该如何及时地意识和觉察到这种影响的存在,并通过自我情绪管理来减少对医患沟通的负面影响。

（一）医患沟通中的移情和反移情现象

移情和反移情的概念是由精神分析学派的创始人弗洛伊德提出的。移情可分为正移情和负移情,前者指患者对医生不现实的正性情感,比如爱、仰慕、过分依赖和强烈的亲近需求,后者指患者对医生的负性情感,比如猜疑、敌对和贬低等。通常医生倾向于关注患者的负移情而忽略正移情,因为负移情会明显影响医患关系,甚至阻碍治疗,而正移情通常会使治疗联盟更加巩固,但若超过一定程度,同样会造成不利影响。另外,医生与患者一样,可能会带着个人的价值观、生活应激性事件、医疗中的问题进入医患沟通中,从而在一定程度上影响医患关系,而当患者对医生产生移情反应时,就更容易引起医生的情绪反应,这种医生对患者移情的情感反应被定义为反移情。

事实上,移情和反移情普遍存在于人际关系中,医生如果能识别到并恰当地对待,可能有利于巩固医患联盟。相反,如果未能认识到或采取不恰当的处理方式,就可能破坏医患关系。正确处理移情和反移情过程中,医生首先需要识别医患沟通中患者不寻常反应的迹象。

1. **不恰当的情感** 比如愤怒、敌意、伤害、嫉妒、过度赞赏、爱慕等。

2. **不合适的行为** 比如要求诊室外面、索取医生的个人信息、送礼物等。

3. **不现实的幻想** 比如想象与医生恋爱、成为同事等。

(二) 分析和处理不合理的移情和反移情现象

当患者出现上述情况时,医生可从以下几方面进行分析和处理。

思考上述反应是否合理? 是否基于现实? 如果不是,偏离现实的程度有多大? 有多少是来自患者过去的经历或者与家庭社会背景相关? 有多少是由与医生的沟通引发的?

如果医生认为向患者指出移情反应对医患关系有帮助,就需要鼓励患者从移情反应中退出,并与医生一起观察和讨论;如果移情导致医患之间边界模糊,甚至影响临床诊疗工作,医生则应保持界限,必要时将患者转诊给其他医生。

与此同时,医生应注意反思自己在医患关系中的情绪反应,管理好自己的反移情。这就要求医生具备较强的自我觉察能力,并将其应用到对患者的观察中,若觉得医患间出现不寻常迹象和自己的反移情有关,则需要寻求帮助。

1. **保持觉察** 医患沟通的过程中,医生要注意随时检视自己对患者的感觉、情绪和态度是否属于妨碍正常医患关系或工作联盟的反移情现象。一旦识别并确信存在对患者的强烈反应,需进行自我反思:这种反应有多大程度来自患者? 多大程度来自自身原因? 这种情况其他医生也会发生吗? 我对其他患者也这样吗? 以前是否有过类似的情况? 若经过判断,该反应确实由于医生的个人问题引发,且不利于医患关系的维持,则需要寻求帮助。

2. **寻求帮助** 当医生确定出现上述反移情现象时,不应与患者进行讨论,而且要注意尽量不在患者面前表露自己的反移情,同时寻求上级医生或有经验的同事帮助,学习如何觉察和应对自己的情绪反应,从而能有效地解决当下问题。

3. **自我体验** 医生平时可以参加个体或者团体的自我体验,讨论自己和已被患者唤起的反移情,帮助探究自身未解决的冲突、愿望、需求和人际沟通的困难,增强自我意识和对自己想法、感觉、行为的敏感性,提高自我观察、自我检查和自控能力。

4. **宣泄情绪** 宣泄是释放消极情绪的减压阀,是处理情绪的一种基本方法。宣泄的形式有很多,比如找同事、亲人、知心朋友尽情倾诉;通过写作、欣赏音乐、锻炼和休息、外出旅行等方式调控情绪等。其中,开展写作性反思,如撰写叙事平行病例,可帮助医生在纾解郁闷的同时得到成长和进步,在实习教学和住院医师规范化培训中应得到重视和应用,详见第五章。

医疗活动中强调医生要关注"人"而非"病",医患间的沟通也应重视在人际层面进行交流。虽然,对于非精神科专业的临床医生来说,深度的移情和反移情现象并不那么常见,但在医患沟通不畅或者医疗纠纷中,上述因素往往会起到推波助澜的作用。开展移情和反移情分析,可以让医生变得更敏锐,对角色界限和角色期待的认识更清楚,更容易识别医患关系中的偏离,不仅能促进建立信任的医患关系,而且有助于医生的自我成长。

二、"巴林特小组"与情绪管理训练

"巴林特小组"由精神病学家和精神分析师米歇尔·巴林特(Michael Balint)和社会工作者 Enid Balint 于 20 世纪 50 年代在英国伦敦创建,用于训练医生处理医患关系。国内外研究表明,该小组能帮助医生更好地理解医患关系,提高其共情和沟通技能,缓解医生的工作压力和职业倦怠,已纳入德国、英国、美国、澳大利亚等国家的住院医生培训课程中。我国自2003年从德国引入"巴林特小组"并在全国范围内逐步推广,先后应用于在职医生、住院医生和实习生的培训课程中。

(一) 小组理论基础

"巴林特小组"主要运用了精神分析学(或精神动力学)的理论和方法,认为存在于潜意识层面的想法或情感,常难以用语言清楚地描述,甚至被压抑,不允许自己轻易地表达出来,但却可能会深刻地影响个体对待患病、求医及接受医生帮助的态度和方式。医生是患者重要的客体,医生的正面或负面的思想、情感和期待会转移到患者身上,同样患者的情感和行为也会影响到医生。因此,在"巴林特小组"工作的过程中,一方面,通过安全的小组设置,促进组员的自由联想和自由表达,鼓励呈现自己情绪和身体上的感受、内心的冲动、丰富的想象等主观性个人体验;同时,通过移情、反移情等基本技术,帮助医生敏感地觉察到自身和患者的情绪和身体反应,认识到自己思维中的自动模式,理解这些模式如何影响到自己的态度和行为。另一方面,通过组员的多角度换位思考,帮助医生消除自身的盲点,发现新的视角,促进医生从生物 - 心理 - 社会医学模式系统地理解患者和自己的行为,提升倾听和共情能力。此外,通过组员间的情感支持和经验分享,可以帮助医生提升医患沟通能力,缓解因医患关系带来的压力,加深对医生职业特点和要求以及个人局限性的认识,起到自我情绪调节和预防职业倦怠的作用。

(二) 小组操作流程

1. 小组构成　"巴林特小组"一般由8~12名医生组成,小组长由1~2名具有小组活动和精神动力学经验的医生担任。早期"巴林特小组"的成员主要是全科医生,目前可以为各科的临床医生,也可以是护士、医院管理人员或社会工作者。组员专业背景的异同各有好处,相同背景的人员可以更容易理解对方,而不同背景人员的优势在于可以集思广益。比较理想的情况是,小组成员固定,形成一个封闭式的环境,按每周、每月或者每季度一次的频率规律地开展小组活动。这样,每位组员都有机会作为案例汇报者,并可以提供正在进行中的临床案例。此外,定期会面的设置不仅能够增进组员间的信任,通过小组讨论可以更深层次地展开工作,而且也能有机会呈现更具有挑战性的案例,使组员在案例后续工作中尝试新的医患互动方式,从而让组员得以持续性的成长。然而,由于医生的工作量大且时间不确定,长程的封闭式的小组在实际工作中很难实现。

2. 小组活动流程　典型"巴林特小组"的活动流程如下(表6-1)。

表6-1　"巴林特小组"活动流程

时间	案例报告者	全体人员	小组长
5~10分钟	重点介绍案例中与医患关系相关的信息	倾听、感知、思考和感受,甚至产生不寻常的观点	监督时间和内容
5分钟	明确地表达自己的问题和期待	倾听	一般2~3个问题,肯定报告者阐明的问题和可改变性
10分钟	回答其他组员的问题	询问案例中与汇报者期待相关的问题	避免解释和建议,禁止此时陈述个人内心的想法和感受
30分钟	静坐和倾听,不再进行任何解释	自由地表达自己的情绪和躯体感受,采用"假如我是×××"这种信息表达方式。任何想法和感受在讨论过程中都被允许,也可以改变	鼓励组员畅所欲言;引导从不同视角理解医患双方的关系、情感和行为;保护案例提供者,必要时进行干预;控制时间并聚焦讨论目标
10分钟	个人总结发言		询问汇报者和其他组员活动中对自己感到重要的部分
2~3分钟			总结和结语,感谢案例报告者

第一,小组长询问组员中谁愿意提供一个与医患沟通相关的案例,如有多位医生希望汇报案例,可选择最先举手的一位或者大家投票选择。

第二,提供案例的医生(案例报告者)描述与该患者的见面情况、目前沟通中存在的问题或者汇报者的期待。

第三,围绕案例汇报者的期待,组员对案例中的细节进行提问,询问自己关心的、能获得客观信息的事实性问题。

第四,汇报者暂时退出圈内,坐在圈外倾听圈内组员的讨论,小组成员自由地表达观点、心理和躯体感受。

第五,案例汇报者重新加入圈内,分享自己的收获和新思考。

第六,小组长总结发言,感谢汇报者和组员的参与。

除了小组讨论的形式,"巴林特小组"还可以联合应用角色扮演和心理剧等形式,使案例汇报者和组员对医患关系形成新的观点,并意识到系统和环境对关系的影响。

(三) 小组实践效果

"巴林特小组"对医生沟通能力的提升和职业生涯的发展具有重要意义。临床诊疗过程中,医生和患者间复杂的互动关系是造成双方沟通困难的重要原因之一,但是这一点往往在医患沟通能力培训中尚未引起充分的重视。在"巴林特小组"活动中,医生通过觉察和反思在医患沟通中双方的反应,意识到自己以前存在的某些特定的"盲点",培养从多视角思考问题的习惯,提高了医生理解患者(和/或家属)的立场和处境的能力。在此基础上,帮助医生更好地对患者的需求和行为做出恰当的反应,从而在技能和行为操作层面提高医生的医患沟通能力。与理论讲授法相比,小组体验式的教学方法能让成员提高对复杂情感的感知能力,领悟到自己在沟通中的不足,从组员身上吸收借鉴对自己有益的沟通技巧。与此同时,"巴林特小组"提供了安全接纳的小组环境和产生共鸣的团队成员,为小组成员提供了互相支持的环境和土壤,来自同伴的支持、理解和帮助,不仅能够缓解其工作压力,也有助于其和患者建立职业化的关系,避免情感耗竭,预防职业倦怠。国内外研究表明,"巴林特小组"能有效地增进医生对医患关系的理解,提升其同理心和医患沟通能力,缓解医生的压力和焦虑,提高工作满意度,并减少职业倦怠。长期参加小组活动,可能让医生的人格发生细微但重要的变化。因此,非常值得在医生培养过程中推广应用。

第四节　特殊情景中的医患沟通技能

一、如何面对愤怒的患者

医疗工作中遇到愤怒的患者是不可避免的情况,认识冲突的原因并掌握解决冲突的技巧是医生的必修课。医患冲突的原因比较复杂,有时候并非起因于事件的本身,而是因为其他复杂的非医疗因素所引起。

(一) 患者愤怒的常见原因

导致患者产生愤怒情绪,与医生发生冲突,甚至投诉到医院或者法律机构的常见原因包括以下几种。

1. 对治疗效果不满意　患者通常对于医生抱有较高的期待,若治疗效果未能达到预期,甚至出现医疗差错、严重并发症等情况,就可能引发患者的抱怨或愤怒。

2. 对服务和环境不满意　医生的态度冷漠、语言生硬、解释不耐心甚至斥责患者,医院就医流程不便捷,硬件设施不良,患者的基本生活要求无法得到满足等原因,导致患者产生不良的情绪。

3. 对医疗收费不满意　患者可能因为费用高于预期,超过支付能力,认为检查或治疗费用未被提前告知,认为医院乱收费,从而产生愤怒的情绪。

NOTES

（二）医患冲突背后的原因

医患冲突背后的原因是错综复杂且相互影响的。

1. 医患专业知识不对称　医生常基于自己专业的角度对病情进行判断,给予患者个性化的诊疗方案,而对于决策的原因和过程,大多数患者无法得知,也很难理解,从而造成依从性差(比如按照自己的理解服药、停药),治疗效果不稳定。

2. 医患关系的不信任　患者经常抱怨医生未能关注自己的诉求,没有耐心听完自己的诉说就开具检查或药物,感受到不被重视,对于诊疗过程持有怀疑,从而影响对医生的信任。

3. 医疗资源的不充足　有时医疗资源会比较有限,无法满足所有患者的需求,比如某些医院特色科室的专家号、住院床位紧缺等,从而导致未获得医疗资源患者的不满,引发对医生的愤怒。

4. 就医经历的不满意　有时患者生气并非完全因为对当下医生或医院的不满意,而是联想起就医经历中曾让自己非常生气的情景,导致情绪失控甚至大发雷霆。

5. 社会矛盾的导火索　医患双方冲突的触发点有时来自社会矛盾,比如患者收入低甚至无业,没有医疗保障金,无法支付医疗费用;比如有的医生压力大,对工作缺乏热情甚至产生职业倦怠等。

6. 患者病理性的反应　某些存在精神心理问题的患者,情绪易激惹,甚至发生冲动行为,这就要求医生能够识别心理因素对患者情绪行为的影响,采用心理稳定技术,必要时转诊给精神专科医生。

（三）解决问题的策略

找到医患冲突的原因之后,医生需采取恰当的解决问题策略,尽量避免情绪化对待双方的分歧和差异。一般情况下,当患者产生愤怒的情绪时,说话往往会提高音量,加快速度,似乎以威胁的方式宣告自己的不满。这时如果医生讲话的速度也变快,声音尖锐,就会激化双方矛盾;若医生尝试将语速慢下来,声音听起来会显得庄重而镇定。所以,可以试着做个深呼吸,降低音量,放慢语速进行交流。此处介绍 CALM 模式,由英文 "contact,appoint,look ahead,make a decision" 4 个词语首字母的缩写组合而成,尤其适用于应对具有攻击性的患者。

1. 接触(contact)　保持镇静,与患者建立关系。当患者表现出攻击性甚至侮辱人格的行为时,医生期望能即刻消除其愤怒情绪是不现实的,让患者平复情绪需要时间和过程。医生要和患者保持安全的距离,既不要太近,也不要太远,避免让患者感到威胁;与患者保持适当的目光接触,表现出倾听和交谈的意愿;让患者充分表达情绪,切忌打断其发泄愤怒,切忌警告或以其他方式威胁患者;不要对患者进行人身攻击或为自己极力辩护,因为这可能会导致患者的愤怒情绪升级为暴力行为。

2. 指明(appoint)　表达观察到的患者情绪。医生对患者攻击性行为背后的情绪表示理解和共情。冲突中所表现出的愤怒、挫败和失望,通常源自患者对疾病的担心和害怕。如果患者感到自己被医生关注,情绪得到了重视并允许表达,双方的关系就能得到缓和。

3. 计划(look ahead)　澄清医患合作应该如何进行。医生使患者意识到治疗疾病、恢复健康是双方的共同目标,并为其提供支持性建议。同时,强调当前遇到的困难和双方合作的规则,无论患者感到多么沮丧,让患者能心平气和地面对疾病是非常重要的。

4. 决策(make a decision)　当冲突升级时,医生可以向患者建议签署一份"协议",由患者自己做决定并为其之后的治疗负责,如是否继续诊疗,是否继续沟通,还是需要调整时间、人物和场合。医生要给患者留下思考的时间,做出的承诺要合理、真诚。如果医院保安人员加入处理冲突,医生要指导其控制局面,在事件结束前决不能放松警惕。

在医患冲突的过程中,医生需要早期识别患者愤怒或痛苦的迹象,这有助于缓解局面,避免情绪失控。常见的迹象包括:讲话音量提高、语速加快或沉默不语;面部表情发生改变、满脸通红、没有目光接触;举止不耐烦或不配合;肢体紧绷、动作突然或幅度加大等。同时,医生要站在患者的角度考虑问题,任何人从正常环境转换到有压力的环境都可能会有反常表现,处于疾病状态下的患者容易激惹是正常的,而医生自己也会有不良情绪。如果当事医生未能平复患者的怒气和冲动,应请上级医生或科室主任与患者或家属进行沟通。

二、如何告知坏消息

医疗情景下的"坏消息",指的是与患者意愿相反或患者不愿意听到的消息,通常指患者被诊断为严重疾病或者可能导致不良后果甚至危及生命的情况。告知坏消息是医疗实践中不可或缺的环节,这对于医生来说并不容易,主要基于以下两方面的原因:一方面,医生未接受告知坏消息的相关培训,尤其对于年轻医生来说,自己在面对坏消息时可能会紧张和害怕,也会担心患者及家属听到坏消息后情绪爆发,甚至不知所措或感到悲伤和无力;另一方面,患者对于坏消息的态度和接受程度差异很大,可能出现震惊、否认、愤怒的情绪,甚至因无法接受而无理指责医生及医院。在中国文化背景下,患者家属对于医生是否将坏消息告知患者本人,通常与患者的意见不一致。出于保护患者的目的,部分医生可能被家属要求隐瞒坏消息或使用委婉语言告之。然而研究表明,98% 的患者希望医生能坦诚相告自己的病情及发展,医生很容易因此而陷入伦理的纠结中。

掌握正确告知坏消息的流程,并充分考虑患者个性化因素,从而在有效传递医疗信息的同时,让患者及家属感受到关心,帮助其重拾信心并促进恢复。SPIKES 模式由英文"setting,perception,invitation,knowledge,emotion & empathy,strategy & summary"的单词首字母的缩写组合而成,将告知坏消息分为 6 个步骤,具体如下。

(一) 会谈设置(setting)

医生在交谈前对告知的内容、患者可能出现的反馈和应对方案进行充分的准备。首先,准备一个安静私密的空间,减少周围环境的干扰,将手机调至静音或暂时请同事接听;其次,询问患者本人的意见,需邀请参与谈话的对象,告知谈话的时长,是否单独告知家属或者让家属参与决策需根据具体情况判断;最后,谈话中和患者保持目光接触,必要时拍打患者的手臂或握手,但需考虑患者是否会反感。

(二) 评估认知(perception)

通常以开放式提问开始,了解患者已知的疾病信息和自己对目前情况的看法,观察患者对疾病的接纳程度和情感反应,纠正患者错误的信息和认知,鼓励患者提问并进行澄清。

(三) 获得邀请(invitation)

询问患者是否期望全面地了解疾病的诊断、治疗和预后等方面的细节。若患者清楚地表达期待时,可以减轻医生因要发布坏消息而带来的焦虑。若患者不想知道细节,医生可以告知其亲属或朋友,或在将来合适的时机告知患者本人。

(四) 提供信息(knowledge)

医生可以提前预告是坏消息,让患者有心理准备以缓冲情绪冲击;告知过程中考虑患者的文化程度,应尽量避免使用专业术语;建议逐步地透露信息,核实患者的反应,确保其能够理解;注意停顿,给予被患者理解和反应的时间;如果预后差,要向患者表示医生会继续努力而不是放弃治疗。

(五) 关注情绪(emotion)并表达共情(empathy)

患者收到坏消息时,通常会感到震惊、绝望和忧伤,医生需应用共情技术,给予患者支持并能够稳定其情绪。首先,观察患者的情绪信号,如流泪、悲伤、沉默和震惊;其次,识别并命名情绪,如果患者保持沉默,使用开放式问题询问其想法和感受;再次,识别负面情绪的原因是否和坏消息有关,若不确定,可以询问患者本人;最后,鼓励患者表达自己的感受和分析原因,医生反馈感受的合理性,并给予关心和支持。

(六) 提出策略(strategy)并进行总结(summary)

给患者选择治疗的权利,并与之共同做出决策,在尊重患者意愿的同时也可以减轻医生的挫败感。在这个过程中,需再次核查患者对疾病的理解,防止其过高地期待疗效或误解治疗目标。最后,医生需总结谈话的内容,表示将继续和患者并肩战斗,同时对谈话的参与者表示感谢。

三、如何应对医患纠纷

医患纠纷常发生在就医过程中,患者因医生的诊疗、护理等医疗行为而发生分歧和争议。患者及其家属对医生或医院不满意,认为未获得理想的治疗效果,医疗机构或医生存在明显的过错,致使患者病情未见明显好转甚至加重,或医疗费用增加,由此与医疗机构产生矛盾和冲突。在医学层面,根据医患纠纷的起因不同,可以分为医疗纠纷和非医疗纠纷。前者泛指医患双方基于医疗行为的争议而发生的各种纠纷,包括诊疗过程产生的危害、医疗后果处理方案不一致、因医生失误而造成患者不必要的痛苦或 / 和财产损失而引起的纠纷等。后者则并非由诊疗过错引起,主要涉及患者的生命健康权、财产权、隐私权等。医患纠纷发生后,患者及家属的情绪往往很激动,需要多方共同协调和参与沟通。医生作为当事人,应当冷静处理,并积极参与和协助其他部门的沟通。

(一) 医患之间的沟通

首先,保持理性和积极沟通的态度。医患纠纷发生后,患方可能会出现情绪失控的情况,甚至出现过激行为。医生应当在确保自身安全的前提下与患者进行沟通和接洽。若患者情绪仍无法安抚,当事医生应回避与患者的正面沟通,及时由医院其他人员接待患者,避免冲突升级。其次,认真倾听和表达理解。纠纷发生时,患方往往会有很多的不满和抱怨,医生应采取积极倾听的态度,并及时地给予反馈,表达对其状况的理解,等患者倾诉之后,再考虑与之交谈和协商。最后,谨慎地解释和引导。患方处于愤怒的状态下,很难理性地思考或理解,因此医生的解释务必谨慎,用温和而坚定的语气、通俗易懂的方法来解释医学知识和目前的情况,在这个过程中要强化医患联盟来应对疾病的态度,尽可能地引发患者理性思考。

(二) 医生与其他部门间的沟通

纠纷发生后,医院行政主管部门会牵头形成调查小组,对纠纷的内容和原因进行认定,形成统一的意见。医生要积极配合医院的调研,尽可能弥补患者的损失,缩小医患矛盾造成的影响。若事件升级或者造成舆情,则可能需要与卫生行政部门、司法部门、公安机关甚至媒体进行沟通,此时仅依靠医生的个人力量是不足以应对的,需要医院作为组织进行协调处理,保护医生的合法权利。医生也有义务如实地反映情况,同时调整心态,尽量减少对临床工作的影响。此外,对外宣布信息只能专人发言,其他人不得点评或补充,以保持信息的一致性。

(黄　蕾)

【思考题】

1. 临床工作中促进良好医患沟通的影响因素包括哪些?
2. 医学生如何将本章所学的医患沟通技能应用到临床实践中?

扫码获取
数字内容

第七章
常见医疗场景的医患沟通

学习要点

● 本章节介绍急诊、门诊、住院、重症监护、多学科诊疗和电话随访6个常见医疗场景的医患沟通。

● 急诊医疗医患沟通流程包括短时间内建立互信关系、准确简要告知病情、客观说明医疗风险、给予治疗方案选择、告知医疗费用和预后、询问是否解释清楚、必要时签署知情同意书等7步,要重视时间窗、充分运用共情、适当进行倾听和尊重患者权利。

● 门诊医疗医患沟通流程包括开端、融入、引出、延伸、共情、查体、期望、解释、总结、同盟和结束等11步,要注意结合特定任务、体现医学模式进行沟通。

● 住院医疗医患沟通流程包括双方介绍、情感安慰、内容沟通、确认理解、反馈解释、签署文书等6步,沟通时遵循谁主管谁沟通的原则,要有明确的角色定位,不回避患者关注的问题,并强调基于预防的沟通。

● 重症监护医疗医患沟通流程中的内容沟通强调了解患方认知与期望、渐进式告知病情、换位式情感安慰、及时反复告知和实现共同决策。

● 多学科诊疗以患者为中心,针对特定临床疾病,由两个或两个以上不同学科的专家经过讨论制订个体化诊疗方案。

● 电话随访除了合理设计随访流程、随访量表等,还需要对随访员进行培训,使其掌握电话连线的沟通技巧。

医患沟通是基于不同医疗场景进行的,在不同的医疗场景,沟通的基本原则和技巧不变,但具体的沟通内容、时间和注意点均可能存在差异。本章将对急诊、门诊、住院、重症监护等医疗场景的沟通进行具体描述。

第一节　急诊医疗工作中的医患沟通

急诊是锻炼医生能力、检验医院急救水平的重要场所。急诊医疗工作中的医患沟通,是指在急诊医疗工作中,针对存在急性应激状态的患方,在有限时间内完成各种医疗相关内容的沟通。

一、急诊医疗主要任务和工作特点

急诊医疗工作中,医护面对的是急危重症疾病的患者,不同患者有不同的性格和对其疾病解释模型,又因急诊患者处于特殊的诊疗环境,因此医患沟通具有一定复杂性。

(一) 急诊医疗的主要任务

急诊学科和其他学科类似,具备医、教、研多方面的任务。在教学方面,急诊科是各类医务人员培训的重要教学场所,急诊教学在见习、实习、住院医师规范化培训中均占有重要的比重。在科研方面,不仅有生命支持、脏器救治等不同方向的研究,也有许多急诊管理的研究。在医疗方面,不同发展阶段医院急诊医疗的任务可能存在细微的差别,但总体上主要任务是一致的。

1. 各种途径来诊的危急重症患者的诊治和观察　目前,虽然急诊有明确的病种和病情严重程度的要求范围,如高热、休克等,但非急症患者急诊就诊现象仍然突出,增加了急诊拥挤的程度和沟通的难度。

2. 群体性公共卫生事件或灾难事件的处置　急诊科是医院群体性公共卫生事件或灾难事件处置的前哨和集中地,也是院内意外事件快速反应小组(RRT)的主要承担科室。

3. 公众健康急救知识的普及　目前,国内大多医院急诊科还承担急救知识普及任务,如心肺复苏技能普及、创伤现场救护技能普及等。

(二) 急诊医疗的工作特点

急诊患者的疾病谱广,具有发病急、变化快、时间性强而诊断常未明的特征。急诊医疗工作主要有 4 个特点。

1. 急　表现为就诊患者的病情急,治疗的期望高。医方处置同样需要快速,特别是对于危急重症的抢救,需要争分夺秒。对应在医患沟通上,特别要关注沟通的时间紧迫感和告知同意的时限性。

2. 忙　表现为"急诊拥挤"现象突出,特别是综合医院的急诊科,存在医务人员配备相对不足的现象,医方工作十分繁忙。对应在医患沟通上,要求忙而不乱,需要在最短时间内,告知患者最想知道的问题,包括病因、诊断、病情严重程度、治疗效果、预后和费用等,此时需要强调沟通的框架和规则,以增加沟通的有效性。

3. 杂　表现为急诊就诊的患者背景杂、疾病的病种杂、处置方式杂、联系人员杂等多个方面,处置时可能需要和院内不同行政、临床部门及医务人员配合,还可能需要和院外的政府部门联系。对应在医患沟通上,需要强调分工合作的原则,也需要更为专业并有一定社会阅历的共情能力。

4. 险　表现为就诊者罹患未明确诊断的疾病多,会危害到生命的疾病多,医疗的风险大,稍有不慎就可能误诊和漏诊,进而产生医疗纠纷。对应在医患沟通上,更需要强调预后告知技巧和法律意识。

二、急诊医疗中医患沟通流程和关键点

急诊医疗中,医患双方大都无日常的联系,加上急诊医疗的"急、忙、杂、险"的工作特点,急诊医患沟通流程和关键点有别于病房和门诊沟通。

(一) 急诊医疗中医患沟通流程

急诊患者就诊时,常处于心理上需要依靠、思想上相对混乱的状态,沟通时需要医方有确定的沟通流程,以体现医方对患方问题的专业解决能力和时限掌控力。急诊医患沟通流程包括以下 7 步。

1. 短时间内建立互信关系　相互信任的医患关系是医患沟通的基础,在急诊沟通中尤为关键。建立相互信任的医患关系需要以医院信誉、就医环境、医务人员的职业素养等多方面因素为基础,其中医务人员的职业素养包括仪态仪表、坐姿、眼神等非言语沟通内容,还包括共情、预见、专业等素养,对于急诊医疗来说,最重要的素养是医务人员过硬的专业素质。建立互信医患关系框架步骤包括以下几点。

(1)双方自我介绍:医方先自我介绍,使用"我是急诊科 ×× 医生"这样的标准语言,然后询问对方和患者的关系,在沟通中了解患方家属之间的亲疏关系和主导者。

(2)告知本次沟通的目的:急诊诊疗是一个复杂而连续的过程,一次沟通不可能说清楚所有问题,常需要多次沟通,因此要告知每次沟通的目的,以利于患者理解。

(3)告知本次沟通的规则:告知患方沟通规则是医方主导作用的关键,如"在接下来的沟通中,我会告知您诊断、病情等内容,当我说完了您还有不明白的地方,请您再问我。"

(4)适当维护规则:维护规则是每次急诊沟通中保持医方持续主导作用的关键。在急诊沟通中,大部分患方会根据情况,在医方还在解释时间问问题,这时,医方要注意维护沟通规则。维护规则必须遵循"先表扬后维护"的原则,即对不遵守规则询问的患方,先予肯定,之后再次强调规则,比如说:"看来您和患者的关系很好""看来您很孝顺""您刚才的问题我待会儿都会解释,当我说完的时候,您如果觉得还有什么问题要问,再问我"。

2. 准确简要告知病情　病情告知内容一般包括可能病因、诊断、病情严重程度,建议使用"标志性"的言语,如"您关键关注三点,一是……"需要客观准确告知,切忌夸大疾病的严重程度。同时,

基于时间紧迫,病情告知要简要,切忌过于宽泛,表达不清。

3. 客观说明医疗风险　任何医疗行为都有风险,急诊处置往往只是治疗的第一部分,后续有许多不确定性,所以应该说明医疗风险,但需注意要有针对性,切忌事无巨细地把所有风险都说一遍。在医疗风险中,患方最常关注的是概率问题,建议医方采用绝对数法告知概率问题,如"每100位患者可能有1位死亡。"

4. 给予治疗方案选择　给患方提供治疗方案时,原则上必须同时告知替代方案。但不管是治疗方案还是替代方案,均要告知具体方法、适应证和优缺点,并需用类比或举例等方法,适当地表明自己的态度,给患者一个选择的参考。

5. 告知医疗费用和预后　医疗费用和预后是患方普遍关心的问题,急诊患者在突然而至的疾病面前会惊慌失措,第一时间考虑的是生命和健康,但冷静下来后一定会考虑到经济负担,过重的经济负担和达不到期望值是导致患者不满,甚至发生医患纠纷的主要原因。故急诊医生必须告知前期费用以及后期预期费用,对于有可能导致"人财两空"的疾病,更应该明确指出并获得患方的完全理解。另外,下一步的变化和预后一定要提前告知,不能等患者询问才说。

6. 询问是否解释清楚　在沟通的结束阶段,要用开放性问题,确认患方已完全理解,并询问患方还有什么问题。要注意的是,当医方说完,患方感觉所有他想询问的问题均已解决,才是有效的沟通。

7. 必要时签署知情同意书　签署知情同意书时,要注意沟通时间和地点的记录。

(二) 急诊医疗中医患沟通关键点

在急诊医患沟通的上述 7 步流程中,还要贯穿 3 个关键点。

1. 统一医患双方对病情紧急和严重程度的认知　患方在面对突发疾病时,心理上处于高度紧张状态,希望医方能放下所有其他工作,马上为其诊治,而医方处于高强度的工作状态,可能没有表现出患方期望的急迫状态,这种对疾病紧急和严重程度认知上的分歧是急诊沟通必须弥合的关键点。

2. 平衡患方期望和医学不确定性之间的关系　相对于慢性疾病患者,急性疾病患者通常对医疗有相对更高的期望值,部分患方甚至以为到了医院,就能解决所有的问题,不理解从检查、诊断、治疗到问题的缓解或解除均需要一个过程和时间。加上医学的不确定性,很多时候医治的效果只能缓解痛苦和安慰患者,这种对治疗效果期望过高和实际效果之间的差异也是急诊沟通上必须平衡的关键点。

3. 明晰医疗费用和治疗预后的数值　医疗活动是专业性很强的行为,医患之间信息存在不对称,患方常缺乏医疗费用、治疗方法和预后的明确信息。因此,在沟通中,急需医方告知这方面的具体数值,但医方往往拘泥于医疗的不确定性,不能告知确切的数值。为解决这一矛盾,推荐采用类比法或统计法,告知患方费用或预后的大体数据,如"依照我以前诊治的与你类似疾病患者的统计数据,大概每天需要花费300元。""我今年看了30位和你有同样疾病的患者,目前好转的已经有29位了!"统计分析既往资料,用类比法明晰费用和预后,也是急诊沟通中的关键点。

三、急诊医疗医患沟通注意事项

急诊沟通是沟通中的难点,需要医方在执业生涯中不断积累经验,在沟通共性原则的基础上,形成针对不同类型患方的个性沟通。急诊沟通的主要注意事项有 4 点。

(一) 重视时间窗

一些急诊疾病,如急性脑梗死、急性心肌梗死、创伤大出血等,其治疗有严格的时间窗,治疗方案的选择和效果与时间密切相关,被称为时限性疾病。面对时限性疾病患者,需使用最简洁的语言进行最有效的沟通,切忌因为沟通而耽误治疗时间。沟通时要明确告知时限性疾病时间窗的内涵和意义,并要患方理解及时做出决策的重要性与必要性,并明确告知患方讨论后回复医方的时间节点。

(二) 充分运用共情

急诊患者大多情绪焦虑不安,情绪安慰是急诊沟通的重要内容。此时要充分运用共情,换位思考,体会患者关心什么、担忧什么、最想知道什么,然后以患者为中心,对患者的情感做出适当的回应,提前介入并解决患者担心的问题,让患方明白医方的所有行为都是为患方考虑的。

(三)适当进行倾听

倾听是沟通中重要的技巧之一,是一种艰难的主动工作。倾听的关键内涵是有意识地听,不仅要听到别人说的话,而且要理解别人传达的完整信息。但因为急诊沟通有时间要求,在运用倾听技巧时应注意适当原则,可以进行相应的引导,让患方能短时间内说出最重要、最有价值的信息。

(四)尊重患者权利

虽然急诊沟通强调时限性,但患方的基本权利,如隐私权、知情权、选择权等,同样需要保证,不能因为"急"就忽略患者的权利。对患方提出的问题需要耐心解答,特别是涉及疾病治疗方案的选择时,应充分尊重患方的选择权。

第二节　门诊医疗工作中的医患沟通

门诊是患者进入医院的第一通道,是医院医疗的重要组成部分,体现了医院的综合实力和管理水平。门诊医疗工作中的医患沟通是指医方在门诊医疗工作中和患方进行的关于诊断、治疗、预后、预防及健康保健等方面的沟通。

一、门诊医疗主要任务和工作特点

(一)门诊医疗的主要任务

门诊医疗工作的主要任务可归纳为四个方面。

1. 确认并处理现患问题　确认并处理就诊者现患问题,是门诊医疗的核心任务。在病史采集、体格检查和辅助检查后,医方要针对每个门诊患者,提出"生物、心理、社会、需求"的四维诊断,进而为有着不同背景并处于不同疾病阶段的患者提供个体化的处置。这类任务的医患沟通,需要重点关注病史采集技巧、诊断解释方式和治疗计划的共同制订。

2. 连续性管理慢性病问题　随着现代疾病谱的变化,非感染性疾病已成为人类主要的疾病,慢性病的连续性管理也成为门诊医疗的常见任务,包括治疗慢性病、预防并发症、缓解患方心理及社会压力等。这类任务的医患沟通,需要重点关注患者生活习惯的改变和促使其坚持长期服药。

3. 适时提供预防性照顾　患方的每一次门诊医疗均是医方提供健康促进的机会,医方需根据三级预防的要求,适时地向患方,特别是某些疾病的高危人群提供健康教育。这类任务常需医方主动提供。医患沟通需要重点关注让患方采纳对其有利的预防措施。

4. 不断改善患者就医行为　改善患者就医行为也是门诊医疗的工作任务,包括两个方面:一是教会患方合理利用医疗服务,知道什么情况没必要就医,什么情况应该就医及去哪里就医;二是提高患方对医方建议的依从性。这些都需要通过沟通来达成。

(二)门诊医疗的工作特点

作为医院诊疗的重要窗口,相对于病房和急诊医疗,门诊医疗具有四个特点。

1. 患者层次多　门诊就医患者,有不同层次的生活背景,包括社会背景(如文化修养、职业、宗教、政治地位、经济情况等)、家庭背景(如家庭结构、资源、角色、关系等)和个人背景(如年龄、性格、兴趣、能力等),更会有不同的健康观和生死观,不同层次的患者会有不同的就医期望值,医方需要在诊疗中,根据不同的对象进行有效的沟通。

2. 疾病病种多　门诊就医患者的疾病谱广且病情复杂,从常见病到少见病和疑难病,从简单治愈疾病到久治不愈或未能明确诊断的疾病,需要医方具备较高专业技术水平,同时还要了解不同疾病患者沟通的要点。

3. 诊疗环节多　门诊是一个集病史采集、体格检查、辅助检查、诊断、治疗等诊疗全过程为一体的场所,患者就诊过程中经历的环节多、涉及科室多,并会与不同的医务人员产生接触,任何一个环节出现问题,都会影响患方对医疗服务和质量的良好体验,在沟通上需要注意常规沟通技能,还要正确评价他人医疗活动。

4. 技术要求高　门诊诊疗中,要在短时间内明确患者诊断,并给出辅助检查和治疗方案,只有良好的沟通技巧,才能快速有效获取患者资料,得出诊断并交代治疗要点和注意事项,在沟通中要特别关注时间的限制性和多次就诊的统一性。

二、门诊医疗医患沟通流程和关键点

(一)门诊医疗医患沟通的流程

国内外对门诊医疗医患沟通流程有较多的探索。加拿大卡尔加里大学 Kurtz S. M. 和英国剑桥大学 Silverman J. D. 两位教授根据心理学理论,在 1996 年设计了卡尔加里 - 剑桥应诊指南,包括开始沟通、采集信息、提供接诊咨询框架、建立关系、解释和治疗方案制订、结束沟通等环节,该指南目前应用较广。另外,针对门诊的问诊沟通,为顺应生物 - 心理 - 社会医学模式的改变,1986 年,Stuart 和 Lieberman 提出了 BATHE 问诊,BATHE 是 5 个英文单词首字母的缩写,B 即背景(background),A 即情感(affect),T 即烦恼(trouble),H 即处理(handling),E 即共情(empathy),这种问诊方法可以更迅速有效地了解患者心理和社会问题的核心。

根据我国国情,借鉴多个指南,本书提出了适用于我国门诊初诊医患沟通的整体流程和关键点,但在具体临床场景使用时要注意个体化和时限性。

1. 开端　包括称呼患方、介绍自己、了解患方关系、介绍沟通规则等。要注意非言语沟通的技巧,如眼神交流、坐姿和医患距离等。

2. 融入　通过询问或分享日常生活问题或动作,如"今天挺冷的,多穿衣服了吧",拉近和患方的距离,尝试建立信任的医患关系。融入要自然而不做作,并要和环境相协调。

3. 引出　从开放性问题开始,引出沟通主题,医方要注意坚持鼓励式倾听习惯,不要随意打断患方的讲述,一般认为至少要有 90 秒时间让患者连续谈问题。

4. 延伸　沟通中,逐步从开放性问题过渡到封闭性问题,对关键性问题进行追问。要注意使用通俗易懂的言语,避免技术性或模棱两可的字词,尽量不提质疑性问题。给患者足够的时间去反思想法和感受,但要注意控制进度。

5. 共情　沟通中,要养成不断审视自己是否以患者为中心的习惯。需要探究患者的感受,使患者的情绪反应一般化,对患者做出肯定并能提前介入患者担心的问题。共情要注意适度,以免受患方情感影响,出现判断上的偏差。

6. 查体　查体动作要轻柔,体现爱伤意识,和患者躯体接触前要充分告知,要注意隐私保护,切忌在查体时评价患者身体缺陷,如肥胖、瘢痕等。

7. 期望　沟通时要了解患方的需求和动机,并与患方确认医方的理解是否正确,回应可实现的期望,处理不现实的期望。

8. 解释　用通俗易懂的语言,告知医方对患方问题的理解与想法,要给出恰当数量和类型的信息,并分段与患方确认。注意不用专业医学术语。

9. 总结　包括内部小结和阶段小结,前者可以是某个问题询问结束后进行小结,也可以是现病史询问后进行小结,后者指在门诊单次或多次诊疗结束后进行的小结。在总结时,对重要的事件要使用标志性语言并重复。

10. 同盟　根据可选择的治疗方案,双方协商出一份诊疗计划,注意让患方明白自己的责任并使患方产生足够治疗依从性。

11. 结束　在给予希望后,使用动作和语言,如先站起来、拍拍患者等,宣布沟通的结束。

(二)门诊医疗医患沟通的关键点

门诊医患沟通,在遵循上述特定的沟通流程外,还需注意两个关键点。

1. 按需简化流程　流程仅是初诊患者接诊的沟通框架,对于复诊患者或者特殊需求患者,医方可以根据具体的情况进行删减或增加。

2. 形成沟通特色　不同专科的不同医生,个人知识架构和价值观均不同。建议在遵循上述流程框架的基础上,结合专科特点,形成自己的沟通特色,但要注意不违反医疗和沟通的原则。

三、门诊医疗医患沟通注意事项

在门诊实践中,医方要不断积累经验,反思在沟通准备阶段、实施阶段和反馈阶段的表现,进而不断提升自己的门诊沟通能力。门诊医疗沟通效果受多个因素的影响,其主要的注意事项有两点。

(一)要结合特定任务进行沟通

门诊工作的任务相对多样,沟通时要结合实际工作任务,采取不同的沟通方法,具有不同的沟通侧重,如对慢性疾病管理的沟通,应侧重药物服用依从性和生活习惯改变的坚持。

(二)要体现医学模式进行沟通

传统的门诊问诊仅仅关注于生物学诊断,多采用疾病框架。现代门诊沟通,强调要加入患方心理和社会框架内容的沟通,以更好地获取以患者为中心的信息,体现生物 - 心理 - 社会医学模式。

第三节　住院医疗工作中的医患沟通

住院医疗是在医院环境下,为达到特定诊疗目的而实行的有组织的健康管理行为,是医院医疗工作的中心环节。住院医疗的组织,包括联络组织(如住院处等)、中心组织(如病房等)和支持组织(如药房)等。

一、住院医疗主要任务和工作特点

(一)住院医疗的主要任务

从患方的角度,住院医疗的主要任务是进一步观察或进一步检查,明确一些在门诊没条件或难以明确的诊断和/或病因,或者治疗一些在门诊没条件处理的问题等。从医方的角度,住院医疗的主要任务包括入院检诊、每日查房、医嘱、操作、会诊、病例讨论和记录医疗文书等多种形式的内容,最终目标是明确患方的病因、诊断并给予相应的治疗。

(二)住院医疗的工作特点

不同疾病有不同的住院指征,一般来说,需要住院医疗的患者,病情严重性或复杂性相对较高。住院时,患方的主要活动场所为病房,且和医方接触的时间相对较长。因此,住院医疗能从多个方面集中地反映医院的医疗质量和水平,其工作特点可归纳为三点。

1. 以病房管理为中心的系统工程　住院诊疗时,病房是诊疗的基本单位,处在住院医疗的中心地位。医疗辅助检查、药品、设备、膳食等组织围绕病房住院患者工作,并制订相关的制度和程序,形成一个系统工程,共同完成住院患者的诊疗工作。对应本工作特点,住院医疗形成了入院前沟通、72小时沟通、病情变化沟通和出院沟通等常规沟通要求。

2. 以三级医生负责制为基础的医疗　病房工作由科主任与护士长领导,设置若干诊疗组,诊疗组由住院医师、主治医师和主任医师按比例构成三级结构,配备一定的护理人员,实施诊疗组负责制,对患者进行系统、连续、有计划的观察、检查和治疗。对应本工作特点,在住院医疗沟通中,不同级别的医生在日常的工作中,均会和患方进行随时随地的沟通,这就要求诊疗组内关注沟通要点和疾病告知的一致性,作为诊疗组组长还必须把控重要的节点或问题,这些重要的节点或问题需要由一定级别的医生出面和患方进行正式的沟通。

3. 多部门和多工种协同的医疗　住院时,临床各级医师和各专科医师之间、各辅助检查部门之间和护理部门之间,协同综合服务患者,发挥集体协作医疗的功能。对应本工作特点,在住院医疗沟通中,不同部门或不同医生要注意正确评价他人医疗行为。

二、住院医疗医患沟通流程和关键点

患者入院初期,除躯体上的不适,同时存在心理上的担心和焦虑,还要适应医院内的陌生环境,此时患者不仅需要专业医疗技术的帮助,也需要医方在生活和情感上的温暖和关怀。良好的住院沟通不仅能使患方了解医疗和护理措施,更能使患方对医方产生强烈的信任感,从而共同完成下一步的诊疗。

(一) 住院医疗医患沟通流程

由于时间节点和沟通目的不同,住院医患沟通可有不同的内容和方式。其共性流程主要包括以下 6 个步骤。

1. 双方介绍　在住院医患沟通中,应向患方介绍诊疗组医生的情况,让患方知晓其住院期间的主管医生。同时,医方也需明确患方亲属支持体系中的关键人物和不同亲属间的亲疏关系。

2. 情感安慰　适当的情感安慰是住院医患沟通的重要环节。住院期间,患者逐步熟悉了相关的医护人员,得到医护人员的关怀照顾,同时也对医护人员的语言、表情、手势和行为更加关注和敏感。因此,医方要结合患方病情的变化,对患方进行情感安慰。

3. 内容沟通　不同的住院节点或病情变化,沟通的内容会有所不同,但总体上,每次沟通内容应该包括本次沟通目的、当前诊断、出现的问题或身体现状、解决问题方案和替代方案、可能的结果、建议选择的方案和原因等。

4. 确认理解　用“我解释清楚了吗?”或者让患者复述沟通要点的方式,确认患方已经充分理解。

5. 反馈解释　住院期间任何目的的沟通,在结束沟通时均需要询问患方是否还有问题。医方要积极回应患方的问题,并根据患方的反馈予以正能量的解释,同时要注意给予患方不同程度的希望。

6. 签署文书　给患方足够的时间思考,明确患方对谈话内容有充分的理解后,以书面形式签署相关医疗文书。

(二) 住院医疗医患沟通关键点

住院医疗医患沟通在实行上述 6 步沟通流程中,还要关注 3 个关键点。

1. 沟通制度化　住院沟通需要强调制度化,一般来说,有 3 个维度的沟通制度:一是按时间节点沟通制度,要求在入院前、入院 72 小时、病情变化时、出院前和患方进行沟通,并形成比较统一的“制式”沟通框架;二是特殊诊疗方法进行前沟通制度,如使用大剂量激素、手术或操作前的沟通,同样需根据不同沟通目的和内容,建立统一“制式”的沟通框架;三是不同层级医生沟通制度,诊疗组组长需要根据组内不同级别医生的专业和沟通能力,确定组内沟通的制度,如住院医生可进行日常的病情变化沟通、辅助检查结果告知等,对于重大的病情变化或不良消息的告知,尽量由主治医师以上层级的医生进行沟通。

2. 沟通生活化　住院后,医患双方经过较长时间的接触,医方对患方的生活习惯、患病的原因和诊断有了比较深入的了解,建立了类似“熟人医疗”的关系。因此,住院医患沟通更要求生活化,一是要结合患方的理解水平,使用生活化、易懂的语言进行沟通;二是要结合患者的生活习惯,给予生活习惯和行为的纠偏和指导。

3. 沟通随时化　住院期间,最大的变化就是医患间能定期见面,探讨和思考病情的变化,这就要求将沟通随时化,医方要针对患方的各种反馈,及时予以回应,随时予以追问和补充沟通。

三、住院医疗医患沟通注意事项

不同专科在沟通内容上会有不同的注意事项,如呼吸内科可能在住院期间增加戒烟的动机沟通,心血管内科可能需要增加坚持服用降压药依从性的沟通等,共性的注意事项主要有以下 4 点。

(一) 遵循谁主管谁沟通的原则

和住院患者沟通的医生,原则上应该是患者诊疗组医生,特殊情况下可以授权其他诊疗组医生或值班医生进行。医方在沟通前应掌握患者病情、检查结果和治疗情况。当情况不明、病情恶化或其他重大变化时,诊疗组医生和护士可以在沟通前相互讨论,统一认知后,由诊疗组组长等上级医生和患方沟通。

(二) 要有明确的角色定位

随着住院时间的延长或同一专科住院次数的增加,医患双方会建立"熟人"式医患关系,而正是因为这种关系,容易造成沟通时角色定位的错位。在住院沟通中,医方可以是专家、朋友或战友的角色,但不应是家庭成员等亲属的角色。因此,在沟通中,医方在注意患方感受的同时,更要坚持树立医方的专家权威性,不在交流中随意回应,坚持不违反医疗规章制度,拒绝患者提出的违反医疗规定的需求。

(三) 不回避患者关注的问题

住院患者和门急诊患者相似,一般重点关注内容有两个,一是疾病的预后,二是医疗费用。针对这两个问题,医方尽量避免用模棱两可的语言,如"医学是不确定的""这个要看具体情况""这个很难说,看病情变化"等。建议在日常的工作中,医生应总结所在诊疗组中同类住院患者的预后和费用数据,沟通时使用类比法,让患方有一个确切并直观的数据概念。

(四) 强调基于预防的沟通

住院医疗中,治疗的同时也要强调预防。在沟通中,要强调基于预防的概念,需要告知患方三级预防的所有内容,给予患方饮食、吸烟、饮酒、运动、睡眠等生活习惯的建议。若发现患者住院期间有不良的生活习惯,要进行有针对性的沟通,以更好地预防疾病的发生和复发。

第四节　重症监护医疗工作中的医患沟通

重症监护室(intensive care unit,ICU)是对危急重症患者实施集中救治及管理的特殊住院医疗单元,在危重症患者救治中发挥着越来越重要的作用,由于特殊的患者群体和特殊的住院环境,重症监护医疗工作中的医患沟通有别于常规病房,具有独特的特点。

一、重症监护医疗主要任务和工作特点

(一) 重症监护医疗的主要任务

综合 ICU 和专科 ICU 的工作任务略有不同,但主要任务是相近的,一般可概括为两点。一是对各种原因的危急重症患者进行生命体征和脏器功能的监测和维持;二是围手术期的准备或保障,包括术后不稳定患者的保障、复杂高难度手术的术后监测和新技术的保障等。

(二) 重症监护医疗的工作特点

重症监护医疗在患者疾病谱、病情严重程度、预后转归、住院环境和制度等方面均具有和常规住院医疗不同的特点。

1. 病情重,变化快　ICU 收治的一般是生命体征不稳定或脏器功能不全的患者,病情重,变化快,需要严密监护。这就要求在不同时间节点沟通的时候,要重点告知疾病的严重程度和预见可能的变化,统一患方和医方对疾病严重程度认知。

2. 费用大,预后差　相对于普通病房,ICU 患者常需要脏器支持或使用强效抗生素,诊疗费用大,以及需要长时间或更高端的支持,如体外膜氧和(ECMO)等。ICU 患者因病情危重,预后不良的可能性很大。当患方不具备足够的接受疾病严重程度心理准备时,在预后认知上往往容易和医方产生分歧,诱发医患矛盾,也给重症监护医疗的医患沟通造成困难。

3. 诊疗环境封闭　ICU 是一个相对封闭的诊疗环境,患者与家属处于相对隔离状态。意识清醒患者在无家属陪伴、陌生环境、陌生人员、仪器噪声以及躯体不适等因素影响下,极易产生焦虑、烦躁等不良情绪,进而对诊疗产生抵抗,出现拒绝诊治的行为,而意识不清或气管插管患者,更是难以和医方进行连续而清晰的沟通。同时,患者家属无法动态了解患者情况,时刻处于焦虑无力状态,容易对诊疗方案不理解,在患者病情加重时,更易对治疗效果产生不满。这就要求重症监护医疗医患沟通不

仅要关注清醒 ICU 住院患者,还要重点关注所有患者家属。

二、重症监护医疗医患沟通流程和关键点

(一)重症监护医疗医患沟通的流程

重症监护医疗医患沟通,除遵循住院患者的 6 个步骤的沟通共性流程(见本章第三节)外,重点在此流程的第三步"内容沟通"中强调以下 5 点。

1. 了解患方认知与期望　医学具有很强的专业性,社会文化背景不同的患者及家属,对疾病的认知常有很大的差异并具有一定的局限性,特别是对危急重症的认知,医方应该充分了解患方对患者疾病的认知与治疗转归的期望,这是重症监护医疗医患沟通的重要基础。

2. 渐进式告知病情　重症监护医疗医患沟通,需要参考不良消息告知的模式,强调在无干扰环境下,使用浅显易懂的生活语言,在患方能理解的维度进行渐进式沟通。渐进式沟通有两方面的含义:一是在单次沟通中,使用分解的方法,从病因到诊断再到治疗,不同模块单元逐步推进,最后告知可能的风险和对策。二是多次沟通的内容侧重不同,初期沟通要给予患方疾病总体印象和预见性的铺垫,以后沟通中,不断推进病情变化的实际结果和处置方案,多次沟通中注意不断调整患方的期望值。

3. 换位式情感安慰　ICU 患者病情重,患方的心理负担和情感波动也特别明显,医方应更强调共情的运用。在沟通过程中,应以患者为中心,站在患方的角度来思考分析问题,充分表达对患方的肯定和理解,给予换位式情感安慰。这就要求进行重症监护医疗医患沟通时,医方对患方的文化层次、工作性质、亲属支持程度和民族风俗等基本情况有大概了解。

4. 及时反复告知　及时告知,可以消除因为沟通不到位带来的不理解弊端。反复告知,可以使 ICU 医患双方对患者病情、诊疗及转归的认知动态一致。因此,无论是病情渐趋稳定,还是持续进展,ICU 医方均应该及时反复与患方沟通病情和诊疗效果等内容,以解除患方的焦虑和担忧。

5. 实现共同决策　ICU 患者常需要多种有创或无创的诊疗措施,但措施的效果和疾病预后又具有不确定性,加之其他非医疗因素如经济条件、风俗习惯等影响,都可能给患方的诊疗选择带来两难境地。因此,在重症监护医疗医患沟通中,强调医患之间的双向交流,通过医疗信息交流和共享,患方参与整个医疗决策过程,医方充分聆听患方的意见,尊重其合理选择,纠正不合理选择。当然,对违背法律、道德及医学伦理的选择要坚决制止。

(二)重症监护医疗医患沟通的关键点

重症监护医疗医患沟通除了要关注普通住院患者沟通的制度化、生活化和随时化的关键点,还要重点关注以下 3 个关键点。

1. 建立科内沟通制度与规范　鉴于 ICU 医疗中和患方交流的重要意义,必须建立科内医患沟通的制度与规范,包括完善沟通的场所和设施、设定沟通的时间点、规范沟通的重点内容、建立联系人制度、实施定期定时探视制度,特殊情况下,还可推行预约探视制度等。

2. 营造全员主动沟通的氛围和能力　医患沟通能力是医护人员重要的岗位胜任力。ICU 医护人员常面对各种危及生命的状态,容易被误解为情感淡漠或不关心患者。因此,主动沟通氛围的营造极为重要,要鼓励管床医生主动对接患方,主动告知病情,主动关心患方情感变化。同时,要不断提升自身的沟通能力,充分运用语言和非语言的沟通技巧。

3. 探索利用信息技术的云沟通　充分利用信息技术,建立聊天群,利用短视频或视频连线,保持不间断的联系,可以消除患者和亲属距离上的隔阂,实现线上陪伴,同时实现医方告知日常病情、宣传科普知识和安慰患方情绪等方面的目的。

三、重症监护医疗医患沟通注意事项

重症监护医疗医患沟通要抓住疾病重的特点,其主要注意事项有 3 点。

（一）注意沟通对象的多元性

在 ICU 治疗过程中,患者亲属成为主要的医方沟通对象,但患者的亲属有父母、兄弟姐妹、亲戚、朋友、同事等,沟通时要注意甄选主要亲属、主要代表或法定监护人,与亲属中有话语权、决定权的人员进行重点沟通。

（二）注意医方人员的差异性

在 ICU,不同层级的医生有不同的临床专业职能分工,同样在医患沟通上也应有职能分工,如初次病情告知,需要进行患方总体病情介绍和预见性变化的介绍。为避免低年资医护人员给患方带来的不信任感和因病情告知不全而引起误解,应由年资较高的医务人员进行初次病情告知。

（三）注意特殊诊疗特殊沟通

ICU 患者因为病情需要,常会接受呼吸支持、血液净化、各种穿刺等可能带来损伤的、有创侵入性操作,也会接受一些特殊昂贵药品、器械的治疗,还有部分患者可能接受一些临床上尚不成熟的治疗或临床试验,对于这些特殊诊疗,需要特别注意,给予特殊的沟通,并签署知情同意书。

第五节　多学科诊疗相关的医患沟通

随着现代医学的发展,产生了远程会诊、远程监护查房、多学科诊疗（multi-disciplinary treatment, MDT）等多种诊疗场景,均涉及多学科合作诊疗,本节介绍 MDT 相关的医患沟通。

MDT 一般指针对特定临床疾病,由两个或两个以上不同学科的专家定期进行讨论,综合考虑患者各方面因素后,为其制订个体化诊疗方案的治疗模式。MDT 不同于传统的多学科会诊,更强调工作模式和制度,通常以门诊的形式提供一站式服务,适用于肿瘤、疑难复杂疾病、多器官多系统疾病等,既节约了就诊时间,避免来回奔波,还提供了个性化的医疗服务,增强了患者就医获得感。从医疗的角度来说,MDT 能够发挥积极的作用,有利于疑难杂症的明确诊断,给诊断明确的患者提供最佳治疗方案,增加门诊手术治疗的安全性,还可以满足慢性病全程管理的需要。

一、多学科诊疗的团队组成

MDT 团队由核心成员和扩展成员组成,前者包括诊断类（医学影像学、病理学等）和治疗类（外科学、内科学、肿瘤学、放疗学等）专家,后者包括护理学、心理学、基础医学等专家。按职能分为牵头人、讨论专家和协调员。牵头人通常由讨论专家兼任,具备凝聚力和领导力,富于热情,有足够的时间参加 MDT 会议,负责 MDT 团队管理,如为 MDT 团队制订明确的工作目标、管理制度、诊疗规范等;负责让MDT 团队的所有成员了解 MDT 在疾病诊疗中的重要性;与主管部门沟通,申请相关基金和财政支持以确保 MDT 工作的有效进行;关注影响 MDT 决策安全性的问题等。当遇到不同意见时,牵头人进行高度的整合、总结和决策。有时候 MDT 团队还设有会议主席,负责 MDT 会议的组织和运行。

MDT 成员具有一定的专业水平,通常是以下医务人员:具有独立诊治能力的副高级职称以上;志同道合,有参加 MDT 的愿望;具备团队精神,尊重同行的发言,善于合作;有充足时间保证一定的参会出席率;善于学习,能跟踪本领域的最新诊治进展和临床实践指南;具有一定的创新能力,对不适合指南治疗方案的病例能给予适当的诊疗建议。

协调员是 MDT 高效规律运行的必要设置。协调员负责安排会议、收集患者资料、记录患者诊断治疗的决议,协调、沟通 MDT 成员之间的关系,准备必要的设备设施。

二、多学科诊疗中的沟通模式

MDT 模式中的沟通包括专家团队之间的沟通和团队与患者的沟通。MDT 团队必须制订和完善小组制度,包括签到制度、换人制度、讨论病例的种类和数量、协调人的职责、牵头人的职责、病例资料提交规定、发言制度、转诊制度、病例反馈制度等;有合适的场所,以 U 形或圆桌会议室为佳,便于面对

NOTES

面的讨论;有必备的影像设备,包括影像存储与传输系统(PACS)、幻灯播放系统、网络系统等。MDT沟通主要分为 3 个环节。

(一) MDT 前与患者的沟通

一般来说,MDT 团队中某专科医生根据患者的情况推荐其进行 MDT。在团队开始讨论前,由牵头专科协调员与患者及家属充分沟通,准备临床资料,包括必要的诊断信息(如病理和影像资料等)、临床信息(病史、心理状态和治疗情况等)、患者或家属对诊疗的观点等。在 MDT 团队中,尽管有来自不同学科的专家,但建议由一个专科牵头,其他专科配合,与患者进行沟通,沟通内容包括获取信息、解释、讨论诊疗策略等,最后给予一致的意见,避免多个方案使患者无所适从。

(二) MDT 中各个学科的专家和医生之间的沟通

MDT 的核心理念是以患者为中心,以医学最新研究成果为指南,针对特定疾病,依托多学科团队,根据循证医学原则,制订规范化、个性化、连续性的最佳综合诊疗方案。该模式增进了不同专科包括医药、护技、管理人员之间的有效沟通和认可,促进了各学科间知识和技术的深入学习和交流,医务人员各司其职,通力合作,大大改善诊疗效率和效果。团队成员应该互相尊重和信任,互相平等,在学术问题上避免专制和等级限制,不因年资高低区别对待。

(三) MDT 后与患者沟通讨论结果

在 MDT 后,团队应及时与患者和家属沟通 MDT 建议,确保患者的诉求信息得到评估和满足,确保 MDT 会议商定的诊疗决策能付诸临床实施,并基于 MDT 团队共识的转诊制度,管理 MDT 团队之间的病例转诊工作,追踪随访患者治疗情况,确保检查和治疗能及时落实。

MDT 的治疗模式以疾病为纽带,整合多学科进行诊治。患者面对的不仅仅是一位接诊医生,而是一个由多学科诊疗专家共同参与的 MDT 工作小组。这种诊疗模式可以大大地提高患者满意度。但是,由于 MDT 团队使用的医疗资源较多,在优质医疗资源紧缺的情况下,尚不能应用于大批量患者,要把握好开展 MDT 的病种适用范围,发挥学科优势,提高优质资源的使用效率。

第六节　电话随访相关的医患沟通

随访(follow-up)是指医务人员对曾在医院就诊的患者以通信或其他的方式,定期了解患者病情变化和指导患者康复的一种方法。随访是医疗服务和临床研究中的一项重要内容,随访的方式有电子邮件、纸质问卷、电话等,本节以电话随访为例,阐述随访相关的医患沟通。

医务工作者或者研究人员通过良好、有效的人性化的电话随访,不仅能够掌握患者康复情况和治疗效果,还能够获取临床研究的相关信息,促进医院医疗管理质量的提升,提高患者生活质量和满意度。但是,电话随访存在失访率高、随访内容不全面、随访结果质量偏低等问题。究其原因有 3 个方面:设计不合理,包括随访时间安排不合理、量表/问题设计不合理等;随访员精力不足、不够专业、对患者病情了解不全面、沟通方式不当;患者更换电话或对随访电话存疑、疗效不理想或出现不良事件患者对随访不配合等。本节主要讨论电话随访中言语沟通的问题。

一、电话随访常见的沟通问题

电话随访过程可能出现的沟通问题有:随访员语言表达能力不足,不能将问题用简单易懂的语言表达出来,使患者理解困难;随访时问话过于生硬,不尊重患者的隐私权,提问的方式和内容不恰当,使患者感到不适,拒绝此次随访,甚至拒绝之后的随访;随访员准备不足,对患者的病情了解不够全面,导致患者对随访员信任度下降,甚至拒绝回答问题。

二、电话随访沟通的注意事项

电话随访除了应合理设计随访流程、随访量表等,还需要对随访员进行培训,使其掌握电话连线的沟通技巧。在电话随访过程中建议注意以下细节。

（一）在随访前充分准备，组织好解释的内容，帮助患者理解

最好保证安静的环境，给予足够的随访时间。事先设定随访主线，灵活调整问话顺序，避免重复提问。通话内容简明，言语表达清晰准确、通俗易懂。如"我有三件重要的事情和您讨论，首先……；第二件事，我们讨论……"

（二）通话时礼貌待人，主动问候，态度诚恳

通话时，第一句应该问候对方，判断是患者本人还是家属，并且作自我介绍，确认通话对象是否正确。如果拨错了号码或者通话人不是自己要找的人，不要一言不发挂电话，而是要向对方致歉。随访员要说明随访的作用与意义，告知患者的权利与义务。通话中态度热情而诚恳，语气柔和，尊重对方，耐心讲解，随访结束时对患者和家属的配合致谢。

（三）集中注意力，随机应变，人性化沟通

随访过程中注意倾听，适时说"嗯""是的""我理解"，或者复述部分情况等，让患者体会到随访者专注的态度，针对患者提出的问题认真给予解答，不能回答的问题也提供建议，或者表示咨询后再联系。如果患者不幸有意外的不良结果，要表达同情。

（四）了解患者的心理状况，进行鼓励和指导，助其树立信心

电话随访可以了解患者的心理状况，对患者进行心理指导，鼓励其建立积极心态，树立康复的信心。

需要注意的是，电话随访不能替代线下的就诊，不能面对面地问诊和体检使得医生很难对患者的病情有全面的了解。随访中发现患者有病情变化，或者不确定的情况，应提醒患者及时就诊，以免产生纠纷。可以给愿意配合并对有需要的患者开通门诊挂号绿色通道，以此建立起良好的医患关系，提高患者依从性。

（李章平）

【思考题】

1. 黄女士，65 岁，退休工人。既往有高血压、高脂血症病史 10 年，规律服雷米普利降血压，但血压控制效果不详。有胃食管反流病史 3 年，平时感觉胃不舒服时才服用埃索美拉唑，服药后症状稍有缓解。2 个月前，家里的药用完，没有购买。今因上腹痛半小时急诊就诊，患者感觉本次胃痛较既往严重，并伴随心慌、胸闷，手心冒冷汗，她认为还是胃病复发，要求开胃药处方。你作为急诊值班医生，怎样向患者解释她本次诊断可能是急性心肌梗死？

2. 王先生，35 岁，办公室主管。吸烟 15 年，20 支 / 日，偶饮酒，既往体健。1 周前有表现为流鼻涕、咳嗽和低热的感冒症状，现咳嗽好转，无痰。今因左侧胸痛 1 天到门诊就诊。患者 1 天前无明显诱因感到左侧胸部锐痛，但因工作忙碌没多加注意，今天发现胸痛似有加重，深吸气时胸痛加剧，身体前倾时疼痛稍缓解，疼痛大约历时 5~6 分钟（10 分钟为其经历过的最长的疼痛体验），与进食物或运动无关。无呼吸困难，无心悸或出汗。患者今天请病假来看病。你认为在接诊的沟通中，重点要注意什么？

3. 王女士，18 岁，高校学生。因"发现右颈前肿物 2 周"就诊，无声音嘶哑，无吞咽困难。患者 3 天前行甲状腺 B 超检查并进行细针穿刺，今病理报告提示"右甲状腺涂片见中等量滤泡上皮，形态符合甲状腺乳头状癌"。其母亲 5 年前也因"甲状腺乳头状癌"而行手术治疗，目前术后情况良好。作为主管医生，怎样告知患者病理检查结果和后续治疗方案？

4. 简述多学科诊疗团队的成员来源有哪些，他们是如何分工的？

第八章
互联网医疗场景的医患沟通

学习要点

- 本章介绍互联网医疗场景的医患沟通,主要包括互联网诊疗、在线医疗社区等。
- 互联网诊疗指医疗机构利用在本机构注册的医师,通过互联网等信息技术开展部分常见病、慢性病复诊和"互联网+"家庭医生签约服务。
- 在线医疗社区指以互联网技术为依托,以互联网为载体,提供医疗服务和信息的平台,又称为在线医疗平台、在线健康社区、移动医疗等,其核心功能是在线问诊。
- 线上医患沟通(online patient-provider communication,OPPC)是一种以互联网为中介,以电脑终端或移动设备为传播媒介,以医生与患者为互动双方,以医疗咨询或健康交流为沟通目的的行为。目前线上医患沟通采用的方式以图文咨询为主。

第一节　互联网医疗的发展历程

互联网医疗,是互联网在医疗行业的新应用,其包括了以互联网为载体和技术手段的健康教育、医疗信息查询、电子健康档案建立、疾病风险评估、在线疾病咨询、电子处方开具、远程会诊、远程治疗和康复等多种形式的健康医疗服务。

随着社会的快速转型和不断开放,我国社会主要矛盾已经由人民日益增长的物质文化需要同落后的社会生产之间的矛盾,向人民日益增长的美好生活需要和不平衡不充分的发展之间的矛盾转变。在医疗健康领域,患者对高质量医疗服务水平的需求与优质医疗资源供给分布不均衡之间的矛盾,促使广大患者时常进行跨地区就医,增加了医疗成本,为"健康中国"战略的有序推进和公众的健康幸福感及健康获得感提升带来了一定挑战。为了提升居民健康幸福感,构建和谐医患关系,践行"大健康,大卫生"发展理念,党和国家进行了一系列政策改革。

2016年10月,中共中央、国务院发布《"健康中国2030"规划纲要》标志着互联网医疗首次被提到国家战略层面。2017年10月,习近平总书记在十九大报告指出:"人民健康是民族昌盛和国家富强的重要标志。要完善国民健康政策,为人民群众提供全方位全周期健康服务。"2018年4月,发布《国务院办公厅关于促进"互联网+医疗健康"发展的意见》,鼓励医疗机构应用互联网等信息技术拓展医疗服务空间和内容,构建覆盖诊前、诊中、诊后的线上线下一体化医疗服务模式,允许依托医疗机构发展互联网医院。2018年7月,国家卫生健康委员会和国家中医药管理局发布《互联网诊疗管理办法(试行)》《互联网医院管理办法(试行)》和《远程医疗服务管理规范(试行)》,使互联网医疗活动在政策指导下受到一定的规制,对互联网医疗的发展具有重要的指导意义。2019年8月,发布《国家医疗保障局关于完善"互联网+"医疗服务价格和医保支付政策的指导意见》,明确了互联网医疗纳入医保支付的整体原则。

"互联网+医疗健康"是一种新型的医疗服务,它将互联网和信息技术与传统的医疗模式相结合。互联网诊疗、互联网医院、远程医疗是现阶段互联网医疗服务中最成熟、最常见的业务形式和组织形式。互联网诊疗是指医疗机构利用在本机构注册的医师,通过互联网等信息技术开展部分常见病、慢性病复诊和"互联网+"家庭医生签约服务。互联网医院包括作为实体医疗机构第二名称的互联网医院以及依托实体医疗机构独立设置的互联网医院,截至 2021 年年底,我国互联网医院已达 1 700 多家。远程医疗是在医疗机构之间,由在本机构注册的医务人员,利用互联网等信息技术开展远程会诊和远程诊断。

在互联网医疗中,除了医疗机构提供互联网诊疗服务,社交媒体也在医疗领域中得以应用,例如在线医疗社区(online healthcare community,OHC)。在线医疗社区作为互联网医疗的一个典型应用场景,在互联网医疗中扮演着不可或缺的角色,通过在线医疗社区搜索健康医疗信息、进行健康或疾病咨询、讨论和交流健康医疗信息已经成为许多人的习惯。在线医疗社区为患者提供在线医疗服务,如医疗信息检索、在线医疗咨询、线上疾病复诊等,这为患者和家属开拓了新的就医空间,发展和维持了新的就医渠道和环境。

第二节　互联网诊疗医患沟通

一、互联网诊疗的主要任务和工作特点

在国家大力发展的互联网诊疗、智慧医院等新政策的引领下,互联网诊疗平台快速发展,医患沟通从医院内面对面的方式发展到线上对话,特别是新冠病毒感染疫情期间,互联网诊疗实现了规模化增长,互联网诊疗咨询量得到了前所未有的增长。为进一步规范互联网诊疗活动,加强互联网诊疗监管,防范、化解互联网诊疗安全风险,保障医疗服务安全和质量,2022 年 2 月,国家卫生健康委员会和国家中医药管理局联合发布《互联网诊疗监管细则(试行)》,将互联网诊疗纳入整体医疗服务监管体系。

(一)互联网诊疗的主要任务

在确保医疗质量和信息安全的前提下,医疗机构为患者在线提供部分常见病、慢性病复诊服务。医师应当掌握患者病历资料,确定患者在实体医疗机构明确诊断为某种或某几种常见病、慢性病后,可以针对相同诊断的疾病在线开具处方。在线开具的处方必须有医师电子签名,经药师审核后,医疗机构、药品经营企业可委托符合条件的第三方机构配送。当患者出现病情变化,需要医务人员线下诊疗时,医疗机构及医务人员应当立即终止互联网诊疗活动,引导患者到实体医疗机构就诊。不得对首诊患者开展互联网诊疗活动。

基层医疗卫生机构可实施"互联网+"家庭医生签约服务,在协议中告知患者服务内容、流程、双方责任和权利以及可能出现的风险等,签订知情同意书。

(二)互联网诊疗的工作特点

与传统医院就诊模式相比,互联网诊疗实践呈现出新特征与新趋势,有以下几个特点。

1. 医患双方角色定位发生转变　就诊环境的改变使医患角色定位发生变化。线上医患沟通语境中,医患双方所处的环境的面对面社交信息缺失,使得传统面诊中的医患角色关系趋于弱化,社会规范和礼仪对互动行为的抑制作用也有所缓解。由此促进了"民主化"效应的产生,医生不再一味扮演"家长式"角色,患者的自主性和参与性增强,从传统中处于被动地位的"患者"角色向积极参与的"消费者"角色转变。因此,医生在沟通中要注意方式,审慎对待患方提供的信息。

2. 医患双方对互联网诊疗的态度存在差异　研究发现,使用过互联网诊疗的患者尚没有超过有诊疗需求的群体半数,而有互联网诊疗经历的患者群体普遍具有高学历、高收入和更为年轻的特点。患者在医院独立运营的自建平台选择的服务依次为预约挂号、咨询服务(在线问诊、健康咨询等)、在线查看检验检查报告、线上复诊开具处方药、开具检验检查申请和健康知识科普教育等。与医务人员个体相比,患方似乎对互联网诊疗持更积极的态度。

3. 互联网诊疗放大了医患沟通的影响

（1）突破了传统就医情景下医患沟通的空间限制：通过互联网医院的诊疗活动，使患方就医更方便，同时能节约等待时间和成本，进而提高患者满意度；使医方能充分利用医疗资源，调动医生积极性，进而节约医保费用。

（2）突破了传统就医情景下医患沟通的时间限制：医患之间的网络对话一般是基于文字的通信，具有延迟性，这样使医患双方能够在不匆忙的情况下思考，并多次阅读沟通信息。同时互联网诊疗过程避免了医院环境下患者的拘束，患者能够较为从容地进行思考和表达，医患交流比较充分。

4. 互联网诊疗中患方需求更加多样　互联网诊疗中的患方需求和传统诊疗不同，一般有以下几类。

（1）希望直接提供解决方案：多见于互联网诊疗中皮肤科、妇产科、儿科的患者，希望能有针对性地为当前问题提供方案。

（2）线下问诊结果再确认：对线下问诊结果的二次确认，是互联网诊疗中的另一个常见需求，包括：地方医院确诊的患者想找大城市医院的医生确认，就诊了低职称医生的患者想找专家级的医生确诊，也有的患者想找同一职称的不同专家再确诊。这些类型患者确认需求在互联网医疗的助推下得到满足。

（3）线下就诊前的沟通：为了让看病过程更顺利，特别是跨城市就诊，如果能在某个平台上找到特定的医生，事先进行一次语言文字或者电话沟通，有利于提高就诊效率，提高就诊满意度。互联网医疗为此类需求提供了途径。

（4）后续医疗的长期沟通：有一些慢性疾病、术后康复患者，在疾病治疗过程中基于用药、复查、其他治疗方式的需求，希望互联网诊疗带来便利。在互联网诊疗中，医方要考虑患方的具体需求，有针对性地处理。

5. 互联网诊疗存在更多的医疗风险

（1）医方获取的信息不如传统诊疗直接和全面：患者的信息一般有赖于患方自己提供，在当前以文字为主、辅以图片形式的互联网诊疗中，医方获取的信息存在不全面、间接性等缺陷，会产生误判，这对医患双方来说是一种潜在的医疗风险。

（2）医患交流存在非言语沟通的部分缺失：互联网诊疗平台的交流与传统的面对面交流（face to face communication）最为本质的差异在于前者在声音语调、面部表情、肢体语言、人际距离、衣着坐姿等非言语沟通线索上的部分缺失，即使能够通过视频交流，这部分内容线索也是受限制的，这必然影响医方的综合判断。

（3）医疗专业信息不完整：线上诊疗不能对患者进行体格检查，也不能准确判断患者的精神状态、体态等，影响了专业判断。

二、互联网诊疗医患沟通流程和关键点

（一）互联网诊疗医患沟通流程

目前互联网诊疗中主流的问诊形式分为图文问诊、电话问诊、视频问诊 3 种。图文问诊是可以多线程、非即时进行的，一名医生可以同时和多名患者沟通；电话和视频问诊则需要一对一进行，后者是单线程、即时的，服务成本比图文问诊高。

1. 问候并明确对方的身份　接诊时，礼貌打招呼是第一步。医师打招呼的话语风格各不相同，传达尊重患者的信息，表示医师已经准备好对话即可。应避免仅单调表述"您好！欢迎咨询。"这类话语，患者可能误以为是系统自动消息。

在开始问诊前须询问对方身份，明确是否为患者本人咨询，一方面是为了与患者或者熟悉病情的人交流，另一方面如果存在严重的疾病或者有敏感信息的交流，需了解对方身份以利于询问病情、进行解释和预后判断。

2. 了解患者病情或者疑惑,同时做适当解释 医师根据平台提供的信息,以及患者补充的信息了解病情。有的诊疗平台设置了预填写病历环节,即患者就诊前预先提供就诊信息;有的平台还将患者提供的信息进行了初步整理,使沟通更加高效;也有的平台需要接诊医师从头问起,这时候建议让患者有充分的时间陈述症状,鼓励患者尽可能提供详细的信息,如果有既往的就诊信息最好能够拍照提供。医方必须用通俗的话语询问和解答,同时注意语气温和,文字要简明有逻辑,把握分寸,以减少误解。

3. 做出初步的诊断和建议 患方经常询问的问题包括"该怎么治""吃什么药""需要做什么检查""有什么好的办法""需要注意什么"等。医方应请患方补充信息,按规范临床思维完成问诊,根据对病情的判断,给出检查和治疗方案建议,但要说明信息不全可能带来的偏差。

4. 完成电子病历记录 互联网诊疗和实体医疗机构诊疗一样,要求用电子病历记录就诊信息,医师在结束诊疗时也应该规范书写电子病历。

(二)互联网诊疗医患沟通关键点

互联网诊疗平台中的医生分为全职和兼职两种,各自互补,既能够满足问诊的即时性需求,又能给患者提供医疗质量更高的延时回答。互联网诊疗医患沟通的基本原则与传统面对面诊疗相同,但因其特点,需要更加关注以下两个关键点。

1. 坚持"以患者为中心" 基于互联网医疗背景下的医患沟通,医生须在线充分倾听患者需求,更有效维护患者知情权,给患者提供便捷丰富的医疗信息,提高患者的医学知识,使患者了解疾病和治疗方法,进而逐渐弥补医患之间由于信息不对称造成的影响,使医疗服务模式更加有效地体现"以患者为中心"。

2. 加强"患者期望"管理 根据医生和患者的参与方式,可以把线上医患交流模式分为家长式、消费式、咨询式以及协商式等类型。不同医患交流模式带来的患者体验存在差异,患者满意度、疾病治愈效果、患者健康素养提升以及健康行为促进等有所不同,而患者的主动程度、医院级别、医生的职称、互联网诊疗的商业属性以及平台的沟通环境等都会对沟通效果产生影响。

选择互联网诊疗的患者,就诊前往往经过网上搜索,掌握一些医疗信息,容易产生较高的期望。传统的告知式决策模式已无法满足互联网诊疗患者的需求,医患双方需要充分讨论并进行决策,更为强调将"患者期望"作为核心价值观纳入诊疗过程,医患通过团队对话、选项对话、决策对话等步骤完成共享决策、医患协作和沟通过程。

三、互联网诊疗医患沟通的注意事项

作为新兴的诊疗模式,互联网诊疗存在一些发展中的问题和困难,诊疗中的医患沟通应注意以下4点。

(一)需要注意互联网诊疗适用的诊疗范围,避免超范围诊疗

目前国家要求互联网诊疗服务范围只限于部分常见病、慢性病的复诊,不能对首诊患者开展互联网诊疗活动。对于初诊的患者或者患者病情出现变化不适宜在线诊疗服务的,医师应引导患者到实体医疗机构就诊,并提供力所能及的帮助。因此,即使是对慢性病、常见病患者进行互联网诊疗,接诊医师也应对患者自述的不适症状予以关注,首先判断是否符合复诊条件以及病情变化情况,如果不符合复诊条件或者存在不适宜互联网诊疗的情况,接诊医师应当立即终止互联网诊疗活动,并引导患者到实体医疗机构就诊。

(二)注意主动关心患方,避免千篇一律地问答

线上诊疗中,社交信息的缺失是双方面的,医务人员的诊疗建议多数只能通过文字表达,不能通过表情、动作回应患方,如微笑、轻拍、握手等,难以充分表达医务人员的支持和关心,不利于信任关系的建立和维持。所以在文字上除了诊疗建议,尽量涵盖和体现这方面的内容,同时注意问答文字的人性化,比如重复一下患者的感受:"那一定很难受",询问心理情况:"最近工作或者家里是不是压力比

较大",表达对患者和家属的关心:"你对你爸爸(或者妈妈)真好",体现支持:"我们共同努力渡过难关",等等,避免机械的、"冷冰冰"的答复;在诊疗方案中也尽量体现对患者的关心,比如合理地安排检查时间和顺序、减少跑动、提供药物的使用注意事项等。因此,通过主动的关心可以体现医方诚恳的态度,这样即使因为病情严重或者对特殊诊治效果不满意,患方也能理解。

(三) 注意问诊的连贯性,避免混淆同时接诊的患者

有的互联网诊疗平台允许一段时间内医患双方多次问答,并且是不连续的,这种模式适合应用碎片化时间,提高时间利用率,也有利于患者从容阅读,充分思考,比较彻底地解惑。但对医师来说,常需要回顾患者的病史,全面考虑患者情况后解答问题,特别是接诊多位患者的时候,常"一心多用",注意不要张冠李戴或者错漏患者信息,最好预留充足的接诊时间。

(四) 注意专业的严谨性,避免回答的随意性

互联网诊疗与线下诊疗一样要遵守诊疗规范、法律法规,在电脑或者话筒旁做出的任何诊断必须谨慎。因为即使见面检查和诊断也有可能误诊,何况寥寥几句网上沟通,且没有进行详细体格检查。网上所有的对话记录都有迹可查,医师一定要全面了解病情,回答问题经过深思熟虑,不能轻易下结论,碰到不能回答的问题也不要勉强,更不能保证治疗效果、夸大治疗效果。

除了互联网平台上的沟通,医生可利用社交软件等媒体工具延伸与患者的沟通交流。对于有大量疑问的患者,可以让患者加入聊天群,再由科室专业人员对患者或家属进行后续问题的解答。

总之,互联网诊疗作为常规诊疗的补充,发挥着越来越重要的作用。构建"互联网 + 医疗健康"背景下和谐的医患关系需要各方的努力。作为医务人员,需要主动了解新鲜事物,将自身的专业知识有效地应用于与患者的沟通过程中,建立良好的医患关系,也为医疗方案的顺利实施奠定基础。

第三节　在线医疗社区医患沟通

互联网技术的蓬勃发展,使得在线医疗社区逐渐成为一种新兴网络社区。医生、患者、平台是构成在线医疗社区的重要元素。医生和患者在在线医疗平台上,可以进行医疗服务与市场交易。作为一个开放的在线交流社区,患者和医生可以在在线医疗社区中积极交流病情。由于患者在在线医疗社区中是匿名的,因此患者可以不必担心泄露隐私。因此,在线医疗社区是一个患者就医疗问题进行咨询和交流的在线平台。

一、在线医疗社区的主要任务和工作特点

(一) 在线医疗社区的主要任务

在市场与政策的推动下,在线医疗社区在医疗环节的各个领域不断涌现,同时,伴随着知识付费时代的来临,消费者获取高性价比医疗服务的意愿上升,利用互联网取得医疗服务已逐渐成为患者群体的常态。因此,在线问诊成为在线医疗社区的行业标配,也成为各在线医疗社区连接患者与医疗、医养、医药、医保服务的准入口。在在线医疗社区领域,选择问诊服务的活跃用户数已超越挂号、医药电商服务,占比超过半数,跃居第一,体现出用户已逐渐养成通过问诊平台获取、查询、咨询以及连接后续医疗需求的习惯。在线问诊引导患者精准就医,对优质的医生资源进行再分配,进一步满足了患者的多元化医疗需求,缓解了部分线下医疗资源的压力及医患关系。

(二) 在线医疗社区的工作特点

在线医疗社区中的医患沟通模拟了日常社交工具的对话形式,通过在线医疗社区提供的"一对一"对话聊天界面,围绕患者的医疗诉求进行讨论。

1. 医患的沟通方式单一　在线医疗社区中的医患沟通大都采用以手机客户端为载体的对话形式,其人际沟通方式主要以图片、语音、文字等非语言内容为主,沟通方式较门诊沟通而言较为单一。在线医疗社区中最常见的医患信息传播媒介便是文字,其传播形式与社交软件等即时通信工具相同,

NOTES

支持文字的即时发送与传递。其次,图片与语音也是较多出现的信息传播形式,医生和患者在沟通过程中均可通过向对方发送图片或语音信息辅助病情的交流,例如患者可以通过给医生发送拍摄的身体患病部位、检验报告等图片,使医生更好地了解患者的身体状况。但出于对患者隐私的保护,图片与语音的内容均无法被第三方访问者所读取。

2. 医患沟通行为的目的性　通过在线医疗社区的导诊平台引导,在对话的开始阶段,患者就会明确表明此次问诊的目的,部分患者则是携线下未能得到解答的疑难问题而来,因此除了明确的问诊目的,还会有更为具体的问题需要通过在线问诊来解答。可见,同门诊的医患沟通相比,在线医疗社区中医患间沟通的行为目的性更具体明确,在线医疗社区平台的导诊能够帮助医生及时识别病情,从而有针对性地满足患者的医疗诉求。

3. 医患沟通情境的异步性　在线医疗社区提供的"异步传播"对于时效性的要求相对较低,医患双方都可以通过暂时中断的传播过程来充分思考反馈的信息内容。只要双方处于同一对话情境中,即使是处于不同的现实情境,传播主体依然可以展开有效的信息传递过程,例如医生可以在休息间隙同时解答多个在线医疗社区患者的病情问题,而位于医疗资源相对缺乏地区的患者也可以接受优质医生团队的医疗服务。

二、在线医疗社区医患沟通特点

与传统线下诊疗和互联网诊疗类似,在线医疗社区医患沟通流程可大致归纳为 4 个阶段:开始与病情陈述阶段、病史询问阶段、诊断与治疗建议阶段、结束阶段。基于在线医疗社区的工作特点,在线医疗社区中的医患沟通也有其独有的特点。

(一)患者掌握开始与病情陈述阶段的对话主动权

开始与病情陈述阶段是医患沟通中必不可少的一个阶段,是医患沟通互动展开的前提。开始是指医患间相互问好、建立融洽关系,病情陈述是指患者表达就诊目的,陈述疾病问题与身体或心理感受,以便医生快速了解患病信息、做出正确的诊断。

患者在开始与病情陈述阶段掌握了对话主动权,这主要是因为在线医疗社区设定了在线医患沟通就诊程序,在医患正式沟通之前就先引导患者进行完善的病情陈述。在线问诊机制是"患者找医生",问诊首先经过线上的导诊平台获取患者的基本情况(性别、年龄、患病时长等),并要求患者首先进行病情陈述,再由导诊平台将以上信息发送到医生端,才开启患者与医生的一对一沟通,因此患者的病情陈述是作为医患沟通的第一个话轮呈现到问诊医生对话端的。在线医疗社区中医患沟通的开始方式不同,也决定了患者病情陈述方式的不同。患者掌握医患对话开始的主动权,不是对病情漫无目地发散性描述,而是在在线医疗平台设定的议程之下,向问诊医生提供关键患病信息,虽然患者有自由陈述的空间,患者话轮不受限制和打断,但沟通技巧的运用和精炼语言的方式有助于医生做出正确诊断,而充分表明问诊目的、适当表达深层忧虑和恐惧则有助于医生提出合理的治疗方案,提高就诊的效率。

(二)医生在病史询问阶段设定议程体现专业权威

病史询问阶段是医患沟通的重要阶段,主要是医生对于患者疾病信息进行有针对性的索取,搜集疾病关键论据,验证推断,病史询问是医生做出正确诊断和提供治疗建议的前提。

病史询问阶段是对疾病信息进行补充的阶段,主要内容是医生对能帮助进行诊断的论据进行补充和再次确认。在线医疗社区中,因为传播方式与传播情境的特殊性,门诊中简单的身体检查阶段缺失,这导致医生缺少了一个做出诊断的重要依据。患者在病情陈述时向医生提供病情信息,但患者作为专业医学知识缺乏的一方,会存在对关键信息把握不当的情况。这时,将在线医患沟通推进到诊断与治疗建议阶段还需要依靠医生来主导。医生不同的问题设计体现了医生对病情信息不同的需求,体现了医生对患者疾病信息的拥有程度。特指问句赋予患者更多权利与陈述空间,能使患者展开更详尽的相关病情描述,进一步引出患者忧虑,提高患者参与的积极性和来访的满意度。

（三）共同决策阶段以患者为中心提供情感支持

提供诊疗建议并进行决策是医患沟通中必不可少的阶段，也是医患互动交往的主要目的，即患者明确自身健康状况，医生为其提供治疗方案，之前的所有阶段都是给出合理诊断的前提，而准确的诊断是有效治疗建议提出和良好治疗效果实现的基础。

在互联网背景下，不乏掌握一定医疗知识的患者，特别是在在线医疗社区寻求在线问诊渠道的患者，对于互联网的使用已然非常熟练。因此，在医患沟通中，患者善于提问、善于表达能获得更多医疗照顾和良好的后续治疗效果，借助在线医疗社区平台，患者的声音得以发出并被医生接收，特别是在诊断与治疗建议阶段，医患积极协商互动是建立和谐医患关系的重要前提。另外，在线医疗社区中，患者在医患沟通开始阶段的医疗诉求大于情感诉求，因此很少会伴随情感的表达，当医患沟通进入诊断与治疗建议阶段，患者对自身所患疾病的不确定信息通过医患沟通转化成了确定信息，患者的情感需求往往会涌现。患者对于违背内心预期的诊断结果常会涌现出下意识的情感信息，在对医生治疗建议的接受上也会因个人的原因表现出无奈和担忧。同样，作为诊断和建议的提供方，医生也应适当抚慰患者，给予情感的慰藉。

（四）医患沟通结束阶段遵守礼貌原则

结束阶段是医患沟通的最后一个阶段，其沟通议题也很多，如医患互相道别、医患间围绕用药方式进行讨论或饮食生活注意事项等，但不是所有的医患沟通都存在结束阶段，有些医患沟通在诊断与治疗建议阶段便结束了。

在线医疗社区中，"完整的结束"应体现在医生在医患对话的末尾给出初步诊断与咨询服务处理意见，患者以感谢的言语行为暗示对诊断与治疗建议无异议，如此，在线医患沟通结束。礼貌原则在医患沟通中贯穿始终，医患间遵守礼貌原则不仅有助于建立和谐的医患关系，也有利于沟通过程的展开和诊后医患关系的延续。感谢是医生与患者的礼貌行为，也是积极参与交际的一种表现形式。这种言语行为能很好地改善医患交际互动实践，优化医患关系，促进医患交际和谐进行。医患沟通在开始与病情陈述阶段对礼貌原则的运用，有助于为医患沟通的展开提供融洽的氛围，而医患双方在结束阶段对礼貌原则的运用，有助于诊后医患关系的维护。

三、在线医疗社区和谐医患关系的建立

作为"互联网＋医疗"的产物，在线医疗社区不仅为医患之间发展线上医患关系提供了新平台，也促使线上医患关系的讨论范围及影响因素逐步扩大。其中，医患沟通是和谐医患关系建立与发展的重要环节，良好的医患沟通需要医生、患者和在线医疗社区平台三者的共同努力。

（一）医生"以患者为中心"，同时体现权威与责任

"以患者为中心"强调个体患者的偏好、需要和价值取向，医生在进行医疗决策时应确保由患者的价值观引导所有的临床决策。在我国消费者付费问答咨询习惯逐渐养成的背景下，不同于我国门诊中的医患关系，患者在使用在线医疗社区服务时不仅具有较强的目的性，更多会把付费问诊看成是购买一次优质的在线医疗服务，在获取服务的过程中更多实行作为消费者的权利。因此，患者满意的服务评价是在线医疗社区的目标，而问诊医生在医患沟通中体现的权威与责任则是衡量优质医疗服务的重要维度。

首先，医生的权威应体现在对沟通议程和诊断方式的把握上。在线医疗社区中，基于医患沟通交际环境与交际方式的特殊性，患者被赋予一定设定议程的权利，医生对沟通议程的把握便显得尤为重要。医生应尽可能做到对病史询问阶段、诊断与治疗建议阶段和结束阶段议程的把握，顺畅有条理的对话呈现中体现医生的专业素质，但在对议程的把握上还应注重使用开放性的问句和"弱指令性"的话语，多使用特指问句和"建议"等词汇，留给患者一定的选择余地，在给出诊断和治疗方案时附加专业的通俗解释，尊重患者意见、偏好和价值取向。

其次，医生的责任体现在尽可能满足患者的问诊需求。在沟通过程中，医生应尽量对患者的提问

作出应答，并给予正面直观的答复。在线医疗社区中，医患双方通过语言文字进行交流，不同于门诊面对面交流中丰富的人际传播信息，医生明确的、避免歧义的应答有助于消除患者对信息的不确定性。对于患者额外的问诊需求，医生可根据现实情况适当给予满足，有助于延续良好的线上诊疗关系，但因为职责不便，也可向患者适当解释，避免产生误会。

（二）引导患者多给予耐心和信任，表述过程简明扼要

患者在在线医疗社区中具备自由陈述的空间，有助于提高对在线医疗服务的满意度，但患者作为专业医学知识缺乏的一方，在疾病未确诊的情况下对患病现状抱有恐惧，少部分患者会在病情陈述中运用大量的语言和文字来描述患病过程中的生理感受，还会将患病过程的来龙去脉事无巨细地呈现给问诊医生。而在线医疗社区中，问诊医生多在临床一线工作，利用工作或休息间隙为患者提供在线医疗服务，因此也应让患者考虑到自身和问诊医生在医患沟通中的时间成本，提高在线医患沟通的效率与质量。

患者在获取在线问诊服务时，让患者在陈述中简明扼要地表述病情和问诊需求，在开始与病情陈述中可以提供各类信息，但表达方式要有重点并具备条理；在病史询问和治疗建议的互动中可以让其伴随信息补充，但要切合问诊内容。其次，在在线沟通中，医生使用尊称和礼貌用语有助于患方对医生的尊重，以利于医生提供专业建议和使患者满意的治疗方案。

（三）在线医疗社区平台应积极发挥引导作用，弥补在线医患沟通的短板

与门诊互动相比，在线医疗社区的患者在沟通的开始、病情陈述阶段和治疗建议阶段掌握一定的主动权，大部分患者能积极地参与到问诊医生的医疗决策中，这说明在线医疗社区平台的导诊机制可以促进医患沟通问诊效率的提高。同时，在线医疗社区中的医患沟通具有沟通方式单一和传播情境异步性的特点，这样的沟通环境一方面可以保护患者隐私，为医患关系跨地域建立带来便利，但一定程度上也成为在线医患沟通的短板，出现对话进程无法推进或患者咨询还未完成对话便关闭的情况，很大程度上给患者获取在线医疗服务带来了不好的体验，容易使医患之间产生误会与矛盾。因此，在线医疗社区平台应充分发挥其在医患沟通中作为第三方导诊机制的引导作用，为和谐高效的医患互动提供畅通无阻的交流渠道。

在医患沟通的结束阶段，在线医疗社区的医生端可以提前设置好议程，为医生提供一些对话信息的快速输入，比如"请问还有什么问题吗？""若无疑问，此次问诊可以结束了吗？"或为患者端提供"问诊咨询完毕，谢谢医生！"等对话信息的快速输入，帮助医患双方对医患沟通的结束时机进行判定。此外，医生在提供线上医疗咨询服务时，多是利用线下工作或休息的间隙时间为患者作答，在线医疗社区可以设置类似在线"值班医生"的问诊服务等，提供即时快速回答的渠道，有针对性地减少患者问诊的等待时长，为不同问诊要求的患者提供多种问诊渠道。

（高　虹）

【思考题】

1. 什么是互联网诊疗？
2. 互联网诊疗中医患沟通的注意事项有哪些？
3. 什么是在线医疗社区？
4. 在线医疗社区中医患沟通的特点有哪些？

第九章
常规临床科室的医患沟通

学习要点

- 掌握常规临床科室医患沟通的基本特征与要点。
- 掌握相关基本核心概念:常规临床科室患者群体的特殊心理特征,患者隐私保护,医生准确选择沟通主体对象与沟通技巧。

第一节　内科医患沟通

一、内科患者的一般心理特征

(一)内科慢性病的一般规律与临床特点

1. 慢性病的一般规律　慢性病全称是慢性非传染性疾病(noninfectious chronic disease,NCD),是一类起病隐匿、病因复杂或尚未完全确认、病情迁延而病程漫长的一大类疾病总称。内科常见慢性病主要有心脑血管疾病(如高血压、脑卒中、冠心病等)、糖尿病和慢性呼吸系统疾病等。根据《中国疾病预防控制工作进展报告(2015年)》,慢性病致死率高达86.6%,而导致的疾病负担亦占总疾病负担的70%。

2. 慢性病的临床特点

(1)早期发病隐匿,无典型症状。

(2)发病与生活方式和周围环境密切相关。

(3)病程持续,疾病进展无法预估。

(4)发病率高,治愈率低。

(5)疾病控制稳定后易复发,需要长期药物控制。

(6)慢性病导致的致死和致残率高。

(7)多数不可治愈。

(二)内科急诊的一般规律与临床特点

1. 病情突发,变化快。

2. 危急严重,病情发展具有不可预测性。

3. 病情复杂,常常涉及多学科的病变。2021年国内的一项调查发现:相较于门诊,内科急诊患者中,老年危重症居多,需要气管插管、胸外心脏按压及使用呼吸机的频率高,停留时间长,需要住院人数多,住院科室以心脑血管科和呼吸科为主。

4. 病情轻重不一。根据2011年卫生部规定,内科急诊病情分级为4级。1级为濒危患者:病情可能随时危及生命,需要立即采取挽救生命的干预措施。2级为危重患者:病情有可能在短时间内进展,应尽快安排诊治。3级为病情复杂患者,需要占用2种或2种以上急诊医疗资源,在黄区就诊。4级为"非急诊患者",在绿区就诊。

5. 突发状况多见。例如患者来时能走能说,瞬间心脏停搏或大出血昏迷。

（三）内科患者的依从性

患者依从性是指患者依从治疗计划的程度，分为完全依从、部分依从（超过或不足剂量用药、增加或减少用药次数等）和完全不依从。影响内科患者依从性的因素包括以下几点。

1. 患者思想负担较重　慢性病的早期症状隐匿，病程进展缓慢，但随时可能发生病情变化，需要密切关注其发生和发展，定期随访各项指标。

2. 患者存在多种心理反应　内科慢性病大多原因不明，且无特效治疗方法，患者需要长期药物治疗，且药物治疗往往是联合用药，用药较多且需要根据化验结果随时进行调整。故患者对治疗过程存在多种心理反应，如恐惧、焦虑、担忧，烦恼、随心所欲、自暴自弃等。

3. 患者心理矛盾突出　内科慢性病需要终身治疗和随访，且病情进展可发生致残、致死等严重后果，患者开始担心疾病相关的经济、生活自理、社会角色、婚姻恋爱和家庭问题等。

4. 患者及家属心情急躁，情绪容易失控　内科急诊患者需要医生在极短的时间内做出果断、快速和准确的诊断，同时给予患者及时有效的治疗措施，这本身就是一项难度非常大的工作，而在实际工作中，急诊医生还要面对家属的各种诉求以及患者迫切需要改善病情的各种非合理情绪。

5. 患者及家属的期望值过高　大部分急性症状可以通过医生快速的诊治得以恢复或部分缓解，但危重患者即使通过有效的诊治，治愈率仍较低，病死率仍较高，且医疗花费巨大，在一定程度上增加了家属的不满情绪。

6. 患者及家属的不安全感　对需要进一步收治住院的病情复杂患者，由于床位紧张、疾病分流困难等原因导致患者滞留急诊室，引起患者及家属的焦虑、恐惧和不满情绪。

二、内科医生的角色定位

（一）重视慢性病的健康宣教

2005 年，WTO 指出干预慢性病的 3 个关键措施：知识宣教、筛查反馈、持续随访。其中疾病知识宣教是医生义不容辞的责任。如果医生在就诊时只是关注疾病的诊断和治疗，而忽略了疾病的知识宣教和预后告知，就会影响患者的依从性。相反，如果医生进行了宣教和告知，当患者了解了自己疾病的"故事"后，就会自觉配合医疗的各项随访工作，比医生单纯告知疾病的诊断和用药更能有效地提高患者依从性。不仅如此，大量的研究结果显示：内科慢性病大多继发于患者自身的不良生活习惯（如饮食习惯、作息方式、烟酒嗜好等），并存在一定的家族遗传背景。这也意味着，医生应当就特定的内科慢性病，告知可能的影响因素，如长期吸烟对慢性呼吸道疾病的影响，长期饮酒对脂肪肝的影响等，并对患者进行生活方式的健康宣教，当患者改变了生活方式并取得阶段性治疗效果时，及时给予表扬和鼓励，勉励患者保持当前的疗效并继续治疗、随访。

（二）更多地了解患者

随着慢性病"井喷"时代的到来，越来越多的慢性病合并并发症的患者需要救治，内科医生的工作繁忙，导致对患者的了解仅限于疾病的诊断和治疗。然而医生应该尽可能多地了解一些患者的背景，包括职业、家庭、工作和社会关系等，这些因素中往往提示了患者的疾病线索，如一些职业病的发生。同时可以更好地帮助患者打消疾病相关的各种疑虑。尤为重要的是，医生能从患者的角度出发，为患者选择更适合、更个性化的治疗，从而提高患者依从性和战胜疾病的信心。

北京协和医院张孝骞教授常常告诫自己的学生们："不能只看各种检查、化验，而不看病人，不亲自接触病人。""现代化的设备，只有与医生对病人的直接观察相结合，才能发挥作用。"当学生们向他请教诊断疑难病的"秘诀"时，他总是回答说："没有什么奥妙，多接触病人，多学习别人的经验即可。"

（三）掌握语言的魅力

希波克拉底曾经说过："药是内科医生的武器，手术刀是外科医生的武器，而语言是所有医生的武器。"内科医生发挥语言的魅力，不仅可以完成顺畅高效的医患沟通，而且可以超越药物的作用，起到

NOTES

治"病"更救"人"的效果。内科医生与患者交流中使用语言时,要注重表达方式和语气语调,更要懂得换位思考,考虑患者的理解能力和承受力,同时尽量避免使用医学术语,特别重要的内容需要再三强调,语言的使用也要处处体现患者被尊重和情感的需要。

（四）适当使用非言语沟通

非言语沟通的信息传递渠道主要有 2 类:动态无声的人体语言和静态无声的仪容仪表。人体语言（又称身体语言,英文为 body language）,是指通过头、眼、颈、手、肘、臂、身、胯、足等人体部位的协调活动来传达人们的思想,形象地表情达意的一种沟通方式。人体语言具有代替语言（如野战手语、指挥、哑剧表演）、强化效果（如演讲手势、卓别林的表演）和体现真相（如福尔摩斯侦探通过人体语言进行推理）的作用。常见医患沟通的错误中,有一条就是在医患沟通方式的选择上,只注重言语沟通,忽略非言语沟通的重要性。在适当的场合,采用无声的语言表达,可比有声语言表达出更丰富的内涵。对医生仪容仪表的总体要求是:干净整洁、端庄大方、面带微笑,这也是留给患者的最佳第一印象。当医患双方开始沟通时,医生要运用目光注视、身体前倾、表情和蔼、握手、点头等非言语沟通,表达对患者的尊重、关注、认真倾听和认同。在讨论治疗方案时,医生可运用站直身体、抬起下巴、移动步态、调整面部表情等显示恰当的自信心和权威性,增加患者的可信度和依从性。

（五）学会化解人际冲突

内科慢性病由于病因复杂、缺少特效药、难以坚持长期用药、停药后症状反复等特点,容易导致患者产生不满情绪。而内科急诊由于病情突发危重、复杂,病情发展具有不可预测性,更容易引发患者及家属的不良情绪。因此,内科医生要掌握化解人际冲突的原则。

1. 对事不对人,客观理智分析冲突发生时医患双方的对错。

2. 给情绪降温,学会控制自己的情绪,保持冷静。

3. 当时当地迅速解决冲突,不留后遗症。

4. 自我放松,释放在冲突处理过程中积蓄的压力和负面情绪。

（六）具备医患沟通的其他基本技能

1. 熟悉患者技能　了解患者就诊的动机、需求、文化背景和感受。

2. 倾听技能　通过认真倾听,获得准确丰富的信息、患者本人的意愿,从而增进双方的感情。

3. 突发情况的应对技能　面对患者听到坏消息时的情绪失控、沉默不语、自暴自弃等,医生需要寻找合适的突破口,继而动之以情、晓之以理,并充分展现医生的专业权威感和治病救人的高度责任感。

4. 善于营造气氛的技能　有利于医患沟通的氛围应该是积极、正面和友善的。

三、内科患者沟通技巧

（一）主要沟通对象的选择

1. 医患沟通对象　医患沟通的主要对象包括以下 4 类。

（1）患者本人。

（2）患者家属。

（3）患者的利益相关人:如雇主、患者医疗费用的特定支付人。

（4）患者的利害关系人 / 机构:如未成年人的监护人、社会医疗保险机构等。

2. 影响医患沟通的因素　现实中,影响医患沟通的主要因素来自患者本人,包括以下几个方面。

（1）经济基础:决定了患者对疾病的承受能力和支付愿望。"小病不治,大病小治"曾经是经济落后地区普遍的看病思维模式。在倡导预防为主、个体化、精准化治疗的现代,这种模式无疑只能加大社会的疾病负担。因此,医生在实施治疗前,必须了解患者的支付能力及对疾病疗效的期望值。对于确实贫困的患者,尽量推荐选择价格低廉、副作用小的治疗方式,并尽可能在治疗的同时,将自己掌握的国家福利和支援途径告知患者,对患者进行一切可能的救助。对于富裕的患者,也不能直接选择昂贵的治疗方式,而应该因势利导,推荐最合适的治疗方案。

(2)社会角色:不应该是医生考量患者是否接受何种治疗的理由。在医生眼里,无论何种社会角色,都应该被尊重和关爱。

(3)职业属性:医生对患者的职业应常规了解,尤其是某些职业病患者以及存在与职业相关的心理疾病患者。

(4)家庭关系:如果患者拥有和睦的家庭关系,解决问题和对生活的态度明显更好。

(5)教育程度:受教育程度越高,对于疾病的认知程度和配合度越高。

(6)地域文化:不同的地域、不同的生活习惯和饮食习惯,不仅导致一些地方病的发生,而且很大程度上会影响个人健康,导致各类慢性病的发生。

(二)沟通的主要内容与手段

1. 不同就诊环境和疾病阶段医患信任的建立

(1)内科门诊医生应做到以下几点。

1)迅速判断患者病情的复杂性、情绪、知识背景和社会背景等。

2)迅速把握和理解患者的关键需求和诉求。

3)尊重患者的不同价值观和个人想法。

4)医生关注患者病情并采用合适的言语,进行可信度强的逻辑推理,引导患者跟随医生的诊断逻辑思路。

5)适当应用肢体语言,进行诊治重点内容的强调。当门诊患者出现信任危机时,如不愿意进一步检查或接受治疗,建议处理方式如下:①不要强制要求患者信任或坚决说明自身的专业判断有多么正确,医生需要给患者一个自我论证和理解的过程;②可建议患者找更加权威的专家或去等级更高的医院进一步验证,同时表现出谦虚和务实的态度。

(2)内科急诊就诊环境复杂,也是医患矛盾高发地,在处理急诊医患关系中,医生最重要的工作是迅速解决患者或家属的心理恐惧感和患者的痛苦,并给出明确的诊断逻辑思路和可靠的检查依据,迅速让患者和家属得到一定的安全感。

(3)内科病房医生可遵循以下原则。

1)适当增加查房的次数和交流的次数,提高患者对医生的信任度。

2)医生对待患者的关注度保持基本一致,而不是仅关注重症患者,忽视病情相对简单的患者。

3)对病情复杂的患者,需要耐心解释,及时沟通,减少患者恐惧,争取患者理解和配合。

4)及时发现病房群体环境中的不良情绪,立即给予解决并说明原因。

5)查房时,沟通因人而异,医生需要甄别哪些病情细节不宜在患者面前进行讨论。

6)每天早晚2次查房,要规范并注重质量,及时发现并解决问题。

7)对于患者及其家属的诉求,要将心比心,正确对待。

8)说话时要时刻尊重患者和家属的感受。

2. 叙事医学与临床实务 2001年,丽塔·卡伦医生首次提出了"叙事医学"的概念,即具备叙事能力的医生开展的、能够提供人道且有效诊疗活动的医学模式。叙事医学通过文学叙事方法来丰富医学并认知生命、痛苦和死亡的意义。她指出医学不仅是临床诊治,更高的诉求是回应患者的痛苦,然后是解除疾病带给患者的痛苦,让他们重新获得尊严。叙事医学的目的在于调整日益紧张的医患关系,聆听患者声音,同时作为一种实践,理性干预患者的治疗或康复,从另一种视角为生物医学、伦理学提供实践基础。这种能力通过聆听患者的声音、想象患者的遭遇、理解他们的难处来缓解日益紧张的医患关系,并且还可以提高医生与患者的共情能力,间接促进患者病情的治疗意识,帮助医生更好地开展医疗工作。

如何能感应患者的疾苦？这就要求医生在临床实践中做到以下几点。

（1）增加查房的频率和时间,这样就能足够多地了解患者的疾病(医生世界里被记录的疾病)、疾苦(患者世界里对于疾病的所思所想)和家庭关系、社会关系以及经济状况等与疾病治疗有关的各种信息。

（2）学习书写叙事医学的平行病历,在此份病历中记录患者的疾苦和体验,加深医生本人对患者的理解、对患者所有治疗措施的反思以及深入了解患者后所做的各种治疗的调整。

（3）培养"同理心"和"换位思考",体验当患者时的各种感受。

（4）尊重患者的生命,更尊重患者的灵魂。

（5）与每一位治疗的患者结成医患之间的精神共同体。

3. 双轨决策及实施要点　双轨决策是指针对疾病诊治的临床决策应包含技术和人文两个方面,在医疗活动中,双轨决策有利于帮助医生理解医学的属性与内涵,理解医学不仅是一门自然科学,更是人文科学,在临床决策中,始终考虑到患者的个体化需求和诉求,从而给患者最好的治疗和帮助。

推进技术与人文的双轨决策,需要做到以下几点。

（1）提高医生的人文修养,培养同理心和共情能力,能设身处地为患者着想。

（2）在问诊和体格检查中体现尊重、关注和关爱。

（3）确立医生在疾病诊疗过程中的多重身份,即既是医生,又是照顾者和陪伴者。

（4）医学技术和医学人文始终合一,缺一不可:2010年奥地利的《萨尔兹堡宣言》呼吁医患共同决策,医患共同决策的核心是"共情"和"共策"。共情是指在同理心的基础上,能快速准确地理解他人的思路、动机、意图和行为,需要较强的观察力、感受力和理解力。共策是指患者知晓了疾病的诊疗情况后,根据自身的需要与想法,与医生协商,选择最适合自己的临床决策。

（三）老年患者的沟通

《千金翼方》曰:"人年五十以上,阳气日衰,损与日至,心力渐退,忘前失后,兴居怠惰,计授皆不称心,视听不稳,多退少进,日月不等,万事零落,心无聊赖,健忘嗔怒,情性变异。"与老年患者进行有效的沟通,首先需要了解老年患者的心理特点。老年人本身由于全身器官开始出现生理性功能减退,导致记忆力衰退、思维迟钝、视听障碍、行动不敏捷,同时出现器质性慢性病变造成巨大心理负担,加上老年人逐渐遭遇生活上更多的心理刺激,如老伴亡故、孤独无力感、白发人送黑发人、离退休后社会地位下降、收入下降等,常产生焦虑、抑郁和恐惧感,个别甚至出现厌世等不良情绪。因此,老年人更需要关爱,老年人渴望理解、向往长寿和希望得到尊重。老年人的上述心理特点,常导致患者对疾病的错误认知、对医生的不信任和对治疗措施的延误或拒绝,以及无理由的医疗投诉等。鉴于此,医生应该做到以下几点。

1. 耐心倾听老年患者的主诉,不随意打断或妄加否定。

2. 问诊和体检中要怀有恻隐之心,体现关爱和尊重。

3. 解释病情时,耐心细致,必要时重复几次或给患者留笔记。

4. 尽可能了解老年患者的家庭关系、居住环境、生活习惯(饮食偏好等)和性格特征,保证治疗方案的实施和可行性。

5. 对于药物的使用,除了开具处方,要口头告知药物的使用剂量、频率、不良反应和注意事项等。

6. 对于无特殊器质性疾病的老年患者,适时进行心理疏导、化解心结,可以事半功倍。

7. 对于慢性病的诊治,需要同时进行健康宣教,及时发现并纠正不良的生活习惯,如饮食习惯等,鼓励患者接受治疗并获得良好的预后。

8. 对于无法手术治疗的恶性肿瘤性疾病,遵从"患者利益第一"原则,渐进性告知坏消息,并协调家庭主事人和患者共同进行"有希望"的治疗方案选择,了解患者及家属的"希望定位",并为此目标共同努力。

第二节　外科医患沟通

一、外科患者的一般心理特征

(一) 对疾病的恐惧

外科疾病的发病模式与内科疾病有所不同,慢性病或轻微内科病症可能伴随人的一生,但外科疾病多数具有起病急、发展快的特点。慢性病患者会有足够的时间经历情绪缓冲,家庭成员也能相应地进行心理建设,但急性病患者,尤其是既往没有任何疾病史的患者,在罹患外科疾病的时候,较难接受自己的疾病状态。很多患者在与医生沟通时,都会问到这样一句话:"医生,我平时蛮注重保养的,这个病究竟是怎样得的?"作为群体动物,人都会追求族群认同感,得了疾病会非常紧张。这时,必须告知患者,疾病都存在相对固定的发病率,医学能医治其中的绝大部分。患者确实是第一次得这种病,但这种病在医生眼里,可是司空见惯的。事实上,大量的研究结果显示:疾病大多起源于我们自身的生活习惯(饮食方式、起居时间、烟酒嗜好等)和家族遗传。医务人员在与患方沟通的过程中,不仅要聊治疗方式,也需要回答患者关注的一些问题,这样既有利于建立良好的医患关系,消除患者的疑问、顾虑,也能达到疾病科普宣教的目的。

(二) 对手术的恐惧

外科的主要工作是手术,在诊疗过程中也充斥着各种各样的有创治疗(深静脉置管、留置导尿管等)。大部分接受手术等有创治疗的患者并没有相关经验,普遍存在焦虑、惧怕和麻醉创伤的心理。同内科治疗不同(以药物、保守疗法为主),外科的操作体现了操作者的技术、态度乃至资质,都可以成为发生医患纠纷时患方诟病的内容。所以,在有创操作中,必须在操作前进行充分告知,告知内容包括:操作的名称、目的、风险及风险的应对措施。在确保患方所有在场人员都接受的情况下,取得知情同意。除非抢救,在患方存在犹豫的情况下,不要勉强取得知情同意。如操作过程不顺利或患方有反悔迹象,需要向医疗质量管理部门提前报备,做好不良事件预警,避免事态扩大。对于目前临床工作中暂时不要求取得知情同意即可进行的小操作(如留置胃管、导尿管等),在操作前同样要进行口头告知,同时确保操作人员的资质。

(三) 对手术并发症与后遗症的恐惧

西方医学界有一句谚语:"并发症是最好的演员。"确实如此,并发症常以主诊医生最意想不到的方式发生,作为并发症的产物——后遗症,更是如此。我们常常会听到患者家属问:"医生,根据您的经验,患者还能活多久?"如何完美回答这样的提问?无论从逻辑上还是情感上,几乎都是不可能完成的任务。同样的,在发生并发症后,即使患方能接受,也会发出灵魂拷问:"并发症何时能消失?"医学的本质是基于患者利益出发的有缺陷的技术,所以在病情告知时,需要尽可能让患方理解医学的本质。

(四) 对治疗经济支出的担忧

全球医疗支出的 GDP 占比存在加大的趋势,同样,疾病对患方家庭也是很大的负担。一旦患病,患方面临直接支出和间接支出(误工损失、看护费、营养费等),尤其是恶性肿瘤等重大疾病。我国政府对低收入家庭一直采取医疗互助帮困的政策,会从各个层面对其进行补助(如大病互助基金等)。医务人员在同患方沟通的过程中,如发现对方存在经济压力,需要对医疗支出的相关政策进行告知,并鼓励患方多渠道寻求社会帮助、支持,以消除患方对于经济支出的阴影。

(五) 对社会角色改变的担忧

疾病对患者的考验是多维度的,除经济压力,也会影响患者的社交。疾病也会影响患者及其家人原本扮演的社会角色,这对特殊家庭和工作岗位的患者尤其明显(离异、失孤、担任企业高管等)。对于这些情况,在沟通时,要帮助患者意识到这些社会角色的转变是无法避免的,需要提前做好准备,预留角色空间。

二、外科医生的角色定位

(一)把更多时间留给患者

外科医生的主要工作场所是手术室,因此外科医生在病区内与患方交流的机会几乎仅限于术前告知和术中情况告知,很多患者会在出院满意度调查问卷中反映"直到出院了,只见上主刀医生一面!"希波克拉底曾经说过:"药是内科医生的武器,手术刀是外科医生的武器,而语言是所有医生的武器。"对外科医生而言,要重视语言这种所有医生都应该拥有的武器。

(二)既粗犷又细致

外科医生的工作离不开好的体力,一台手术动辄 2~3 小时,对手术医生的精力、体力都是极大的考验。所以在外科医生中,男性占比更高。男医生留给患者的第一印象可能是粗犷、不细致,沟通时也往往言简意赅。随着时代的发展,目前有越来越多的优秀女性进入了传统上认为的女性职业"禁区",而且取得的成绩毫不逊色于男性。与此同时,男外科医生的工作,尤其是沟通技巧,也有了很大提升,这种职业的性别偏见已十分少见了。在临床工作中,虽然外科医生越来越依赖先进的检查手段,但最基本的体格检查依然是外科医生的根本技能,灵巧而温柔的双手仍是外科医生的沟通利器。

我国外科"鼻祖"裘法祖院士有一次在门诊遇到一个老妇人来就诊,她说肚子不适好久了,裘老询问了病史,再让她躺下,又仔细检查她的腹部。检查后患者紧紧握住裘法祖的手,久久不放说:"你真是一个好医生。我去了六七家医院,从来没有一个医生按摩过我的肚子。你是第一个为我做检查的医生。"

(三)要有沟通技巧

医疗服务不同于一般的商品买卖。一般的商品买卖既有服务过程中的体验,也包含交易的结果——产品。而医疗行为本身就是交易的结果,治愈并不是产品。循证医学告诉我们,任何疾病的治愈、手术的成功,都有一个概率。所以在沟通的过程中,需要探求患方内心对疾病治疗的真正预期,包括对支付能力的预判。如果双方对治疗的预期不能达成一致,可以择期再次沟通或建议多学科会诊,勿使患者存在侥幸心理,过度期盼治疗效果。墨菲定律告诉我们:如果事情有变坏的可能,无论可能性多小,它总是会发生。在沟通的过程中,始终要给予患方正能量的心理支持,但要注意避免以下 4 种情况。

1. 草率话　草率话就是没有任何证据支撑的结论性语言。例如"这种手术的成功率是 80%,找我做就是 90%。"

2. 泄气话　泄气话是指示弱、不争气的话。如"这种病普遍预后很差。"遇到这种情况,换一种说法,既能传达同样的意思,还能给予患者希望。如"这种病确实预后较差,但现在突破性疗法的研究取得了进展,可能很快能用到临床,我们在临床试验中已经观察到了几个疗效不错的病例。"

3. 贬低同行的医疗行为　有的时候,坏的就医体验,会使患者对之前就医的医疗机构和医务人员有偏颇的评价。而我们的底线是对他人的医疗行为不做贬低评价。我们在评价别人的同时,也会接受别人的评价。专业人员的相互贬低更容易导致医患矛盾。

4. 过度夸耀自己　互联网时代,患者在就医前可能已经了解了目标医生的执业背景。然而履历中,通常展现的是光鲜的一面。如果在患者面前夸耀自己,就存在过度营销的嫌疑。为医者,最可悲的就是:没有本事,只有宣传。

(四)能探知患方内心的治疗预期

前文谈及外科患者的心理特征时说:患者除却疾病和手术,还会存在经济方面和社会角色转变的压力。在沟通过程中,患方往往不会主动提及这些情况。这需要医务人员"察言观色",主动去发现。通常,自费患者的经济支付能力较医保患者差,企业高管、职能部门领导也会担忧手术治疗后短期内对其工作的影响。通过沟通,发现患方的"潜台词",就能探知患方内心对疾病治疗的真正预期。如果推荐的治疗方案超出了患方能承受的预期,而医方没能发现,患方也没有进一步澄清,一旦治疗出现任何并发症,医患矛盾有可能随之激化。所以,如果在沟通过程中,发现患方存在犹豫、回避、低头沉吟不语的情况,需要探知是什么情况超出了对方的预期,这时提供备选的治疗方案就尤为重要了。

(五)团队需要对治疗负责

这里说的负责,不仅是对治疗结果的负责,还包括对治疗过程的全方位把控。只对结果负责,那只能接受治疗所产生的一切结果。对过程负责,就可以尽可能降低结果的偏差率。事实上,疾病比我们想象得更复杂,各种意外都是有可能发生的。不仅仅是主管医生本人,而是一整个外科团队,既要为想到的事负责,也要为没想到的事负责。患者遇到任何疾病上的困难,都能第一时间想到并联系到为自己服务的团队,这样才能算是一个称职的团队。

(六)能站在患者的角度思考问题

有时候,医患双方眼里的"医 - 患"角色存在错位,医生觉得患者自作主张、不听医嘱,而患者又觉得医生不关注自己的体会和意见。这时,更需要医务人员站在患者的角度思考问题:一方面利用自己学习并掌握的沟通技巧,成为沟通中的信息提供者,而不是独裁式的决策者;另一方面,为患者提供他需要的医学信息,打破信息不对称,引导患者参与到和自己休戚相关的决策模型中来,从而提高患者的依从性。

换位思考,是沟通的基础,也是职业化和同理心的体现。同理心的本质是通过尊重别人来赢得尊重,从而降低信任成本。试想患者是愿意接触高高在上的医学专家,还是感同身受的医生呢!多从对方的角度考虑问题,就更能体会到患者的心境,对制订个体化的治疗方案大有裨益。

三、外科患者沟通技巧

(一)主要沟通对象的选择

1. **患者本人**　我国现行的法律法规,明确规定患者本人有知情权。患者本人作为疾病的载体,也有权利知道自己的病情。所以我们的主张是在评估患者本人的接受程度以后,告知患者实情。在决定告知患者本人病情之前,需要患者签署委托书,如有委托人,在告知委托人病情时,尚需征询其意见,再决定是否告知患者本人以及告知本人的方式(一般有两种方式:医生告知,家属陪同;告知家属,家属转达)。在同患者本人沟通过程中,要注意患者的解释模型(更在意结果或是沟通的过程)。可以先听听患者自己对疾病的意见,如"经过我们的初步检查,发现您的肺部有个阴影,可能需要手术,对此您有什么看法?"在医患沟通过程中,存在"不同坏消息"的情况,这是指对医生来说不属于非常严重的情况,患者却很难接受。例如近年来甲状腺癌的发病率逐年增高,告知患者被诊断为甲状腺癌,这对甲状腺外科医生来说不再是难题,但对大多数患者来说却是重大打击。医生在工作中也可能遇到这样的患者,在告知疾病之前,患者先表达了这样的意愿:"医生,到底是什么病,您千万不要瞒我,反正我做好了打算,如果是癌症这种不治之症,我也不打算治了。"对于存在极端想法的患者,如果不注意沟通方式,可能导致不良事件的发生。对于存在悲观情绪的患者,应当尽早识别,同患者家属及早沟通,同时向医疗管理部门反映,做好预警。

2. **患者家属**　这里所说的家属,原则上是指接受委托的家属。当一名患者家庭构成复杂,或本人存在经济或情感纠葛,知情委托就显得尤为重要,这意味着并不是所有患者家属都有知情权。同患者家属沟通,可能比与患者本人沟通还要复杂一些,除去疾病信息,了解患方对疾病治疗后果的接受程度和经济支出的预期,对于治疗方案的选择尤为重要。

（二）沟通的主要内容和手段

在医学发展极度专业化的当代,某个学科或专科甚至某种疾病和/或某种治疗方式都出现了非常明显的集中化趋势。应当指出,这种趋势既是符合国际潮流的大势使然,也是患者健康权较既往得到更好保障的前提。但其缺点也非常明显,它使得医学的触类旁通一去不复返,也使行业话语权过度集中。即使专业化不断深化,同理心、沟通能力这些技能,像听、说、读、写一样,是可以作为通用技能的,在各个学科之间发生技能迁移。换言之,无论哪种学科,其沟通的总体框架是建立在"患者获益"这一首要宗旨之下的。

外科学作为涵盖大量操作的"动手学科",有着鲜明的自身特点,因此外科医生的沟通技巧也必须从这些特点出发,谨记以下6项原则。

1. 治疗原则紧扣指南或共识　任何专业的指南都会说明:指南只有推荐意义,不具有强制效力。但是,偏离指南的治疗,尤其没有在医疗机构备案和取得患者知情同意的前提下,可能受到同行的质疑。所以,选择并不在指南推荐目录里的方案时,必须明确告知患方选择情况,否则就侵犯了患者的知情权。以下推荐术前告知的"5R原则"。

Result——如果不手术,结果会怎样?

Recommendation——你推荐的方案有什么益处?

Risk——每种方案都有风险,患方能接受吗?

Right——对方有权利决定是否手术。

Responsibility——对方应承担的责任。

请注意,第1个"R"已经指出,患者是有权利选择不接受手术治疗的。当患者因为专业知识的欠缺,请主诊医生为患者拿主意时,请一定要注意,医务工作者提供的只是决策信息,只有能对结果负责的那个人——也就是患者本人,才拥有决策权。

2. 解释工作"前紧后松"　术前多交代一句比术后补充一百句都有效。术前没告知,出了状况,术后给出再多再合理的解释说明,在患方看来,都是推卸责任。所以,医学知识看不见,但很重要。虽然沟通技巧很重要,但我们更要强调:医疗行为既建立在良好的医疗体验中,更植根于医学知识的专业化。在医疗行为中,医务人员交付的决不能仅仅是良好的服务态度。"前紧后松"指的就是,治疗前要强调治疗的风险性,这样才可能在治疗后,以宽松的口吻告诉患者"好消息"。

3. 熟练运用心理学技巧拉近医患关系　人总是会选择信任自己熟悉的人,对于陌生人来说,第一印象尤为重要,有了良好的第一印象,患者的依从性会大大提高,这就是心理学上的"晕轮效应"。同时,人作为社会群体中的一员,其行为方式会受到周边环境包括其他人的制约,所以人的行为模式往往是以群体为单位的,为了寻求认同感,特立独行的人是极为少见的,这就是所谓的"宿舍现象"。所以,如果新入院的患者听到的都是已入院患者对某位医生的褒奖,那这位"宿舍里来的新生",不自觉地就会对这位医生产生良好的第一印象,无形中提高了口碑和信任。在现代社交中,口碑是含金量极高的"私域流量"。

4. 运用群体的智慧——MDT的作用　本节的开篇就提到:医学已经极度专业化了。现代医学模式,尤其是复杂疾病的治疗,多学科协作模式是趋势,也会是未来医学的主流。MDT现在也是大部分医疗机构绩效考核的重要指标之一。在科学面前,个人的智慧是弱小的,触类旁通的情况很少存在。即使患者对某位专家极度信任,出于患者利益至上的首要宗旨,也要尽可能推荐合适的专家参加MDT的讨论。MDT的讨论结果是集体产生的,既代表了一个医疗机构在某疾病诊疗领域的最高水准,也在一定程度上减轻了具体施治者的压力。

5. 医疗文书的及时性和科学性　由于并发症往往以最意想不到的方式发生,所以医疗文书记录的及时性就显得尤为重要。在抢救时,可以先操作再记录,但必须指出,所有医疗文书中,记录时间、操作人员、签字笔迹,必须前后一致,不能代签,也必须和护理记录统一。作为法律层面保护医务人员的最后一道防线,病案的重要性不言而喻。

6. 在学习中进步　就如同住院医生不会一夜间变成手术大家一样,医患沟通的技巧也需要不断学习。疾病是复杂的,人性是多样的,诊断治疗技术是在不断进步的,医患沟通技巧同样需要在工作中不断凝练总结,每位医生最终都会形成一套自己能够熟练运用的沟通实战技能。

（三）围手术期的心理波动及沟通应对

患者在围手术期会经历着心理和生理双重的应激,内环境和激素水平也承受着剧烈的变化,这些都会对患者的心绪产生影响,因为共情的关系,患者家属也会有类似的体验。极端情况下,医务人员甚至会觉得患者术后与术前简直判若两人。

所有人都会对未知充满恐惧的心理,要消除这种恐惧,必须将实际情况进行告知。作为外科医生,术前要有准确的预判(如果不能准确预判,就不能妄下定论),术后还需要在第一时间进行术中情况的告知。给患者家属看切除标本(或照片)、描述术中所见,都是沟通的方式。在告知的同时,观察患方的反应,避免极端情况的发生。如果可能,手术结束的第一时间最好同家属简单交代几句,因为在手术等待室的每一分钟,对家属都是煎熬。

"好消息"的告知相对容易,而"坏消息"的告知就是一种考验了。"肿瘤是恶性的""微创手术不成功,需要开腹手术",都属于这种情况。告知"坏消息"要注意沟通环境,需要在单独的空间内(如医患沟通室)进行,告知内容不能过于直白,语气尽量委婉,如:"我们在术中发现一些情况,需要和您沟通一下"。另外,术前告知内容的全面性,既是职业化的体现,也是医学人文的要求。

患者在应急过程中,体内激素在短期内剧烈波动,可能使患者进入抑郁状态。对于情绪低落、有厌世想法的患者,一定要加强看护,同时及时与家属沟通,请家属参与到患者监护过程中来,并汇报医疗管理部门,协调做好"高危"患者的管理工作,避免极端情况的产生。必要的时候,需要请心理科的专家会诊,做到 24 小时监护,直到患者的抑郁状态得到有效缓解。应当指出,医疗团队并不是只对院内的患者负责。这些"高危"的患者,一定要在专家指导下,妥善安排随访计划,尽量避免院外意外事件的发生。

某医疗软件的首页上显示过这样一句话:"病人眼里的好医生:第一,有同理心,关心病人;第二,能解释清楚,善于沟通;第三,才是医术高明。"所以外科医生工作的核心就是:第一,要多和患方沟通,学会管理时间,利用碎片化的时间沟通,往往有意想不到的良好效果。同时,不要在患者面前说没有循证医学结论支持的建议和方案。第二,既要有良好的身体素质,能长时间站在手术台边完成手术,也要经常去病房与患者沟通。

第三节　妇产科医患沟通

一、妇产科疾病的特征及患者的一般心理特征

（一）妇产科疾病的临床特点

1. 妇产科学特点　妇产科学是专门研究女性特有的生理、病理变化以及生育调控的一门临床医学学科,由妇科学和产科学组成。妇科学是一门研究女性在非妊娠期生殖系统的生理和病理改变,并对病理改变进行预防、诊断和治疗的学科。妇科学通常包括妇科学基础,女性生殖器官炎症、损伤、发育异常、肿瘤,女性生殖内分泌异常及其他特有疾病。产科学是一门研究女性在妊娠期、分娩期及产褥期全过程中孕产妇、胚胎及胎儿所发生的生理和病理变化,并对病理改变进行预防、诊断和处理的学科,是一门协助新生命诞生的科学。产科学通常包括产科学基础、生理产科学、病理产科学和胎儿医学 4 个部分。

2. 妇产科疾病特征

（1）患者年龄跨度大:妇产科疾病可发生在女性全生命周期,包括胎儿期、新生儿期、儿童期、青春期、性成熟期、绝经过渡期和绝经后。每个阶段均有患妇科疾病的可能,且每个阶段患同样的疾病

NOTES

也有不同的特点。异常子宫出血发生在不同阶段的女性所考虑的疾病原因不尽相同,青春期女性可能由内分泌功能尚未健全导致青春期功能性子宫出血,性成熟期的女性需要考虑妊娠相关的疾病,包括宫外孕、先兆流产、葡萄胎等,也要考虑非妊娠相关的月经紊乱、子宫肌瘤、子宫内膜异位症等疾病,围绝经期女性要考虑肿瘤相关的问题。

(2)患病率高,但相关医学知识普及不够:虽然国家已经普及妇科相关的两癌(乳腺癌、宫颈癌)筛查,但宫颈癌的早发现、早诊断、早治疗的三级预防任务依然任重道远。受卫生、经济条件以及受教育程度的影响,很多妇科疾病的发病谱在各个地区均不相同。妇产科疾病常常涉及两性、婚姻和家庭关系,也涉及社会的发展和国家的人口政策。而青春期性教育的缺失以及滞后,使得女性生殖系统炎症、肿瘤的早期症状容易被忽视,等到影响生育或者致病致残后,对女性身心、家庭关系以及社保、医保都有极大的影响。

(3)涉及患者隐私问题多:妇产科的相关病史采集往往涉及患者的婚育史、流产史,也包含很多两性问题和伦理问题,例如不孕症会涉及婚前不健康性行为和人工流产史,性传播疾病会涉及冶游史等,生育史会涉及婚姻及家庭;详细的妇科检查也需要暴露患者的隐私部位;妇科的手术也可能会影响女性的生育能力,因此很考验医生的沟通与应变能力。

(4)病情变化快:妇科常见的急腹症,例如宫外孕,由于其临床症状与教科书描述的典型症状不完全相符,容易导致误诊、漏诊,因此宫外孕被发现时常合并有失血性休克,病情往往非常凶险。而产科疾病,例如产后出血、子宫破裂、羊水栓塞、脐带脱垂等,一般都是瞬息万变的,且会对孕妇及胎儿、新生儿产生严重危害。一旦发生,由于信息的不对称,家属往往不能理解。因此,妇产科医生必须具备极强的应急、应变能力,遇到紧急情况沉着冷静,早判断、早处理,避免不良后果的发生。

(5)疾病原因不明:妇产科的疾病往往以结果为导向,而且常常涉及患者的生育能力以及新生儿健康,例如死胎、死产、新生儿脑瘫、新生儿臂丛神经损伤等。虽然随着社会的进步和科学的发展,很多疾病的病因、诊断及治疗有了长足的进步,但仍然有部分的临床现象得不到很好的解释,这就给医患沟通带来了很大的困难。如果发生了纠纷,医院只能证实医疗行为有无过错,另外要说明不良结局发生的原因,院方在举证过程中往往会遇到困难。

(6)医学的局限性:当前社会,产妇及家属优生优育的愿望特别强烈,对新生儿的期望值也特别高。然而由于目前的诊断技术仍有一定的局限,有些先天残疾在分娩前难以确诊,如轻度的唇腭裂、缺指(趾)、先天性心脏病、先天性脊柱裂,不仅受检测技术的影响,也与医生的经验有关,大多数致死性的先天性畸形、影响胎儿及新生儿健康的疾病可以在宫内诊断,但是仍有部分先天性疾病无法在早期的筛查中发现。

(二)患者就诊时的身心状态

1. 情绪的复杂性以及需求的多层性　女性在社会中承担角色的多样性,决定了她们在就诊过程中常会带着脆弱、焦虑、恐惧、紧张、羞涩等情绪。妇产科疾病可以分为与身体和心理相关的两个方面,例如产后抑郁、更年期综合征等。身体和心理的问题既可以互为因果,又可以独立存在。患者都有早日恢复身心健康的需求,因此她们需要得到身体和心理两方面的帮助,需要得到尊重、接纳,需要得到安全、合适的治疗,需要有效、温暖的交流和沟通。因此,医生应该主动关心、尊重患者的要求,保护患者的隐私,多做角色互换,设身处地地为对方着想。

2. 讳疾忌医　女性的生殖器官疾病,常会让患者难以启齿。再加上妇产科涉及婚姻、两性关系等隐私,患者一旦得了妇产科疾病,可能不及时就诊。即使就诊,医生询问病史也会遇到困难,患者一方面可能表述不清,另一方面也会有所顾忌,从而导致治疗延误或者接受非正规的治疗。

3. 就诊规避,检查规避　有些妇产科患者,特别是中老年女性、青春期女性以及受教育程度较低的女性,不愿接受男医生看病,甚至出现医患纠纷。在诊疗过程中,也因为害怕脱掉衣物检查或者对妇科检查的恐惧,而规避必要的检查。

4. 忽视保健,拒绝合理的治疗　世界卫生组织把孕产妇的死亡率作为衡量一个国家、地区卫生水平最重要的指标之一。女性发育与繁衍是最自然的过程,妇产科的发展就是最大程度保护这个自然过程。妊娠和分娩虽然是一个生理现象,但是在这一过程中可能出现许多病理变化。加强孕前保健以及规律的产前检查可以规避很多风险。大多数人认为孕期服药会造成胎儿的畸形或者流产,因此会拒绝在孕期接受药物治疗;也有相当一部分患者盲目追求剖宫产,因此发生了社会因素导致的无指征剖宫产,增加了分娩风险。如果合理的治疗方案未能落实,会造成更严重且不可逆的后果,危害母婴健康。

二、妇产科患者的隐私保护

患者隐私是指患者不愿意告人或不愿意公开的有关人格尊严的私生活秘密。重视患者隐私保护是文明国家发展进步的体现,也是医疗机构与国际接轨的基本保证。随着我国国民素质的提高、自我保护意识的增强,保护隐私已逐渐被广大民众所认识,并越来越多地成为舆论的焦点。

(一)医疗行为中侵犯患者隐私的常见形式

1. 医生在询问病情隐私时,被患者以外的人旁听。
2. 化验报告中有关隐私被泄露。
3. 教学医院未经患者允许,把患者当作观摩对象。
4. 床头卡泄露患者疾病隐私。
5. 医疗文案中(自媒体、科研论文等)公开患者隐私。
6. 医务人员非法触摸、窥视患者不必要暴露的隐私部位。
7. 医务人员以口头形式宣扬患者隐私。
8. 病案管理人员因工作疏忽造成病案信息流失导致患者隐私泄露。

(二)如何规避侵犯患者隐私的行为

1. **医务人员应该树立维护患者隐私的观念,加强相关的卫生法律法规的学习及宣扬,提高法律素质** 严格区分正常介入隐私和利用职务之便侵犯患者隐私的界限。介入患者隐私的行为应该完全是基于诊疗疾病的目的,如男医生检查女性患者必须有女性同事或家属在场,一般性体检没有必要暴露身体,特殊检查确需患者裸露的,必须向患者说明原因,并要求其他女性医护人员在场。不得在未征得患者及家属同意的情况下录制手术全过程,确因教学、科研需要的,必须取得患者及家属同意,签署相关知情同意书。

2. **加强病案管理与监督,提高病案使用者保护患者隐私权的意识,提高职业自律性** 认真落实病案借阅制度,病案的外调、复印制度,病案保密制度。不得以口头形式或书面形式公开病案中的隐私,更不能利用工作之便索取非法利益。医务人员应提高职业自律性,自觉保护患者隐私。医务人员在教学、科研时需要复印病历的,应将患者姓名、性别、民族、身份证号码、家庭住址、工作单位、电话号码、宗教信仰等基本信息隐去,保证患者的隐私不被泄露。

3. **加强就医环境的改造、设施更新,使患者隐私能够得到最大限度的保护** 门诊就诊要做到"一医一患一诊室",其他患者均应在诊室外等候,如有人擅闯诊室,医护人员应当制止。诊室应设有屏风、隔帘或其他遮挡措施。在对患者进行暴露检查过程中,未征得患者及家属同意,一律不得安排进修 / 实习人员观摩。为患者进行检查和治疗时,需有患者家属或其他女性同事陪伴,并阻止无关人员进入。

4. **接诊艾滋病、梅毒等时,未经患者本人或其监护人同意,不得泄露患者及家属的姓名、住址、工作单位等个人信息** 妥善保管有关资料,未经市防治艾滋病工作委员会办公室批准,不得向任何单位和个人提供相关信息。

5. **尊重民族风俗习惯和宗教信仰制度** 重视宗教信仰和民族风俗知识的宣教工作,通过医院网站、公共授课等形式宣传少数民族风俗习惯和宗教信仰知识。医生在病史询问过程中确认患者系少数民族或宗教信仰者后,应主动了解其在生活和饮食方面的禁忌,询问患者的需求,并在病历中做好相应记录。在诊疗过程中,相关医务人员应做好交接工作,并通过各种途径进一步了解该民族的风俗习惯。

6. 手术室需完善保护患者隐私的规范与措施

（1）术前隐私保护:访视患者时多与患者交流沟通,了解患者的基本信息,并告知对患者的特殊病情信息决不会宣扬与泄露;术前准备需暴露隐私部位时,尽量缩短时间,并采取遮盖等措施,消除其心理负担。

（2）术中隐私保护:腹部手术时,在被褥的遮盖下,为患者脱去衣裤,消毒时将上衣揭开。取截石位的手术,消毒前应摆放好体位,消毒后尽快覆盖消毒敷料,从时间上尽量减少身体的暴露,切实保护好患者的隐私部位。

（3）术后隐私保护:术毕将患者送回病房,在搬运过程中应做好遮盖和保护工作,尽量减少或避免患者隐私部位的暴露。术后回访过程中,不在公众场所讨论涉及患者隐私的有关疾病或治疗信息等。

三、妇产科患者沟通技巧

医学是一门具有不确定性的经验性科学。世界医学教育联合会在 1989 年 3 月发布的《福冈宣言》中提到:"所有医生必须学会交流和处理人际关系的技能。缺少共鸣(同情)应该视作与技术不足一样,是无能力的表现。"医患沟通通常包含两层含义:技术沟通与心理沟通。

（一）技术沟通

技术沟通主要的目标是完成病史的采集、完成医患信息的交换。需要注意 3 个问题。第一,沟通的对象。根据实际情况,可以在患者、家属、同事等关系中,选择合适的人进行详细病史的询问及补充。完整的妇产科病史采集包括基本信息、婚姻状况、工作情况、个人社会关系、烟酒史、家族史、冶游史、生育史、既往史等,也包括月经史、发病情况等,接下来就是全身以及专科的检查。第二,沟通的时间。对于宫外孕休克、产后出血等危重症患者,可以在抢救的同时,由组织抢救者安排专门的人员进行及时的沟通;如果病情允许,例如择期手术的子宫肌瘤、卵巢囊肿患者,可以在术前、术后双方方便时进行沟通。沟通讲究的是及时与多次。第一次沟通往往需要投入最多的时间精力,但需要随着病情的演变以及治疗的情况进行跟进。第三,沟通的内容。在沟通前,需要先熟悉患者及家属的个人信息、家庭背景,以便于选择合适的交流方式。然后是正式、简短的自我介绍,包括医务人员的工种、职称,以展示医生及医院的专业性、规范性。

进入正式沟通阶段,要从最容易和患者达成共识的地方开始,根据已知的基本情况,快速回答患者最想解决的问题,提出自己的判断以及最容易实施的方法。对于诊断明确的疾病,要毫不迟疑地告知。如果是肿瘤性疾病或者有可能导致不良结局的妊娠相关疾病,要在评估患者接受程度后,区别对待。而对于诊断不明确的疾病,尽量有一定方向性,再结合适度的沟通显得治疗更有连贯性。

对于治疗计划的提出,不管是手术,还是保守治疗,或者是进一步的重要检查,特别是有创的检查,都需要患者的知情同意。

疾病对于每个人来说都是负担。有些疾病可以达到痊愈,医生就可以给予一定程度的正向"承诺";有些病例,如妇科肿瘤或致死性的胎儿畸形,要有技巧地向患者或者家属交代清楚;而对于预后未知的疾病,要把可能的预后说清楚。对于治疗过程中可能出现的问题,要有预判以及不同的预案,可以体现医生考虑周全,也让患者有充分的心理准备,对于可能发生的结果有一定的心理缓冲。

我国著名的妇产科专家林巧稚曾接诊过一位结婚 6 年才怀孕、却被查出宫颈肿块的孕妇。当时最好的办法是切除子宫,但林巧稚不忍见患者的母亲梦就此破碎。在反复检查和专家会诊之后,她大胆推断这可能是一种特殊的妊娠反应,肿块会随着怀孕过程自行消失。经过与孕妇及家属的充分沟通,林巧稚顶住压力,决定暂不切除子宫,只需每周按时复查。事实证明了她的推断,孕妇如愿生下一个女孩,并为其取名"念林"。

NOTES

(二)心理沟通

沟通技巧是一种人格特征,虽然每个人的沟通技巧的基础不同,但是可以通过不断学习积累经验。美国健康风险管理协会(American Society for Healthcare Risk Management,ASHRM)2004年提出的"临床医疗4E要素"已经在欧美国家的医患沟通中广泛采用,它由约定、感同身受、教育和争取患者合作组成。

1. 约定　在妇产科领域,约定是建立医患关系的第一步,微笑面对患者,创造一对一交流的环境,制造一个温馨且安全的环境,充分评估患者状态后,选择合适的语气,给患者充分的时间去陈述,适当地运用医学知识引导患者慢慢放下心里对隐私的防备以及对妇科检查的恐惧,这些都是构建融洽医患关系的基础。

2. 感同身受　一个有经验的妇产科医生应该熟练掌握本学科的基础知识,在仔细聆听患者陈述病情后,对患者的焦虑、恐惧、不安表示同情与理解,这是取得患者信任最好的方法。在临床工作中,医生应努力寻找影响患者健康的社会、心理因素,以患者为中心,重视社会、心理因素在疾病中的作用。医学工作者除了具备扎实的医学知识和心理学知识,还应博览群书,从而更好地与患者建立良好的人际关系。尤其重要的是应随时关注生物 - 心理 - 社会医学模式在本学科的最新研究进展,根据临床实际加以应用。

3. 教育　患者教育是考验医生医学与沟通常识的重要组成部分。医生应针对患者的实际情况规避风险,选择最合适的治疗方案。医生在详细采集完病史并做过全面的体格检查后,还需要评估患者的文化水平、对医务工作者的信任程度、对自己所患疾病的理解程度,最后提出治疗方案,并对临床可能面临的风险进行详尽解释,同时详略得当地提出长期随访的方案及预后。持续的沟通会让患方感受到医生的关心与责任心。

4. 争取患者合作　患者就诊的最终目的是搞清楚得了什么病和如何治疗,医生行医的最终目的是明确疾病诊断和落实治疗措施。医学是一个客观的结论推导过程,而患者体验又是一个极其主观的行为推断。因此,医生应该做到在治病救人的同时,抚慰人心。就医患在医疗机构中的目的而言,两者是一致的。但是,由于信息的不对称,患者对于医学知识理解不易,医生应该尽量鼓励患者询问自己不理解的问题,并给出合理的、容易理解的解释。最后,由双方共同决策。每个医生都要鼓励患者参与医疗决策,鼓励患者遵从诊疗计划,采用患者可理解的沟通方式,获得患者的信任与理解。

四、妇产科领域的知情同意选择

(一)医生告知的基本内容

首先,需要明确患者目前的诊断以及可能导致该疾病的原因。其次,需要明确进一步检查的项目和确诊方法。检查方法必须考虑不伤害原则,也就是从无创到有创,有创检查优先考虑微创,充分解释该项检查的必要性以及可能的并发症和副作用。再次,评估疾病的严重程度。作为一个结论为主要导向的科室,所有的药物与操作均有利有弊,因此知情同意就显得格外重要。最后,提出合适的治疗方案以及替代的治疗方案,治疗的时机、方法和地点,主动提出风险评估与应急方案,包括本医疗机构的医疗优势与不足以及可能需要的治疗费用。

(二)妇产科诊断治疗方法的知情选择

与其他科室类似,妇产科常用的诊断方法包括详细病史的询问以及视触叩听等体格检查。这里要强调的是妇产科的专科检查,如阴道的视诊和双合诊、三合诊,阴道分泌物、人乳头状瘤病毒(HPV)、液基细胞学检查,经阴道或者肛门的B超等。在选择辅助检查时,必须明确有无性生活史,未婚的患者不能进行阴道检查,可以通过经肛门的检查替代,已婚的患者可以通过阴道检查,但是以上两者在进行妇科检查前都需要充分知情同意。其他的有创检查包括:组织活检、腹腔穿刺、阴道后穹隆穿刺以及诊断性刮宫。所有的检查必须告知检查的目的和必要性,告知检查时可能造成的不适以及如何配合,签署无创或者有创检查的同意书。经阴道检查时需要确认现场有女性家属或者其他医务人员陪同,详细询问性生活史,并注意检查场所的隐蔽性和安全性,保护好患者的隐私。

(三) 治疗的知情同意

妇产科的所有保守或有创操作,均会对患者的身心造成一定的影响,包括患者的内分泌功能、生育功能、性生活,会和两性关系、家庭和社会问题相关。因此,不管是药物治疗,还是手术治疗,都要明确医疗干预行为的依据、疗效、预后。特别是要充分告知药物和手术治疗的利弊、药物治疗的周期和相应的副作用、手术操作的范围,例如手术是否能保留生育功能、是否会影响性生活等。替代治疗方案也需要充分告知,以便于患者和医生一同做出合适的选择。

第四节　儿科医患沟通

一、儿科疾病特征

(一) 不同年龄疾病谱不同

儿童与成人最大的差异在于其具有成长性,儿童的生长发育是连续、有阶段性的过程。在不同年龄,儿童在解剖、生理、免疫、病理等方面具有相应的特点,且在疾病的发病、病因及临床表现等方面均存在明显差异。在胎儿期,孕母如受外界(药物、毒物)感染、外伤,接受放射性物质,以及营养物质缺乏、严重心理创伤等干扰,都会影响胎儿的生长发育,导致早产、宫内发育不良甚至流产;新生儿期,胎儿由于脱离母体而独立生存,所处的内外环境发生改变,但其适应能力不强,分娩过程中的损伤、感染持续存在,先天性畸形也易在此期发现;婴儿期是生长发育极其旺盛的阶段,对营养需求量相对较高,故容易发生消化道疾患,如腹泻及呕吐等,另外自身免疫功能尚不健全,抗感染能力差,易患各种传染性疾病及各系统感染性疾病;进入幼儿期后生长发育渐缓,活动范围渐广,接触社会事物渐多,故需格外注意,防止意外伤害的发生;学龄儿童进入幼托机构后,易发生呼吸道感染及传染性疾病;学龄期及青春期,学习压力大,应重视儿童的心理变化,避免心理疾病的发生。

(二) 与成人疾病存在差异

与成人不同,儿童疾病一般以先天性疾病、急性感染性疾病或传染性疾病多见。儿童往往因一种疾病致各器官、系统受到累及。如:先天性卵巢发育不全(又称特纳综合征),临床多见矮小、青春期无性征发育、原发性闭经伴有其他多系统畸形,如主动脉缩窄、肾脏畸形(马蹄肾、异位肾等)、指(趾)甲发育不良、骨骼马德隆畸形等。成人疾病往往是多元论的,如糖尿病、高血压及冠心病等同时存在。对于同一疾病,儿童与成人的患病类型往往也不同。如糖尿病,儿童以 1 型多见,而成人以 2 型多见;再如血液系统疾病,儿童以血友病及急性淋巴细胞白血病多见,而成人以淋巴瘤、急性髓系白血病及慢性粒细胞白血病多见。

(三) 儿童患病临床表现与成人不同

由于儿童生长发育过程中各系统、器官发育不平衡,故病理过程在不同年龄阶段各不相同。如中枢神经系统急性感染,常见病原菌随年龄而异;新生儿期细菌性脑膜炎与大龄儿童及成人细菌性脑膜炎存在较多差异,病原学方面:<3 个月婴儿以革兰氏阴性杆菌和金黄色葡萄球菌多见,3 个月至 3 岁婴幼儿以流感嗜血杆菌、肺炎链球菌和脑膜炎球菌多见,学龄前和学龄期儿童以脑膜炎球菌、肺炎链球菌、流感嗜血杆菌和金黄色葡萄球菌多见。而临床表现也因发病年龄、免疫功能而不同:较大年龄患儿表现同成人,包括发热、烦躁及进行性加重的意识障碍,同时伴有头痛、喷射性呕吐等颅内压增高的表现,体检可发现脑膜刺激征阳性。年龄 <3 个月的婴儿和新生儿多表现不典型:体温可高、可低或不发热;颅内压增高表现可不明显,婴儿不会主诉头疼,可能出现呕吐、尖叫或颅缝分离;惊厥症状不典型或不明显,可仅见面部、肢体稍抽搐,或发作性眨眼、呼吸不规则、屏气等且不易被发现。故儿科医生采集病史时更要认真听、重点问,在病史询问中态度和蔼可亲,语言要通俗易懂,注重与家长的沟通,让家长感受到医护人员对孩子的关爱,以取得家长和患儿的信任,同时要尊重患儿及家长的隐

私。应与患儿建立良好的关系,微笑或用手轻轻抚摸患儿,使患儿消除紧张的情绪,体检时取得患儿的信任后尽量动作轻柔,并同时观察患儿的精神状态、对外界的反应和智能情况。

(四)起病急,病情变化快,临床表现不典型

小儿皮肤黏膜、淋巴系统、体液以及细胞因子等免疫功能随年龄增长而逐渐完善,各器官发育未成熟,体液免疫和细胞免疫功能均较差,白细胞吞噬能力也较差,其他的体液因子如补体、趋化因子等活性较低,婴儿抵抗力和免疫疾病的能力比较差。婴幼儿患感染性疾病时,由于机体抵抗力低下,缺乏局限能力,容易发展成全身性疾病甚至败血症,原发感染灶不易被发现。如当婴幼儿患急性肺炎时,常合并有心力衰竭;婴幼儿患腹泻时,更容易发生水、电解质紊乱;而暴发型流行性脑脊髓膜炎,容易并发循环衰竭,以致出现 DIC,危及生命。

由于小儿起病急、变化快,容易并发一个甚至多个器官和系统的病变,故治疗措施既要适时全面,又要仔细、突出重点,且在疾病的治疗过程中,较成年人更需要爱心、耐心和精湛的医术,任何一个不恰当的处理方法或方式,都可能对患儿的生理和心理等方面产生较长久甚至终身的不良影响,故要求儿科临床工作者必须熟练掌握护理、饮食、用药、心理等各方面的治疗技术,使患儿身心顺利康复。

二、患儿的身心特点

(一)自我表达能力差

不同年龄患儿的表达能力不同,增加了儿科医护人员治疗过程中判断和观察的难度。新生儿或婴幼儿阶段,患儿不能通过言语来表达其不适,哭吵或者呕吐拒食等更多见,而儿童也不能完整、准确表达自己的病情,常常靠家长代述,而家长陈述的可靠性差异度很大。如婴幼儿的腹泻,其大便的次数、性质、持续的时间以及其他的伴随症状均由家人告知医生,不同的家人表述也会不一样。大年龄儿童腹痛时也无法清晰表明腹痛部位。故儿科医生遇到儿童腹痛必须密切观察患儿的神情及神志,体检时注意患儿的表情变化,以免遗漏重要的体征。

(二)情感控制能力低

患儿常见的心理特征包括恐惧、对父母的依赖以及行为控制能力的减弱。在医患沟通的过程中,年龄小的孩子缺乏理解能力和对因果关系的判断能力,缺乏情感控制能力。患儿来到诊室或者躺在诊疗床上,看见穿白大褂的医生或者护士,可能马上就会精神紧张,哭闹不安,不配合医护人员的操作。

(三)对疾病耐受力低,反应性强

新生儿出生后不易适应宫外环境,较多处于消极情绪中,表现出不安、啼哭等,抚摸、抱、摇等可以使其情绪愉快;婴幼儿情绪表现特点是时间短暂、反应强烈、容易变化,外显而真实。随着年龄的增加,儿童对不愉快因素的耐受性会逐渐改善。但是一旦处于疾病状态,可能更多以哭吵、烦躁来表达自己的意愿;如果婴儿生病,可能表现为长时间啼哭而且不吃不喝,一般措施不能使哭闹停止。

(四)患病后患儿心理变化大,检查及治疗不合作

患儿生病后,常常表现出恐惧、愤怒、惊骇、烦闷、不安等情绪。学龄期的患儿生病后常常要考虑学习和功课,表现出抑郁、沉默、孤独、食欲不佳等。由于害怕打针吃药,也害怕与穿白大褂的医务人员接触,特别是曾经有过看病、吃药、打针体验的患儿,面对医务人员会感到害怕,对打针、吃药会产生莫名的恐惧和紧张。故在做体格检查及治疗时,部分患儿会出现不合作的表现,医务人员在询问病史时也很难使患儿集中注意力,因此医务人员要有足够的耐心,甚至反复多次才能获得正确的检查结果。

(五)青春期叛逆

青春期的情绪改变是对身体改变、社会角色和各种关系的一种适应。其特点是反复、强度大且易变化,情感变化复杂,容易狂喜愤怒,也容易极度悲伤和恐惧,因外界不利环境,如家长或老师的忽视或不公平对待、学习压力、对性发育的困惑等引起焦虑和抑郁等情绪。那么在青春期就诊,也会出现

持续性的紧张、焦虑、抑郁、内疚、惶恐等,有可能会引发抑郁症等精神疾病。

(六) 患病后依恋及依赖性增强

患儿一般是父母或其他家属陪同就诊。住院期间离开家庭、脱离学校及社会环境,患儿忽然面对一个陌生的环境,心理对家属的依赖及依恋程度会增强。

三、家长的身心特点

(一) 焦虑和紧张

患儿家长普遍对疾病缺乏正确的认识,一旦患儿出现不适,家长一般会出现焦虑,表现为反复询问病情,或不断质疑医护人员的诊疗水平。住院期间,也会反复与医护人员求证病情变化。另外,有的患方经济负担较重,表现为不配合治疗,甚至要求提前出院。

(二) 对患儿过分照顾和溺爱

患儿一旦生病,家长就会过分地照顾和溺爱,甚至对医生夸大病情,以期得到医生的重视。而且在患病期间,家长往往认为孩子生病与自己照顾不周有关,对孩子有歉疚感,特别是一些重症患儿的家长,甚至纵容患儿不合理的行为,如不配合医护人员的诊疗活动等。家长这样的心理状态会对患儿产生较多的负面影响。

(三) 怀疑和不信任

患儿家属对疾病的不了解引起对治疗方案的怀疑,表现为拒绝配合医护进行治疗,擅自使用自己的"办法",或找来书籍、网络上的相关知识,与医生的医疗行为进行对比;有的家属对医务人员的年龄、性别、着装等过度关注,甚至表现出不信任、要求更换主管医护人员;有的家属对医疗设施和治疗环境有较高要求,表现出不满,甚至要求转院等。

(四) 恐惧与缺乏安全感

患儿家长对疾病预后产生恐惧感,表现为对其他相同疾病患儿的预后非常敏感,尤其是急危重症患儿,家属表现出过度悲伤,而且回避关于生死的话题;有的家长对各种注射或创伤性的检查表现出恐惧,从而影响患儿正常接受检查和治疗。

四、家庭、学校及社会因素

在孩子的健康成长过程中,家庭、学校和社会这三大因素互通有无,其作用也相互消长。而家庭环境对儿童的心理健康、身心健康的影响主要包括家庭硬、软环境的影响。其中,家庭硬环境主要指家庭物质条件;软环境指家庭结构、家庭氛围、父母教育观念、教养方式以及情感方式等。

(一) 家庭环境与儿童健康

家庭硬环境对儿童健康的重要作用易被家长和儿科医生忽视。良好的居住环境,如阳光充足、空气新鲜、水源清洁、无噪声、居住条件适宜,以及良好的生活习惯、科学的养护、良好的教养、充足的体育锻炼及完善的医疗保健服务等,是促进儿童生长发育达到最佳状态的重要因素。

家庭软环境方面,家长对孩子缺乏关心爱护,容易对孩子的性格形成产生不利影响。缺乏关心爱护的孩子,容易形成孤僻、任性等性格特征。因此,家庭环境的教育对孩子性格的形成起决定性作用。在不和睦的家庭中成长的孩子容易有嫉妒心,人际交往能力差,缺乏创造力,以致未来难以适应社会,给自己的生活带来不利影响。家庭环境不佳会对儿童的健康产生影响,如家庭经常暴力吵闹,容易导致孩子形成不好的行为习惯、叛逆、放纵身体,使得孩子的认知发生扭曲,容易形成错误的做事观念,导致行为举止的偏移,不利于孩子的身心发展。健康家庭会使孩子感到安全、舒心,让人感到自在、温暖,无论在哪里,只要想到家,就会充满无穷的力量和斗志。不健康的家庭会让孩子感到紧张、害怕、畏惧和不安。

(二) 学校与儿童身心健康

学校是儿童在生长发育过程的重要场所,也是塑造身心健康人才的重要摇篮。学校对儿童的影响因素主要包括学校的办学宗旨、老师的教学方法、同学与小伙伴之间的关系等。老师如能对学生在学校进行全方位的培养和锻炼,可以为以后的身心健康打下良好的基础。学生是老师的一面镜子,老师的优良教导、管理、作风等会让学生在愉悦的环境中学到知识。同样,同龄人之间的相互影响也是十分重要的,这些会不同程度地影响儿童日后的身心发展。

(三) 社会与儿童身心健康

婴儿生存和生长的基本环境是家庭,家庭是最直接的社会环境,亲子关系是构成儿童家庭生活的主要内容及成长的关键因素。儿童从出生就开始了社会化的过程,儿童在与周围的人相互作用和交往中不断发展,其发展在很大程度上取决于直接或间接交往的一切人和相互间的关系。社会环境提供了关于这个世界的重要信息,学会与他人友好相处、分享合作以及解决人与人之间的问题,有助于儿童成为具有良好适应性和社交技能的人,而所有的这些都是在社会环境中通过与他人交往获得的。近年来,社会环境对儿童健康的影响也受到高度关注。

五、儿科的沟通原则

医患沟通建立在良好医患关系的基础上,换位思考,运用真诚及因人而异的沟通模式,以期达到人文关怀及以人为本的沟通目标。

(一) 根据不同患儿的特点,采取不同的方式进行沟通

新生儿易哭吵,医务人员在接触新生儿患者时应动作轻巧、敏捷、熟练,以减少刺激,并用语言和抚触等给予无微不至的关爱和呵护。婴幼儿住院后,因其生活环境发生很大变化,缺乏安全感,常常表现出恐惧、孤独、抑郁和分离性焦虑,医务人员在接触患儿时要语气温和、动作轻柔,给予爱抚和亲近,与之建立感情,消除患儿的陌生感和内心恐惧感。学龄前期儿童患者往往有依恋家庭的情绪,疾病痛苦会引起患儿的焦虑、恐惧,使之出现退缩行为,如曾经学会的行走、控制排便、自己进食的技能可能暂时丧失,医务人员要给予耐心、细致、周到的关怀和呵护。对住院患儿要多加关心,亲近他们,允许他们携带自己喜爱的玩具和生活物品,使他们尽快适应环境变化。学龄期儿童容易出现对抗、挑剔、任性、不遵医嘱和攻击行为,医务人员应感情细腻,注意方式方法,语言要体现平等,说话的口吻、问诊的话语要符合孩子的年龄特点,体格检查时切不可粗声粗气、疾言厉色,伤害其自尊心。对恢复期的学龄儿童,为消除因住院而耽误学习所产生的焦虑情绪,可以鼓励他们参加社会活动和适当地完成作业。

上海交通大学医学院附属瑞金医院儿内科的曾畿生教授,有一次教学查房时给一个 12 岁的小姑娘体检,她一边问病史,一边把听诊器的听筒捂在手心里,等到听诊时她又很仔细地用衣服遮掩好患者的胸部,检查完毕离开病房后,她跟实习医生解释道:“要注意听诊器不能太凉,体检时要注意身体的保暖。十二三岁的小姑娘已经开始发育,对身体的暴露会令她害羞,所以要特别注意不要过多地暴露敏感部位。”

(二) 解读患儿的体态语言

儿科历来被称为“哑科”,因为小朋友不能主诉自己的感受,医护人员往往需要通过患儿的面部表情、声音、身体活动与之建立联系,达到相互理解。医护人员在接诊时,需通过看和听的方式解读患儿的体态语言。在医患交流中,患儿的体态语言被医护人员正确解释,是实现良好医患交际、达到理想沟通的基本保障。新生儿和婴儿不会用语言来交流,但会用哭和笑等本能行为表现身心的变化和需求。啼哭是新生儿表达自己需要的重要手段。需要爱抚的哭是清脆、响亮、圆润的;饥饿、排便引起不适的哭,声音很大,满足需求,哭才会停止;当患儿感到身体不适,会用长时间的啼哭来寻求帮助。婴儿在疾病危重时期,表现为不成调的尖叫或哭声低落,采取措施一般不能使哭声停止。幼儿或儿童在患病后,语言上往往不能准确地自我表达,从活泼好动转变为无精打采,对父母的依赖性增强,会特别留意医务人员的非语言性行为。医务人员应从患儿的面部表情、动作、态度中进行细致的临床观察,及时发现病情变化,发现病症所在。

（三）克服患儿的恐惧心理

患儿的恐惧主要来源于疾病本身及各项操作和治疗带来的痛苦和疼痛、治疗导致的自由活动受限、对疾病和医务人员外在形象的焦虑和恐惧、对环境的陌生感以及分离性焦虑、中断学习带来的影响和来自父母的情绪影响等。应尽量减少患儿与父母的分离，可给予恰当的抚摸、微笑、拥抱，可把患儿喜爱的生活物品放在床边；鼓励父母给予更多的陪伴和照顾，尽量安排固定的医护人员诊疗；了解患儿表达需要的特殊方式，接受患儿的情绪及退化行为；为患方介绍病区环境及其他患儿，减轻患儿陌生感；通过组织患儿参与愉快的活动，帮助患儿克服恐惧心理；鼓励年长患儿参与自我照顾，帮助其树立信心。

（四）与患儿家属有效沟通

患儿家长的常见心理特征主要是焦急、不信任感以及期望值过高。医护人员与家长的有效沟通侧重3个方面：换位思考、尊重和倾听。首先要换位思考，即站在对方的立场看待问题，接近和理解对方的感受，给对方一些安慰。站在对方的立场，就是把各种客观条件、利益关系、认知背景都放在自己身上，把自己变成孩子家长，在日常的工作中处处设身处地为患儿着想。医护人员须及时将自己对疾病的判断、将要采取的治疗措施、存在的治疗选择以及各种选择的利弊等信息，向患儿家长做通俗易懂的解释和说明，在此基础上取得他们的信任，再以疾病的事实为基础，本着实事求是的原则，真实而准确地进行表述。如果患儿病情严重，虽然会使家长产生较大的思想负担，但是医生必须如实交代病情，实事求是地讲清疾病的严重性，解除家长的疑惑和侥幸心理，使其正视现实。医护人员与家长之间的谈话一般避免让患儿听到，以免加重患儿的焦虑情绪。

（五）医疗技术与医患沟通

高质量的医疗技术和专业水平更有利于取得患儿家属的信任，是进行良好医患沟通及改善医患关系的重要环节。家长最关心的是患儿疾病的治愈及健康，这就要求医护人员钻研医学知识，提高为患儿服务的医疗水平，赢得患儿及家长的信任，从而有效避免或减少医疗责任事故和技术事故的发生。

（六）医疗环境与医患沟通

就医环境会对患儿及家属的心理产生正面或负面的影响，继而影响沟通效果。如病房环境是否适宜、空气是否新鲜、房间墙壁色调是否宜人等，这些与沟通效果有非常直接的关系。又如，医院门诊大厅吵吵嚷嚷、候诊室拥挤不堪、医生诊室里患儿及家属"川流不息"等就医环境，会使患儿及家长难以体验和感受真切的人文关怀，是造成医患沟通障碍、医患关系不和谐的重要因素。门诊诊室与病房要保持清洁、卫生、安静、空气流通，温度、湿度和光线要适宜；在布置病房和装饰墙壁时应选用白色、浅绿色、淡粉色或浅蓝色，构成比较柔和、清新的色调，给患儿以安静、平和与舒适之感；医院可设有儿童游艺室，备有必要的玩具等文娱用品，作为恢复期患儿的娱乐场所。

总而言之，日常工作中的良好医德医风，精湛高超的医疗技术，主动、耐心、热情的工作态度，亲切美好的语言、行为，在很大程度上可以影响患儿及家长的思想、情绪，使患方树立对医务人员的信任和对治疗的信心，建立良好的医患关系，以此达到有效的医患沟通。

（费　健）

【思考题】

1. 根据内科急、慢性疾病的特点，分析与急、慢性疾病患者沟通的差异有哪些？
2. 就外科的围手术期而言，沟通对象和沟通要点有哪些？
3. 如何做好妇产科患者的隐私保护？
4. 在儿科患者沟通方面，如何兼顾家庭、学校、社会的因素？

第十章
特殊临床科室的医患沟通

学习要点

- 掌握特殊科室医师、患者的角色定位及其对临床沟通的意义。
- 掌握相关基本核心概念：特殊科室患者的心理特征、医师角色的特殊性，沟通的内容与技巧。

第一节　肿瘤科医患沟通

一、肿瘤科患者的一般心理特征

恶性肿瘤是严重威胁民众健康的重大公共卫生问题。现今，随着医学技术的发展，肿瘤已经不再是一种不治之症。经过各种治疗手段，部分肿瘤可以实现临床治愈，患者的生命可以得到延续。但是，由于患者医学知识的匮乏以及民间长期以来"谈癌色变"的社会背景，肿瘤患者从诊断到治疗的过程中会产生巨大的心理负担。恶性肿瘤患者的心理状况有着共同的特点：认为恶性肿瘤可能复发、转移等不良预后以及治疗过程中伴随各种不良反应。给其带来巨大的心理压力，具体体现为产生显著的消极情绪，如恐惧、焦虑、愤怒、抑郁、失望或绝望；与此同时，患者常伴有与心理变化相对应的行为改变，如怀疑、回避、幻想、依赖、求生等。这些心理和行为上的变化与不同人的性格特征及面对方式相结合，共同构成了肿瘤患者的心理特征。

（一）恐惧心理

恶性肿瘤是一种难治且病死率高的疾病。恶性肿瘤患者在未确诊时就常会产生担忧、恐惧的情绪，否认自己患有恶性肿瘤。在确诊恶性肿瘤之后，由于缺乏相关医学知识，患者会认为自己患上了不能治疗的绝症。在这一过程中，患者对于病痛、死亡及将要与亲人离散的恐惧相互交织，同时会伴有忧郁、紧张、心境低落等不良情绪。致使患者在言行上常常表现为哭泣、坐立不安、唉声叹气、对周围人员的言语和行为十分敏感，不思饮食、体重下降。有的癌症患者还可能伴有挑衅行为，并同时伴心悸、血压升高、呼吸急促等一系列生理反应。

（二）怀疑与否认心理

在被确诊为恶性肿瘤之前，患者十分渴望知晓自己疾病的真实情况，但又惧怕得知真相，此阶段患者表现得十分敏感，常常怀疑家人以及医务人员对自己隐瞒真实病情，怀疑自己患有癌症。但被确诊为恶性肿瘤之后，患者又会陷入否认阶段，否认自己患有恶性肿瘤，不愿意相信诊断结果，怀疑医生的诊断有误或者检查过程中出现错误，抱有被误诊的侥幸心理。具体可表现为心神不定，总想查阅自己的病历，反复询问医务人员自己的检查结果，要求医生为自己重复进行检查，寻求多位医生为自己进行诊治，希望能够找到否认自己患病的证据，不敢或拒绝面对现实。患者以否认作为自己的心理防卫方式，是一种自我保护状态，这样做可使自身能够经受得住患恶性肿瘤的打击。

（三）幻想心理

经过一段时间对痛苦事实的适应，在逐渐增强的求生欲望以及对美好生活不舍的心理驱动下，患者能够开始正视现实，积极配合治疗。但同时会伴有许多幻想，希望有一天会出现新的药物或治疗方案，或者术后治疗的检查结果推翻了之前的诊断。患者会开始期待奇迹的出现，比如希望病情能突然好转或彻底康复。幻想心理在一定程度上可帮助患者增强信心,疏解消极情绪,改善心理状态,提高应对能力。

(四) 抑郁与绝望心理

在被确诊为恶性肿瘤后,患者在自己将不久于人世的恐惧之下,常会处于抑郁状态中,表现为哭泣、闷闷不乐、少言寡语、情绪反常。癌症患者经过一段时间的治疗后,由于病痛的折磨、病情的反复甚至恶化以及肿瘤相关治疗的副反应,加之长期治疗伴随的经济负担等问题,患者的身心都承受着重压。此阶段患者会感觉对于生活和治疗的希望彻底破灭,由满怀希望的积极配合转为极度绝望和抑郁的情绪中,患者可表现为易怒、对立情绪、不服从劝告、拒绝治疗甚至自杀等过激行为。

(五) 认可心理

随着时间推移,患者逐渐能够客观、理性地面对和接受现实,接受癌症患者的身份和治疗过程中伴随的各种不良事件,以及最后的不良结果。此时患者不愿再给家人或社会造成负担,能够平静地接受治疗、面对死亡,对于此时的患者而言,对濒死的恐惧大于对死亡结果本身的恐惧。

(六) 求知心理

经过各种心理变化后,患者能够面对现实,接受治疗。希望生存下去,因而需要了解更多癌症患者日常生活及康复知识,此时医护人员需要尽可能地给予患者和家属相应的帮助。

(七) 依赖心理

在长期患病的情况下,患者的身体功能衰退并且被长期照顾,致使患者的心理和社会角色定位发生了相当程度的变化,具体表现为患者的自理惰性和社会功能退缩。此时的患者在心理上常表现为倒退和依赖,像孩子一样寻求保护,缺乏安全感,依赖更多的照顾。处于终末期的患者常伴有依赖心理,应允许其较以往有更多的依赖,可采取支持措施缓解患者对死亡的恐惧以及各种不良情绪。

二、肿瘤科医生的角色定位

医生角色,是社会对从事医生职业的人所期待的行为、个人形象与职业定位,与之发生互动的角色伙伴对其都有一定的角色期待。在如今复杂的社会环境背景下,当不同的利益主体对医生产生了相互冲突的角色期待或者个体医生对于过多的角色期待难以应对时,医患关系会逐渐紧张,还有导致医患纠纷的可能性。

肿瘤科医生在恶性肿瘤患者的治疗过程中起到了举足轻重的作用,因此肿瘤科医生有合适的角色定位,对于医生以及患者均具有重要的意义。

(一) 专家角色

恶性肿瘤作为一种复杂且高度异质性的疾病,其诊断及整个治疗过程需要由专业的医疗人员完成,加之近年来医疗技术的发展日新月异,不断有新的抗肿瘤药物以及治疗方式出现。肿瘤科医生需要不断学习并结合不同患者的具体情况评估病情,制订具体的治疗方案。从最初的评估、诊断,到确定个体化的系统治疗方案及给药方式、预防和管理不良反应,诊治过程中的每一环节均需要高度专业性的医学知识背景。患者对于医生专家角色的定位是由患者与医生之间医学知识方面的信息不对等、患者对医生的不信任,以及患者担心癌症难以治愈、恐惧死亡,而对医生产生依赖性的心理共同决定的。在这一角色背景下,医生掌握更多的信息与主动权。医生需要为患者提供专业的治疗建议,但同时也要注意与患者间平等的合作关系,避免医患关系之间不对等以及由此产生的矛盾与纠纷。

(二) 服务者角色

在计划经济体制下,医疗卫生领域里的社会关系被认为不具有商品属性,而是一种社会福利的分配关系。随着市场经济及人群经济意识的发展,医患关系衍生出服务者与消费者关系这种特殊形式。医患双方的定位由一方决策向双方参与的方向转换,要求医生由疾病中心思维向患者中心思维转化。由于恶性肿瘤的进展的因素不仅仅包括单纯的生物因素,还涉及社会、心理因素,因此医生个性化评估患者心理社会因素,在就医过程汇总寻求动机、感情、行为、语言、态度的最佳配合点,可以加强恶性肿瘤患者心理接纳状态,提升疾病治疗效果。

(三)伙伴与亲人角色

伙伴角色,进一步还可能上升为亲人角色,意味着患者及家属希望医生在诊疗过程中,能够赋予如同伙伴甚至是亲人一般具有人文关怀的更多情感色彩。中晚期癌症患者的预后常常不佳,病痛的折磨、病情的反复以及治疗过程中的不良反应使患者饱受身心煎熬,情感需求是癌症患者的重要需求之一。因此,医生在诊疗与沟通过程中需要一定的沟通技巧,照顾患者的情绪,并对患者进行必要的情感关怀。

三、肿瘤科患者沟通技巧

(一)主要沟通对象的选择

1. 建议向患者本人告知其真实病情　尽管癌症现今已不再是一种不治之症,但癌症作为一种治愈困难且预后差的疾病,民众对其仍有恐惧心理,告知癌症患者诊断结果对其而言相当于宣布"即将死亡"的噩耗。在保障患者知情同意权的前提下,临床医生应该对患者本人充分告知病情,但我国临床医生在癌症患者确诊后,常常选择先告知其家属,并与家属进行沟通,再决定是否向患者告知病情。相关调查研究结果显示,大部分家属因为缺乏恰当的沟通技巧,不知如何向患者告知病情,并且担心患者得知后,会产生焦虑、抑郁甚至轻生等消极心理与行为,因此选择不告知患者本人真实病情。此时,医务人员有责任告知家属,患者有知晓其病情的权利。虽然隐瞒病情可以暂时稳定患者的情绪,但实际上,从长期来看隐瞒病情弊大于利。随着时间的推移,患者会强烈要求知晓自己的真实病情。此外手术、放疗、化疗等治疗手段的实施以及现今日益多元化的信息渠道,均会令患者由其他各种途径得知自己真实的病情,向患者隐瞒病情并不易实现。经过对恶性肿瘤患者的一般心理特点的分析,虽然在确诊后,患者会在早期产生一系列消极的情绪及行为,但最终都会归于平静与接受。而且患者在清楚自己的病情后能够提前为自己进行人生规划,减少遗憾;能够自主选择治疗方式,对治疗过程中产生的毒副反应有一定的心理准备;同时还能规避由于患者被隐瞒病情而出现的对治疗效果的不满,甚至对医务人员的质疑与不信任;能增加治疗过程的依从性。

因此,相比于对患者隐瞒,有技巧地向其告知真实病情并做好情感支持才是更应该考虑的重点,医务人员在向家属告知病情的同时,可以对家属做相应的沟通与告知技巧培训,减少家属向患者隐瞒病情的可能。

2. 向最有决定权的家属告知病情　由于恶性肿瘤常伴随着痛苦,甚至导致死亡,患者家属常常也会出现各种不良情绪,其程度甚至高于患者本人,具体表现为恐惧、焦虑、不知所措。目前,我国多数患者的治疗方式更多地取决于家属的决定。在复杂的现实因素和各种情绪的影响下,临床中常会出现患者家属难以抉择、不同家属治疗意见难以统一等情况。因此,与患者家属及患者本人的有效沟通都非常重要。为避免患者家属意见的不统一,避免使患者家庭内部的矛盾转化为医患矛盾,医生需充分重视与患者及家属的沟通。向患者充分告知其病情、治疗措施以及可能发生的预后,尽可能地了解其家庭内的成员关系以及内部矛盾,与其家中最有决定权的家属沟通,最终共同决定患者进一步的治疗方案。

(二)沟通的主要内容与手段

恶性肿瘤的治疗周期长,患者病情常会有不可预测与不可控制的变化。因此,在病情的不同阶段,需与患者及家属进行充分有效的沟通。沟通内容通常包括技术沟通及非技术沟通两部分:技术沟通是指在受过医学专业技术训练的前提下解决相应的医学问题;非技术沟通是指与技术沟通相伴随的情感交流。两者在医患沟通中同样重要。

1. 告知恶性肿瘤坏消息的方式

(1)向患者告知坏消息的必要性:坏消息是指以负面方式改变被告知者期望的目前或未来情况

的任何消息。对于癌症患者而言,恶性肿瘤的确诊、复发、转移、治疗失败、终止治疗、产生了不可逆转的毒副作用以及无有效的治疗手段等都属于坏消息。从伦理角度出发,医生有责任对患者进行坏消息的充分告知,但实际情况中,坏消息的告知是否合适,将直接影响患者对疾病的感受以及长期的心理调适。因此,医生向患者告知坏消息时的难度增加了,同时对医生告知患者坏消息的技巧和方式提出了挑战。对于恶性肿瘤患者,坏消息的告知有其特殊难度。一方面,为照顾患者情绪,部分家属会坚持向患者隐瞒部分病情信息,此时医患之间的沟通常由家属完成。医生将诊疗方案告知家属,家属再向患者解释,家属往往认为自己知情,患者配合即可。但在这种情况下,家属出于对患者的保护心理,对患者的告知时常发生偏差。一些家属由于对诊疗目的不能充分理解,也无法正确向患者解释其病情。同时,家属从自身角度出发为患者做决定时,不仅违背了患者的知情权,还可能与患者自身的意愿相悖,此过程中患者极易产生对医生的不信任以及对治疗方案的质疑。另一方面,尽管早期筛查和先进的治疗技术已经使恶性肿瘤的预后大大改善,但仍有局限性。恶性肿瘤患者通常需要采取放疗、化疗措施,上述治疗常伴随恶心、厌食、脱发等不良反应。患者会因此加重焦虑、抑郁的情绪,此时向患者告知治疗情况不理想甚至失败的坏消息无疑是又一重击。

上述坏消息告知的实践困境使得以往临床医生常向患者隐瞒坏消息。医生在向患者描述病情时,常采用回避或严重程度较轻的说法,以防患者对自己实际病情难以接受,进而拒绝临床治疗与护理。近年来,上述观念有了很大程度的改变,多数学者认为坏消息的告知是可行的。虽然对患者隐瞒病情在一定时间内可以稳定患者情绪,但长期以来违背患者的知情意愿,编造"善意的谎言"会使患者精神压力更大,思想负担过重,甚至产生被放弃的错觉,对治疗更加不利。

(2)坏消息的告知模式:患者与医生间的沟通,意味着患者和医生之间交换语言性和非语言性的信息。成功的沟通不仅只有语言,表情、姿势、动作、语气及语调等非语言性信息也扮演着很重要的角色。

目前国外已经发展并推广了两种癌症告知模式来培训临床医护人员如何告知坏消息,即美国的SPIKES模型以及日本的SHARE模型。

1)美国的SPIKES模型:SPIKES模型是目前最为常用、被广泛认可的用于告知坏消息的模型。其名称的字母对应着该模式的6个方面。①沟通场景的设立(setup);②患者认知的评估(permission);③得到患者许可(inform);④告知医学专业知识(knowledge);⑤移情稳定患者情绪(empathy);⑥策略与总结(strategy)。

2)日本的SHARE模型:日本的Fujimori等医生提出了SHARE模型,该模型在病情告知时包含四要素。①告知坏消息时要有支持性的环境;②用适当方式传递坏消息;③提供一些附加的信息;④给患者适当的安慰和情感支持。

SPIKES模型与SHARE模型的共同点在于当医生向患者告知坏消息时都要有合适的环境,培训了传递坏消息的方式,需要对患者提供情感支持。相比之下,SPIKES模型的应用较广,有效性得到广泛认可,但需要的告知时间较长,整个过程大约需要60分钟。SHARE模型主张在告知过程中用语通俗易懂,避免使用过多"癌症"等字眼,鼓励患者或家属提问,整个过程用时较短,约10~15分钟。此外,SHARE模型在告知坏消息过程中有患者家属的参与,而SPIKES模型只适合于仅对患者本人告知坏消息。基于我国医疗环境以及家属共同参与诊疗决策的国情现状,SHARE模型的告知模式更适用于我国。

2. 癌症诊断的沟通　由于恶性肿瘤患者罹患肿瘤种类不同,患者会出现不一样的临床表现以及不同的辅助检查需求。患者往往难以理解这些医学检查的意义,医生需对其详细解释与告知。癌症的诊断过程中,常需有肿瘤标志物、影像学与组织病理学的检查,帮助医生完成诊断。

肿瘤标志物是指在肿瘤发生和增殖的过程中,由肿瘤细胞合成、释放或机体对肿瘤细胞反应而产生的一类物质。该检查损伤小、灵敏度高,患者可接受度较高。目前临床上常用的肿瘤标志物约有十几种,如甲胎蛋白(AFP)可用于诊断肝癌;癌胚抗原(CEA)常用于腺癌的诊断;前列腺特异性抗原

（PSA）用于前列腺癌的诊断。肿瘤标志物在辅助诊断、评估患者治疗效果、判断肿瘤是否转移或复发均有重要作用,但绝大多数肿瘤标志物的检查缺乏确诊意义。在完成肿瘤标志物检查后,医生需要告知患者检查肿瘤标志物的原因,肿瘤标志物对于病情诊断、判断治疗效果以及预后的作用,为将来需要患者配合的复查以及可能要告知的坏消息做铺垫。

影像学检查包括 B 超、CT、MRI 和 PET-CT 等。影像学检查具有良好的敏感性与特异性,是目前临床上常采用的辅助检查之一,对于部分肿瘤有确诊价值。影像学信息可以直观地反映肿瘤的大小、形态、位置,帮助医生对肿瘤进行定位、定性、定量,乃至分级与分期的诊断。医生可以借助影像学检查结果直观形象地对患者或家属解释病情,帮助其理解。如果需要进行进一步检查,医生需要充分告知已有检查的优点及不足,以及下一步检查的优点及必要性,增加患者对医生的信任感与依从性。

组织病理学诊断的级别最高,被誉为诊断的"金标准",但该检查为有创性检查,检查前需要充分告知患者及家属检查的意义及检查的风险,并获得知情同意。病理诊断可明确肿瘤的良、恶性质,组织来源,分级分期等信息,并借此评估预后。病理学结果是医生选择治疗方案的重要依据。对于病理学确诊为恶性肿瘤的患者,医生需参考坏消息的告知原则与告知方式,慎重地向患者及家属告知诊断结果。在信息沟通方面,需告知患者病理诊断的意义和临床价值,其中包含取材的部位、良恶性质、肿瘤的类型、是否有转移等,可帮助患者与家属更好地理解诊断,并可根据病理检查完善下一步的检查或治疗。

医生在告知过程中要注意人文关怀,给予患者及家属适当的安慰和情感支持。诊断信息常需要多次和反复沟通,每次结束交谈时,都应与患者及家属建立进一步密切联系并沟通下一步的检查及治疗计划。

3. 治疗前的积极沟通　当肿瘤科医生将诊断结果告诉患者后,医生需与患者及家属讨论进一步的检查与治疗方案,该过程为治疗前沟通。沟通是否充分很大程度上影响了后续治疗的效果、患者对医生的信任感以及患者的依从性。在综合考虑治疗效果、并发症、副作用的基础上,可能会缺乏具有绝对优势的治疗方案。因此医生在选择治疗方案时,需要综合考虑患者的个体情况及患者与家属的意见。

调查研究发现,在为患者提供信息的基础上,进一步培训医生的沟通技能可以有效改善治疗决策咨询中的沟通,可帮助患者与家属更好地做出治疗方案的决策。在进行肿瘤治疗方案的决策时,共同决策具有一定的优势。该模式以患者为中心,鼓励患者及家属共同参与治疗与护理的决策,有利于提升患者与家属对治疗的满意程度,有利于提升医患沟通的质量。

对于晚期肿瘤患者而言,患者常会因为各种原因,如经济、家庭、个人心理等,而选择放弃治疗。医生应对患者的选择充分理解并尊重。

4. 治疗中的积极沟通　随着医学技术的进步,恶性肿瘤患者的生存期不断延长,部分恶性肿瘤已经转变为可以带瘤生存的"慢性病"。肿瘤的治疗是一个系统性的过程,包括手术、放疗、化疗、生物治疗及中医药治疗。由于肿瘤的治疗周期长、病情变化多、预后不确定,医生在整个治疗过程中需及时有效地与患方进行沟通。在治疗过程中,医生能否合适地满足患者情感和心理上的需求是沟通的关键。合适的沟通与情感支持能够缓解患者的痛苦、增加患者的治疗与康复信心。

手术治疗是恶性肿瘤治疗的一种重要方式。患者对手术的风险、疗效、并发症有极大的心理压力。因此,患者有了解手术的需求,其中包括术前注意事项、手术的方法与经过、术中术后可能出现的合并症与预防措施。帮助患者充分了解手术,可以解除患者心理的紧张,提升其对手术的信心。

化疗是恶性肿瘤综合治疗的主要手段之一,是一种全身性治疗。由于其治疗周期长、疗效不确定且毒副作用较大,患者常表现出拒绝、焦虑、恐惧等不良情绪,有效的沟通可以缓解患者对治疗的恐惧及对未来的不确定感,提升患者本身对疾病的控制感。沟通内容主要包括向患者宣教化疗常会发生的毒副作用与防范措施,以缓解治疗过程中给身体和心理上带来的不适,比如化疗患者最常见的早期毒性反应是恶心、呕吐。在积极进行相应对症治疗的基础上,应采取分散注意力、科学掌握用药与进食时间、合理安排饮食结构等方法,减轻患者的症状。脱发也是化疗常见的毒副反应,会给患者的心理与身体形象带来不好的影响,当患者对此担忧和恐惧时,要告知患者脱发虽然不可避免,但这只是暂时的,化疗结束后头发还会再长出来;建议先购买合适的假发,以防脱发时措手不及。提醒患者在化疗间歇期少去公共场所,预防感冒,出现异常情况及时就医。

放射性治疗是一种综合性强、多学科的治疗方式,大多数的临床患者在疾病的不同阶段需要进行放疗。放疗专业性强、适用范围广、治疗周期长、起效相对较慢。治疗过程中,患者可能因为副反应中断治疗。因此在沟通时需要注重主次分明、重点突出、沟通到位。

癌症患者是一个特殊的群体,他们长期处于焦虑、抑郁、烦躁的负面情绪中,对于这类患者,心理上的安慰与临床上的治疗同样重要。医生应该更加关注患者的情感需求,并适当地展现出同理心。医生处理患者情绪心理问题一般分为发现与处理两步。美国的 Dean 等提出了一个三阶段的概念模型。第一阶段(识别):医生通过正念、自我情境意识、积极倾听患者和促进交流以辨别患者的不良情绪,如"我知道你压力很大,从你的神态上可以看出来。"第二阶段(探索):医生承认和确认患者的情绪,提供同理心以进行探索,如"作为你的临床医生,你随时可以和我谈谈你和你家人的感受。"第三阶段(治疗):医生确认治疗资源,并根据需要提供转介和干预,以帮助患者改善情绪,如"我们会一起解决这一切的。我会陪你走完每一个阶段,绝不会弃你而去。"相比于一般的步骤,这个三阶段模型可以帮助临床医生更有效地处理患者的情绪困扰。医生对患者不良情绪的辨别与处理可以显著提升患者的生活质量。

5. 治疗后的积极沟通　随着癌症患者生存期的延长,这一阶段的沟通显得日益重要。在患者经过一段时间的积极治疗后,会产生一种迷茫的感觉,不知道在后期的护理与支持治疗方面能够做些什么,并产生困扰。此时医生与患者应保持联系,防止患者因为缺乏合适的疾病管理而降低生活质量。此阶段沟通的重点在于康复期的信息支持及对死亡的讨论。

现今,癌症患者的五年生存率大大提升,相比于治疗期,癌症患者的康复期更长,甚至将伴随一生。虽然生存率有所提升,但患者身体上常会残存因为疾病或治疗而带来的影响,如脱发、乳房缺如、人工肛门、造瘘口、听力下降等。身体损伤增加了患者对于护理以及长期康复的需求。恶性肿瘤不同于一般疾病,患者常经受着身心的双重压力。康复期阶段患者常会担心疾病的复发或转移而产生焦虑、抑郁。调查研究显示,负性心理情绪会减弱免疫系统识别和消灭癌症细胞的作用,不利于患者的康复,良好的心理可以调整和平衡机体的免疫功能,有利于防止恶性肿瘤的发生。康复期的支持能够帮助患者建立支持系统,走出困境,提升生活质量,重新适应社会生活。

医务人员应当对康复期的患者进行健康宣教,主动提供疾病信息。通过多渠道、多形式进行健康教育,其中包括定期邀请肿瘤专科专家、心理咨询师为患者进行健康咨询,对患者共同关心的问题进行解答。医护人员为同病种患者进行集体健康宣教,向患者讲解疾病护理知识等。请预后较好的患者现身说法介绍抗癌经验。鼓励同病种病友沟通、交流抗癌心得,使他们相互支持和鼓励。建立随访制度,定期对出院康复期患者进行随访,提供康复指导。鼓励患者保持良好的情绪、合理饮食、规律锻炼、定期复查和治疗。沟通过程中注意语气、语调、语句,注意用语通俗易懂,避免使用过多专业词汇,注意倾听患者的想法与诉求,让患者感受到爱护、关心,以促进医患之间相互理解。

尽管目前肿瘤的治疗效果已经有了很大的改善,但依然无法忽视晚期恶性肿瘤的难治性与致死性。在必要情况下,医生需要对患者与家属进行死亡教育。目前,人们逐渐能够接受死亡与临终阶段,不再认为死亡是需要回避的事情。但对死亡持不接受态度者仍占多数,这导致绝大多数肿瘤患者在临终阶段无法接受死亡,在对生的希望与对死亡的恐惧的矛盾心理下离开人世。对临终患者和家属进行死亡教育可以帮助患者安详地离开,帮助患者家属顺利度过悲伤期。

（三）重视临终关怀

恶性肿瘤患者的生理与心理方面都承受着巨大的压力。临终关怀,也称安宁疗护或姑息疗法,是指对生命期有限(少于6个月)的人进行尽可能的生理和心理关怀。生理关怀以减轻患者的身体病痛为主,心理关怀主要是对患者及家属进行心理评估和疏导。医务人员通过专业手段能够帮助患者减轻生理上的痛苦,舒缓心理上的压力,使患者以一种安详的方式度过临终期。

　　传统的临床治疗更加侧重于如何治愈疾病,而患者首先是社会上的人,其次才是生病的人。"治病"不再是首要目的,"人"才是第一位的。强调临终患者直到生命最后一刻,其权利都应该被人尊重,满足其合理要求,患者可根据其需求与偏好选择合适的环境与生活方式来面对死亡。临终关怀的服务目的是提升患者的生命质量,尽量避免因疾病或过多治疗措施干预对患者带来的痛苦,使患者在身体、生理、心理、社会状况等方面都相对满意。对于晚期癌症患者来说,在治疗失败或没有有效的治疗措施时,临终关怀十分必要。临终关怀服务能够提升患者在生命最后阶段的生活质量,此时无意义地过度治疗无异于加重家庭的经济负担与患者的痛苦。"善终"是人们在人生最后阶段的道德选择,使患者幸福地走向生命的终点,同时也是提高人们生活质量的现实需要。

　　多数恶性肿瘤患者在生命的末期都饱受病痛折磨,群体对于"优逝"的需求愈加迫切。我国临终关怀服务的发展目前还有许多困境。中国传统文化背景下,多数人对死亡呈回避态度。部分患者与家属认为接受临终关怀等同于放弃患者生命,即使明知治疗无效,也坚持要延续患者生命。这主要源于对死亡的畏惧。接受临终关怀,并非放弃患者。只是这一观念的转变相当困难,意味着患者与家属需要打破现阶段对于死亡的畏惧和长期以来对临终关怀的固有认知,增加对患者个人权利的重视,建立正确的价值观。在当前社会文化背景下,如何打破这一思维定式还是一个需要解决的难题。此外,我国临终关怀服务发展较晚,临终关怀质量有待提升,同时需要增加资金投入。另外,个人经济情况也是影响临终关怀发展的重要原因之一。

　　发展临终关怀事业体现了国家和社会对于"人"的看重与爱护,将临终者躯体和精神的痛苦降到最低程度的前提下,帮助其安详地走完生命的最后一程,对于临终者而言意义非凡。不断提升我国临终关怀服务的开展与推广,才能使临终关怀事业更好地发展,并服务社会。

第二节　精神科医患沟通

一、精神科患者的一般心理特征

(一) 患者的一般临床表现特点

　　精神科患者根据其所患疾病不同,表现出的症状和沟通能力不同。目前常用《国际疾病分类第十一次修订本(ICD-11)》标准进行分类。这里主要叙述以下几类常见精神疾病的临床表现特点。

　　1. 精神分裂症　临床表现分为前驱期症状和显症期症状,前驱期为一些非特异性症状,如情绪改变、社交退缩、兴趣改变、出现强迫症状等。显症期患者主要存在幻觉妄想症状群、阴性症状群、瓦解症状群、焦虑抑郁症状群和激越症状群五个症状维度。幻觉常为评论性、争论性的幻听,妄想非常荒谬,但患者本人却深信不疑。阴性症状包括意志减退、快感缺乏、情感迟钝、社交退缩、言语贫乏等。瓦解症状包括思维形式障碍、思维过程障碍、怪异行为和紧张症行为等。患者思维形式障碍常由轻到重表现为病理性赘述、思维散漫、思维破裂和语词杂拌。思维过程障碍表现为思维奔逸、思维阻滞、思维贫乏等。怪异行为表现为重复或无目的的行为。紧张症行为表现为紧张性木僵和紧张性兴奋交替出现。焦虑抑郁在疾病早期和缓解后期多见。激越症状主要分为攻击暴力和自杀。精神分裂症患者在疾病发作期间常缺乏自知力,不能认识到自己的异常精神活动。严重精神分裂症患者常会丧失基本的社会功能,生活质量大幅下降。

　　2. 抑郁障碍　临床表现分为核心症状、心理症状群和躯体症状群。核心症状为心境低落、兴趣减退和快感缺失。患者终日愁眉苦脸、长吁短叹、情绪低落,且一般不随环境的变化而变化。心理症状群包括思维迟缓、认知功能损害、负性认知模式、自责自罪、自杀观念和行为、精神运动性迟滞或激越、焦虑等。多数患者自知力存在，严重患者自知力下降或缺乏，在有自杀倾向和伴有精神疾病的患者中更常见。躯体症状群包括睡眠障碍、进食紊乱、精力下降等，睡眠障碍常最早出现。

3. 双相障碍　临床表现为抑郁发作、躁狂发作和混合发作。抑郁发作临床表现为情绪低落、思维迟缓、意志减退的"三低"症状。躁狂发作临床表现为情感高涨、思维奔逸、活动增多的"三高"症状。躁狂发作时，患者思维内容丰富多变，联想加快，活动增多，终日忙碌。常有夸大妄想，如自觉才华横溢、神通广大、家财万贯，睡眠需求也会减少，多数患者在疾病早期即丧失自知力。混合发作表现为躁狂和抑郁症状可在一次发作中同时出现，如心境抑郁，但活动增多。

4. 焦虑与恐惧　相关障碍根据 ICD-11 分类分为广泛性焦虑障碍、惊恐障碍、场所恐惧障碍等。广泛性焦虑障碍表现为过度担心、运动性不安和肌肉紧张、自主神经功能紊乱等，且常合并疲劳、抑郁、恐惧等症状。过度担心表现为担心生活中可能发生的事，但程度过大；或对需要担心的对象或内容因内心不安而表现出各种自我的不良体验感。运动性不安表现为来回走动、不能静坐、无目的的小动作增多等。自主神经功能紊乱表现为心动过速、皮肤潮红、出汗、腹痛腹泻等症状。惊恐障碍表现为惊恐发作、预期焦虑和回避行为。惊恐发作表现为突发的紧张、害怕、恐惧，伴有濒死感，发作期间意识清楚。预期焦虑表现为惊恐发作后担心再次发作的后果。回避行为表现为因害怕再次发作而出现与发作相关的行为改变。患者自知力常存在，并为此积极求医。场所恐惧障碍表现为患者害怕处于被困、窘迫或无助的环境，患者在这些自认为难以逃离、无法获助的环境中恐惧不安。

5. 强迫及相关障碍　这里主要叙述强迫症。强迫症表现为强迫观念、强迫行为、回避行为等。强迫观念如强迫穷思竭虑，表现为对一些常见的事物反复思索，自知毫无意义但不能控制自己，如反复思考"1+1 为什么等于2"。强迫行为如为强迫询问，表现为不相信自己的所见所闻，通过反复询问来消除自己对此的疑虑。回避行为表现为患者会回避诱发强迫思维和强迫行为的人、地点和事物。

6. 分离障碍　根据 ICD-11 分类分为分离性神经症状障碍、分离性遗忘、人格解体 / 现实解体障碍等。分离性神经症状障碍表现为形式各异的运动和感觉障碍，但神经系统检查和实验室检查不能发现器质性损害，或已有证据不能解释症状发生的原因。常见类型如抽搐和痉挛、虚弱和瘫痪、运动障碍等。分离性遗忘表现为患者不能回忆重要的个人信息，常为创伤性或应激性事件，甚至可能遗忘个体身份。人格解体障碍表现为患者感受到自我有分离的体验，感到自己像一个旁观者观察自己；现实解体障碍表现为患者感知的环境知觉出现分离的体验，即自己是一个外部观察者，观察自己和周围的环境。

(二) 患者的沟通能力特征

1. 自知力下降或缺乏自知力　自知力指患者对自己精神状态的认识和判断能力。自知力缺乏是重性精神障碍的重要标志，临床上以自知力的恢复程度评判疾病的好转程度，自知力完全恢复是精神疾病康复的重要标志之一。严重的精神疾病患者自知力常大幅下降或缺乏，患者不能认识到自己病态的精神状态，认为自己没有精神方面的疾病，拒绝就医，从而导致医患交流难以进行。如严重的神经性厌食症，患者存在对自身体像的歪曲认识，即使已经骨瘦如柴，仍认为自己太胖，限制进食，无论医生如何劝阻都没有效果。严重的精神分裂症患者常坚持认为自己的幻觉和妄想是现实存在的，这会成为医患交流的阻碍。

2. 反抗心理　社会对于精神病患者了解过少，容易对精神病患者出现误解和恐惧心理，这导致患者在提到自己有精神病时常羞于启齿，不愿意让别人知道而拒绝就医。自知力差的精神病患者常认为自己没病，自己或者家属受到了医院的欺骗，自己被强制送进医院，这些都会导致患者对医生有抵触情绪，从而出现反抗心理，甚至会导致患者逃走或伤害他人。因此需要医生采取合适的医患交流方法，也需要医生更为细致地观察患者的心理变化，促进沟通。

3. 疾病本身造成沟通障碍　抑郁症患者常思维变慢，但仍可沟通，在耐心地询问后，患者可以给出一些回答。躁狂发作患者常思维奔逸，说话滔滔不绝，口若悬河，难以停止，医生难以插话。而对于严重的以瓦解症状和负性症状为主的精神病患者,医患沟通将非常困难。以瓦解症状为主的患者,常出现语词杂拌和思维贫乏。语词杂拌表现为言语支离破碎,句子结构不完整,句子为无关词语的堆积;思维贫乏表现为患者感觉脑子空空,没有什么思想,寡言少语,甚至会出现木僵,即动作行为和言语活动被完全抑制。以负性症状为主的患者,常出现意志活动减少,不能从日常活动中感到快感,不能理解、识别、表达感情,社交能力下降,言语减少,与他人沟通减少。以上这些精神疾病本身会影响患者的沟通能力,再加以患者的抵触情绪,医患沟通的难度将大大提升。

　　4. 患者的病因复杂多变　精神障碍病因为生物学因素和心理、社会因素,其中心理、社会因素复杂多变。人格障碍患者在小时候性格就出现了偏差,不能正常适应社会。而部分人格障碍与精神障碍关系十分密切,如分裂样人格容易患精神分裂症,表演型人格易患分离障碍。应激相关障碍与应激源有因果关系。如创伤后应激障碍应激源多为严重有威胁性的灾难,延长哀伤障碍应激源为丧失亲人,适应障碍应激源为明显的生活改变或环境变化。

二、精神科医生的角色定位

　　精神科医生接触的患者人群较其他疾病患者人群存在一定的特异性,其患者存在妄想、焦虑、自我否定等一些精神疾病特有的症状,使得医生与患者沟通时难度加大。同时,对精神疾患的诊治不同于其他一般躯体疾病,它缺乏足够的测量仪器为医生的诊治提供可靠的客观诊断指标,更多地依靠完整真实的病史、全面有效的精神检查及医生掌握的专业技能和实践经验。在精神科,建立良好的医患关系尤为重要。疾病诊断及精神病患者家庭社会关系的特殊性,要求精神科相比于其他的临床科室应拥有更有效的医患沟通。通过医患有效沟通,精神科医务人员及时了解并满足患者被理解的需求、受重视的需求、受尊重的需求,双方建立起信任的、亲密的、建设性的人际关系,及时和有序服务患者,可使患者感觉舒适。

　　在精神科医患沟通过程中,医患双方文化差异、语言表达差异、社会经验差异、性格差异、认知偏差、信息不对等原因,容易造成医患沟通的不畅甚至起到负面效果。科学精神和人文精神的分离是医患沟通障碍的主要原因。因此,加强精神科医患沟通不仅仅是尊重患者生存权、知情同意权的需要,也是保证医疗安全及医疗卫生活动顺利进行的需要。良好的医患沟通塑造良好的医患关系,促进医患之间的相互理解、信任,同时避免了医疗纠纷的发生。

　　精神科医患沟通中除了精神疾病的病因、诊断、治疗、康复以及相关问题,还应包括医患之间情感信任的建立。部分精神病患者及家属存在否认 - 心理防御机制,即不承认有病,认为不承认就是不存在。精神科医务人员通过有效医患沟通交流,引导患方正视病情、面对现实、客观对待。通过沟通让患者及其家庭正确认识精神疾病,消除偏见及不必要的顾虑,减轻其心理负担,配合医务人员进一步治疗,提高治疗的依从性。通过沟通,让精神病患者及其家庭了解到全病程治疗及规范化治疗的理念,确立对科学治疗效果以及有质量、有尊严生活的信心,从而帮助患者及其家庭一起建立起自信和面对疾病的勇气,提高自身的认知能力。与此同时,几乎所有的精神疾病都会或多或少地损害患者的人际关系,造成人际交往困难。良好的医患沟通可以为患者提供一个正面的沟通学习范本,让患者在与医务人员的沟通中学会人际交往的一般准则,培养对他人的信任感及沟通能力,为疾病缓解及痊愈后更好地回归社会提供基础。

　　精神科心身疾病的特殊性决定了在精神病患者治疗过程中,药物治疗辅以心理治疗可以获得更好的疗效。据美国宾夕法尼亚大学相关研究报道,使用认知疗法治疗单相抑郁症患者,通过 12 周的积极治疗,80% 的患者症状得到显著改善,疗效优于丙米嗪治疗的对照组,随访一年,疗效稳定。近年来,国内外也相继报道使用系统脱敏心理疗法治愈强迫症、家庭心理疗法改善精神分裂症患者的社会功能、放松心理疗法缓解广泛性焦虑障碍等案例。心理治疗在精神疾患治愈的过程中发挥的重要作用已经逐渐被业内人士所认可,更多的临床医护工作者已经开始有意识地运用心理治疗方法对精神疾病患者实施积极干预。因此,在精神科,良好的医患关系也是一种治疗关系。这便要求精神科医生应特别重视良好医患关系的建立与维系。美国一位医师的墓志铭这样写道:有时,去治愈;常常,去帮助;总是,去安慰。这句话可生动展示精神科医患沟通过程中医务人员的定位。

如何在医患沟通中保证有效沟通,从而达到心理治疗的作用,需要精神科医务工作人员不断提升自己的职业素养及沟通技巧。

（一）倾听

精神科医生在对患者进行心理治疗时,首先应该注意的是尽可能地多听少说。倾听是发展医患间良好关系最基础的一步。饱受病痛折磨的患者,往往有较多疑虑和抱怨,对医患关系信任度差,这要求精神科医生拥有足够的耐心,不要干扰患者对身体症状和内心痛苦的诉说,尤其不能唐突打断患者的谈话,并且在倾听患者叙述的同时,让患者获得"他在听"的信息。医患之间真诚地表达自己的想法会使双方的关系和信任程度向更深、更积极的方向发展。医务人员用心倾听患者传递出的各种言语、非言语,包括哭泣、沉默等信息,然后经过分析后给予正确的反馈,可以在医患沟通中起到积极作用,避免和减少重要信息的遗漏,为下一步治疗方案的确定夯实基础。

（二）态度中立

人本主义代表人物罗杰斯提倡非指导性的心理治疗,他认为医生在与患者进行心理治疗时,应尽可能地保持价值中立的态度,做到不评判、不指责、不干涉,鼓励患者自己做出价值判断和价值选择,相信患者能够靠自己的潜能解决自己的问题。当医生对患者在医疗活动中的选择和行为不满时,不宜进行是非好坏价值观的评判,亦不宜出现皱眉、撇嘴等不认同、不接纳的非言语信息,同时也不应把外在的价值观和价值标准强加给患者。在精神科临床工作中,当疾病有多种治疗方案,而某一种治疗方案疗效更好的同时花费更高,这时应公平客观地向患者及家属进行说明,不应将自己的想法强加于对方并干扰其选择。医务人员应保持中立的态度,不对其选择给予指责和评判,而是让患者及家属结合自身病情及家庭条件选择治疗方案。

（三）共情

共情是一个复杂的概念,指的是一种能设身处地体验他人处境,从而达到感受和理解他人心情的能力。罗杰斯对共情的解释是医务人员能够正确地了解患者及家属内在的主观世界,并且能将有意义的信息传达给对方,明了或察觉到对方蕴涵着的个人意义的世界。共情为现代精神分析与人本主义的融合搭起了一座桥梁,也为有效的医患沟通提供了新思路。有效的积极共情有3个水平,第一层为可接受的最低共情水平,要求医务人员能够理解患者信息传递的内容和内容背后蕴含的情绪、情感并且做出反应;第二层为高级共情水平,要求医务人员不但能够明白和正确反馈患者传递的信息和情感,而且能够给予指导;第三层为最高级共情水平,要求医务人员在前面层次要求的基础上,引导患者做出积极的行为改变。

合理的共情可以使患者切身体会到被人理解的感受,从而引导患者对自己的感知行为做积极的思考,从而促进其内在心理机制的修复,对治疗起到正向推动作用。

（四）积极说明

医生在与患者进行沟通时,需要通俗易懂地表达医学知识,对于不可避免的专业术语,医生要加以说明解释。通常情况下,精神疾病患者对疾病的认识局限在症状层面,不了解疾病的原因、诊疗及转归,通过积极有效的沟通说明,让患者从多角度认识疾病,从而增进患者在治疗中的合作。同时,对沟通中患者不合理的观点应进行辩驳和认知矫正,根据情况适时做出调整,而并非一味地强调关系的建立。

如某中年女性患者,因怀疑丈夫出轨,经常查看丈夫手机信息,并且进行跟踪,前往丈夫所在单位,为此多次发生冲突。儿女均认为其是无事生非并且表示漠视和不理解。近期患者出现食欲下降、注意力不集中、热情减低等焦虑抑郁症状,医生对其进行药物治疗的同时,对患者"无理由地坚信丈夫出轨"的不合理信念进行了辩驳,并且引导她客观地分析现实刺激,鼓励她主动平和地尝试与丈夫进行沟通,之后患者症状得到缓解。

三、精神科患者沟通技巧

医患沟通是医务人员在日常诊疗过程中,就疾病、诊疗、预后等因素与患者及家属进行沟通交流的过程。由于精神科患者的特殊性以及患方对精神疾病的认识可能存在误区,精神科医患关系相较于其他科室更加敏感。因此,有效的医患沟通显得格外重要,不仅可以使医患双方相互理解配合,而且有利于疾病信息的获取和诊疗效果的反馈,达到利益最大化。

(一) 主要沟通对象的选择

精神障碍包括轻性精神障碍(又称为"神经症")和重性精神障碍(又称为"精神病性障碍"),前者包括恐怖症、焦虑症、强迫症、躯体形式障碍等;后者包括精神分裂症、躁狂抑郁性精神病、器质性精神病等。沟通对象的选择可以依据病情严重程度进行。

1. 患者　对于轻症患者,应当首先与患者本人进行沟通,这也是病史采集的过程。对于重症患者,也应尽可能与患者进行面对面的沟通,鼓励他们讲述自己的症状。对于不同疾病的患者,其临床表现有时截然不同,应采取相应的沟通方式。

(1) 与神经症患者的沟通:神经症患者基本具有良好的疾病自知力,可以主动讲述病情,但是对于不同心理特点和心理需求的患者,医生需采取不同的方式进行沟通。比如强迫症患者过分谨小慎微、事无巨细,会反复讲述病症,而医生则要帮助患者分清主次,并让患者相信医生已经关注到了他讲述的内容。焦虑症患者常出现与现实情境不符的过分担心、紧张害怕,医生在沟通过程中要引导和帮助患者缓解焦虑症状。疑病症患者担心或相信自身患有严重的躯体疾病,不仅反复就诊求医,而且对医生的态度和言语十分敏感。因此对于患者的任何问题都要保持谨慎专业、耐心平和的态度,避免模棱两可的回答使患者产生新的疑病思想。

(2) 与精神分裂症患者的沟通:精神分裂症患者前驱期常表现为情绪、认知、行为改变等状态,医生在沟通过程中应首先具备接纳的态度,在耐心倾听和细心观察的基础上,根据具体情况谨慎应对。比如面对抑郁、社交退缩等患者,应耐心鼓励患者多表达,选择他们感兴趣的话题,尽可能全面地了解信息。而显症期患者常表现为幻觉、妄想、激越行为等症状,在交流过程中应避免激烈的争辩讨论、不必要的身体接触等行为,以免患者受到激惹,出现危险行为。

(3) 与躁狂症患者的沟通:躁狂症患者通常表现为情绪高涨、易激惹且伴攻击性行为和被害观念。医生要保持平静、温和、诚挚、沉稳的态度,以倾听和安抚为主,不要随意打断患者,更不要发生争辩、冲突,尽量采取忽略等冷处理方式进行沟通。

(4) 与抑郁症患者的沟通:抑郁症患者常表现为与处境不相称的心境低落和兴趣丧失。患者思维迟缓,在沟通时要注意语速,尽量使用简短易理解的语句,必要时予以重复,核实患者能否理解问题,而且要耐心等待患者的反应。一些抑郁症患者存在悲观绝望和消极自杀的思想,如果患者主动提出,要耐心鼓励其说出真实想法,并评估其自杀风险。如果患者没有主动提出,医生也要积极询问,但不必过分表现出顾虑而因此增加患者采取行动的风险,因为隐藏的自杀风险比公开讨论的自杀风险更大。轻度抑郁发作的诊断和风险评估结果,应首先和患者本人沟通;中重度抑郁发作和伴有精神疾病性症状的诊断,以及相关自杀风险评估结果,应同时告知患者本人及其监护人。

2. 家属　对于轻症患者,应主动询问能否向家属了解情况,并充分尊重患者的意愿。对于重症患者,同时需要向家属了解详细情况。社会上仍有人对精神疾病存在不客观、不完整甚至歪曲的认知,造成了对精神疾病早期、准确诊断的延误。因此,在与患者家属沟通的过程中,要正确引导、充分交流,全面完整地获取患者的异常表现,避免家属依据自己的主观判断对病史进行不恰当的取舍。以下两种情况较常见:①家属过分强调患者发病的精神刺激因素,过多地描述导致患者发病的人或事,而忽略患者的具体病情描述,此时应注意引导话题;②家属在描述病情时只是笼统地说患者"胡言乱语""胡闹"等,应注意深入询问患者所表达的具体内容以及"胡闹"的方式、持续时间等。

关于疾病诊断的问题,重性精神障碍的诊断确立之后,应该首先告知患者的监护人。严格来说,患者的诊断信息不应向其他亲属披露。如果家属之间对此意见不一,应当与监护人沟通有关的法律规定,并协助监护人妥善处理家属间的沟通问题。

（二）沟通的主要内容与手段

1. 沟通内容

（1）疾病相关

1）精神障碍的病因:现代医学理念认为,精神障碍与其他躯体疾病一样,均是生物、心理、社会因素相互作用的结果。常见的误区是患者与家属往往将发病的原因归咎于社会因素,如学习压力、工作劳累、人际纠纷等,而忽略了生物、心理因素。在沟通过程中,要帮助患方正确认识病因,以便配合后续的治疗。

2）精神障碍的预后:随着精神药理学的快速发展,大多数精神障碍都可以进行对症治疗。但是由于治疗方法和技术的局限性,治疗效果还不够理想。同时不少精神障碍呈慢性、发作性病程,需要长期维持治疗,以免病情复发。简言之,精神障碍是可治疗的疾病,预后既不悲观也不容乐观。

（2）治疗相关

1）方案的选择:精神障碍的治疗包括躯体治疗和心理治疗,前者包括药物治疗和物理治疗。由于临床上部分患者拒绝治疗,再加上传统的医生和家属在治疗决定权上的强势,非自愿治疗是精神科的常态化问题。所谓非自愿治疗,是指违背患者意志,不同程度地限制患者自由,使患者在特定的医疗机构接受一段时间的观察、诊断或治疗。但是对于轻症患者,基于对患者的尊重,应首先与患者商讨治疗方案后再做决定。对于无自知力的重症患者,首先与家属协商治疗是法律允许的程序,但同时应当选择合适时机向患者说明治疗方案,尽量取得患者的配合,从而及时获得治疗反馈。

2）治疗中的风险:精神障碍的治疗中存在发生暴力、自杀(自伤)、躯体疾病(肢体损伤、药物性损伤)等特有的风险,在治疗决策时应告知患者及家属。针对这三类风险评估有专门的项目和工具,需要家属的密切配合。评估结果和防范措施是沟通的重点,必要时应签署相关书面文件。

精神药物的安全性与有效性都经过严格的医学科学实验的验证,合理、规范地使用很少有严重不良反应的发生。但是在治疗开始前,应详细告知患者及家属药物的用法、常见的不良反应、发生概率、发生后的处理方法等。

物理治疗是治疗精神疾病的主要方法之一。随着该领域的发展,许多新的物理治疗方法被提出。目前临床上较常用的方法为电痉挛治疗,有条件的地方已推广使用改良电抽搐治疗。在拟定治疗方案前,应充分告知患者及家属物理治疗的适应证、禁忌证、治疗方法、相关并发症及后续的处理方法等。

随着社会的发展和进步以及越来越多的人对于自身健康的重视,医患关系也由传统的医生占主导地位发展为共同参与型的模式。对于精神障碍患者这一特殊群体,医患双方更应该互相信任、支持,以患者为中心,建立密切、合作的关系,形成广泛的治疗联盟,帮助患者缓解病痛,早日回归社会。

2. 手段

（1）观察:观察至少有两个作用。一是建立最初的假设性诊断,二是体察和了解患者的心理状态。观察的主要内容包括:一是患者的表情、眼神、姿态、交流方式、穿着、一般状态和意识状况;二是陪伴者的态度、情绪状态、身份等。这些对于疾病诊断和风险评估都有重要价值,对陪伴者的观察有助于早期发现潜在的医疗风险、判断家庭关系等。

（2）倾听:这是最基本也是最重要的一项技术。沟通过程中,医生要尽可能耐心、专心、关心地倾听患者的倾诉,敏锐地捕捉有用的信息,并通过信息的反馈及时调整沟通的内容与方向。可以说,倾听是发展医患间良好关系最重要的一步。

（3）提问:为了尽可能地避免信息遗漏,医生最好使用开放式的提问方法,可使患者在压力较小的沟通氛围中讲述自己的相关信息。"先开放,后封闭"的提问方式是经常采取的策略。

（4）非言语沟通:包括面部表情、眼神、手势、身体姿态、空间距离和方位等,医生可以通过这种方式鼓励或制止患者的表达。比如医生可以采用身体前倾、眼神鼓励、微笑等方式鼓励患者讲述信息；也可以通过后倾、垂目等动作表达对所讲内容不感兴趣。对于部分患者，也可以通过肢体接触来表达善意、拉近距离。

（5）肯定：指肯定患者感受的真实性。比如面对患者的幻觉等感受时，可以表示理解，这有助于与患者间的沟通。

（6）澄清：即弄清楚事情的实际经过以及整个过程中患者的情感体验。尽量不采用刨根问底的询问方式，以避免患者对医生的动机产生怀疑，出现防备心理。最好让患者完整地叙述事件经过及其在事件各个阶段的感受。

（7）代述：有些想法和感受患者不好意思表达，或是不愿明说，如对患者疾病十分重要的信息，医生可以代为叙述，例如有关性功能障碍这样的话题。

（8）重构：把患者说过的话用不同的措辞和句子加以复述或总结，但不改变其原有的意思。重构可以突出重点话题，也可以向患者表明医生已充分理解其感受。

（9）鼓励表达：医生可以用一些未完成句，来鼓励患者继续表达。可以适当举例或者用医生本人的亲身经历引发患者的共鸣，拉近距离。

（10）书面沟通：指医患双方借助文字、图案等进行的沟通。对于不愿交流的患者或盲人、聋哑人等，可以采用书面形式进行沟通。健康教育资料、各种医患沟通知情同意书，都是医疗过程中必不可少的材料。

（三）回归家庭与社会的辅导

与躯体疾病一样，精神康复应该综合地、协调地应用医学的、社会的、教育的、职业的和其他方面的措施，对精神障碍患者进行训练和再训练，以减轻疾病因素所造成的后果，尽量改善其社会功能，提高其自身能力，进而获得平等参与社会生活的权利，完成社会角色，履行社会职责。

精神障碍康复的三项基本原则是：功能训练、全面康复、回归社会。功能训练是指利用各种康复的方法和手段，对精神障碍患者进行各种功能活动，包括心理活动、躯体活动、言语沟通、日常生活、职业活动和社会活动等方面能力的训练。全面康复是康复的准则和方针，使患者在生理上、心理上、社会活动上和职业上实现全面的和整体的康复。而回归社会则为康复的目标和方向。

精神障碍康复的地点包括医院和社区。医院康复是指患者在精神病医院或精神病疗养院进行治疗和康复。在我国，这仍是整个精神康复的重要环节。社区康复是指启用和开发社区的资源，将患者及其家庭和社区视为一个整体，对疾病的康复和预防所采取的一切措施。当患者病情好转，无须住院治疗时，医生应尽力协调，联系社区卫生中心，帮助患者早日从医院回归社区、回归家庭。

第三节　皮肤科医患沟通

一、皮肤科患者的一般心理特征

皮肤疾病是发生在皮肤和皮肤附属器官的疾病的总称。皮肤是人体最大的器官，皮肤病的种类繁多，多种内脏发生的疾病也可以在皮肤上有表现。皮肤病的原因很多，比如感染引起的皮肤病，如麻风、疥疮、真菌病、皮肤细菌感染等，常常有一定的传染性，不但影响身体健康，而且可能引起恐慌与社会歧视。但是随着生活水平的提高和科学技术的进步，传染性疾病在全世界已经得到明显控制。其他引起皮肤病的内在、外在因素包括机械性、物理性、化学性、生物性、内分泌性、免疫性等，目前越来越受到人们的重视。

随着社会经济的发展，医学模式逐步向生物 - 心理 - 社会医学模式转变，人们对疾病的认识也逐渐提高，患者的心理护理已成为现代医学模式的重要组成部分。皮肤病种类繁杂，但大多发于内而形于外，和机体内部脏器在功能上常存在着密切的相关性。一些病变广泛而又严重的皮肤病，病程长且尚缺乏良好的治疗手段,影响患者的生活质量。这类皮肤病患者一般有焦虑和自卑心理,害怕别人歧视的目光,导致患者心理上的压抑和精神上的痛苦。这就需要医生做好皮肤科门诊患者观察、心理护理的工作,必要时对其进行心理疏导,以消除患者的心理障碍,从而积极地配合治疗。

皮肤科患者一般具有以下心理特征。

（一）自卑、恐惧

皮肤病的发生受多种因素的影响,一些发生在颜面部或暴露在体表的皮肤病,如白癜风,表现为皮肤局部或泛发性色素脱失,虽然不影响正常的生理活动,但由于影响美观,使患者的形象受损,一定程度上影响患者的社会交往,导致患者产生自卑心理。某些自身免疫性疾病,如红斑狼疮、天疱疮、硬皮病等,由于病程长和长期使用激素,导致皮肤色素沉着,并造成满月脸、水牛背等,给患者工作、生活带来不便,使患者羞于与人交往,更因害怕传染给家人和遗传给下一代而产生恐惧、焦虑心理。

（二）抑郁、烦躁

如银屑病皮疹可表现为多种形态,鳞屑厚积,头发呈束状,造成患者自我形象紊乱,因病情反复和长期的疾病折磨,导致患者经济上的拮据和生活习惯的改变。此外,由于患者对疾病过程不了解、治疗方案不清楚以及对治疗效果欠满意,可产生郁闷、烦躁情绪。

（三）羞怯、懊悔

多见于性病患者,因大多由不健康性生活感染发病,患者对病情难以启齿、羞于就医,病情反复,患者害怕被发现以及传染给家人,担心费用过高、无法治愈等。来自社会、家庭及疾病本身等各方面的因素都给患者造成极大的精神压力,在心理上表现为恐惧、懊悔。

皮肤性病患者的心理压力较大,在就诊过程中可能因担心自身隐私得不到保护而存在顾忌。随着临床医学模式的不断转变,人类文明程度提升,公民权利意识和法律意识增强,保护隐私权成为当前社会公众关注的普遍问题。现代护理医学的相关指标显示,如果在护理指导过程中存在隐私泄露的现象,会对患者的生活造成一定的影响,因此必须维护患者的隐私权。

二、皮肤科医生的角色定位

皮肤科医生负责皮肤性病门诊的日常工作,对患者进行皮肤检查、诊断与治疗,并配合做好患者的各项护理与注意事项宣教工作,合理推荐专业的护肤产品,做好患者回访工作和各项登记工作,妥善记录、保管档案。日常工作中,皮肤科医生应认真执行各项规章制度和技术常规操作,亲自操作或指导护士进行各种重要的检查和治疗,参加病房的临床病例讨论及会诊,门诊出诊,负责完成病历讨论记录和会诊记录,掌握患者病情变化,及时处理危重、死亡医疗事故或其他主要问题。同时,皮肤科医生需要随时了解患者的思想、生活情况,做好患者的思想工作、健康咨询、电话咨询等工作。在做好日常工作的基础上,皮肤科医生还应参加学术交流和学术活动,学习、运用国内外的先进诊疗经验,开展外科、传染病新技术、新疗法的科学研究工作,以期运用国内外先进经验指导临床实践,大力开展新技术、新疗法,不断提高医疗质量。

三、皮肤科患者沟通技巧

皮肤科的门诊患者的流动性较大,发病时间也不同,有的是急性期,有的是慢性期。在患病之后,心理状态、对疾病认知程度、态度、要求都是不同的,所以诊治、护理的困难较大。皮肤科疾病的病种繁多复杂,由于皮肤可与外界直接接触,尤其是面部病变使患者心理压力更大,对于诊断的要求也更高。为使医患沟通更加顺畅、医患关系更加和谐,在皮肤科医患沟通中,应明确以下几点。

（一）加强专业知识学习,提高自信心

皮肤科医生需熟练掌握皮肤科的基础知识,加强对皮肤病的理解。皮肤病以不同大小、形态、颜色、质地的各种皮损呈不同排列组合而成,不同的疾病有不同的皮损表现。皮损的表现特征是斑疹、丘疹、水疱、糜烂还是苔藓样变,是单一形态还是多种形态,以哪种为主,分布状态如何等,均是构成皮肤病诊断的基本要素。皮肤病的演变过程通常是变化的,同种疾病的不同阶段具有不同的临床表现,不同种皮肤病的发病部位、皮损形态可类似。疾病的诊断和治疗手段也并非一成不变的,同种疾病可以通过不同方法诊断,也可以有不同的治疗方案。同时,同种皮肤病在不同时期的治疗上也不尽相同,如湿疹的急性渗出期以溶液湿敷为主,红斑、丘疹的亚急性期选择洗剂、软膏,而慢性苔藓化的皮损则选用硬膏或涂膜剂。皮肤科的专业分支很多,基础知识涉及解剖学、生理学、生物化学、病理学、微生物学、免疫学、诊断学、药理学、美容学、伦理学等,掌握这些基础知识使皮肤科医生对疾病的病因、发病机制、诊断、鉴别诊断及治疗的理解非常重要。此外,应注重培养皮肤科医生对疾病的敏锐观察力,拓宽其临床思维,避免过于片面、简单的思维,从而帮助皮肤科医生更好地学习,拥有充分的知识储备,在与患者的交流中更有自信心,才能得到患者的尊重。

(二)加强入科教育,培养医患沟通意识

　　带教老师应该对初入科室的医生进行相关医疗法律、医德医风等医疗安全教育,增强其医疗法治观念及服务意识。同时,带教老师要结合自身阅历向入科医生讲解医患沟通的重要性,进一步强化其医患沟通的意识,教授医患沟通的策略。例如,皮肤科医生与患者接触时应该注意自己的言谈举止,切忌表现出惧怕、厌恶。耐心倾听、眼神交流都可帮助皮肤科医生得到患者的信任和肯定。一方面使医疗活动更加人性化,患者信任度提高,从而有助于消除医患沟通中可能存在的冲突;另一方面,医务人员的能力与价值也可以得到肯定,从而使医患沟通更加畅通,医患关系更加和谐。皮肤科医生应该明确哪些皮肤病会传染,传染的途径是什么,并采取适当的保护措施。接诊患者时,不应流露出任何惧怕“传染”的表情、动作及语言,例如往后躲、用眼神及手势制止患者靠近自己,甚至使用“离远点”“传染”等。触诊时戴上一次性手套,其主要的目的是保护患者,应该做到触诊每个患者前更换新手套,并让患者看到更换过程。查体时让患者一部分一部分地暴露皮损。即使是一眼能明确的疾病,最好依然从头到脚先做一般的全身检查,再做相关部位皮肤、指甲的局部检查,不应该让患者觉得仅是草草看了一眼就开具处方,这样难以获得患者信任,甚至导致纠纷。在询问冶游史及性病病史的时候,要注意充分保护患者的隐私,避免问诊时有患者家属或其他无关人员在场。虽然多数皮肤病病因还不明确,但是皮肤科医生也应根据循证医学证据向患者讲解此病与多种因素有关,以及如何控制疾病并预防复发等。

(三)掌握良好的医患沟通技巧

　　皮肤科医生应注重良好医患沟通能力的培养,掌握一定的医患沟通技巧。带教老师应采取各种方式培养学生的医患沟通能力,结合皮肤科特点及自身经验教授常用沟通技巧。通常可以采取科内小讲座、分组病例讨论等方式,在理论基础上通过实践强化医患沟通技巧和技能。也可以采用典型病例教授法,挑选一定的医疗纠纷典型案例给新入科医生进行讲授,分析讨论该案例中医患沟通存在的问题以及如何化解问题。在医患沟通中尤应着重注意以下几方面技巧。

　　1. 倾听　倾听是良好医患沟通的先决条件。没有真诚的倾听,良好的医患沟通必将是无根之花。要学会倾听,态度要真诚,对患者要尊重、关爱,做到急患者之所急,想想者之所想,从患者利益出发,饱含感情、积极倾听,才能深刻地理解患者的意图、了解患者的期望,增加医患的互信感并获取完整的医疗信息,有利于医生对疾病的诊疗,更有利于建立良好的医患关系。

　　2. 语言　语言在医患沟通中是重要的载体。医生在医患沟通中要做到语言表达清楚、简洁明了、准确,尽量减少医学专业术语的使用,同时要充分考虑到患者及家属的接受和理解能力,并使用礼貌性和安慰性的语言。例如,在与一名接受皮肤病理活检术的患者进行沟通时,皮肤科医生应就皮肤活检的必要性及费用、皮肤活检属于有创检查及其可能出现的并发症等方面,尽量使用通俗易懂的语言向患者及家属清楚、详细地说明情况,取得患方的理解与配合。皮肤病多需要外用药物治疗,要详细交代外用药物使用方法。所以,皮肤科医生在开展施治的时候,需讲究语言技巧,针对不同患者和不同的病情,使用不同语言和表达的方式,比如采用安慰、鼓励、解释和劝导等方式,使用暗示性的语言,经过巧妙的暗示,以更好地发挥治疗效果。

3. 共情　共情在医患沟通中也是一种常用且有效的手段。共情是一种医生的态度,通常要求医生在诊疗过程中始终以患者为中心,从患者角度出发,深刻感受和理解患者及家属的心情,并通过医生的口头语言和肢体语言在医患沟通中体现出来。皮肤性病学的特点决定了对皮肤科医生同理心要求的特殊性。首先,皮肤病发生在易于观察到的体表,患者能看到和触摸到自己的皮损,因皮损影响美观而产生心理上的自卑感;其次,普通人因认为皮肤病有传染性而对皮肤病患者"敬而远之";再次,由于某些皮肤性病患者病史采集时需要问到接触史或者冶游史,这种病史采集的特殊性对保护患者隐私的要求很高;另外,由于皮肤病表现在体表,有时是乳房、外生殖器等特殊部位,有的患者羞于脱衣检查。对于有经验的医生来讲,多数常见皮肤病通过皮肤视诊即可明确诊断,但如果让患者觉得仅是草草一瞥,难以获得患者信任,甚至会导致医患纠纷。由于皮肤病多呈慢性反复过程,多数病因尚未明确,如果简单地告诉患者病因不明、无法根治,也会令患者丧失信心,甚至造成纠纷。患者除了就诊过程中的焦虑心理,通常还表现出常见的抗拒用药和依赖用药的心理。对抗拒用药的心理,需分析其原因,并且阐述清楚用药的效果及其方针,帮助患者消除抗拒用药的心理。患者最多见的是盲目依赖用药的心理,对于这种心理,医护人员需要指明其危害性,进行适当的阻断。绝大部分患者在刚进入患者角色的时候会产生行为退化、情感幼稚、自主控制能力下降等,表现出恐惧、紧张、焦虑和抑郁等。这些患者希望得到医生的重视,得到医术高明的医生的诊治,期待尽早明确诊断,接受最佳的治疗方案,并且迫切体验治疗效果。因此,皮肤科医生要学会共情,要有同理心,一切从患者的角度出发,医患沟通能力将有长足的进步。

皮肤科的患者流动性比较大,急急来、匆匆去,心态比较复杂,情绪具有不稳定性。但是,一些皮肤病具有病程长和反复发作的特点,特别是慢性复发病症的久治不愈,容易诱发患者的焦躁和烦闷情绪。在这个过程中,一些应激性的情绪会对身体有所影响,影响皮肤屏障的功能,不利于皮肤病的治疗。瘙痒、红疹和斑点等外在疾病的症状,容易造成初次患皮肤病患者的悲观消极情绪,对之后皮肤病治疗工作的开展有所影响。患者一般会背负长时间的心理负担,严重者演变成心理障碍,出现焦虑、抑郁心理。所以在接诊皮肤病患者的过程中,医生应秉持认真负责的态度,掌握患者的心理、行为表现,采用良好的语言技巧,按照患者心理的差异性采取不同的措施,并结合不同心理的反应做好心理治疗的工作,从而满足其心理需求,促使患者产生安全感、依赖感,使得他们的身心得到完全休整,进而更好地配合检查、实施治疗,促进疾病早日康复。

第四节　传染科医患沟通

传染病是由各种病原微生物和寄生虫引起的,能在人与人之间或人与动物之间相互传播并在一定条件下造成流行的一类疾病。由于其病种普遍具有较强传染性(infectivity),使得传染科成为临床的特殊科室。而传染性疾病患者也因此易受到周围人群排挤,从而产生相应的负面情绪甚至心理上的扭曲。加之传染性疾病较长的治疗周期以及较高的治疗费用,更是加重了患者的经济和心理负担,进一步影响了治疗效果,甚至引发医患纠纷。面对传染性疾病患者的特殊性,传染科医生应该了解患者的心理特点和需求渴望,清楚自我角色定位,及时正确地进行医患沟通,同时做好患者的隐私保护,从而减轻患者心理负担,增强医患配合度,达到避免医患纠纷、治疗疾病的目的。

一、传染科患者的一般心理特征

(一) 传染性疾病的一般规律

传染病是病原体感染人体后产生的具有一定传染能力的一类疾病,它的流行过程必须包含传染源、传播途径、人群易感性三个基本环节。而其流行过程也受自然、经济、文化、个人行为等多方面因素影响。此外,传染病的发生发展都有一定的规律可循,也是区别于其他疾病的主要特征。

1. 存在病原体　不同传染病病原体不同,每种传染病都由其特异的病原体引起,包括朊粒、病毒、细菌、寄生虫等,其中以病毒和细菌感染最常见。如肾综合征出血热是由汉坦病毒引起的自然疫源性疾病,霍乱是由霍乱弧菌引起的肠道传染病。病原体的检出还为疾病的确诊提供了有力依据。管理传染源也作为传染病预防的重要措施之一。

2. 具有传染性　传染性是传染病区别于其他疾病的最主要特征。它指病原体由一个宿主排出体外,经过一定途径传给另一个宿主。一种传染病可以有多种传播途径,如呼吸道传播、消化道传播、接触传播、虫媒传播、血液传播等。传染期指患者具有传染性的时期,其长短因病而异,是决定患者隔离期限的重要依据。

3. 流行病学特征(epidemiologic feature)　传染病在人群中不断发生发展即为流行。在传染病流行的发生中,传染源、传播途径和人群易感性三个环节缺一不可,并具有以下流行特征。

(1)流行性:根据传染病的发病率和波及范围可分为散发(sporadic occurrence)、暴发(outbreak)、流行(epidemic)和大流行(pandemic)。散发指发病率处于历年的一般水平,各病例之间没有明显联系,如普通流行性感冒。暴发指短时间内在一局部地区或集体单位,出现很多相同病例。流行指发病率明显超过历年平均水平。大流行指疾病传播迅速,很快蔓延全国甚至跨国或洲界流行。

(2)季节性与周期性:一些传染病的发病率与季节有关,即季节性高发。而某些传染病随着时间推移发生规律性的流行,称为周期性。主要与气温的变化、虫媒的存在、人的饮食等有关。如流行性腮腺炎以冬春发病为主,细菌性痢疾以夏秋发病为主。

(3)地域性:由于气候条件、地理位置、生活习惯等的影响,某些传染病局限于一些地区,称之为地方性传染病。

(4)外来性:本地区不存在、由外来人或物传入而发生的传染病,如霍乱。

4. 有免疫性　人体在感染某种病原体后,可以对同一病原体产生特异性保护性免疫,即感染后免疫,属于主动免疫。但不同传染病产生的感染后免疫力持续时间不同,如血吸虫病、流行性感冒等免疫力持续时间短,而乙型脑炎等免疫力持续时间长。因此,免疫力持续时间短的患者在首次感染病原体之后,会出现再感染或重复感染的情况。

(二)传染性疾病的临床特点

1. 病程发展的阶段性　不同传染病有着各自独特的体征和症状,但其病程都具有一定的阶段性或规律性。以急性传染病病程为例,通常分为 4 期。

(1)潜伏期(incubation period):人体被病原体侵入到表现出临床症状的时期,称为潜伏期。不同的传染病潜伏期不同,其都有各自的最短和最长潜伏期,短则数小时,长则数月甚至数年。如细菌性食物中毒仅在数小时内即可发病,而人类免疫缺陷病毒(HIV)可以潜伏数年以上才表现出临床症状。在此期间,病原体在人体内不断繁殖、迁移、破坏,从而引起组织和功能损伤,直至出现相应的临床症状。一般来说,病原体数量越多、毒性越强,潜伏期越短。

(2)前驱期(prodromal period):在疾病的特异症状出现之前,患者往往会出现发热、头痛、四肢酸痛等大多传染病共有的非特异性症状,这段时期称为前驱期,一般维持 1~3 天。麻疹等传染病在前驱期就已经具有传染性。

(3)临床症状期(clinical symptoms period):患者出现该疾病所具备的特征性的临床综合病症,包括特异性的症状、体征和各种功能异常,如出现特征性的黏液脓血便、皮疹、脑膜刺激征等。该期病情达到高峰。

(4)恢复期(convalescent period):临床表现逐步消退,体力、食欲逐渐恢复,机体组织调整修复,病理生理过程基本终止,身体机能最终回归正常。

2. 常见的临床表现

(1)发热:大多传染病的非特异性表现,可分为体温上升期、极期和体温下降期。此外,还可以通过热型对疾病进行鉴别诊断。稽留热多见于伤寒、副伤寒、斑疹伤寒,弛张热多见于肾综合征出血热、败血症等,间歇热可见于疟疾,回归热可见于布鲁氏菌病等。

（2）皮疹：很多传染病都会出现特异性的皮疹和黏膜疹，通过观察皮疹的出现时间、顺序、分布、形态以及消退的情况，可以对不同传染病进行鉴别。如水痘多发疹于病程第 1 天，猩红热多发疹于病程第 2 天，麻疹多发疹于病程第 4 天，斑疹伤寒多发疹于病程第 5 天，伤寒多发疹于病程第 6 天等。

（3）肝、脾和淋巴结肿大：这是单核吞噬细胞系统在病原体刺激下产生的一系列充血、增生反应。

（4）毒血症症状：病原体及其产生的各种代谢毒物在体内不断地迁移、扩散，引起机体全身性表现。包括毒血症、菌血症、败血症等。

3. 临床类型　根据传染病病程的长短、病情的轻重及临床特点，分别分为急性型、亚急性型、慢性型；轻型、中型、重型、暴发型；典型和非典型。

（三）传染科患者的心理特点

基于传染性疾病自身传染性、流行性、难治性等特点，传染科患者心理活动也多具有特殊性。理解患者心理特征是进行医患沟通的首要任务。首先，大多传染科患者在疾病确诊后，即刻被隔离管控，不能与外界接触，社会属性缺失，生活节奏被打乱，这成为患者首要的心理负担。其次，由于缺乏疾病相关知识背景，患者不能对疾病做出正确对待和处理，从而容易产生恐惧、焦虑、急躁甚至自卑自责、自我价值感降低等负面情绪。再次，在人们的日常生活中，传染病总是作为一种"污名"而出现，患者担心自己的病情被周围人知道而遭受排挤甚至鄙视，所以很多传染科患者刻意隐瞒自己的病情，把传染性疾病说成一般性疾病。最后，很多患者得知病情后，一时难以接受，怨天尤人，甚至迁怒他人，产生了强烈的羞耻感，感到被疏远、排斥，严重者还会产生反社会心理，将自身疾病恶意传染给他人。由此可见，传染科患者由于其所患疾病的特殊性，其心理变化也具有相应特征，具体可以包含以下几个方面。

1. 恐惧心理　这种心理主要出现在疾病确诊初期，并且容易伴随患者整个治疗周期。由于患者对疾病了解的缺失，加之社会层面对传染性疾病的排挤，容易引起患者过度恐慌，认为传染性疾病是一种难以医治的疾病，病情重、花费高、治疗效果差等。此外，患者还害怕自己作为传染源将疾病传播给家人、朋友及同事，给家庭带来巨大负担，受他人斥责和排挤。如大多慢性乙型肝炎患者错误地认为，可以通过同桌共食等消化道途径将疾病传播给自己的家人，从而影响整个家庭。在这种心理的作用下，患者主要表现为惶恐不安、心神不宁、食欲和睡眠质量下降，不利于疾病的治疗。

2. 孤独心理　主要出现在住院和隔离的患者中。传染性疾病由于其特有的传染性和流行性，很多确诊患者需要被隔离管控。面对隔离病房陌生的环境、狭小的活动范围以及严格的探视陪护制度，患者不能与外界进行有效交流，日常社交生活被严重影响，社会属性严重缺失。患者往往会感到空虚无聊、生活单调无味，情绪始终处于低迷状态。

3. 焦虑、抑郁心理　主要由传染病的特殊性导致。因其具有传染性，患者在日常学习、工作和生活中都会受到影响甚至排挤、歧视，如果再涉及婚姻、家庭问题，会使患者变得更加焦虑不安。在疾病确诊初期，患者对疾病发展及预后的未知以及周围人群的疏远等多方面因素都会导致焦虑心理；如果疾病病程较长、反复发作、难以治愈，长周期的治疗以及昂贵的治疗费用均会降低患者治愈的自信心，并且长期处于焦虑状态，甚至演变为抑郁状态。

4. 悲观、绝望心理　这种心理常见于病情重、疗程长、难根治、经济条件差的患者。患者由于长周期的治疗、病情的反复迁延、病痛的折磨以及昂贵的治疗费用，很难对疾病的治疗保持乐观积极态度，久而久之，开始对生活、工作悲观失望，对日常接触人群情感淡漠，更有甚者对疾病不管不顾，放弃治疗。

5. 自卑、敏感心理　当患者得知自己确诊某种疾病时，往往会产生自卑心理，觉得自己处于社会的弱势一方，各方面都不如健康群体，从心理和行为上都与他人划清界限，出现情感冷漠、不与人交流甚至隐瞒病情等一系列表现。此外，传染科患者由于害怕他人嘲笑、排斥自己，对周围事物极其敏感，总担心自己的病情被别人发现，尤其在意与医务人员的交流，十分关注自己病情变化，如检验指标的变化等。

6. 逆反心理   传染病患者患病期间,心理大多处于高度应激状态,容易产生不良心理。有的患者不能接受自己的患病事实,怨天尤人,自怨自艾,容易产生逆反心理。对自身,后悔自己"粗心大意"染上传染病;对他人,埋怨他人把疾病传播给自己,甚至把埋怨心理转化为报复心理。患者常表现为不听从医嘱、对自身疾病置之不理,甚至在报复心理的驱使下,刻意隐瞒自身病情,造成传染病的进一步流行。

7. 其他   传染科患者心理复杂多样,除了上述心理特点,还会出现不安全感、多疑、急躁、愤怒等其他多样的心理特点。

(四)传染科患者的隐私保护

隐私权是每个人应当享有的权利,即个人能对自己的隐私生活、安全利益自由支配和控制,不受他人干扰的权利。而对传染科患者而言,隐私权主要体现在患者对自己的私密病情信息进行隐瞒,不被医务人员以外的他人知晓的权利。包括患者的姓名、年龄、肖像、联系方式等一般信息和所患疾病、既往健康情况等疾病相关信息。传染性疾病传播途径多样,往往涉及患者的个人生活习惯、性行为、生育情况等多种私密信息,一旦患者的相关隐私被暴露,必定会引起患者内心的慌张与担忧,也是造成医患关系紧张的隐患。因此,每个医疗机构和医务工作者应当尊重并保护患者的隐私权,妥善保管患者的病史资料。可以通过以下几点保护传染病患者的隐私权。

1. 国家建立健全相关法律法规,加大惩处力度   法律法规对人的道德行为具有规范作用,因它的存在,传染病患者的隐私得到了相应的保护,如《中华人民共和国执业医师法》中规定:医师在执业活动中,要关心、爱护、尊重患者,保护患者隐私。《中华人民共和国传染病防治法》提出:疾病控制机构、医疗机构不得泄露涉及患者个人隐私的有关信息、资料。但我国关于患者隐私权的相关独立法律条约依旧欠缺,因此国家应该大力推动相关法律部门,尽快颁布隐私法。此外,虽然我国现存相关法律尊重并保护患者隐私权,但是侵犯患者隐私权后应该承担的法律责任没有被明确规定。因此,我国隐私权的相关法律法规应当早日完善。

2. 医疗机构完善制度和设施建设,加强自身管理   医疗机构作为接纳传染病患者的主要单位,应该制订并落实相关政策,细化各项制度的标准和细节。如门诊严格执行"一人一诊室",不允许多个患者及家属同时候诊;隔离病房严格落实探视和陪护制度。再者,医院应该为患者提供良好的医疗环境,以患者为中心,提供人性化服务。如检查室设立活动窗帘或屏风遮挡,设置专人窗口核对身份后,再发放获得性免疫缺陷综合征、梅毒等相关特殊检查结果单。

3. 医务人员恪守职业道德,提高专业素养   作为传染科医生,面对的患者较其他科室的更具有特殊性,更应该关注患者的隐私保护。首先,医生在询问患者病史时,应该避免他人旁听,并且以患者为中心进行病史采集,给予患者尊重与重视。对于患者避免提及的内容,循循善诱,耐心追问,不强迫患者提及隐私信息。其次,医师进行床旁查房或者教学时,避免未经患者同意,泄露隐私。再次,也应该增强医学生保护患者隐私的意识,增设相关课程和教育培训。最后,随着电子病案的推广,网络环境存在的安全隐患不可避免地提高了患者隐私泄露的风险。这就要求医院加强相关网络建设,避免不法分子趁机而入;病案管理人员应恪尽职守,避免因自身疏忽造成隐私泄露,引起医患纠纷。

4. 患者提高个人隐私保护意识和能力   传染科患者更应加强隐私保护意识。随着互联网的发展,在当今这样一个信息社会里,很多患者在线下就医前都会选择在网络上进行相关症状的搜索咨询,这就容易导致个人信息被相关网站或软件收集,致使隐私泄露。此外,患者个人的检查报告单、复印的相关病历等医疗资料都应该妥善保管,加强防范意识。

5. 平衡患者隐私保护与公众利益,争取各得其所   传染性疾病由于其特有的传染性和流行性,若患者作为传染源没有得到及时管控,不仅损害自身健康,也会导致疾病流行,对其他社会群体产生危害,造成公共卫生事件,损害公众利益。因此,患者应树立正确的价值观,当个人利益与公众利益发生冲突时,应当以公众利益为主。寻找二者的平衡点,不仅需要患者自身努力,更需要广大群众树立起社会责任感和道德意识,利用社会舆论和相关法规,实现利益最大化。

二、传染科医生的角色定位

社会中存在各种各样的角色,它主要由人的社会身份和地位决定。医生角色是众多角色中的一种,是随着医学逐渐职业化而产生的,它是与患者角色相对应的一个概念,主要功能就是通过诊断和治疗疾病,帮助患者恢复正常的社会角色。由此可见,医生角色的定位主要取决于患者的需求愿望。客观疾病的存在需要医生具备精湛的医术,消极情绪的存在需要医生具备和蔼可亲的态度。此外,医生是医患关系中的一大主体,角色定位的恰当与否,势必会影响医患关系的发展。作为传染科医生,首先要了解传染科患者的生理和心理需求,才能做好角色定位,从而促进医患关系的良好发展。

(一) 传染科患者需求

1. 治疗疾病、解除痛苦的客观需求　由于客观疾病的存在,患者接受治疗的最主要目的就是缓解病痛、延长生命周期。

2. 被尊重理解、同情重视的心理需求　传染科患者在确诊疾病初期,大多处于自卑、焦虑状态,害怕被周围人群疏远,十分渴望得到身边人的尊重和理解,迫切希望被热情诚恳对待。同时,在就医过程中渴望得到医务人员的重视,从而缓解自身的焦虑状态。

3. 安全感与交流的需求　大多数患者在治疗过程中由于对疾病发展的未知,都会伴随着安全感的缺失。而传染科患者治疗环境的封闭性导致日常交流的缺乏,更是加大了患者安全感的缺失,从而渴望亲属的探望以及医务人员的关心。

4. 知情同意及隐私保护的需求　患者作为社会中的一员,享有对自身疾病情况的知情权以及是否进行相关治疗的同意权。知情同意是患者人权的保障,是医患沟通的根本。如前所述,隐私保护也是传染科患者重要的诉求之一。

(二) 医生角色在传染科医患关系中的影响

医患矛盾的缓解需要患者、医务人员、医疗机构以及社会媒体等多方面的努力。医生是其中的一方主体,也有着举足轻重的影响。

1. 医生的专业能力　合格的医生首先应该具备专业的知识素养,专业能力的缺乏势必导致患者对医生的信任危机。医患双方对彼此的不信任会使医患关系紧张,甚至导致医疗纠纷。

2. 医生的心理素质　除了专业能力,医生的人格、情绪等心理素质也会对医患关系产生影响。从心理学来讲,拥有抑郁质和胆汁质气质类型的医生,内心多敏感,遇事反应激烈,容易冲动。传染科患者大多病程较长、病情反复,内心处于自卑、敏感状态,需要医生的耐心治疗与疏导,而医生的消极情绪,如暴躁、易怒等,不利于医患关系的发展。

3. 医生的个人应激性事件　传染科医生由于接触病种的特殊性,在医疗过程中难免发生职业暴露,产生职业应激,对患者排斥疏远。作为社会群体的一员,也会像普通人一样遭受家人离世等应激性事件导致的负面情绪,这些都会影响到医患关系。

4. 医生的语言艺术　良好的医患沟通是医患关系融洽的核心。缺乏沟通技巧的医生在临床工作中的不当言语,容易损害患者的尊严和权益,引起患者内心的不满。

(三) 传染科医生如何做到正确定位

在了解了传染科患者相关心理特征以及基本需求后,从以下几个方面做起,有利于传染科医生进行正确的角色定位。

1. 作为工作者　医生作为医疗技术人员,是疾病治疗的决策者和实施者,有义务为患者进行正确救治。这就需要加强医生专业能力培训,提高医生救治能力,使其具备精湛的专业技术以及丰富的知识储备,从而减少误诊、误治现象。由于传染科疑难杂症多见,新发传染病不断出现,这就要求传染科医生应该与时俱进,不断在学习中汲取新鲜知识、提高综合素养。

2. 作为知情者　医生享有对患者病情的询问权及疾病的诊断权,这同样意味着具有医疗告知和为患者保密的义务。传染科疾病由于其特有的传染性,患者容易受到社会的排斥甚至歧视。因此,传染科医生必须尊重患者的隐私权并及时告知疾病的危害性。与此同时,也应该给予患者相应的心理安慰,避免患者过度焦虑。

3. 作为宣传者　医生作为医疗卫生服务体系中的一员,具有进行健康教育的责任和义务。诊疗工作中,面对传染病患者,医生有必要告知患者疾病相关知识,帮助患者明确疾病的危急程度,避免加重病情的不利因素。此外,传染病流行的防控需要全民参与,面对突发传染病疫情,传染科医生有义务对民众进行广泛的科普教育。如在新型冠状病毒感染疫情发生之初,国家卫生健康委员会就组织专家进行了相关科普教育,包括戴口罩、勤洗手、勤通风等疫情有效防控手段。

4. 作为研究者　医生具有从事医学研究、参与学术交流的权利,而行医的过程本身就是获得临床经验,从而进行医学研究的过程。在医生的职业生涯中,或多或少都会从事临床或基础研究。随着全球传染病疾病谱的迅速变化,新发传染病层出不穷,这就要求传染科医生积极开展临床研究,制订出更多科学有效的治疗方法,促进医学领域不断发展。

三、传染科患者沟通技巧

医患沟通作为构建和谐医患关系的核心,是每个医务人员都应具备的基本技能。通过医患沟通,可以获取完整的病史资料,制订正确的治疗方案,提高医患配合度,促进医患之间的和谐相处。由于医患关系存在目的指向性、信息不对称性、职业性、多层次性等特点,使得医患沟通不同于普通人群之间的一般人际沟通。医务人员须换位思考,站在患者角度思考和处理问题。现代医学模式是生物-心理-社会医学模式,形成了以患者为中心的诊疗模式。医生不仅仅需要关注疾病本身,更需要关注患者整个人的身心健康,并给予其精神慰藉。正如希波克拉底所说:"了解什么样的人得了病,比了解一个人得了什么病更重要。"而传染科患者诊疗过程中伴随的恐惧、孤独、焦虑、抑郁、悲观、绝望等心理,更是增加了医患沟通的难度。这就要求传染科医生充分了解患者心理特征及需求愿望,努力提升语言技巧,结合书面以及非言语沟通,与患者更好地进行交流,促进医患关系和谐发展。

(一) 消除患者内心防线,建立尊重平等关系

传染科患者大多不愿主动透露病情信息,怕被歧视疏远,过度自我保护不利于病史的完整采集。传染科医生应该主动与患者交流,通过"邀请-倾听-确认"三个环节的往复,查清病史。此外,医生还应该习惯应用追问性语言,如"还有吗""后来呢"等进一步完善病史。针对患者始终回避的信息,应该给予尊重理解,切身体会患者感受,真诚表达对患者的关心。

(二) 评估患者疾病了解程度,帮助其提高科学认知

大多数患者缺乏传染病相关知识,医生应该正确告知患者某传染病在传染期才具有传染性、不同传染病的传播途径等知识,提高患者对传染病的科学认知。如告知慢性乙型肝炎患者,该疾病的传染途径主要包括垂直传播、血液传播、性接触传播三种传播方式,共用牙刷、剃须刀等会导致乙型肝炎的传播。

(三) 详细告知患者病情信息、确定治疗方案,消除恐惧心理

尊重患者知情同意权,本着对患者有利的原则详尽告知患者或家属病情信息,科学解释疾病发生发展规律,与患者共同制订最佳治疗方案,消除初诊患者的恐惧心理。如告知乙型肝炎患者治疗以抗病毒为主,基本疗程为1年,治疗过程中需要定期复查肝功能、乙型肝炎病毒DNA定量等检查,并根据复查结果调整治疗方案和周期。

(四) 及时告知患者病情转归、评估治疗效果,满足安全感需求

对于病程较长、反复发作的患者,医生应该及时告知患者病情的变化转归以及目前治疗方案的效果,帮助患者树立战胜疾病的信心,消除不安心理。

(五) 保护患者隐私,避免损害患者自尊

传染性疾病传播途径多样,涉及患者较多个人隐私。医生在诊疗过程中,未经患者同意禁止泄露患者信息,避免在病房、办公室等场合大声讨论患者病情,损害患者自尊。与患者沟通交流时,注意观

察患者情绪变化,避免使用"恶化""死亡"等刺激性词语,并用适当方式安抚患者负面情绪。

(六) 积极与患者家属沟通,共同帮助患者渡过难关

大多传染科患者害怕自己作为传染源将疾病传播给家人,即使疾病不处于传染期,也主动与家人疏远,避免家属知晓过多病情。作为医生,应该在取得患者同意的基础上,积极告知家属患者相关病情,让家属主动参与诊疗经过,为患者带来正面影响,共同营造积极的医疗环境,帮助患者战胜疾病。

第五节　医技科室医患沟通

一、医技科室患者的一般心理特征

(一) 医技科室定义

医技科室是通过一些专业的诊疗设备或技术辅助临床科室诊断或治疗疾病的科室,是医院的重要组成部分。通常包括:放射影像科、核医学科、检验科、病理科、药剂科、手术室、理疗科、输血科、病案室、消毒供应室、营养部和相应的临床功能检查室等。

(二) 医技科室的特点

1. 独立性　医技科室不仅独立于临床科室,各医技科室之间也相互独立。不同医技科室无论是空间上还是专业分工上均有其独立性,其工作内容、程序、要求之间有相对较少的联系。

2. 辅助性　医技科室作为医院的辅助科室,独立于各临床科室,但其所有工作围绕临床诊疗及科研展开,为医院所有患者(包括门诊、急诊及住院患者)以及医务人员提供技术支持和服务。

3. 专业性　医技科室的工作依赖于专业的设备、仪器和试剂等,不同的科室有不同的专业分工,其工作人员也需具备所在科室的专业水平和要求,以便为临床提供全方位的服务。

4. 技术性　设备和仪器为医技科室提供功能支持,医务人员必须具备专业的技术对不同仪器设备进行控制和操作,从而为临床诊疗提供依据,而技术水平的高低也会决定科室工作水平和质量。随着科技的发展和创新、医疗设备不断的更新换代,技术知识和能力也需要随之更新。

(三) 医技科室患者的一般心理特征

1. 急躁　患者在医院就诊时,往往因为疾病本身带来的痛苦以及对疾病的害怕、担忧等,表现出迫切使病情好转的心理,急于检查与治疗。而在医技科室,如影像科、超声科等,由于就诊人数多、仪器设备及技术人员的相对不足,使得患者在就诊时不得不排队等待。又如一些检查如磁共振等,检查时间相对较长,若医师遇到疑难问题还可能会耗费更多的时间在一个患者身上;或者遇到急诊患者需要紧急检查等,使其他等待的患者产生不耐烦、急躁的情绪。此外,患者在检查结束后往往希望尽快知道检查结果,但是由于检查项目的不同,从检查到取到检验报告需要数小时到数天不等,患者在短时间内不能得知自己的检查结果,对结果的未知、自身疾病的担忧等会导致患者失去耐心、心急如焚。

2. 易怒　医技科室的患者往往比其他科室的患者更加偏激、易怒,这是由于医技科室环境不佳、患者就医过程不畅等客观因素以及医患之间主观因素造成的。具体表现如下。

(1) 客观原因

1) 就医环境不佳:在医院里,一些医技科室所占的空间相对独立和狭小,就医环境拥挤,尤其在大型三级医院,每天都有大量患者聚集排队。因此,这些科室的人群密集程度相对较高,导致就医环境较差。

2) 缺少导医标志:不同的科室坐落在医院不同的区域,一些医院的导医标志不完善、破损后未及时更换甚至标志错误,导致患者难以顺利找到相应检查位置而不能及时就诊。

3) 部门设置分散:医技科室各部门位置设置比较分散,有时预约、缴费、检查和领取报告设置在不同的地方,会出现患者因为不了解就医流程而来回奔波的情况。

（2）主观原因

1）部分医护人员缺乏非言语沟通技巧，让患者误认为态度"冷淡"，甚至激怒患者。

2）医患沟通不充分或未明确告知患者一些特殊的检查要求，如需要空腹等，导致患者无法按时完成检查。

以上这些因素，都会使得患者在本身就急躁、焦虑情绪的基础上，更容易出现情绪失控、愤怒，严重时出现与人发生口角甚至肢体冲突等过激行为。

3. 紧张　患者在做一些检查和治疗时，经常会产生紧张甚至是恐惧的心理。一方面，因为患者本身患病的原因，会更加敏感、脆弱，而在相对陌生的环境做检查或治疗时，对自己和周围环境的掌控力下降而感到紧张。另一方面，由于工作量大，部分医生在为患者做检查时，更多注重疾病本身，而忽视对患者心理的安抚，与患者的沟通不足，医患交流过于机械化。当然，也有一些患者因为害怕检查出不好的结果，内心产生紧张和焦虑的情绪。

4. 怀疑　由于医患双方对于医疗专业的认知存在差异，考虑问题的角度也会有所不同。对于医生而言，医技科室为患者诊疗提供帮助，但是对于很多患者而言，由于医学知识的匮乏，并不了解检查的目的和作用，加之有些检查费用不低，导致患者认为有的检查是没有必要的；或者由于医患之间的沟通不到位，医生没有向患者解释清楚检查的目的及必要性，导致患者产生怀疑的心理，对于那些病情复杂、诊断不明、需要完成多项检查且花费高昂的患者而言，这种心理则更常见。另外，当患者发现检查结果与其预想结果、症状表现及临床诊断有差异时，也会对医生专业水平产生怀疑，甚至将自己的疾病怪罪于医生。

二、医技科医生的角色定位

医技科室或称非临床科室，是指运用专门的诊疗技术和设备，协同临床科室诊断和治疗疾病的医疗技术科室，包括检验科、病理科、医学影像科、药剂科等。因而具有学科专业跨度大、种类多、专业性强的特点。作为临床诊疗工作的重要科室，医技科室技术水平的高低、工作质量的优劣、检查报告是否准确，都会对疾病的诊治和预后转归产生直接的影响，甚至对医院科研、教学工作的成效也会产生影响。因此，医技科室在医院的正常运转中扮演着重要的角色。

医技科室服务是指医技科室中的医务人员与患者及家属在诊疗过程中产生的特定的医疗活动，是构建和谐医患关系的重要环节。医技科室服务主要由技术服务和非技术服务两部分组成。技术服务是指用精湛的技术为患者解除生理疾患提供帮助；非技术服务是通过医技科室制度的完善和流程的改造与优化，为患者提供最佳的就医体验，而良好的就诊体验是改善医技科室医患沟通的关键与基础。医技科室不仅面向患者和临床，以患者为中心，直接为患者提供服务，为临床工作提供诊断依据、治疗手段及医疗物质保障，同时面向全院，服务于全院的科学研究和教学工作。

随着医学科学技术的发展，医技科室的分工越来越细，专业化倾向越来越强。医技科室各有其工作的专业性和规律性，应该利用各自专业特点独立、主动地开展工作。同时，除少数医技科室外，一般都是协同临床科室为患者服务，只有这样才能避免检查的局限性，发挥互补优势。只有医技科室的独立性与临床科室的协同性相结合，才能更好地发挥医技工作在诊治工作中的作用，才能不断提高医院的医疗质量。

（一）检验科

检验医学是以方法学为基础，通过物理、化学等相关检测技术，特别是借助先进的仪器和试剂等，对患者的血、尿、粪及某些分泌物等标本进行检验分析，进而为疾病的正确诊断与治疗提供理论与实物依据的学科。

检验科属于医学实验室，这要求检验医师精通检验技术，不仅要熟练操作仪器，做到严格遵守各项技术操作规范，避免差错，同时还能够深刻理解各种临床检验的意义，对各种检查项目采用循证医学的方法进行评估，并制订相关的疾病诊断检查组合。

大量先进仪器的不断涌入,使检查项目越来越多,各种疾病的检查、诊断、治疗、评估和监测,对检验医师专业知识的广度和深度要求越来越高。检验医师也要具备和临床科室沟通和交流的能力。既能对检验申请,病患的准备和识别,标本的采集、运送、保存、处理和检测,检验的结果等,提出规范要求,进行指导,又要参与临床病例的会诊,对检验结果进行正确解释,并能提出临床诊断的建议、规划,能开发新的临床检验,促进其临床应用。

检验与临床相结合,是发展检验医学的重要途径。检验医师除了做好临床所需的各个检验项目,还要有能力与临床医师做好交流沟通工作,为提高医疗质量、保障医疗安全提供全面、可靠、高效的服务。

(二) 医学影像科

医学影像学是利用计算机体层扫描(CT)、磁共振成像(MRI)、数字减影血管造影(DSA)、超声、发射计算机断层显像(ECT)等不同的成像设备显示人体器官的结构和功能,了解人体的解剖结构、生理功能状况和病理变化,从而达到诊断和治疗目的的一门学科。

影像科作为辅助科室,与临床一线息息相关。影像科医生的主要工作内容之一是阅片和撰写影像诊断报告,这是影像科医生的临床工作能力的重要体现。要做出正确的诊断,就要与临床充分地结合,要求影像科医师必须具备较全面的临床知识。放射界前辈吴恩慧指出:同一病灶可有不同的X线表现(即"同病异影"),并随时间变化而改变病灶影像,不同病灶可有相似的X线征象(即"异病同影")。影像诊断工作如果没有足够的临床依据,单从一张影像图片诊断,考虑到"同病异影"和"异病同影"的因素,就可能仅把诊断结果罗列出来,甚至出现了只叙述征象的诊断意见,以至于一些缺乏专业影像诊断知识的临床医生,面对如此多的条目,可能会出现难以判断的结果。医学影像学诊断应与临床资料紧密结合,排除"同病异影"或"异病同影"中不可能出现的诊断,为临床科室提出更确切的诊断意见,能使患者疾病诊断准确率有较大提高。

医学影像科的显著特征是借助设备完成检查或治疗,大多数项目在较短时间内完成,患者检查期间更多的是与冰冷的医疗器械接触,医患交流时间少,易引发医患矛盾。这就要求影像科医生必须尊重患者的知情权、选择权,耐心、细致地解释相关检查,让其有更多的选择余地。如有风险、有创性检查及使用造影剂等情况,影像科医师都应如实、详细地事先告知患方并取得签字同意;同时要尽可能采取一些方法化解风险,把可能出现的风险降到最低。同时,充分考虑患者的心理感受,对患者的人格权、隐私权予以尊重。进行检查时,医师要积极主动地与患者进行交流,采用通俗易懂的语言指导患者取合适的检查体位,同时可利用专业知识指导患者减轻不适等,关注患者检查后的感受。

医学影像科作为医技科室之一,具有较强的实践性,对疾病(特别是不典型病例)的正确诊断常需要结合其他临床学科的医学知识及病史等,对影像诊断进行分析,提出可能诊断,进行鉴别诊断,最后做出正确诊断。这就要求医师具备一定的临床思维能力。现代医学影像科医师在医疗、教学与科研方面的发展缺一不可。

(三) 病理科

病理诊断,或称"最后诊断",通过对活检组织、尸体剖验和脱落细胞等形态学的观察,直接用于临床疾病的诊断,它对许多疾病的确诊、治疗方案的选择和预后判断具有重要的意义,有时甚至是决定性的意义。因此,病理诊断在疾病诊断中被称为"金标准"。

病理科的医患纠纷,很多不是诊断水平有限造成的,而是医患双方沟通不畅造成的。病理科医生与临床科室及患者之间的交流工作是医院整体质量管理有待提升的环节。因此,作为高风险、高责任的病理科,更要主动加强与临床科室和患者的交流工作,提高三方的满意度。

病理多学科协作模式作为临床与病理相结合的一种模式,可以起到学科互补的作用,共同提高诊断和治疗水平。这就要求病理科医生在各个工作流程中与其他科室医务人员及患方相互尊重、密切配合,摆脱传统的"只见标本不见人"的工作模式,贯彻"以患者为中心"的服务理念,不断加强与临床科室及其他医技科室的沟通,提高病理诊断水平,提高服务质量,进而确保医疗质量和医疗安全。

(四) 药剂科

药剂科是根据医院医疗、科研、教学的需要和基本用药目录编制药品计划,向临床提供安全有效、质优价廉的各类药品,查询、掌握药品科学技术和药品市场安全信息的非临床科室。

药品是医疗工作的重要手段,用药安全是药剂工作的首要责任。而药学专业又是一门专业性很强的学科,无论是药品配方、发药,或是调剂、制药、药检、采购和保管等工作,均要求药剂工作人员具备扎实的专业理论基础知识和过硬的操作技能。因此,药剂科医师应不断提高自己的专业技术素质和道德素质,这是做好药剂工作的首要要求。

药剂工作人员的服务质量和态度关系到患者的用药心理效应。和蔼的态度、优质的服务,可使患者产生良好的用药心理效应,有利于疾病的治疗和康复。因此,药剂科医务人员在业务上要刻苦钻研、精益求精,在诊疗过程中要设身处地、细致耐心,在管理制度和程序上要科学合理,体现人性化服务,这样才能赢得患者及家属的信赖。

药剂工作是医院工作的有机组成部分,是临床诊断和治疗必不可少的重要环节。因此,药剂工作人员应树立为临床医疗服务的整体观念,主动加强与临床科室之间的协作,密切沟通,一起为患者服务。对不符合规定的处方应及时与医生联系,彼此交流,避免药源性疾病及其他严重后果的发生。

同时,在临床药学方面,随着其深层次的发展,临床药师还应具备一些临床诊断知识,主动了解临床用药的情况,掌握新的医药科技动态,及时向临床医生推荐新的药物,提供新剂型使用方法,对临床合理用药进行指导,并进行临床药学工作。从而安全、快捷、高效地为临床提供服务,确保患者的用药需要和安全。

三、医技科患者沟通技巧

(一)"窗口"服务意识的建立

医技科室设立"窗口"服务的初衷,不仅为患者服务,同时也为各个临床科室服务。医技科室的医务人员每天面对大量的患者,会面临各种各样的难题,对于在医患沟通过程中可能存在的各种问题都应该设想到,并且应做到尽可能地规避,从而在源头预防医患矛盾的产生,做到高质量、高效率、高满意度的服务。

应保持窗口及室内环境整洁,工作人员仪容端庄、穿着得体,等待区域挂放检查流程及注意事项,使患者对于各项检查有初步的了解。同时为了减少患者等待的时间,窗口人员应严格遵守工作时间,节假日安排值班。服务流程规范化,实行排队叫号制度。主动服务、及时处理、热情回应患者咨询,做到"首问负责制",不推诿患者。面对每一位排队等候的患者,医务人员应仔细核对患者基本情况,充分了解患者的检查意图,告知其检查前的注意事项,并在交谈过程中保持亲切友好的态度,言语通俗易懂,耐心地答疑解惑,尽可能消除患者因就医带来的紧张情绪。同时确保患者的知情同意权,告知其检查目的、检查项目、检查部位、检查费用,费用日结日清,如有结算问题及时主动与门诊、临床科室联系协调,减少患者往返,节省患者就诊时间。

不同的科室应依据自身科室特点设立相关规章制度。门诊分诊台的工作人员应明确各个科室的职能与工作内容,做好导医分诊工作,合理分流门诊患者。影像科应按时发放影像报告,协助患者查询打印报告,放射性区域应在墙上挂醒目标识。检验科及时接收标本、及时检验,确保工作区域干净整洁,避免标本污染,加强窗口前后协调与配合,严格核查标本与患者信息是否符合,避免差错。体检中心应规范体检流程,标识醒目,及时发放检查结果,以最优的价格提供全面检查,做到疾病筛查、早诊早治。药剂科窗口开展药剂咨询,窗口人员具备相关专业知识,正确、及时、耐心解答患者及医务人员提出的用药疑惑与问题;严格核查处方用药配伍的合理性,避免配伍禁忌;严格执行查对制度,如核对用药人与所发放药品是否匹配,避免发药错误;药品使用说明、用法用量及注意事项应交代清楚;发药前检查药品,严禁发出假药、过期药、污染破损等不合格药品;药品价格合理明确,收费明细一一罗列。

NOTES

（二）患者的宣教与知情权

医生在检查前应明确告知患者或家属此次检查目的、检查内容、检查项目、检查方式等,内镜、穿刺等特殊检查应向患者及家属明确告知适应证与禁忌证,提前告知检查过程中可能出现的问题,不隐瞒、不夸大风险,核对检查费用明细,征得患者或家属同意后签署知情同意书。注射放射性药物时告知患者注射药物后的注意事项,检查前指导患者做好准备,如空腹、憋尿、摘除金属配饰等。检查结束后告知患者取报告的时间及地点。

超声科患者宣教:检查腹部之前,患者需禁食 8 小时以上,以保证胆囊内胆汁充盈,并减少胃肠道的内容物和气体的干扰。通常在前一日晚饭后开始禁食,次日上午空腹检查。膀胱、前列腺、子宫附件等检查,需充盈膀胱,在来医院前 1~2 小时喝水 1 000~1 500ml,喝水后适度活动、不排尿,使膀胱充盈,以利于检查。X 线胃肠道造影使用的钡剂是超声的强反射剂和吸收剂,胆囊、胆管附近胃肠道内残存钡剂,会影响超声检查,应在 X 线胃肠道造影 3 日后、胆系造影 2 日后再做超声检查。胃镜、结肠镜检查者需 2 日后再做超声检查。

胃镜检查患者宣教:医生应告知患者检查前一天晚餐后开始禁食、禁水,行肠道准备。高血压患者检查当日早晨可用一小口水送服降压药物,防止检查过程中因血压过高出现不良反应。糖尿病患者检查当日早晨应暂停降糖药或胰岛素的使用。吸烟的患者,检查前 1 天起需戒烟,以免检查时咳嗽影响操作;同时,禁烟还可以减少胃酸分泌,便于观察。检查前需完善血常规、肝功能、凝血功能、传染病筛查。年纪较大的患者还需要完善 X 线胸片、心电图、超声心动图等检查,以评估患者能否耐受内镜检查。接受胃肠道造影检查者,3 天内不宜做胃镜检查。检查前向患者说明检查的目的、必要性、安全性以及配合检查的方法,指导其解开衣领、放松腰带、取出义齿。耐心介绍配合方法,如检查时出现恶心、腹胀等不适时可做深呼吸,插入胃镜时做吞咽动作,以保证插管顺利与成功,消除患者对检查的恐惧、紧张心理。协助患者取左侧卧位,头部略向前倾,如有口水让其自然流入弯盘中,以免呛咳。检查后由于咽部麻醉作用未消失,仍需禁食、禁水 2 小时,2 小时后可先试饮水,若无吞咽困难或呛咳,再逐渐过渡到温软食物。检查后 1~2 日应避免刺激性饮食。若出现严重的腹痛或黑便等情况,需及时去医院就诊。

检验科患者宣教:患者在采血前一天避免运动和饮酒,一般主张在禁食 12 小时后空腹采血,门诊患者提倡静坐 10 分钟后再采血。有些血液成分间生理变化较大,因此应选择相对固定的采血时间,以上午 7:30—10:00 较为适宜,一般主张清晨空腹采血。烟、酒、咖啡、高脂、高糖饮食及药物,可使血液中某些成分高于正常或低于正常,需与一般病理情况相区别,采血前几日应注意避免饮酒和高脂、高糖饮食。激动的情绪或激烈运动都会影响一些血液成分浓度的变化,所以在采血前需要放松心情,避免过度紧张恐惧。不同年龄的个体及妇女在妊娠期、月经期血液成分有一定的生理差异,应注意与病理情况区别。

（三）患者的隐私保护

隐私权是每位公民都应享有的权利,在医疗活动中,应注意患者的隐私保护。医技科室应设立专门的窗口和人员发放报告,患者或家属凭借有效身份证明及相关病例报告才能领取,不能将患者的检验报告单随意放在桌上让患者或家属自行翻找。为患者进行诊疗检查时,如需暴露身体部位,应注意用窗帘进行隔挡,告知排队等候的患者勿在前一位患者检查中未经允许随意进出诊疗室或拉开遮挡窗帘,医务人员与被检患者进行交谈时应轻声细语,避免大声交谈。患者检查部位如有瘢痕、文身等异常形态或生理缺陷时,医务人员不应有异常表现,更不能议论。医务人员在医疗活动中要尊重患者隐私,患者享有不公开自己病情、家庭情况、接触史、身体隐私部位等权利,医务人员不得强迫或非法泄露。如需在诊疗中留取影像资料或记录用于科研、学术报道,应在征得患者或家属同意后进行拍摄、报道,患者病历资料未经患者本人或家属同意不得随意外泄或用于研究。医务人员在公共场所如电梯、楼梯间等地方避免谈论患者病情,随时随地注意患者隐私保护。检查科室的人员不得向无关人员谈论患者病情,确保患者隐私不外泄。

　　隐私保护因科室而异。病理科在收集患者信息时仅限于与所申请检查及实验操作有关的适当信息,不得收集与检查不相关的个人信息;当患者利益与公共利益发生冲突时,应以公共利益为重,例如可能存在重大及特殊传染病时,医务人员应当及时上报,并告知实验室人员、患者及与之亲密接触的人员;患者的检查结果应该对除本人以外的人员保密,由患者决定是否告知其他人员。超声科检查时原则上应"一室一患一检查床",检查时有窗帘遮挡,如需患者暴露腹部或下肢等,应向患者说明并解释原因,患者同意后方能进行检查;如需暴露隐私部位,应有同性别医务人员或家属在场,凡进行女性乳腺检查或经阴道超声检查,必须有 2 名医务人员同时在场,其中 1 名必须为女性。凡进行男性生殖器官检查,必须有男性医务人员或家属在场。体检中心在发放体检档案时应注意封面密封,并注明"非本人不得开启体检报告"的字样;电话咨询时,未确定为患者本人时不得随意告知体检结果;未经允许不得随意翻阅他人体检结果;不得向单位提供职工疾患的相关隐私;当体检检出重大阳性结果,如癌症时,不应直接告知本人,需联系其直系亲属并告知。

(和水祥)

【思考题】

　　1. 如何从特殊临床科室患者的心理特征入手,进行有针对性的临床沟通?

　　2. 特殊临床科室患者医患沟通的基本内容与技巧有哪些?

　　3. 不同特殊临床科室与患者沟通技巧的共性与个性有哪些?

11章

扫码获取
数字内容

第十一章
医生与患者家属的沟通

学习要点

- 能够理解医生与患者家属沟通的重要意义。
- 能够了解患者家属的基本心理和行为特点。
- 能够掌握医生与患者家属沟通技能的主要内容。
- 熟悉患者家属可能对诊疗过程进行干预的方式及应对措施。能在实践中灵活运用相关知识。

疾病在困扰患者本人的同时,也无时无刻不在困扰着患者的家庭及生活中与患者接触密切的人。在现代医学的生物-心理-社会医学模式中,医患关系包括的内容不仅仅是医生与患者的关系,还包括医务人员与患者家属、监护人乃至其所生活的社区、所工作的单位、组织等的关系。与医生和患者的直接沟通一样,医生与患者家属的沟通也是医疗工作实践中不可或缺的重要环节,是建立和谐、互信的医患关系至关重要的途径。在某些特殊疾病或特殊群体中,如危重疑难病患者、儿童、老年慢性病患者和认知障碍患者等的诊疗活动中,与患者家属沟通的重要性和必要性甚至超过了与患者本人的沟通。

通常来讲,接诊医务人员与患者家属的沟通主要是围绕患者的患病情况、诊断及治疗的手段方法,疾病可能的预后转归、康复方式,疾病相关的健康教育,患方经济状况和医疗服务评价等方面进行的言语和非言语交流。沟通过程中通常会涉及患者本人的治疗权、隐私权的保护,重要治疗方案的告知与解释等。在临床工作中,患者家属,特别是直接照料患者的家属,常常会成为容易被忽略的群体。医生与患者家属沟通不畅的情况时有发生,乃至很多医患矛盾和纠纷也是由于没有和家属做好沟通。究其原因,既与部分医护人员把主要精力放在了疾病的诊疗和与患者本人的沟通上,未重视与患者家属的沟通有关;也与部分医护人员不熟悉和未掌握与患者家属沟通的技巧有关。因此,理解特殊疾病患者家属的心理和行为特点,掌握与患者家属沟通的要点,不但能为患者及家属提供更好的医疗帮助和人文关怀,也是保证临床医疗工作顺利开展的重要环节。

第一节 患者家属的心理与行为特点

一、患者家属的心理特点

患者生病,特别是遇到病情恶化时,作为家属一定会非常悲伤难过,总想尽最大的能力帮助患者减轻或解除病痛,往往急于四处求医,希望患者能迅速摆脱病痛,顺利康复。患者所经历的所有情绪起伏,家属也会感同身受。除此之外,照料患者的家属还承担着其他的风险。许多患者家属的情绪和情感心理活动会在患者受疾病折磨的负性心理控制下,出现以下不良心理特征,医护人员如能及时识别并给予恰当的疏导,将有助于患者医疗活动的顺利进行。

(一)焦虑和敏感

焦虑情绪的本质是预期将面临不良处境时产生的一种紧张情绪。多数家属对患者的疾病缺乏全面的认识和亲身感受,在患者发生病情变化时很难做到深刻理解甚至存在误解,担心医护人员的医疗技术水平,又害怕相关的检查和治疗会有副作用,担忧长期住院加重家庭的经济负担,甚至医院的陌生环境等都会引发家属的紧张和焦虑情绪,这种心理比较普遍,也在所难免。家属面对的上述不确定性越大,内心所感到的焦虑程度就会越大。在既要照顾患者又要解决各种问题的多重压力下,家属普遍心理应激增强,遇事敏感冲动,易与医务人员发生冲突,特别是在诊疗过程中遭遇挫折或患者病情出现恶化或死亡时,更容易表现出焦虑甚至出现过激行为。

(二) 恐惧和缺乏安全感

恐惧属于人的防御反应,是因不可预料的因素而导致的无所适从的不愉快体验和心理反应,是企图摆脱威胁而又无能为力时所产生的担惊受怕的情绪体验。患者家属自身医疗知识的欠缺,对患者的生存希望、病情变化、预后转归没有把握,对就医的环境不适应,对医生的诊疗水平和服务态度过分担忧,均可导致其产生恐惧情绪。例如孩子患病时,家长由于心疼自己的孩子而对临床上常用的注射治疗及侵袭性、有创性的检查治疗产生恐惧,过度关注患儿的每一个微小不适,有些家长甚至还表现为在孩子接受检查和治疗时忐忑不安,要求医护人员必须不断观察或者一直陪护在患儿身边等。

(三) 抑郁和悲观

一个家庭里有人生病时,作为朝夕相处的家属不得不把精力投入到为患者四处求医或照顾患者中去,同时还必须为自身的工作、生活奔忙,在这种长期的重压下,不但需付出超常的体力,还要承受多重心理负担,尤其是慢性、复杂或危重疾病的患者可能会使其家属感到精疲力竭或耐心不足,从而影响其现有的工作甚至社会地位。如遇患者的疾病危重或有严重、永久的后遗症,使家属的经济负担陡然增加,抑或有些疾病没有特效或根治的治疗方法,虽经多种方法治疗后疗效仍不佳,使家属失去希望。在上述情况下,患者家属情绪多是低沉、灰暗的,如果长时间处于抑郁状态无法自拔,难免产生消极悲观的心理情绪。

(四) 自责和迁怒

许多家属,特别是父母在孩子生病后,常产生自责心理,常常表现为过度责备自己,致使产生沮丧、悔恨、郁闷、绝望等,甚至做出伤害自己的行为。部分情绪控制差的家属因无法接受患者患病的事实而迁怒于其他家庭成员甚至医护人员,容易用冲动的行为把自责愧疚的情绪宣泄到医务人员身上。对于这样的家属需要进行有针对性地、有技巧地疏导和解释。

(五) 怀疑和犹豫

在临床工作中,当患者所患疾病病情严重或复杂、症状在短期内不能有效缓解、诊断存在困难或治疗效果达不到预期时,患者家属必然会面临参与患者的检查及治疗的选择中。由于患者家属的社会阶层、接受教育的程度、文化背景等不同,其对疾病相应的医学知识储备和认识也不同。有的家属会出现犹豫不决、患得患失的心理,从而对医务人员表现出不信任,甚至可能因对医院基本设施、诊疗环境和条件不满而产生对医院及医护人员治疗能力的质疑。还有家属表现为对年轻医生缺乏信任,甚至格外挑剔,对经验丰富的医生依赖性强。在这些心理的影响下,也易因沟通不畅产生医患纠纷。

(六) 纵容和溺爱

在未成年患者中,家长有时会把孩子患病后自身的自责心理转化为对患儿不恰当行为的纵容,对孩子不合理的要求无原则地满足。在治疗过程中,孩子常因恐惧而拒绝吃药打针,家长因心疼孩子而过度迁就,甚至对医护人员提出不合理要求,导致患儿治疗的依从性不良、疾病加重或延缓疾病的痊愈。有些家长为引起医生的重视而夸大孩子的病情。家长对患儿的纵容,非但不利于疾病的诊治和康复,对于患慢性疾病儿童远期的教育和未来成长也会产生不良影响。

二、患者家属的需求

亲人患病后,虽然部分家属存在一些不良心理特征,但家属的共同心理基础都是帮助患者尽快恢复健康,同时尽量使医疗花费较低。在上述心理的作用下,患者家属表现出的需求特点主要包括以下几种。

(一) 知晓家人生命安全和伤病的相关信息

家人患病后,作为家属最期盼的是患者能早日康复,脱离伤病乃至死亡的威胁,因此家属最迫切的需求一定是能够获得关于患者所患疾病相关的诊断、治疗、预后、康复及医疗费用等各方面的翔实信息,不知晓疾病相关的准确信息会导致家属相当担忧和焦虑,而通过各种途径及时让家属获得上述信息也会有利于患者诊治工作的顺利开展和推进。

(二) 合理医疗费用支出

在患者家属陪同患者四处求医的过程中,期望能够遇到一个不但医德高尚、医术高超,而且能用最少的开支帮助患者恢复健康的医生和医疗机构,甚至一些缺乏医学常识且经济条件欠佳的患者家属,会因此向医生提出通过减少诊疗活动降低医疗费用的要求。但是,由于医学诊查过程所用某种方法难以精准预估等原因,家属的上述需求无法得到满足,从而导致家属对医疗行业和医务人员产生信任危机。

(三) 对自身的关爱与理解

亲人患病,作为家属,最主要的工作之一就是陪伴和照顾患者,这是一种身心疲惫又令人不愉快的经历,不但以往一贯的生活方式和节奏被打乱,自身的工作和家庭生活受到影响,还平添了沉重的心理负担。因此,家属自身也迫切需要来自各方的理解、同情、关爱和支持。

三、患者家属的行为特点

家属的各种心理状态和心理需求会通过各种行为外化,从而影响医患关系,患者家属的主要行为表现特征有以下几种。

(一) 病笃乱投医

家属对疾病本身缺乏全面客观的体验,对疾病的发展趋势和预后亦不能清楚理解,由此产生的焦虑或恐惧心理以及无助感外化在行为上。常表现为通过各种"途径"求医问诊,期望帮助患者寻求"专业的救助"。此时最容易把希望寄托在别人身上,也容易受人暗示和影响,就算是之前觉得荒唐无比的方法也会加以采纳和接受。特别是互联网非常发达的今天,不少患者家属从听信各种街头广告,转而通过诊疗水平良莠不齐的网络平台、"病友群"甚至自己上网学习等,"打听"各种诊疗方案。由于医疗行业专业性很强,有些患者家属因受教育程度低,不但没有能力辨别真伪,还会因为盲目听信错误的诊疗信息对医生正常的治疗安排产生怀疑,不但可能延误治疗时机,甚至会造成重大经济损失。患者家属的这种因过度焦虑引发的慌乱投医行为对医患双方的正常交流和沟通会产生不利的影响。

(二) 刻意隐瞒

在明确肿瘤等现代医学无法治愈的诊断时,因为"谈癌色变"等恐惧心理,患者家属们也同样面临着"说"(告知患者)与"不说"(隐瞒患者)这个两难的抉择。许多家属为了减轻患癌者的心理压力,往往从患者的心理承受能力考虑,选择隐瞒病情,还极力要求医生或医院配合家属隐瞒,更有患者家属要求院方另出具一份证明患者为良性病变的诊断报告,对患者隐瞒真实情况。但殊不知,这种做法不但侵犯了患者对疾病的知情权,更重要的是,大多时候这种"善意的隐瞒"却成了患者治疗路上的"拦路虎"。患者不知晓自己的真实病情,就不能主动参与正常的治疗,影响治疗效果,甚至还会间接引发医患间的冲突。

(三) 过高预期

大多数家属,特别是理想型或完美型家属会对患者恢复健康表现出强烈的愿望,希望通过医生的治疗,身体能完全康复,过正常人的生活。由于对肿瘤等复杂疾病或危重疾病的性质和进展趋势了解不足,加上巨大的经济投入,患者家属往往对实际疗效预期过高。当患者在接受治疗后,疾病得到暂时控制、症状出现缓解时,家属便认为疾病已得到逆转或盲目乐观地估计患者的病痛已根本解除;而一旦出现疾病复发或进展,或因为医疗技术水平的限制、药物治疗的副作用乃至在疾病的自然过程中出现病情加重,达不到家属想象中的治疗结果时,患者家属过高的期望值受到严重的打击,则表现为失望和不满甚至转化为愤怒,进而产生报复心理,危害医护人员的生命健康安全。此时,家属常常提出诸如"患者病情何时完全康复""到底需住院治疗多久"等带有明显时限性的问题,让临床医生难以准确回答。此时,如果医务人员不能把握疾病的严重并发症及其预后,没有和患者及家属进行有效的沟通,就有可能在医患之间产生纠纷,导致医患关系紧张。

　　总之,医务人员和医院需充分了解和考虑患者家属的文化背景、职业等,密切关注患者家属的心理变化及提出的各种诉求,采用灵活多样的方式与患者家属进行沟通,引导家属的行为向有利于疾病治疗和医患和谐的方向发展。

第二节　患者家属的作用

一、患者家属的权利

(一)病情的"知情"权利

　　患者家属有"获悉"疾病的病情和治疗的权利,包括检验和诊断结果、治疗方案、手术情况和预后等,并且有要求获得疾病通俗易懂解释的权利。特别是未成年患儿家长(监护人),有权选择和决定自己的孩子是否手术和各种特殊的诊疗手段,在法律范围内还有拒绝治疗的权利。

(二)隐私权和肖像权

　　患者家属有要求医务人员保守其个人秘密和隐私的权利,如恋爱、婚姻、家庭情况,个人日记,生理缺陷,家族遗传病和传染病等个人隐私。在医疗活动中不应暴露患者家属的肖像或将肖像用于宣传、新闻报道和科研论文发表。照相前应征询意见并取得同意,如拒绝拍照,医护人员应予以充分理解。

(三)其他权利

　　可以合理选择医生,可以要求医院及医务人员对病情保密,可以要求医务人员解释医疗费用的使用情况。患者家属有权了解参与治疗的医务人员的姓名、业务背景。出现纠纷时,有病案资料复印权、共同封存和启封权。对医院服务及医务人员工作可以提出批评或建议,可向投诉受理部门提出口头或书面投诉意见。

二、患者家属的义务

(一)如实反映病情的义务

　　患者向医生诉说病情是诊断和治疗的开端,病情陈述得是否准确、全面,将直接关系到诊断的正确性和效率。某些情况下,如患者昏迷、失语或婴幼儿等不能陈述时,患者的家属、未成年儿童的家长及监护人等有义务协助患者如实向医生和就诊医疗机构提供其现病史、既往史、家族史等疾病相关的重要信息。如果有家族遗传病史或是药物过敏史,不要隐瞒,以免延误诊断和治疗。也应如实告知治疗后患者的病情变化和效果。反映病情时,应简明扼要地讲清所了解的情况,不能凭主观想象添枝加叶,还要避免多位家属在一旁插言,使医生无所适从。

(二)遵守医疗机构规章制度的义务

　　患者家属同样应自觉遵守医院的各项规章制度,包括遵守探视制度、卫生制度、陪护制度等,配合诊疗工作,以保证医院正常医疗秩序。尊重医务人员的权利与义务,尊重医院和医务人员的处置权。充分了解医学仍存在一定的局限性和风险性,积极配合医院执行各项知情同意签字制度,对于危重或特殊患者,应配合医院做好监护工作,保证住院患者不擅自离开病房。

(三)支付医疗费用的义务

　　家庭对患者具有关心成长、呵护健康的职责,具有共同负担医疗费用、共同承受医疗后果的义务。

患者家属,特别是患儿家长,有义务支付一定比例的患者医疗相关费用,并按照医院规定按时缴纳费用。这是保证医院正常运营的基础。对于患者医疗费用支出对家庭影响较小的治疗性医疗行为,以患者本人的意愿为主,可由患者本人行使签字权。对于患者医疗费用支出对家庭影响较大的治疗性医疗行为,应征得患者本人和其家属的一致同意。

(四) 其他义务

医院是公共场所,患者家属有爱护公共设施的义务。患者家属还有帮助患者恢复和保持健康的义务,改变不安全、不健康的生活习惯的义务。有承担保证患者不扩散、不传播传染病和接受隔离观察诊治的义务。患者家属也不能要求医务人员开具与病情不符的诊断证明和病假证明书。

三、患者家属的作用

(一) 家属在患者康复中的作用

亲友的支持与否,对患者治疗的依从性起着关键的作用。在患者的整个诊治及康复过程中,家属的作用仅次于医生和护士。他们对患者来说是最重要的支柱,患者从家属那里可以得到各种各样的帮助和支持,得到在别处很难获得的关爱和力量。家属用其永恒的爱心与同情心给痛苦中的患者希望和勇气。他们对医生来说是最重要的助手,家属通过与患者的主管医生和专业护理人员的交流和沟通,了解医生的治疗计划和安排,可以更好地协助医护人员做好有关诊疗工作,对治疗后可能发生的情况和不良反应有所了解,并对患者进行恰当的解释,鼓励患者接受治疗,仔细观察患者病情,及时准确地向医生反馈治疗后的情况,做好医患之间的联系和沟通,使治疗计划得以顺利实施。

(二) 家庭在医疗决策中的作用

家庭不仅提供经济支持,而且提供情感支持,还承载了人的成长等基本职能。在中国的医疗环境中,仅仅依靠患者自主的方式无法充分保护患者的生命健康利益。家庭具有医疗决策功能,全家齐心协力、共同参与、同舟共济才是最好的面对疾病的方式。由于患者的疾病本身和康复情况会直接对家庭生活产生影响,医疗决策会涉及患者的家庭利益,患者亲属也是患者医疗费用的主要承担者,患者患病会对其决策能力产生不利的影响,家庭参与决策并不是对患者自主权的剥夺,相反,家属的介入是对患病家庭成员的关爱,是对患者不幸与痛苦的分担,是为了更好地实现与医生的沟通。在法律上确立患者亲属在医患关系中的主体地位,甚至在必要时赋予亲属医疗决定权是必要的和现实的。

第三节　医生与患者家属的沟通策略与技能

患者对亲人的忠诚信任度最高,受家属的影响也最大。医生与患者家属的良好沟通是消除医患纠纷、构建和谐医患关系的重要途径。如果医务人员能注意指导患者家属,并与其密切合作,使他们能配合医务人员与患者进行积极的沟通,对顺利开展各项诊疗活动、提高疗效会起到事半功倍的效果。因此,掌握必要的针对家属的沟通技能非常有利于提高沟通的效果。医护人员与患者家属沟通的策略与技能主要包括如下几个方面。

一、尊重患者家属,与家属建立和谐的关系

(一) 态度真诚,增加患者家属对医护的信任

在沟通中医护人员的态度很重要,其中主诊医生的态度更为重要。相对于常人,患者及家属内心对于尊重的需要尤甚。真诚和尊重能打消患者家属的顾虑,增加家属的信任。医生要热情、神态自然、平易近人,要让家属感受到医生对他们承受照护患者的压力表示出最大的理解,医生会尽最大的努力去帮助他们。

(二) 重视患者家属的心理感受,及时、耐心地做好心理疏导

患者及家属是弱者,其心理和情感等方面都较为脆弱,接诊医生需要了解患者的心理状况,重视

患者家属的心理感受,及时做好他们的心理疏导。在临床中,很多医患矛盾或纠纷都是由于没有充分重视患者家属的心理感受或没有及时做好他们的心理疏导而造成的。患者家属普遍存在着对医生的依赖和对患者疾病的焦虑心理。他们一方面寄希望于医生快速治愈自己的亲人,一方面又会因病情恶化或久治不愈而出现烦躁情绪。此时,医生要重视患者家属的上述不良心理和情绪,在救治患者的同时主动与家属沟通,缓解他们的心理压力。

医生在疏导患者家属心理压力时要有足够的耐心。对于患者的直系亲属,医生更应该宽容,要理解和包容他们在不良心理作用下的各种不当言行,多与他们接触和交流,对他们担心或烦恼的问题要耐心解释,如检查治疗的必要性、可靠性和安全性等。医生也应及时向家属告知、解释病情变化,以及目前的治疗方案、预期结果、估计需要的治疗费用等,消除家属不必要的顾虑,使其内心的压力得到疏解。此外,医生还应该指导家属以积极的心态去鼓励和支持患者,增强患者战胜疾病的信心。

(三) 尊重患者家属的知情和选择权利,实事求是告知诊疗要点和风险

患者家属都想了解患者得了什么病、怎么治、治疗效果如何,在取得患者授权的情况下,医生应尊重患者家属的这一权利,及时准确地告知家属患者的病情及诊疗方案。对于门诊患者的家属,医生应详询病情,与他们进行充分的沟通和交流,及时告知他们诊疗方案和注意事项。对于住院患者的家属,以手术患者为例,医生应注意积极进行如下环节的沟通。①首次床旁沟通:主治医师在患者入院24小时内的查房结束时,及时将病情、初步诊断、治疗措施以及下一步的诊疗方案等与患者家属沟通交流。②术前沟通:应告知患者家属手术时间、方式及常见并发症等情况,并明确告知手术风险及术中病情变化的预防措施。③术中沟通:将术中的突发情况或新发现的情况告知患者家属,讲明需要采取的措施,征得患者家属的同意。④术后沟通:将术中的情况,预后,下一步的诊治、检查、用药、饮食等情况及时告知患者家属,以便他们积极配合后续治疗。⑤出院时的沟通:在患者出院前一天,主治医生要将此次住院的治疗、恢复情况及出院后的注意事项详细地与患者家属进行沟通,并及时解答患者家属的疑问。对于没有家属陪护的患者,应留下家属的联系电话,当病情有重大变化时要及时通知家属。总之,交代病情和诊疗方案要实事求是,要充分尊重、理解患者和家属的选择,竭尽全力地提供帮助。针对患者家属的疑问、担心,要给予准确的说明,不夸大、不隐瞒、实事求是,要求做到有备而来,了解病情、检查结果及治疗方案。既要争取最好的治疗,也要做最坏的准备。在与患者家属交代病情时应全面、谨慎。如实记录病情经过和抢救经过,重要的危重病情交代要有书面记录和家属的签字。

二、 选择正确合适的沟通对象,分清主次轻重

(一) 分清主要家属和次要家属,找出关键的谈话对象

谈话前,要明确患者家属中每个成员在家庭中的地位、与患者的关系远近等。对于患者,特别是病情危重的患者,由于性格、经济情况等的差异,不同家属会产生不同的想法和表现,有时难以达成统一的意见。此时,找出主要谈话对象、抓住主要家属、向家属中最关键的人谈病情就显得尤为重要。特别是在家属较多、家属间对于诊疗方案产生争议的情况下,找一个最关键的家属,如患者的丈夫/妻子、儿女等,让其去解决家属的不同意见,从而达成统一意见,可以得到良好的沟通效果。儿童患者则只与其监护人沟通即可。不与除近亲属以外的其他亲戚、朋友、邻居等沟通患者病情。

(二) 根据需要,选择合适的医生进行沟通

与患者家属沟通,最好由同一位医生执行,如果必须由不同的医生去沟通,各医生在一些关键问题上要尽量保持一致。当面对棘手的局面时,可以多请几个上级医生,甚至资历较深的专家出面,往往能够得到较好的效果。

三、 注意语言艺术和口头沟通技能

(一) 了解患者家属背景,选择恰当的语言和得体的称呼语

根据对象选择合适的语言进行沟通有利于避免分歧,达成共识,从而提高沟通的效果。在与患者

家属进行沟通时,应首先了解患者家属的背景,适当使用敬称,以示尊重。针对家属的文化层次、职业特点和理解能力,选择合适的语言进行交流。对于文化水平较低的患者家属,沟通时要做到通俗易懂,少用一些专业术语;对于一些知识水平较高且懂得医学知识的患者家属,可用较多的医学专业术语进行交流。如果对对方的知识水平并不了解,医生可以问一些开放性的问题,比如"我讲的内容听明白了吗?""治疗的风险能理解吗?""你知道如何配合治疗效果更好吗?"等,以了解患者家属对诊断、治疗、预后的理解和把握,并根据对方的反馈适时调整谈话的语言深度。此外,沟通中还应避免容易产生歧义的语言,以免使对方产生误解而引起纠纷。

(二) 通俗表达医学术语,着力提升沟通效果

与家属沟通的语言要平易近人,通俗易懂,尽量避免使用一些专业性过强的医学术语,导致患者家属理解困难,也不利于医患隔阂的消除。针对患者家属的文化层次和职业特点、理解能力,进行较为形象的比喻,深入浅出地讲解疾病的成因、严重性、危害性等,避免对家属形成不良刺激,忌用晦涩的医学术语或医疗领域常用或默认的省略语。在医患沟通中,比喻、假设和举例能够加强谈话的说服力,可以帮助患者及家属更好地理解病情、诊疗措施和预后,不但有助于诊疗方案的顺利实施、增强信任感、增强尊医行为、建立医护人员的威信,也有助于减少医疗纠纷的产生。

(三) 讲究语言技巧

医护人员应保持健康、愉悦的心态,不把个人情绪带到工作中,持有真诚、热情、耐心、不批判的心态。医护人员应语气和蔼、语意明确,要具有耐心。沟通时使用礼貌用语。主动介绍自己,说明交流的目的,要以患者为中心,鼓励交流,允许家属提问,不要显得不耐烦或打断家属讲话。要用亲切的语言安慰家属,帮助他们控制情绪。值得注意的是:和家属沟通切记没有重点、"高谈阔论"。

四、医者仁心,赢得家属的信任

(一) 换位思考,争取家属的配合与支持

医生在选择诊疗方案时,不但应考虑治疗效果,而且应考虑患者家庭的经济承受能力。要站在患者家属的角度和位置上,客观地理解当事人的内心世界及内心感受。在对患者进行诊疗时,要以真诚的态度对待他们,认真倾听他们的意见,设身处地为他们着想,认真设计和优化诊疗方案,及时与患者家属进行沟通,充分利用患者家属已有的医学知识去加深对疾病的理解,实事求是地介绍病情,坦诚相待,态度诚恳。详细告知各种诊疗手段的优缺点和所需费用,尽可能在征得患者家属同意的情况下选择安全高效而又价格合理的诊疗方案。这样做能提高患者家属对医务人员的理解和支持。

(二) 积极主动,争取家属的最大信任

对急诊等起病(受伤)突然或疾病突然加重的患者,医生除积极、迅速、果断、有效地施救外,还应及时、主动与患者家属沟通,让患者家属了解病情的危重情况;对慢性疾病或病情平稳的患者也应积极主动去沟通,而不是被动地等着家属来询问。面对有不满情绪的家属,更应主动给出联系方式,让其主动联系,取得对方的好感和尊重,往往能博得对方的进一步信任。主动让家属去找其认为值得信任的、懂得医学知识的人咨询,以求旁证和支持、信任。对患者的病情进行详细、细致分析,找出患者的发病特点,有条理、有层次、有充分根据地进行沟通,可显示出对患者病情的深入了解,能争取家属的最大信任。

(三) 严格遵守医疗规范,耐心做好沟通交流

按照医学操作规程诊疗疾病是医生的职责和权利,但也不能简单地认为因自己的所有操作都符合规程,而忽视与患者家属的沟通。在临床上有一些家属会从亲情角度提出一些不符合医学规范的要求,医生应该耐心地对家属进行解释,使其懂得遵守操作规范的重要性与合理性、医疗工作有其原则和底线,以取得患者家属的理解和配合。同时,尽可能地向家属介绍疾病的相关知识,如新进展、新技术、新疗法等,展示专业知识水平,可增加患者家属对医生的依从性。

（四）减少或消除不利的应对机制

当患者出现病情突变时，家属或多或少都会表现出紧张、多疑、不信任、迁怒，甚至出现暴力行为。此时，医护人员要帮助家属分析原因和后果，传递坏消息时，尽量使用委婉的保护性语言。家属有迁怒行为时，医护人员不应将其视为针对个人的攻击行为，而应妥善处理他们的不合理要求。同时医护人员如果态度不诚恳，漫不经心，小动作过多，或突然改变话题、急于陈述自己的观点，或个人判断、妄自得出结论或解答，或虚假和不适当地保证，引用事实不当等，都容易使谈话失败。面对家属有否认情绪时，要协助家属创造一个富有感情的、充满理解和同情气氛的环境，告知家属患者目前的真实情况并让其顺利接受。

五、其他沟通交流技巧

（一）全神贯注倾听家属的倾诉，避免受外界干扰

适当运用语言表示在倾听，且能理解对方的信息，注意力集中，有耐心。不因家属的语言习惯、语速而分心，不随便打断谈话。家属情绪处于多疑、易激惹状态时，会过分计较细节，从而迁怒医护人员。此时医务人员更应保持耐心，态度谦和。

（二）运用非语言方式

例如利用面部表情、手势等非语言方式，也可适度点头认可，进行眼神交流，轻拍家属双肩等，以表示理解并传递信息。

第四节　与患者家属沟通的具体流程要点

当患者发生病情突变时，医护人员可以间接通过与家属的沟通，争取到家属的理解并使其相信医护人员会全力以赴，从而使患者本人心理上接受事实，主动配合医院并与医护人员建立信任关系，相互支持，这样可明显减少医疗纠纷，具体做法和要点如下所示。

（一）准备阶段

1. **了解患者及核心家庭成员的基本情况**　如年龄、职业、生活背景、经济收入、家属与患者的关系等。

2. **回顾梳理患者的病情**　回顾梳理病情，明确本次沟通的具体目标。

3. **安排合适的时间以及安静、相对隐私的环境**　良好的沟通环境利于家属平静情绪，冷静的同时也可保护患者隐私。应避免在嘈杂、易受干扰的环境下交谈。

4. **邀请家庭成员参加**　提前明确哪一位家属具有决定权。

5. **确定参与谈话医生**　请示上级医生是否参与，是否需要请其他科室医生一同参加，明确有哪位医生来主持谈话。

（二）开始阶段

1. **介绍**　首先进行自我介绍和介绍参与沟通的其他医护人员，并请患者家属逐一介绍与患者的关系。

2. **询问**　询问家属对患者目前的病情的了解程度，例如可以问"您能简单告诉我，您对您丈夫目前的病情的理解吗？"

（三）进行阶段

1. **解释**　用通俗易懂的语言解释患者目前的病情，避免使用复杂的医学专业术语和省略词。

2. **告知**　向家属代表告知患者目前面临的诊断和治疗的问题、患者与家属有哪些选择以及每种选择面临的风险和获益。

3. **询问**　询问家属是否了解患者本人的意愿，例如"您目前是否曾提到过如果她病情危重时，希望医生怎么处理？"

4. **倾听**　交谈中要注意倾听,直接或间接了解家属的意愿。

(四) 结束阶段

1. **询问**　询问在场的家属还有什么问题。

2. **安排随访**　明确哪位医生将会和哪位家属、什么时候进行随访。

3. **总结**　总结此次谈话所做出的决定,并核实准确性。

4. **感谢**　对家属表示感谢。

5. **记录**　在病程记录中记录此次谈话以及下一步的计划。

(梁立阳)

【思考题】

　　1. 一个新生儿刚出生就出现呼吸困难,需要转到新生儿科急救观察,孩子的父母听说后会有哪些心理活动?

　　2. 你是一名儿科医生,刚确诊了一名急性白血病的患儿,在与家长沟通病情时,有哪些注意事项?

扫码获取
数字内容

第十二章
医院文化视角下的医患沟通

学习要点

- 广义的医院文化指的是医院主体和客体在长期的医学实践中创造的特定的物质财富和精神财富的总和,包括医院硬文化和软文化两大方面。

- 医院文化包含表层的物质文化、浅层的行为文化、中层的制度文化和深层的精神文化4个层次。

- 患者的择医方向由医院文化来引导,优秀的医院文化可以改善医患关系,能有效地为医患沟通提供良好的支撑。

- 医院文化建设是构建和谐医患关系、促进良好医患沟通的必由之路。

医患沟通是医患关系的主题。医患关系问题不仅仅是医患双方的沟通互动问题,还包括医患双方沟通互动背后的文化背景问题。社会文化、医院文化对医患关系有着明显和直接的影响,而医院文化建设是与医患关系密切相关的重点方面。

第一节 医院文化概述

一、医院文化的内涵

医院文化(hospital culture),是医院组织在一定的民族文化传统中逐步形成的、具有本医院特色的基本信念、价值观念、道德规范、规章制度、生活方式、人文环境,以及与此相适应的思维方式和行为方式的总和。

医院文化有广义和狭义之分。狭义的医院文化主要是指医院的精神财富。广义的医院文化是指医院在长期的发展过程中所创造的物质财富和精神财富的总和。物质财富主要是指医院的建筑、医疗设备、医院环境以及人力资源状况等看得见的事物,其主体是物。医院的精神财富则是指医院在长期的发展过程中形成的价值追求、意识观念、思想精神、行为模式以及规章制度等意识形态的事物,其主体是意识。医院的物质财富是精神财富形成和发展的基础,而精神财富则对物质财富有着相应的促进作用,可促进物质财富的积累和创造。两者是一个有机的整体,相互促进又相互转化。

二、医院文化的结构

按照医院文化的四层次理论,将医院文化分为四个层次,即最外层的物质文化、浅层的行为文化、深层的制度文化、核心层的精神文化(图 12-1)。

(一) 物质文化

物质文化是医院文化中最基本、最直接的文化,是医院发展过程中积累下来的外在物化形式的总称,它主要包括医院的环境布局、建筑风格、文体设施、交通规划、标识标牌、设备仪器等,是医院文化的物质基础和外在标记。

166

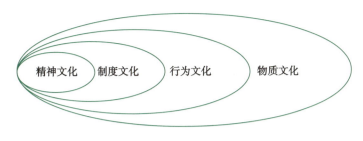

图 12-1　医院文化结构图

（二）行为文化

行为文化是在医疗服务和医院生活中以人的行为体现的文化形式,主要包括服务态度、服务技术、服务风尚、医院宣传、文体活动等,是医患接触中最直接、最普遍的表现形式。

（三）制度文化

制度文化是医院精神文化的具体化,主要包括医院的规章制度、医疗规范、科室管理、服务流程、行为准则等。医院的精神文化必须转化为具体可操作的各种规章制度和规范,才能为广大医护人员和社会所接受。

（四）精神文化

精神文化处于医院文化体系最核心层,是物质文化、行为文化、制度文化在意识形态领域的概括和总结。主要指医务人员在长期医疗活动中所形成的价值追求、意识观念、思想精神等。主要包括医务人员在长期医学实践中所形成的共同信守的价值观、医院精神、医院宗旨、工作态度和作风、医院经营理念以及员工的文化心理、道德规范等,其核心是医院共同价值观。

总之,医院文化是由四个层次组成的一个整体,物质文化是精神文化、制度文化和行为文化的基础和具体表现;制度文化是精神文化的具体化,制度文化影响着行为文化,行为文化反映了医院的精神风貌。精神文化在整个医院文化体系中处于核心地位。

三、医院文化的特征

（一）医院文化的社会性

医院就是一个小的社会,是社会这个大机体的组成单位。医院为职工提供就业岗位,提供了成就事业的必要条件,同时也为社会提供医疗服务,医院的生存和发展离不开所处的社会大环境。医院文化的形成受社会大环境的影响,同样一个地域的政治、经济、文化、社会环境也影响着医院文化的形成和发展,有着当地社会文化的烙印,并不断追求与社会环境的和谐与统一。

（二）医院文化的人文性

医院的活动以患者为中心,医院的服务对象是人,是身患疾病的人群,以人为本、以患者为中心是每家医院都遵循的服务理念。人在生病就医时,承受着生理上、心理上、经济上的三重痛苦和压力,是最需要关心和帮助的,此时此刻医院的人文关怀更显重要。医疗行业是一个特殊的服务行业,医院服务的人群是生病的患者,不是有待修理的冰冷的机器,而是需要关心和安慰的有生命的个体。

（三）医院文化的时代性

医院文化作为现代医院管理中的重要内容,是与时俱进的,随着社会政治、经济、文化的全面发展及医学科学的不断进步而发展变化,是时代精神的具体反映,是时代精神在某一领域、某一行业的具体组成部分。医院文化受到当时当地政治、经济形势和社会环境发展变化的影响,带有明显的时代特征,随着时代的发展,医院文化的内涵也将不断丰富和更新。

（四）医院文化的继承性

文化是民族的血脉,是民众的精神家园,中国医院文化是中华文化在医疗卫生领域的具体组成部分,传承着中华民族优秀的文化传统,费孝通先生曾经讲过"各美其美,美人之美",我们在传承传统的同时也在借鉴外域精华,学习国外医院的管理和理念,这也是当代医院文化重要特征。作为中华文化在医疗卫生领域的具体组成,医院文化继承着优秀的中华文化传统、祖国传统医学文化精华以及自身在发展中形成的优秀文化传统。

第二节   医患关系与医院文化的关系

一、患者的择医方向由医院文化来引导

(一) 医院的物质文化

医院的硬件设施、医疗环境、规模大小都对患者的就医选择产生着直观的影响,因为物质文化的丰富与否在很大程度上体现了一家医院的实力与水平,是建立和谐医患关系的"硬件"。不良的就医环境,使患者及家属难以体验和感受真切的人文关怀,是造成医患沟通障碍、医患关系不和谐的重要因素。

(二) 医院的行为文化

医院的服务态度、医疗技术、服务方法以及医院宣传直接影响患者的就医感受,其中医疗技术是患者就医选择的首要因素,服务态度及方法是造成大部分医疗纠纷的重要原因,很多医疗纠纷是沟通不到位引起的。

(三) 医院的制度文化

制度是医院在长期的发展过程中总结提炼出来的,是保障正常医疗秩序、规范医务人员医疗行为的重要保障,制度建设体现医院的管理水平,影响患者就医体验。患者最直接的感受就是就医过程是否方便快捷。

(四) 医院的精神文化

主要指医务人员在长期医疗活动中所形成的敬业精神和价值取向,是建立和谐医患关系的"软件"。在患者评判医疗技术高低之前,主要通过医务人员的谈话和医德医风评价医疗行为。医德是医患关系最好的调节剂。

二、和谐的医患关系促进医院文化建设

医患关系的发展涉及医院文化建设的方方面面、和谐的医患关系能够促进医院文化建设,是医院不断向前发展的动力源泉。和谐的医患关系促使医院为患者提供更加细致、人性化的基础设施保障,加强医院基础设施建设,可提供温馨的就医环境;和谐的医患关系可以有助于从患方收集更多的意见和建议,根据患者的要求和需求进一步改善医疗服务,加强医院行为文化建设;和谐的医患关系促进医院制度建设更加完善,改进服务流程,提升工作效率,并能丰富制度文化建设的内容;和谐的医患关系可以提升医务人员的职业认同感,规范服务行为,端正价值取向,形成良好的医德医风。

三、优秀的医院文化可以改善医患关系

优秀的医院文化可以转变医务人员的观念,使医务人员树立以患者为中心的服务理念,从患者的角度思考问题,进而转变医务人员的行为方式,加强与患者的沟通与理解,按照患者的实际情况选择合适的治疗措施,以实际行动来提高患者对医生和医院的满意度,改善医患关系。优秀的医院文化还可以优化医院组织结构,提高工作效率,简化就医流程,并及时对患者提出的意见给予答复,提高患者在整个就医过程中的满意度,改善患者对医院的主观感受。优秀的医院文化对提高医院核心竞争力、加快医院全面协调与可持续发展、构建和谐医院及良好的医患关系有着重要的促进作用。

第三节 加强医院文化建设,构建和谐医患关系

医院文化是医院现代管理范畴下的重要课题和核心内容。建设优秀的医院文化,已成为实现和谐医患关系目标下所有医院管理者的共同认知和共同追求。

一、物质文化建设

良好的物质文化是医院宝贵的物质财富。物质文化是患者及家属看得见、摸得着的,是其进入医院未就诊就对医院产生第一印象的直接作用因素。不论医生的技术水平再高、医护人员的服务如何优质,如果医院的建筑、设施、设备、环境等让患者及家属不可接受的话,就会让其对医院及其服务质量产生不满,一旦在随后的诊疗过程中出现任何小的摩擦或失误,患者及家属就很可能会将这些摩擦或失误放大,情绪化的最终结果就是医患纠纷的升级。因此,在利用医院文化预防医患纠纷时,提升医院物质文化水平是第一道防线。

(一) 加强基础设施建设和改造,改善就医环境

医院基础设施建设应本着“以人为本”的服务理念,在各种配置和设施上处处为患者着想,适应患者病理、生理和心理需求,尊重患者隐私,一切以方便和服务患者为中心。具体可以从以下一些方面着手:医院建筑布局及建筑风格要适应建筑学和美学标准,挂号、付款、取药、检查等一系列流程的布局合理安排,避免患者来回奔波;视觉上,颜色等要与医院职业特点相符,给患者一种精神上的动力和鼓舞,避免压抑的色调;绿化工作到位,医院内要有供患者休息、康复的桌椅等基本设施;诊疗场所的环境要宽敞舒适、优雅温馨;空间格局上要注意适当使用分隔布局以保护患者隐私;在诊疗场所设置饮水机、自助取款机、零售机等便民设备。

(二) 增添医疗设施和设备,提升硬件水平

除了上述客观的环境因素,医院物质文化建设更为重要的一方面就是医疗设备和设施的先进性和安全性。医院配备了先进的诊疗设备,就会让患者对医院的技术实力和水平产生最初的和基本的信任。随着信息化的发展,医疗信息化水平也是体现医院实力和水平的重要标志,也是改善医疗服务的重要抓手。为此,医院要进一步增加门诊、病房的信息化自助设备。随着技术的发展进步,很多信息化设备已经问世,包括预约就诊、查询、打印报告单、缴费等,既可以节约患者的就诊时间,减少就医环节,又会大大减少医务人员的工作量,可以为一线人员节约出更多的时间并投入到服务患者中去,减少人力成本,达到双赢的目的。

二、行为文化建设

行为文化是医患关系的最直接影响因素,医务人员对患者的态度、诊疗行为都是触发医患纠纷的直接导火索。提升医院的行为文化,需要从以下几方面入手。

(一) 加强素质培训,提升员工良好形象

良好的员工形象可以使患者产生认同感、亲切感和信任感,对接下来自己所接受的诊疗服务有了信赖的心理基础。如果一开始患者及家属就认为医院员工的形象糟糕,就会直接导致其加倍放大诊疗过程中的不满,从而使得纠纷的发生风险大大提高。提升医院的行为文化,需要从以下几方面入手。

1. 统一干净的着装是基础 无论何时何地,医护人员都应着装整洁和统一。另外还需要做到人性化,例如儿科的医护人员在着装上要做到亲和,避免婴幼儿看到刺眼的白色产生惧怕心理,可以改为粉色系等符合婴幼儿视觉要求的颜色。

2. 加强员工的礼仪气质素质 员工在工作过程中呈现出良好的礼仪礼貌、气质风度会给患者及家属一种积极向上的感觉。可以让专业的礼仪公关机构对全院职工进行专业化、标准化仪表仪态、礼节礼貌等方面的培训,让员工意识到自身外在形象的重要性。

3. 鼓励医务人员加强学习　鼓励医务人员加强自身专业技术知识的学习,树立继续教育和终身学习的观念,建设学习型医院。医务人员只有自身内在实力提高了,才能从根本上积极、主动为患者提供服务,且提高服务的质量和效率。

(二)加强人才培养,提升医疗技术水平

坚持"识才、育才、用才、留才"八字方针,制订好人才成长培养计划,长足提升医院的医疗技术水平,营造"事业有平台、发展有空间、成长有环境"的人才生态环境。

1. 公开选拔,加强人才储备建设　医院要进一步加强后备人才队伍建设,通过公开选拔等形式,选拔一批后备学科带头人和后备管理人员,大胆启用那些有理想、有抱负、肯钻研、肯吃苦的年轻后备人才,让他们担任主任助理、科室秘书等,提供培养锻炼的舞台,提升专业技术水平的同时提升组织管理能力。

2. 分层次实施,合理培养　人才培养要讲究分层次实施。不同层次的后备人才,做到合理培养,不能拔苗助长。针对大部分低年资青年医护人员,需培养扎实的基本功,定期组织各种知识技能培训,提升竞争意识,建立培养和淘汰并存的机制,从而实施不同的人才分层合理培养举措。针对优秀的人才,采用"送出去+请进来"的方式,选送优秀人才到国内、国外知名医院进修培训,学习先进技术,同时聘请知名专家来院授课讲学,提高医生学科建设水平。

3. 留才引才,搭建舞台　医院应该把人才工作的重点放在"本土"人才的培养上,利用医院省市重点学科、区域专病中心的建设,重点扶持优势学科,细化亚专科和特色专科,根据人才的专业、特长,重点、有针对性地培养,充分利用整合人才资源,提高青年医务人员的积极性和上进心。

4. 扎根人才,大胆使用　大胆使用人才,才能留住人才,才能使其充分发挥才能。提拔使用专科底子好、临床技能精、科研能力强的高素质人才,可以使人才培养机制与学科后备人才建设形成合力。鼓励青年医务人员通过各种方式提升学历,建立良好的人才激励机制。

(三)加强医患沟通,从源头减少纠纷

很多医疗纠纷的发生都是沟通不到位引起的,医务人员要在保证有效治疗的前提下,及时与患者及家属做好沟通,就治疗方案、注意事项、预后情况以及可能出现的并发症等向患者及家属做好解释,可以减少很多不必要的医疗纠纷。不同岗位、不同部门与患者沟通的要点也不一样。

1. 门诊接诊沟通　医务人员要根据相关检查及既往病史对患者做出初步诊断,对于随访治疗的患者要交代清楚离院后的用药须知及注意事项,并告知如有突发情况及时就诊,必要时需要患者签字确认。对于需要住院治疗的患者,应告知患者住院治疗的必要性,征求患者的意见,取得患者及家属的理解。

2. 入院时沟通　主管医生、责任护士要主动与患者进行沟通和自我介绍,掌握患者的病历资料,完成相关的入院检查及体检,就住院期间的注意事项向患者及家属进行详细的解释,做好入院宣教工作。主管医生要将患者的病情、治疗方案、费用情况、目前的技术局限性以及可能出现的并发症做好充分的解释和告知。

3. 住院期间沟通　对于治疗过程中所采取的治疗措施及可能产生的副作用,向患者及家属做好充分的解释说明。对于手术患者,主管医生务必做好术前谈话,就手术所面临的各种风险、手术材料的不同效果以及价格差别等做详细说明,取得家属的签字后才可进行手术。患者病情变化以及更改治疗方案时,应该让患者及家属充分了解相关原因,如患方拒绝治疗、要求出院,务必告知可能出现的后果,争取患方签字后出院,必要时开启病区监控视频,留取影音资料,为纠纷发生留存证据。

4. 出院时沟通　医务人员要将患者出院时的身体状况告知患方,对出院后可能出现的病情变化、注意事项做好解释说明,告知患者出院后要定期随访、复查。

三、制度文化建设

制度文化建设是医院持续、健康发展的根本保障,是医院文化建设的重要内容。制度文化建设对

于规范医院员工行为、促进医院良性发展具有重要的作用。

(一) 简化就诊流程,打造人性化服务模式

很多医疗纠纷的发生是复杂的就诊流程造成的,医院部门多、流程多,环节纷繁复杂,一般患者及家属很难完全弄清楚医院的服务流程,特别是老年人。随着生活节奏的加快,人们的时间观念越来越强,复杂的就诊流程无形之中成为医疗纠纷的导火索。医院需要打造人性化的就诊流程,从患者的角度出发,而不是从医院的角度出发,首先要考虑的是如何方便患者,以服务好患者为出发点和落脚点,把人文关怀体现在每一个就诊环节上。为此,医院可以在以下几方面做好工作。

1. **简化就医流程**　如复诊患者不需要再次挂号,直接到各分诊台刷卡候诊,简化就医流程。

2. **开展多种方式预约**　如网络、电话、社交软件、现场预约等方式,在门诊大厅开设预约服务台和自助机进行预约、取票。

3. **分时段预约**　分时段预约,告知患者就诊的参考时间,就诊报到时刷卡排队,尽量减少患者的候诊时间。

4. **医生采取弹性排班方式**　根据季节特点、应诊量,协调医生开诊时间和排班方式。

5. **制订并落实医疗资源调配方案**　根据门诊就诊流量实时监测数据,合理、科学安排出诊医师、诊室。候诊患者超过 30 人,立即启动医疗资源调配方案,增派病房医生支援。

6. **优化收费取药流程**　收费后药房即时打印配药信息,备好药品等待患者取药,并采用语音字幕提示系统。

7. **加强健康宣传**　各分诊台、候诊区电视播放医院各种健康宣传视频,包括入院流程及注意事项、预约宣教、各科室医疗特点、家庭急救小常识、胃肠镜等检查的注意事项、常用药物使用方法,等等,充分发挥门诊的宣传阵地作用,也让候诊的患者充实健康知识,减少等待的焦虑情绪。

8. **做好入院服务**　设立门诊患者住院预约调配中心,安排专人负责,合理调配借床事宜,缓解患者住院难问题。如有患者需住院,分诊护士联系好床位后,由导医陪护送至病区。

9. **开展特色门诊**　医院科室设置更加细化,建设门诊会诊中心,为患者提供更好、更全面、更细致的诊断。

10. **注重人文关怀**　开展人文关怀活动,提升门诊服务品质,全体护士、导医、医生积极参加礼仪培训并进行考核,以良好的精神面貌、贴心温暖的行动给患者提供服务。

(二) 坚持以人为本,完善患者投诉机制

为提升医院的服务质量,减少医疗服务投诉和纠纷,加强对医疗服务投诉工作的管理,结合医院工作实际,制定医院医疗服务投诉管理规定,完善患者投诉机制。科室负责人作为接待、处理医疗服务投诉第一责任人,要对本科室的投诉事件及时、准确、实事求是地做好接待和处理工作,尽量将投诉化解在科室,将纠纷消灭在萌芽阶段。接到投诉后,要热情接待,认真处理,对查实确是工作人员态度及服务缺陷造成的投诉,不能听之任之、敷衍了事,要严格根据医院的相关规定进行处理,并将处理情况登记列入年度考核。对情节严重或造成社会不良影响的,上报院领导并处理。

四、精神文化建设

精神文化是医院的无形资产,是医院宝贵的精神财富。建设优秀的医院文化就是要重视培育医院的核心价值观和医院精神。

(一) 丰富文化活动,营造良好组织氛围

医务人员每天面临的是形形色色的患者、千变万化的病情,因此医务工作是一份高强度、高压力的工作,这也是影响医务人员服务态度的重要因素,试想长期在这种环境当中工作,如果没有排遣压力、放松自己的方式,如何能够时刻保持对患者笑脸相迎、保持良好的服务态度! 每个人的压力承受能力都是有限的,精神文化建设的一个重点就是提高人员素质和心理承受能力,它是实现和谐管理的基础,是构建和谐医患关系的前提。

为此,医院要通过各种方式丰富医院的文化活动,丰富职工的业余文化生活,缓解职工的工作压力,营造良好的组织氛围。医院可以从以下几方面做好工作。

1. 积极举办有特色的文体活动　如歌唱比赛、文艺晚会、趣味运动会等,加强员工之间的相互认识和了解,增强凝聚力和向心力。

2. 成立兴趣小组　如摄影小组、书法小组、篮球协会等,利用业余时间组织大家开展活动、学习,缓解繁忙工作之余的压力,使大家更好地投入工作中去。

3. 积极营造团结和谐、敬业爱岗的文化氛围　定期编印人文修养期刊,在医院内网开辟人文修养原地,不断向职工灌输正能量的文化理念。

4. 加强宣传力度　深挖新闻素材,每年评选医院的年度模范人物,对一些爱岗敬业、做出突出贡献的职工进行表彰奖励,扩大一些典型人物、典型事迹的影响力,为医院职工树立学习的榜样。

(二)建立统一价值观,提高向心凝聚力

在医院精神文化建设的诸要素中,价值观是实质和核心,是医院职工追求的精神内涵。核心价值观就像医院文化的一粒种子,它能够生根发芽、开花结果,繁衍出其他优秀的医院文化,使医院保持健康可持续的发展。医院核心价值观一般体现在五个方面:一是相信、尊重个人,关爱员工,以人为本;二是追求成为区域内医、教、研最好的品牌;三是建立医院运行与管理的诚信体系,员工正直诚信,管理者公正廉明;四是以愉悦融洽的人际关系为基础建设各类团队,强调以团队的力量而不是个人的力量来完成各项工作;五是坚持不断创新,通过创新来推动医院发展。

在精神文化建设上,还应努力培育高尚的医德医风,恪守医学伦理道德。医院应弘扬"学习、创新、和谐、仁爱"的医院精神,提高医务人员的医德医风,构建和谐的医院文化、和谐的医患关系。

（陈俊香）

【思考题】

1. 医院文化的内涵与特征是什么?
2. 医院文化与医患沟通的关系是什么?
3. 如何以医院文化建设促进和谐医患关系?

第十三章
公共视角下的医患沟通

扫码获取
数字内容

学习要点

- 本章主要阐述公共视角下的医患沟通,主要对医学科普工作、社会形象管理责任、媒体沟通三方面进行介绍。

- 医学科普工作主要介绍医学科普与医患关系、医学科普的注意事项、医学科普的内容、医学科普的方式、形式,以了解我国医学科普现状,掌握医学科普注意事项及应采取的建议与措施,以达到医学科普的目的。

- 社会形象管理责任主要通过对社会形象管理的意义的理解,进一步加强社会形象塑造的过程与管理,通过掌握社会形象管理的方法来增进社会形象,进而进一步履行社会责任。

- 媒体沟通主要介绍医疗机构及医生所面对的媒体及其特点,医疗机构及医务人员如何与媒体建立良好的沟通关系,并就医疗机构及医生如何利用新媒体进行医学科普、宣传、学习、交流等内容进行深入探讨。

人的社会属性决定了任何个体都不能脱离周围的社会环境独立存在,医生及医疗行为也不例外。尤其在信息、传媒高度发达的当前,医生无时无刻不生活在公众的审视之中。公共视角下,除了患者、家属、同行,医生还需要面对媒体的监督。医生通过各种公共信息平台做自身的社会形象管理,并进行必要的科普宣传、学习交流,既是维护自身形象的需要,也是职业的社会责任所在。本章将就公共视角下的医学科普工作、社会形象管理责任以及媒体沟通进行深入探讨。

第一节　医学科普工作

科普是指利用各种传媒,以通俗易懂的方式,让大众接受自然科学和社会科学知识,推广科技应用,倡导科学方法,传播科学思想,弘扬科学精神活动。科普的特点为社会性、群众性、持续性。科普的形式为文字、音频、视频等。

医学科普,即把人类已经掌握的医学科学技术知识和技能,以及应当提倡的科学思想、科学精神、科学态度和科学方法,通过各种方式和途径,广泛地传播到社会的各个方面。

医学科普以严谨的医学知识为基础,以通俗易懂的表达为手段,以提高人民群众的健康素养为目标,将医学与文学、艺术、人文相结合,传播具有科学性、实用性、创新性的大众医学常识。

医学科普三个最显著的特点为科学性、通俗性、综合性。

一、医学科普与医患关系

和谐医患关系可以最大限度地防范医疗纠纷,是构建和谐社会的重要组成部分。有效的医学科普可以有助于促进医患关系和谐。

(一) 我国医学科普现状

1. 人力资源　科普人力资源是指科普活动组织者和实施者、科普场馆的运行者、科学技术的传播者,是科普活动不可或缺的重要组成部分。医学科普人力资源包括专职科普工作人员、兼职科普工作人员以及科普志愿者。目前各大高校正努力建立规范的培养方案和课程体系,加快建立医学科普专业,培养医学科普专业人才,依托中华医学会等专业机构整合各方资源、建立科普专家库。正在加强科普人才梯队建设,满足广大人民对医学健康知识的需求。

2. 科普活动形式　科普活动是普及科学技术知识、倡导科学方法、传播科学思想、弘扬科学精神的综合性科学普及宣传活动,是科普工作的主要内容和重要载体。当前医学科普活动开展形式主要局限于医学科普展览、医学知识讲座、青少年医学科技大赛、医学科普咨询宣传等方面,活动影响效果波及面稍窄,群众参与度不足。近些年,通过改善科普活动形式,医学科普资源使用效率明显提高。目前国内各级医院依托信息化平台,建立互联网诊疗系统,利用平台推送科普性医学文章,为广大群众获得专业的医学知识及就诊通道提供了极大的便利。

3. 医学科普的经费来源　科普经费投入是开展科普活动和运行科普设施的重要保证。近年来,我国科普经费投入稳定增长,科普工作整体环境和支撑条件逐年改善,但是面对社会快速发展和公众对科学素养提升的需求,仍显不足。目前医学科普资金一部分来源于政府,捐赠和企业赞助等多元化资金来源渠道也在逐步拓展,经费来源多样化,为我国医学科普提供稳定经费来源。

(二)我国医患关系现状

近些年,国家通过加强医务人员人文素养及工作热情,加强医务人员在医疗活动中对患者的疾病认知权、知情同意权、隐私权等权利的保护,使病患感受到温暖,使医患关系有明显提升。医方有着专业的医学理论知识、丰富的临床经验,而患方对医疗知识知之甚少或一知半解,医生要做好告之义务,取得患者信任;另外要不断增强医疗技术水平,加强将大众医学科普、互联网与医疗服务相融合。

(三)医学科普与医患关系之间的联系

医学科普可以有效减少医疗纠纷、促进医患和谐,可以改善百姓生活习惯、提高身体素质,可以使患者了解如何保护自身合法权益,从而维护社会稳定团结。

通过普及医学科普提高国民身体素质的方式,可以促进医患和谐。然而疾病的类型多样,基本医学常识普及对医患关系的缓解能力有限,可以通过对医院现行制度的充分解读和医务人员工作现状的阐述,使大众了解目前医院就诊流程和医疗行业不可避免的局限性,在增进互信的同时,努力获得来自非医学行业的理解,最终使大众能够客观全面了解目前医学工作制度、检查治疗手段等。在增进医患沟通、加强医患交流的时代要求下,规范医者责任心。

(四)医学科普应采取的建议与措施

1. 重视和加强医学科普工作

(1)科普文化塑造:继承中国的公共卫生事业科普传统,继续打造"重科普、爱科普、讲科普"的良好风尚,近几年提出了"深度科普,轻松解读"的口号,强调以"内容为王、以公信力取胜"的科普文化。

(2)科普制度建设:医院出台相关科普制度文件,成立以相关科室负责人为成员的科普工作委员会,负责医院的科普工作。宣传科为科普工作委员会秘书单位,下设科普专员岗位。形成宣传科带头落实、多部门协同、医院全部科室参与的组织框架和工作模式。科普工作委员会根据公众健康及临床患者的需求制订年度工作计划,纳入医院工作计划,每年对科普工作进行总结和表彰,激励和引导医务人员积极投身科普事业。进入自媒体时代,为引导全院各科室和广大员工规范运用社交媒体平台,应将相关事宜纳入医院规章制度,以规避法律和舆论风险。

(3)搭建跨学科科普平台:在科普工作组织结构的基础上,成立健康医学系,将健康医学部、保健医疗部、国际医疗部和临床营养科三大平台、一个专科整合到一起,形成更强大的医学科普阵容,为医学科普的专业化、系统化发展提供新的跨学科平台。

2. 医务人员积极投身医学科普工作

(1)科普团队培养,建设医学科普人才队伍:结合大型综合医院专家多、学科强的综合优势,设立科普专家库,打造一支公众信任、社会影响力较大的科普专家团队。充分重视对医生的科普能力培训,积极搭建平台,创造机会,为不同层次科普人才提供定制化的科普能力提升方案。

（2）由权威专家担任医学科普领头人:选取各专业学科带头人作为科普领头人。

（3）鼓励医务人员、医学生积极投身科普工作:建立健全科普奖励制度,鼓励医务人员为医学科普作出贡献。

3. 全社会积极参与医学科普工作 加强科普载体建设;支持科普书籍创作(专刊、专栏);培育和创造科普品牌(如养生电视节目);开展形式多样的特色科普活动(如爱耳日、爱眼日、皮肤日、无烟日、艾滋病日、渐冻人日、睡眠日、全国营养周等);开展广泛科普活动(如各类健康大讲堂和义诊咨询活动等)。

二、医学科普的注意事项

医学科普对于医疗、教学和科研具有促进和启发作用,对医患沟通、和谐医疗具有重要意义。医疗工作大多一对一,手术更是多名医务人员治疗一个患者,而医学科普则起到一对群体的作用,让更多的人获益。在与患者沟通、家属谈话、解答问题、解释工作中均能起到宣传作用,也有利于医疗工作的开展。

(一) 科普是需要温度的

医学是"人学",关注人的生命,关注生命的意义,不是靠简单的科学加技术就能解决问题。仅仅依靠技术和药物来治疗患者是远远不够的,也是冰冷的,医学科普需要将医学和人文紧密结合,医学科普是需要温度的。

(二) 医学科普要坚持科学性

科学性堪称医学科普作品的生命和灵魂。倘若一篇医学科普作品脱离了科学性这一重要原则,即使文采斐然,那它也毫无实际价值,还会给民众带来不必要的损失,甚至是健康的危害。

1. 要有正确的、严谨的创作态度(责任心) 一篇医学科普作品发表后,可能会有成千上万的读者阅读,影响面极大。因此,在进行医学科普创作时,一定要有高度的社会责任心和严肃认真、实事求是的科学态度,绝对不能弄虚作假。

2. 医学科普作品是有专业性的 科学性就是真实性、严谨性和规范性,是医学科普的灵魂。使读者获取准确的、可信的、有价值的医药保健知识是健康教育工作者的责任,也是医学科普的立身之本。

3. 建立医学科普作品审核制度 为了严肃医学科普创作,提高作品的科学性,真正造福于人民,必须建立医学科普作品审核制度。应对此问题予以重视并组建相关机构,负责医学科普作品审核。以科学性为主要标准,对传播科学性差的医学科普宣传载体予以整顿/停办。各医学科普载体应建立专家审稿制,凡属临床各科疾病防治稿件,应由有关专家审稿,无误后方可发稿。建立作者登记制,要求医学科普作者必须是专业医务人员,有住院医师以上执业资格。同时,应大力开展医学科普写作队伍的培训,主要从医学专业人员中培养,鼓励医务人员从事医学科普写作工作。

(三) 医学科普要融入"融媒体时代",具有趣味性和可及性

增强医学科普宣传的趣味性,在宣传活动中多与民众互动。医学科普宣传工作不应局限于文字,还可延伸至现场互动,如卫生部门组织各大医院的专家、医护人员进社区的大型义诊活动。对于权威专家,民众容易信服,也乐于参与活动,民众会积极向在场专家咨询疾病防治信息,听专家讲解预防疾病及防止疾病复发等知识。另外,还可以组织面对面的公益性宣传咨询,更生动地传播健康概念和保健方法,对民众的健康养生起到指导作用。各社区、路边设立的卫生科普专栏也要讲究趣味性和实用性,通过图文并茂、通俗易懂的形式讲解保健知识,吸引民众驻足观看。

(四) 医学科普需要坚持公益性,也要探寻它的发展之路

通过全媒体、多渠道开展医学科普教育,可以让医院为广大民众近距离地提供免费的、贴心的医疗服务,让专家们更贴近民众、贴近实际、贴近生活,为民众送去最宝贵的健康理念和科学的养生方

法,同时也带给他们党和政府的关怀和爱护。此举不但可以推介医术高、医德好的优秀专家,弘扬优良的医德医风,为医院赢得良好的信誉和口碑,还可以拉近民众与政府、医院、专家的距离,维护与提升医院品牌形象,在树立医院良好社会形象的同时,从全社会的层面很好地彰显医院的公益性。

(五) 医生不能把医学科普当成额外的负担

第一,教学工作中经常有针对学生的大课教育和临床查房,有些临床、预防等问题如果用医学科普的形式进行讲解,学生容易理解和记忆,甚至终生不忘;第二,医学科普与科研也息息相关,因为进行课题研究,要写综述、了解行情;第三,撰写医学科普能促进专业知识的巩固,如撰写过程中可能会为某一正确措辞、正确数值等查阅相关资料,可促进对国内外文献和书籍阅读的积累;第四,在与患者和家属交流中,如果使用恰当比喻或生动语言,患者与家属更容易理解和记忆,便于术前谈话、日常诊疗沟通;第五,参与医学科普对各专业、亚学科也有促进作用。科普的题目从专业中来、从科研中来、从临床实际问题中来,这样才能紧跟形势,让大众及时了解前沿医学动态、医学信息,并使其获得通俗易懂的科学知识。

三、医学科普的内容

(一) 常见病、多发病

医学科普的内容繁多,常见病、多发病(如高血压、冠心病、糖尿病)的科普尤为重要。科普工作者要以通俗易懂的方式帮助民众了解疾病,改善不良生活习惯,例如"什么是高血压""高血压如何预防""高血压症状有哪些""如何正确调血糖""冠心病是这么回事""心前区不适如何自救"等。

(二) 急救常识

生活中常常出现一些小意外及身体突然不适,民众多了解一些紧急处理小妙招及常识,往往能取得很好的处理结果。例如"拨打120需要说明哪些关键信息""昏迷患者需要什么体位""中暑的紧急救护""小而深的伤口如何包扎""如何对触电者进行施救"等。

(三) 生活常识、健康生活方式

通过医学科普,让民众了解更多健康饮食调控、健康生活习惯以及日常生活小妙招等。例如"什么是健康""健康从何而来""饮酒利少弊多,宜限量""并不意外的脑血管'意外'""盐吃得过多高血压找上门来""应多吃新鲜蔬菜和水果""吸烟可引起心脑血管病""被动吸烟比主动吸烟危害性更大""运动能防病也能治病""现代人应有的健康的生活方式""应该树立科学的疾病观""心理平衡,精神健康"等。

(四) 护理

通过科普让民众更多地了解护理,如"护理不仅是输液、采血"。护理科普工作包括:指导患者或家属做个人保健和家庭护理;心理卫生知识的指导包括:对残疾人和健康人给予保健指导;让出院患者了解出院后的注意事项及康复计划的安排等。

(五) 药物

药物科普包括常用药(感冒药、降糖药、降压药等)和特殊药物(镇痛药、外用药等)。让民众了解药物的禁忌证、使用剂量、使用频次、不良反应;一些药物的特殊储存方式;止痛药按需使用、避免药物中毒等。

(六) 医疗技术

通过对简单的医疗知识及医学操作讲解,使民众有一定理解,不会产生恐惧心理。例如"如何切除阑尾""微创手术的优点有哪些""快速康复理念包括哪些""如何进行自体血回输""什么是持续的血液净化治疗"等。

四、医学科普的方式、形式

医学科普是指把人类已经掌握的医学科学技术知识和技能,通过各种方式和途径,广泛地传播到社会的各个方面。既要科学严谨,又要形式多样。

(一) 传统的科普

1. 场馆科普　场馆科普主要指以场馆或会议室形式向民众展示医学科普内容,如医学科普宣传展牌。这种科普形式以场馆内容静态展示为主,这种单向的知识传导会影响科普效率。

2. 科普课堂　科普课堂的形式主要是以为民众开设讲座和课堂为主。

3. 教材科普　教材科普的形式主要是通过教材的这个媒介将科普知识传递给民众,这一种科普方式受众更广。如医学科普文章、专著,医学科普宣传画册等。

4. 影像科普　这一形式主要以视频(纪录片)、动画等形式在一个平面上进行内容的呈现,其效果生动形象,民众更易接受。如医学科普相关短片、电视节目、戏剧等。

(二) 新媒体时代的科普

1. 内容型平台　以常见病、多发病相关诊治为主。例如网络医学相关视频及讲座、公众号(医学平台)推送科普文章、调查问卷、视频会议等。

2. 服务型平台　提供问诊、答疑、保健等服务的小程序。例如互联网网站医生复诊咨询、在线医生答疑、网络知识竞赛等。

3. 宣传型平台　与重大节日、纪念日相结合进行科普内容宣传。如环保日、地球日宣传关爱环境、关爱健康;春节、中秋节宣传"油腻过量"的危害等。

4. 技术型平台　把枯燥的医学知识结合科技展示给民众,使其既能学到有用的知识,也会觉得很震撼、很有趣。例如 3D 动画演示腹腔镜下胆囊切除术、胃肠镜检查等。

第二节　社会形象管理责任

古希腊学者亚里士多德认为,"形象"是"思想的基本要素",是人对外界事物真实性的感知或知觉。鲍尔丁(Boulding,1956)把形象定义为人们对客观事物的感知或知觉不是客观事物在人脑中简单的投射,而是包含着信念的思想意识。尽管它不一定与真实情况相一致,但只要是脑海所构筑出来的,自己相信是真实的事物或类似真实的事物,均可称为形象。人们在对事物进行判断时离不开形象,形象的塑造是为了事物更好地被感知和接受。如果形象受到了损害,尤其在如今互联网技术迅速普及的时代,妥善管理医疗机构和从业人员的社会形象和建立社会责任是重中之重。

一、社会形象管理的意义

在当前复杂医患关系的背景下,强调医疗机构和医疗从业人员的社会责任,在塑造医疗机构和医疗从业人员形象的地位和作用,是非常必要的。而过度的形象塑造、任何只顾一个方面不顾另一个方面的做法(如只重外在形式传播、轻内在素质培养,只重知名度的提高、轻美誉度的改善)都是片面的,所塑造的医疗形象都是缺乏生命力的。医疗行为,尤其是医疗机构和医疗从业人员的社会责任行为,更能体现医疗机构和医疗从业人员的真实品质,因而成为形象塑造的决定性因素。当社会责任问题得到社会各方面广泛关注时,它便成为决定医疗机构和从业人员形象的重要因素。这意味着医疗机构和从业人员塑造形象具有十分重要的意义。多数的医疗机构和从业人员似乎已经意识到这一点,认为"提升品牌形象"是医疗机构和从业人员履行社会责任的首要动因。

(一) 社会形象的作用

医疗机构中的每个人都应该能认识到社会形象的重要性,社会形象在人们社会交往和维系社会团结中起着异常重要的作用。社会形象具有覆盖上的完满性、表达上的符号性、变化上的切换性等特征。它对于医疗机构的存在和发展具有构建整个行业的秩序性,形成对医疗从业人员行为的规范,实现对医疗从业人员行为的激励、降低医疗从业人员行动失败的风险等价值性作用。

1. 形象缺失的影响　医疗从业人员如果无法规范自己的行为,就会导致医疗行业形象被抹黑、被质疑,甚至被丑化。媒体发布的医疗行业的负面新闻也会造成恶劣的社会影响。

2. 形象改善的益处　医疗行业要发展、要创新、要领先,必须高度重视塑造良好的社会形象。在越来越复杂的重要公共卫生事件中,我国医疗工作者的巨大付出向全世界展示了中国医疗工作者的大国形象。在信息时代,必须大力增强医疗行业在形象塑造上的积极性和主动性。通过积极开展各种形式的社会沟通,努力营造良好的舆论环境,使医疗工作者的努力和付出被广大人民群众所理解。通过积极的舆论塑造,加强社会形象不断朝着正面的方向发展,使广大人民群众正确地认识医务工作者、理解医务工作者、亲近医务工作者,形成中国医疗行业发展的良好环境,从而实现中国医疗与世界医疗长期、积极、良性的互动发展。

(二) 形象管理是社会责任

当前,医疗行业在服务国民、完善社会保障体系、推动国家医疗水平发展、维护人民生命健康方面担当责任。面对社会发展新格局、行业发展新形势和信息传播新渠道等变化,医疗行业如何通过履行社会责任,更好地服务社会、服务民生,实现医疗行业的快速发展,值得全社会共同关注和高度重视。医务人员的个人形象也代表着整个行业的形象,应该通过传递爱心来更好地服务广大人民群众,通过引导,唤醒正能量。

1. 提升形象是履行社会责任的首要动因　医疗机构的社会形象是医疗行业发展的重要条件之一,医疗机构的社会形象决定机构获得资源的多寡,进而影响其长远发展。现代复杂的社会环境下,医疗行业的长远发展根植于其杰出的社会形象对公众产生的吸引力和信服力,而医疗机构形象的建立有赖于完美地履行其各项社会责任,尤其是履行道德和人文关怀责任所产生的亲和力。医疗机构的社会责任能为行业塑造形象提供很大的帮助。通过医疗机构在形象塑造过程中加入对社会的责任,使医疗行业比较容易获得好的声誉,而不再停留于表象。因此应该把医疗机构社会形象的塑造作为一种责任,用以引导医疗行业可持续发展。

2. 知名度和美誉度的关系　医疗机构的知名度和美誉度是评价行业形象的重要指标,它们是相辅相成、不可分割的。所谓知名度,是指被公众知道了解的程度;而美誉度是指获得公众信任、接纳、好感还有欢迎的程度。它们的不同在于知名度是评价名气大小的客观尺度,而美誉度则更加侧重于质的评价,即组织社会影响的好坏。因此美誉度不等于知名度。

知名度和美誉度是不可分割的,它们与行业的生存发展息息相关,然而它们却不是统一的。当医疗机构处于高知名度、高美誉度的时候,这种形象地位属于最佳的公共关系状态。但知名度越高,美誉度压力就越大,因为在公众高度密切关注下,公众的要求会变得越来越严苛,即使发生微小的失误,都有可能造成较大的负面影响,所以处于这种状态下,更要时刻警醒,不断提高医疗技术,谨防美誉度跟不上而造成知名度的负面压力。当美誉度高于知名度的时候,即使医疗机构在所在的圈子范围内享有较好的声誉口碑,然而公众并不了解,处于这种形象地位,属于较为安全稳定的一种公共关系状态,这种状态具有良好的形象推广基础,缺陷就是美誉度的社会价值得不到应有的体现,因此这个阶段公关工作的重点是在维持美誉度的基础上提高知名度,扩大美誉度的社会影响面。当知名度高、美誉度低的时候,即使很多人都了解,然而可能缺乏信誉。这对医疗机构的发展是非常不利的,一般在这种情况下,应该首先设法降低已享有的负面知名度,再努力挽救信誉,或者在已有知名度的基础上,大刀阔斧地进行改革,改善信誉。当低美誉度、低知名度的时候,即名气和社会影响都比较小,负面作用相对较小,此时应该保持低调,努力精进医疗技术,改善医疗机构的美誉度,其次再考虑知名度的问题。通过良好的传播控制,使知名度和美誉度达到协调发展,如果这个时候片面扩大知名度,只会使组织的形象地位处于更加劣势的状态,必须脚踏实地,不能盲目建立公众形象。

综上所述,医疗机构的知名度和美誉度之间的联系可以说非常密切,不能片面追求知名度不管美誉度,也不能只顾美誉度而不去经营知名度,只有正确地处理好二者之间的关系,行业才能获得长远的发展。

二、社会形象塑造的过程

(一) 社会形象对医患沟通的影响

医疗机构和从业人员的社会形象在塑造医患关系方面扮演着重要角色,社交媒体的大规模应用使报道诉求更加多元化,医疗机构的社会形象构建呈现出多维度。个别媒体为了追求新闻价值和迎合大众心理,可能选择新闻来源,采取有偏好的立场选择和叙事框架,从而使医疗机构和从业人员在医疗报道中呈现出负面的形象。媒体的放大和传播功能使得医患消极刻板的印象得到强化,直接破坏医患关系和医患信任。改善医疗机构和从业人员的社会形象,缓和医患关系和建立医患信任,需要媒体、公众、患方和医方做出各自的努力,从而带动和谐医患关系的生成。

1. 先入为主的观念对医患信任带来的差异　如今,随着患者文化水平不断上升,"学习型"患者越来越多,这种现象督促了医生不断更新自我知识。此外,患者先入为主等因素,使得信任度、患者参与行为下降,医患沟通在诊疗前就打了折扣,最终影响诊疗效果。医患间的心理契约并不是有形的合同,而是双方责任的承担和感情上的契合,是双方的互相理解和感知。信任水平的提高能提高医疗质量和效果,其原因在于信任医生的患者能够提供更加充分的信息,帮助医生制订更加有效的治疗方案,节约患者用于证实医生"是否可信"的时间成本。

2. 提升患者参与诊疗决策的积极性　共同决策能提高患者参与诊疗决策的积极性,增强他们选择的满意度。对于医患共同参与行为,无论是医生还是患者,应在实际工作中尽量去完成,以实现共同决策的最优化。

(二) 医疗机构如何塑造社会形象

医疗机构的社会形象是其在患者和社会中形成的总体印象和评价,是患者及社会公众对医疗机构的一种认定,是医院独有的文化特征,通过对患者的诊疗和向社会公众宣传,使医疗机构的存在得到一种普遍的认可。良好的社会形象是医疗机构无形却十分宝贵的财富资源。好的形象一旦被社会公众认可,便能释放出巨大的能量,是潜在的生产力,对医疗机构的发展建设具有极为重要和广泛的作用。

1. 凝聚人心力量　良好的医疗机构的社会形象如同磁铁,能把职工分散的力量凝聚为一种合力。良好的形象赋予医务人员一种荣誉感,使职工感到无上荣耀、无限自豪,从而获得心理上的满足。良好的社会形象可以赋予职工一种信心,坚信医院和个人的前途,促使职工把自己的命运同医院的命运连在一起,增强主人翁意识,自然形成凝聚力、向心力。

2. 正确行为导向　医疗机构行为和形象是互为因果的,好的行为塑造了好的形象,好的形象引发好的行为。实践证明良好的医疗机构社会形象是引导职工前进的航标,它反映了医疗机构提供的崇高的最有代表性价值取向,是一种非制度化的文化定式,它从根本观念和价值取向上为医疗机构的发展和医疗行为起到导向作用,使医疗机构始终坚持"以患者为中心"的理念。

3. 提高医疗水平　医疗技术是塑造医疗机构形象的核心,患者到医院的目的主要是为了治病,不能为患者解除病痛,患者就不会满意。一所医术高超、人才济济、阵容整齐、学科齐全、特色鲜明的医疗机构,本身对患者就具有强烈的吸引力,其形象必然良好。医疗机构要注重在设备、技术、人才这三方面的建设和投入,这样才能建立适应社会需求的形象,在竞争日益激烈的环境中求生存、谋发展。

4. 营造舆论环境　良好的医疗机构社会形象要有良好的舆论环境。现代社会是信息化社会,人们的工作、学习和生活一刻也离不开媒体。塑造良好的医疗机构社会形象,需要媒体的正面宣传和传播,为医疗机构的发展创造一个良好的外部环境。要利用报纸、电视、广播、网络等新闻媒体,大力宣传医疗技术、科技成果,介绍新项目、新技术,宣传医务人员的先进事迹等,使社会了解和认识。要重视公益宣传,通过公益广告、义诊和健康保健知识宣传等公益宣传活动,塑造一个诚实可信的公共形象,这会带来潜在的经济效益和良好的社会形象。

三、社会形象塑造的管理

(一)塑造和维护形象变成自觉意识和行动

医疗机构的社会形象在于实际行为表现,宣传得再好,不能体现到实际行为表现中,所谓的"形象"就会成为空中楼阁。维护医疗机构的社会形象是每个医务人员必须恪守的基本职业道德。古人云"修身、齐家、治国、平天下",一个优秀的医务人员也应该如此,把维护医疗机构形象作为最基本的职业道德,是修身的重要组成部分。每个医务人员都应该像珍惜自己的名誉一样维护医疗机构的声誉,医疗机构有了良好的声誉,才能树立良好的社会形象,个人的价值才能体现。

1. 自律　医疗机构应加强全体医务人员的职业道德素养和质量意识,建立健全规章制度,完善各项管理工作程序,切实加强行业行为自律,本着有则改之、无则加勉的正确态度,切实加强内部管理,清正行业作风,全面提高医疗质量,树立行风建设。

2. 监督　医疗机构应主动接受媒体和社会监督,正确对待媒体和舆论的监督,加强正面的舆论引导,诚恳接受监督和批评。对于媒体和民众反映的问题,不隐瞒、不推脱责任,深入调查,及时妥善处理,用精湛的医术和良好的信誉赢得患者和社会的认可,树立良好的医疗行业形象。

(二)良好的社会形象能够增进医患之间的感情,促进医疗事业的发展

1. 搭建互信平台　建立畅通的有效沟通渠道是保证医患有效沟通的前提,没有畅通的渠道就不能有效地沟通,就无法充分建立医患信任。渠道越多,沟通就越全面、越畅通,效果就越好。若医患之间信息交流不畅,常易引起患者或家属的猜疑或不满,极易造成误解,因而产生不必要的医患纠纷。

2. 增进医患交流　提高医务人员的人际交往能力,尤其是与患者的言语沟通交流能力,从而使他们敢于沟通,善于交流。除了医疗和护理,对于患者较为关心的问题,如医疗费用和后勤(膳食)等,也应该采取在醒目处公布沟通方式(电话、邮箱、公众号等)、定期召开医患座谈会等多种形式的互动,主动征求患者意见或建议,对医患沟通的有效性进行评估,不断完善工作方式,及时消除可能出现的医患纠纷隐患。医患之间有效的沟通是医务人员在整个医疗服务过程中不可或缺的一部分,也是职责所在。在提高医学知识的同时,应注重提升人员素质,注重沟通技巧,讲究沟通的系统性、全面性、通俗性、及时性和有效性。

3. 促进医疗进步　在医疗过程中,医患之间有更多的交流的机会,能友好团结协作,医务人员接受良好职业道德的约束,更加严格要求自己,培养良好的职业习惯与行医行为,加强业务知识和技能学习,可使医疗机构良好的医德医风代代传承,推进医疗事业的平稳发展。患者尊重、理解、信任医务人员,可使医务人员拥有和谐、愉悦、健康的心理状态,集中精力致力于业务钻研,拓宽视野,不断地运用现代科学的新知识、新成果、新方法、新技术同各种疾病斗争,用精湛的医术为患者解除身心病痛。医生对患者有强烈的责任感,真正为患者着想,真心实意地为患者服务,把为患者解除痛苦视为终生的追求。这种动力有利于医务人员提高医疗技术水平,更有利于促进医学事业的稳步发展。

第三节　媒 体 沟 通

无论是医疗机构还是医务人员,在医疗过程中,除了要加强自身建设及业务能力,提高诊治水平,还要积极营造一个良好的舆论氛围,形成良好的口碑,树立正面、良好的形象,这就需要加强与社会的沟通、与媒体的沟通。

一、媒体及特点

所谓媒体,是指传播信息的介质,通俗地说就是宣传平台,能为信息的传播提供平台的就可以称为媒体。传统的媒体一般包括报纸、杂志、广播、电视这四大媒体。而近年随着数字技术、网络技术

等的发展,出现了以互联网及手机为代表的新媒体,这些新媒体的介入,给我们的生活带来了巨大的变化。

医疗机构及医务人员所面对的媒体,几乎包含新旧媒体在内的所有媒体类型,与社会上普通机构及个体所面对的媒体并没有本质区别。

(一)传统媒体及特点

1. 报纸   报纸是以刊载新闻和时事评论为主的定期向公众发行的印刷出版物或电子类出版物。报纸官方性较强,可信度高,容易给读者带来信任感。但随着各种电子、网络信息发布平台的日益普及,报纸的读者群体、发行量日渐减少,宣传效果逐渐下降,影响力也日渐衰弱。

2. 杂志   杂志是有固定刊名、刊号,以期、卷、号或年、月等为序,定期或不定期连续出版的印刷读物。杂志内容精准,视觉效果好,生命周期长,影响力较持久。但由于制作复杂,成本高,发行量小,且缺乏及时性,在传播新闻方面影响力较小,但在一定的专业领域,学术影响力很大。

3. 广播   广播是通过无线电波或导线传送声音的新闻传播工具。它的优势是传播迅速,功能多样,感染力强;缺点是"转瞬即逝"、按顺序收听,不能选择,语言不通则收听困难。虽然受电视及新媒体的冲击,影响面日渐缩小,但在出租车和私家车上的听众依然很多。

4. 电视   电视是指将活动图像和声音变成电信号,通过无线电波或导线传送出去,并在接收端使图像和声音重现的信息传播形式。它是传统的影音媒体,直观性强,形象逼真、参与感强,有较强的冲击力和感染力,但信息保存性较差。随着新媒体的崛起,电视受众群体已经大幅缩小。

(二)新媒体及特点

新媒体是指运用数字技术、网络技术、移动技术,通过互联网、无线通信网、卫星等渠道以及电脑、手机、数字电视等终端,向用户提供信息和娱乐服务的传播形态和媒体形态。严格来说,新媒体应该称为数字化媒体。

近年来,新媒体迅速渗透到我国社会经济、政治、文化领域的各个层面,发挥着越来越显著的作用。而在医疗领域,在各种网络平台、手机媒体上,在科普、科学交流、学习、就诊咨询等领域,也逐渐显现出其越来越大的影响力。

1. 互联网   特点是及时传递、海量资讯、全球网络、互动分享。互联网上信息量大,传播速度快,获取容易,更新快,可让人足不出户即可获取大量健康、医疗甚至专业性极强的资讯。互联网信息良莠不齐,利用不好容易误导民众,因此互联网上的健康资讯需要仔细甄别。

2. 手机   特点是可移动、个性化、伴随性、综合服务。近年,随着各种媒体平台、应用程序(APP)的开发,手机媒体已经成为民众日常生活不可或缺的重要部分。民众可以通过手机媒体获得大量健康资讯,专业医生也可以通过手机进行线上网络会议,观看线上培训,下载学习材料。

3. 交互网络电视   互动性是交互网络电视的重要特征,它的用户可以根据需要有选择地收视节目内容。它结合了电视传输影视节目的传统优势和网络交互传播优势,它的发展给电视传播方式带来了革新。

4. 数字电视   特点是音画质量高,频道多,多业务集成,已经逐渐取代普通的电视信号传输模式。

5. 移动电视   具有覆盖面广、反应迅速、移动性强等特点。"强迫收视"是其最大的特点,对受众在乘车等碎片时间进行传播,效果也不容小视。

二、医疗机构及医务人员与媒体的关系

当今社会是一个信息高度发达的社会,各种新旧媒体可使各种信息呈指数级传播。这种快速传播的信息,既可使正面消息迅速传播,也可使负面新闻甚至是虚假消息传播得人尽皆知。如何正确认识与媒体的互动关系并充分发挥其优势、避免其带来的不良影响,成为摆在新时代医疗机构及医务人员面前越来越重要的课题。

（一）医疗机构及医务人员与媒体关系现状及特点

医院以救死扶伤为己任,同样,治病救人是医生的天职,新闻媒体主要承担着舆论监督的责任,大家的目标是一致的,那就是为民众健康服务。近年来,随着社会的进步、民众对自身健康关注度的增加,媒体也开始关注医院、医生、医疗、健康相关的资讯。这些舆论中,有正面的,也有负面的。因此,医疗机构、医务人员与新闻媒体的关系中,有和谐的,也有不和谐的。

1. 医疗行为的专业性导致医方与媒体信息的不对称   医疗是一个相对特殊的专业,不从事这一专业的人,很难理解艰深的医学理论,即使是医疗行为的从业者,不同专业、科室之间的知识、技能也相差很大,而普通民众及媒体人员掌握的医学知识更有限。医疗活动又是一个充满着不确定与缺憾的过程,随着民众对健康、生命、人权的日益重视,一旦医疗行为中出现不如人意的地方,外界对医疗过程就会质疑。也正是这种信息的不对称,使得民众更愿意把患方当作弱势群体,媒体也就更容易选择性报道甚至夸大医方在医疗过程中存在的问题。

2. 医疗行为中掺杂的家庭、社会、伦理、法律问题更易被媒体关注   医疗行为的对象是处于社会中的人,医疗过程中往往会牵扯与家庭成员甚至与社会人员之间的关系,在许多复杂情况下,面临道德、伦理、法律等多方面考验。新闻媒体恰恰最为关注这些医疗专业技术以外的方面,因为从新闻报道的角度看,这些更能引起民众的关注。

3. 立场、目标不同,导致对同一现象的关注点不同   前已述及,在医疗过程中,医生最关注的是医疗、技术、专业本身,他们的目标是治疗疾病,维护健康。而新闻报道需要吸引民众眼球,引起关注,甚至要引起轰动来体现新闻价值。因此媒体在进行与医疗相关的报道时,更关注家庭、社会、伦理、道德、法律这些医生可能忽视的方面。这种立场、目标的不一致,就导致医生和媒体就某事件是否应该报道、该如何报道,极易产生分歧。

（二）媒体对医疗过程的影响

媒体的宣传、监督、调节作用在社会的各个方面都发挥着重要的作用,在医疗领域也不例外。媒体的报道可以使医疗机构扩大知名度,提升自身的社会形象,其监督、调节作用也使得医方更加规范自身行为,和患方建立良好的互动关系,共同维护人民群众的健康、社会的和谐稳定。另外,媒体偏颇、夸张、失实的报道也会损害医院及医生的形象。

1. 媒体是医方与患方沟通的桥梁与纽带   医疗是一个专业性很强的行业,医方与患方信息的不对称,各自立场、关注点不同,加之除了医疗行为的其他社会矛盾,使得双方在沟通中容易出现问题。而媒体恰恰是连接双方的最好媒介。医疗机构、医生与媒体建立起良好的沟通,客观、公正、完整地报道医疗过程,传播卫生健康知识,弘扬救死扶伤的正能量,甚至可正向报道医疗纠纷的积极处理过程,能够使民众更加真实地了解医疗工作现状和特点,促进民众对医疗过程局限性的理解,从而建立良好的医患关系。

2. 医疗机构及医生通过媒体扩大影响,传播健康知识   医疗工作有非常明显的社会性,医疗机构及从业者在除医疗外的其他方面是非专业的,媒体恰好填补了医方这一空白。新闻媒体利用自己在宣传方面的优势,可以帮助医院及医生做好宣传推广医疗工作。在科普方面,医院提供专业知识,媒体提供宣传技术与平台,双方可以优势互补,媒体可以帮助医疗机构履行好普及健康知识的社会责任。

3. 媒体对医疗行为有监督作用   社会监督是媒体的重要职责,医疗工作专业性强,双方信息的不对称使得民众处于弱势,此时媒体在监督方面的作用就可体现出来。任何工作都需要社会对其监督,医疗工作也不例外。有了新闻媒体的监督与报道,能在社会上形成浩然正气,也能让医疗机构及医务工作者在医疗过程中规范自己的行为,不触碰法律和道德的红线。

4. 媒体的失实报道也会对医疗行为产生负面影响   由于民众在与医疗机构发生冲突时往往被视为弱势一方,媒体出于保护弱者、伸张正义的本能,容易站在医疗机构及医生的对立面进行报道。在出现负面舆情时,医院及医生往往不愿意面对媒体,更加重了民众的不满情绪。这些带有主观感情色彩的报道既不利于矛盾的解决,又可能会对医院及医生的社会形象产生消极的影响。

三、医疗机构及医务人员如何与媒体建立良好的沟通关系

媒体是医疗机构及医务人员重要的宣传通道,而医疗机构是媒体重要的信息来源,因此二者相互依存,彼此不可或缺。新闻媒体的正面报道,有利于医疗机构及医务人员提升自身社会形象,其监督作用也是医疗系统提升自我的动力;新闻媒体也是医疗机构、医务人员与民众沟通的桥梁。当前社会处于信息化,医疗行为的社会性决定了沟通、宣传、交流的重要性。因此,如何与媒体建立良好的沟通关系,就成为医院及医生要积极面对的课题。

(一) 医疗机构与媒体沟通技巧

1. 积极主动与媒体沟通　具体来说,一是要主动地与媒体保持联系,要有熟悉新闻业务的专门负责对外宣传的工作人员,建立专线记者,定期或不定期与他们联系,提供新闻线索,共同商讨宣传策略,并对报道的信息及时反馈。二是建立与新闻媒体的互动,与媒体管理层建立长期合作关系,制订宣传规划,并按照规划有力地坚持执行下去。遇到较大新闻事件要启动应急预案,主动向媒体提供事件原始信息,共同商讨解决方案。

2. 有针对性地沟通　医疗机构在面对不同的媒体时,要选择有针对性的沟通方式。一般来说,政府或官方媒体权威性高,政策性强,科学严谨,但灵活性有所欠缺,因此与其沟通时也要注意客观、公正、严谨。社会媒体或自媒体信息量大,相对灵活,传播速度快,更贴近百姓实际,但这类媒体往往科学性及严谨性有所欠缺,因此与这类媒体沟通时,要做到及时、真诚、客观,要为他们提供通俗易懂且专业方面没有纰漏的信息。此外,无论是面对何种类型的媒体,医疗机构都要积极引导媒体做客观、正能量、不哗众取宠的报道,尤其是涉及医学专业知识的方面,更不能出现任何差错,以免误导民众,造成不良的社会影响。

3. 真诚地接受舆论监督　医疗机构应勇于接受媒体的监督,主动向媒体介绍、宣传医疗工作的特点,普及基本医学常识。而一旦出现问题,尤其是医疗纠纷等负面舆情时,更要及时、主动与媒体取得联系,客观、公正地介绍事件原委,切忌敷衍搪塞、推卸责任。只有这样,才能真正做到防患于未然,减少负面影响。而医疗机构在日常工作中,也要经常进行自查自纠,将隐患消除于萌芽,这样才能从根本上维护自身良好的社会形象。

4. 及时公布事实真相　遇到负面报道时,医疗机构不能选择逃避,不能通过遮掩、回避甚至是推脱来摆脱负面影响,这样做反而更能激发社会的好奇与关注。因此,遇到诸如医疗纠纷等事件时,医疗机构应积极面对,及时与媒体沟通,第一时间公布事实真相,拿出诚意,商讨公平、公正的解决方案,才能避免引发民众的质疑,也只有这样才能维护自身的声誉。

5. 履行医疗机构应该负有的社会责任　除了治疗疾病、解除病痛,医疗机构还有一个重要的社会责任,就是向民众传播健康知识。医疗行业高度专业也发展极快,即使是一线的专科医生,如果一段时间不学习新进展,知识就会落伍,更何况是普通的民众。媒体人大多是非医学专业人员,在做医学相关宣传、报道时,很难掌握好艰深的专业知识。这就要求医疗机构利用自己掌握的专业知识,利用媒体的宣传平台,对一些常见病、多发病的预防、诊断、治疗及日常管理注意事项等,进行科普宣传。这样,一方面可以让媒体人员掌握一定的健康知识,有利于其科学、客观、公正地报道医学相关新闻,另一方面也能够在民众中普及健康知识。媒体在做医疗、健康方面的专题节目、报道以及发布相关广告时,如果能得到医疗机构专家的指导,也能使得节目更加精良,避免出现常识性错误,甚至误导民众。

(二) 医务人员与媒体沟通技巧

1. 重视媒体沟通,了解相关知识　医生面对的不是一台机器,而是有社会属性的人,除了患者及其背后的亲友,还有医、护、技甚至行政管理人员。要在与这些人员的沟通中使用一定的沟通技巧。医生在医疗活动中要主动掌握沟通的基本理论,主动参加相关培训及演练,医疗活动中与同事、患方、

媒体进行沟通时要有的放矢、游刃有余。

2. 接受采访前要做充分的准备　首先,由于医疗行业的特殊性,需要医生在接受媒体采访前慎重了解来访媒体资质,是否经过单位批准,此次采访目的、内容等,在确认稳妥后,方可接受采访。其次,确定接受采访后,还要提前和记者就话题、议程等细节做好沟通。最后,就这些内容准备各种资料,组织自己的观点。如果是电视采访,还要注意着装得体,适当化妆,以示对民众的尊重。接受采访过程中,要配合记者做好问题的回答,并适当控制谈话方向和节奏,表达出自己最想表达的观点。

3. 对媒体要以诚相待、不卑不亢　在接受采访过程中,要尽量表现得友好、诚恳、客观、公正。根据所面对媒体的性质从容应对,或需要尽量用通俗易懂的语言表达观点(一般社会媒体),或用科学、严谨的风格接受采访(专业媒体)。无论面对何种媒体,都要一视同仁,既要真诚面对,客观、诚实地回答提问,也要保持一定的心理距离,尤其面对带有质疑性质的提问时,更要做到不卑不亢,用事实性语言回应,切忌简单粗暴地直接否定其观点。

4. 谨言慎行,传播正能量　医疗行为的社会性决定了医生也是公众人物,而医学科学的专业性也决定了医生所表达的观点即使是不严谨甚至是错误的,也不容易立刻被普通民众察觉。医生在日常工作及面对媒体时,一定要规范自己的言行,切忌不假思索地随意发表自己的观点。发表不严谨、不恰当的言论,一方面会误导大众,重者甚至会对民众健康造成不可挽回的伤害;另一方面也容易让媒体、公众产生误解,而这种误解一旦在自媒体等传播,在社交网络发酵,则会造成严重的负面网络舆情。因此,医生面对任何人,都要注意自己公众人物的身份,讲话要客观、科学、严谨,面对不解和质疑时,要保持冷静,以事实为依据,有理、有据、有节地予以回应。

(三) 积极应对网络舆情

1. 规范自己的言行　医务工作者要在日常工作及生活中时刻规范自己,避免自己的言行被民众误解。即使是在已经产生负面舆情后,也应理智面对,切忌认为自己受到了不公平对待而愤怒地直接回击。而一味逃避,对公众与媒体的质询不做任何回应也不可取,这样只会招致更大的质疑。因此,无论是负面舆情发生前、发生时和发生后,医生都应时刻牢记自己的身份,发表各种言论之前一定要三思,不要等到事件发展到无法控制时再做无谓的补救。

2. 用积极、阳光的心态面对网络舆情　医生职业的特殊性导致言行容易被民众、媒体反复推敲。无论是患者还是家属,受病痛、经济压力及对未来人生的不可预知等不良情绪影响,容易在与医生交流中产生质疑,发生冲突。另外,患者、媒体的监督对医生来说也有其积极的一面,它能督促医生在平时的工作中注意自己的言行。因此,医生在面对负面舆情时要放松心态,把它当作是自己工作的一部分,以积极、阳光的心态来面对。

3. 发挥专家、主流媒体的作用　当负面网络舆情发生时,质疑声最大的往往是"围观群众",他们掌握的信息缺乏系统性、权威性,甚至在口口相传过程中已经严重脱离其本来面目。这时就需要更具有权威性的主流媒体、行业专家等及时出面,向公众发布更接近事实真相的权威信息。有了这些信息的引导,才能使公众的情绪逐渐趋向理智,从而更加客观、理性地面对事件。

4. 及时发布事实真相、权威信息　如果在舆情危机发生后,权威的真相发布缺位,民众则更容易相信那些被润色过的所谓"真相",反而忽略了事实。而阻止事态向不良方向发展的最好办法,就是及时向公众发布权威的、能为各层次人理解的事实真相。及时的、权威的、充满诚意的信息发布,更能安抚民众情绪,引导舆论向正确的方向发展。

四、医疗机构及医务人员如何运用好新媒体

新媒体尤其是手机移动媒体,已然成为我们日常生活不可或缺的一部分,任何机构和个人都无法绕开它而单独存在。尽管它有诸多需要完善的地方,但总体而言,它给我们的生活带来了方便和快捷。因此,无论是医疗机构还是医务人员,都应充分重视、利用好新媒体。

（一）医疗机构如何运用好新媒体

1. 办好医院网站 当今社会,随着网络的日益普及,民众获取信息的方式也发生了根本性的变化,人们希望足不出户就能获取对自己有用的信息,包括医疗相关信息。因此,医院的官方网站也就应运而生。医院官方网站是医院和患者沟通的门户,民众可通过医院网站了解医生出诊信息、医院各方动态,并通过网站的科普获取健康知识,大大方便了患者就医及了解医疗相关知识。而通过医院网站,医院除了方便民众、履行自己的社会责任,也可以对自身进行宣传,提高其在民众中的知名度,提升社会形象。医院网站设立之初要做好自己的定位,确立固定访问人群,确定自己的特色栏目。还要有符合自己功能定位的实际内容,页面简洁清晰,色彩搭配合理。除此之外,网站开始运营后,还要定期进行功能维护,更新内容,做好宣传推广工作(如在大型搜索引擎登记,与其他网站建立友情链接,在媒体上进行宣传等),还要和观众互动,确保网站在实际运行中起到其应有的作用。

2. 利用新媒体扩大宣传 随着手机等移动终端在信息传递中的作用越来越大,官方网站以外的宣传手段日益受到各机构的重视,医院也不例外。医院可通过公众号、短视频平台、官方 APP 等,进行全方位、立体化的宣传。和传统媒体相比,这些宣传手段融合了文字、图像、声音、影像等诸多宣传元素,传播速度快,传播效率高,而且宣传方式灵活,成本低。但由于新媒体门槛低、传播速度快的特点,在新媒体进行宣传的素材制作一定要精良,审核一定要严格,避免在专业上出现错误,误导民众,造成不良后果。

3. 利用新媒体发布信息、公告 传统媒体中发布信息最快的是广播、电视,但和基于移动终端发布的各种形式的信息相比,传播速度和效率则明显差了很多。因此医疗机构应充分利用这些新媒体做信息、公告的发布,其高效性有助于在最短的时间内得到最优的效果。但也要注意,新媒体快速的传播速度是把双刃剑,如利用不当,可能造成负面网络舆情。

4. 利用新媒体做科普宣传 科普宣传越来越受到各个媒体机构的重视,医疗机构发布的科普内容更加专业、严谨,可信度也更高,更容易为民众所接受。而且医疗机构可利用自己更加专业的资源优势,在做科普时适当做一些比普通媒体专业化程度高的科普素材。因此,医疗机构有义务利用自己掌握的专业知识及专业资源向民众做科普宣传,这也是医疗机构的社会责任所在。

（二）医务人员如何运用好新媒体

1. 利用新媒体做好个人宣传 当前网络技术及手机自媒体的发展与普及,使得个体做自我宣传变得更加容易。当今社会是个信息爆炸的社会,民众获取信息的方式也是多元化的。新时代的医生应该适应时代潮流,充分利用一切可以利用的资源,比如网络媒体、手机媒体、短视频,做好个人宣传。当然,因为医生身份及医疗行为的特殊性,对医生在新媒体做自我宣传也有比其他行业更高的要求。医生在自我宣传过程中,一定要注意专业性、严谨性,切忌做浮夸、失实的宣传,还要注意约束自己的言行,避免造成负面网络舆情。

2. 利用新媒体做患者宣教、科普、随访等管理 新媒体沟通的时效性与快捷性,使得医生可以充分利用其优势对患者进行宣教、科普及随访等工作。医生可以在自己专业领域内选取若干重点题目,利用多媒体做宣教及科普教材,在各网络平台发布,也可以点对点地传输给患者。这样,医生可以把主要精力都用在制作素材上,可收到事半功倍的效果。以往的随访工作需要医生通过走访、信件、电话等方式进行,效率低且得到的信息容易缺失,也易造成失访。而新媒体方便、快捷,可以传输文字、图像、视频、文件等多种形式的材料,使得随访工作更加容易开展,且能得到患者更加详细的资料,医生应充分加以利用。

3. 利用新媒体获得资讯,得到学习资料,提高自身技术水平 医生传统的获得学习及继续教育资料的途径是书籍、杂志、会议及实地进修学习。而在当前网络技术高度发达的今天,医生获得学习资料的途径则发生了根本的变化,除了传统方式,如可在学习网站、公众号上获得各种形式的学习资料,另外还可以通过线上会议、网络手术直播等方式,足不出户学习到知识。当然,需要注意的是,网络上的资料虽然获取容易,但质量却良莠不齐,在选择时应仔细甄别。需注意:线上会议及网络直播无法真正达到身临其境的效果,因此也无法真正替代实地的考察学习。

4. 利用新媒体与同行交流　新媒体时代,医生与同行之间的交流方式也变得多元化起来。除了已经广为熟知的电子邮件,医生还可以通过网络媒体进行远程会诊,获得更高水平专家团队在诊疗疾病方面的指导。而手机媒体功能的日益强大,使得视频会议、群组讨论等甚至不需要电脑,医生随时可以利用手机参与其中。医生应该积极适应当前的社会节奏,充分利用新媒体与同行交流互动。

(李桂臣)

【思考题】

1. 你是一位急诊科医生,每天上班都会接诊许多因腹痛来就诊的患者,许多患者因为没有重视腹痛的症状,觉得挺一挺就能好,延误了最佳的诊治时机致使病情加重。患者和家属经常不能理解为什么一个常见的腹痛可以这么严重甚至能够危害生命。面对患者及家属的疑问,你作为接诊医生将如何对其进行简单的腹痛科普宣教?

2. 你是一位胰腺外科医生,现在你所在的医院开通了网络智慧医院,并且推出了一系列网络直播义诊解惑答疑活动,一方面解决了大量患者就医不便的问题,另一方面也传播了健康知识。现在医院要求你进行一次网络直播,向公众介绍一下"急性胰腺炎",直播时你应如何树立自己、科室以及医院的形象?

3. 李主任是一名外科医生,某天在急诊接诊了一例颈部外伤的患者。该患者为建筑工地工人,在进行装修作业时不慎被射钉枪射出的钉子穿入颈部,外伤距离脊柱、血管、气管、食管均较近,手术风险高,难度大。李主任组织多个科室专家会诊后,为患者制订了详细的手术方案,并在多个学科的共同参与下成功将钉子从患者颈部取出,患者顺利康复。在患者出院前电视台记者闻讯赶来,对医生和患者均进行了详细的采访。李主任本以为电视节目会重点报道医生精湛的医术及治病救人的精神,不料最终节目却以"注意安全生产,防止事故发生"为主题进行了报道。李主任看了电视节目后有些失落,觉得自己的努力没有被新闻媒体所理解和认可。请你利用所学知识,判断这种媒体与医生之间对同一件事情产生认识偏差的原因,并谈谈医生应如何做好和媒体的沟通。

推 荐 阅 读

［1］白冰.医患沟通技巧及案例分析.北京：人民卫生出版社,2021.
［2］段雪溪,彭迎春,张如意,等."互联网＋医疗"背景下新型医患关系构建对策的质性研究.中国医学伦理学, 2020,33（12）:1496.
［3］郭璐怡,高一飞,冯天元.建构医患沟通新模式：以叙事医学视角.卫生软科学,2021,35（3）:75.
［4］金盛华.社会心理学.3版.北京：高等教育出版社,2020.
［5］李功迎.医患行为与医患沟通.北京：人民卫生出版社,2012.
［6］李慧君,郭媛.医患沟通技能训练.北京：人民卫生出版社,2015.
［7］李颖,孙长学."互联网＋医疗"的创新发展.宏观经济管理,2016,387（3）:35.
［8］刘鑫,张宝珠.医疗纠纷预防和处理条例理解与适用.北京：中国法制出版社,2018.
［9］刘玉山,张飞虹,肖剑.医患沟通.北京：人民卫生出版社,2021.
［10］JONATHAN S,SUZANNE K,JULIET D.医患沟通技巧.杨雪松,译.3版.北京：中国科学技术出版社,2018.
［11］王锦帆.医患沟通学.2版.北京：人民卫生出版社,2006.
［12］尹梅,唐宏宇.医患沟通.3版.北京：人民卫生出版社,2024.
［13］王易,王亚贤.疾病学基础.北京：人民卫生出版社,2012.
［14］王岳.医患关系与医患沟通.北京：中国协和医科大学出版社,2022.
［15］许学敏,林嘉.医疗卫生法律基础.北京：北京出版社,2015.
［16］杨艳杰,朱熊兆.医学心理学.8版.北京：人民卫生出版社,2024.
［17］张大庆,和中浚.中外医学史.北京：中国中医药出版社,2005.
［18］张新华,唐志晗.医学人文素质教育导论.2版.北京：人民卫生出版社,2021.
［19］郑哲,左秀丽.医患沟通技能训练.2版.北京：人民卫生出版社,2020.
［20］朱金富,李功迎.医患沟通学.北京：高等教育出版社,2016.
［21］DAVID R,GERHARD S. The Influence of Doctor-Patient Communication on Health Outcomes: A Systematic Review. Zeitschrift für Psychosomatische Medizinund Psychotherapie,2017,63（2）:131.
［22］RONALD B A,GEORGE R,ATHENA DU P. Understanding Human Communication. New York：Oxford University Press,2016.

中英文名词对照索引